LA POSE

DU

PREMIER CABLE

OUVRAGES DU MÊME AUTEUR

Ornés de gravures.

Coulommiers. — Imprimerie PAUL BRODARD.

LES DRAMES DE LA SCIENCE

LA POSE

DU

PREMIER CABLE

PAR

W. DE FONVIELLE

PARIS

LIBRAIRIE HACHETTE ET Cie

79, BOULEVARD SAINT-GERMAIN, 79

1882

Droits de propriété et de traduction réservés

A M. BARTHÉLEMY SAINT-HILAIRE

MEMBRE DE L'INSTITUT

Vous qui sûtes doter notre langue française
Des trésors empruntés aux sages d'autrefois,
De nos grands inventeurs souffrirez-vous qu'on taise
Plus longtemps le mérite et les récents exploits?

*
* *

Ayant assisté Thiers en son effort suprême
Pour punir la Révolte et la mettre à néant,
Vous admirerez Field domptant l'Océan même
Et lui donnant le joug de son câble géant.

*
* *

Quand Lesseps de deux mers veut mélanger les ondes,
Il comble le vallon, il aplanit le mont;
Un fil suffit à Field pour réunir deux mondes
Et pour venger Xerxès sur un autre Hellespont.

26 juillet 1882.

LA POSE
DU PREMIER CABLE

I

L'invention de la télégraphie optique est certainement un des progrès qui font le plus d'honneur à la période révolutionnaire et qui ont reçu le plus directement la consécration de la gloire nationale. En effet, la première dépêche que la machine des frères Chappe a transmise à la Convention annonçait à cette grande assemblée que l'armée du Nord venait d'arracher la ville de Condé aux Autrichiens, et que la victoire commençait enfin à sourire à nos drapeaux républicains.

Mais précisément à cause de ces souvenirs, auxquels le gouvernement affectait peut-être de tenir plus qu'il ne s'en inquiétait réellement, il était fort difficile de décider les ministres de Juillet à abandonner leur télégraphie. Les députés étaient peu disposés à reconnaître qu'une force nouvelle venait donner à la pensée humaine la faculté d'être présente partout, en conquérant audacieusement un des attributs que la théologie réserve de la façonla plus jalouse à l'essence divine.

L'administration était d'autant moins bien disposée pour l'emploi de l'électricité que l'illustre directeur de l'Observatoire, chef de l'opposition républicaine, pouvait être considéré comme un de ses inventeurs, puisqu'on lui devait l'électro-aimant, dont elle ne pouvait se passer.

Aussi les Anglais et les Américains se servaient déjà du télégraphe électrique pour leurs affaires privées que M. Guizot et ses collègues ne songeaient encore qu'à perfectionner leur réseau optique, de manière à lui permettre de résister à l'invasion des nouveaux procédés.

En 1843 M. Duchâtel, un des ministres de l'intérieur les plus capables que nous ayons eus, demandait encore aux Chambres les crédits nécessaires pour mettre tous les chefs-lieux du département en communication directe avec la capitale sans avoir besoin de modifier le système existant.

Le rapport fut confié à un savant bien pensant, le physicien Pouillet, directeur du Conservatoire des Arts-et-Métiers, qui avait déclaré quelque dix ans auparavant que la télégraphie électrique était une utopie, parce que l'on ne réussirait jamais à empêcher les courants qu'elle voulait envoyer, de s'échapper avant d'être parvenus à destination.

Quand le projet du gouvernement fut discuté en séance publique, Arago eut un de ces mouvements d'éloquence trop rares de nos jours, et dans lesquels il n'avait pas de rivaux. Il déclara que, malgré ses défenseurs *in extremis*, la télégraphie optique était frappée au cœur; que c'était un système démodé, auquel on ne pouvait imprimer qu'une vie factice, et qu'aucun gouvernement civilisé ne pouvait désormais s'en contenter sans infliger à la nation qui l'avait à sa tête une sorte de déshonneur public.

M. Pouillet ne se laissa point démonter. Il déclara que l'électricité est un agent incertain, dont les caprices sont incessants, et qu'il n'y a que des hommes étrangers aux conditions de la pratique qui puissent espérer en tirer parti. En outre, il agitait non sans habileté le spectre rouge devant les yeux des satisfaits. Il leur montrait les membres des sociétés secrètes coupant les fils télégraphiques et un seul affidé désorganisant en un jour toutes les lignes à l'aide desquelles le ministère de l'intérieur était en communication constante avec le reste de la France.

Quoiqu'il votât ordinairement avec l'opposition, M. Berryer ne voulut point abandonner le gouvernement dans une circonstance où l'existence de la société elle-même semblait mise en question.

M. Arago ayant produit dans sa réplique un journal publié à Baltimore et qui contenait un télégramme de trois colonnes arrivé de Washington, l'orateur légitimiste s'écria « que cet exemple ne prouvait rien. Ce télégramme ne se composait que du message adressé par le président au Congrès, et l'on sait que ce document, comme les discours du trône, est toujours imprimé d'avance. »

La Chambre se mit à rire et vota sur cette remarque intelligente. Le télégraphe électrique obtint une trentaine de voix à peine. Nos mandarins français purent dormir en paix, ils avaient obtenu une victoire éclatante, sûr présage des difficultés que le télégraphe électrique devait avoir à vaincre avant que, comme le drapeau tricolore, il pût faire le tour du monde.

Si Arago avait ajouté que trois ans auparavant un grand électricien avait proposé au parlement d'Angleterre de placer dans la mer un fil isolé pour y conduire les courants, et que ce grand électricien avait parfaitement raison, on aurait demandé au gouvernement de destituer d'office un astronome frappé soudainement de furieuse folie.

Heureusement, l'imbécillité des assemblées délibérantes n'est point aussi dangereuse que celle des monarques absolus. La discussion publique avait produit un effet immense. M. Foy, directeur des lignes télégraphiques, s'était cru obligé d'aller en Angleterre pour voir fonctionner par lui-même les lignes électriques, dont le chef de l'opposition républicaine avait parlé avec tant d'enthousiasme.

Il revint à Paris persuadé qu'il était nécessaire de faire quelque chose et que la haute administration ne pouvait se borner à répondre aux excellentes raisons de M. Arago par les pitoyables sarcasmes deM. Pouillet.

Un an après la grande victoire de la majorité ministérielle, une ordonnance royale mettait à la disposition du ministre ébranlé la somme nécessaire pour établir une ligne d'expérience, de Paris à Rouen et, quoique organisée d'une façon détestable, la transmission simple, facile, instantanée rendit tant de services que l'on vit bien qu'on ne pouvait plus s'en passer.

On fut obligé de conserver une ligne qu'on avait eu le soin de ne faire que provisoire. En outre, l'année suivante, le gouvernement faisait un nouveau pas. En 1845, il présentait aux Chambres un projet pour établir une ligne définitive de Paris à Lille avec un embranchement sur Valenciennes. Mais le physicien Pouillet, renommé rapporteur de la nouvelle commission, ne renonçait point à ses scrupules. Tout en cédant à son grand antagoniste, il défendait encore avec acharnement l'existence des lignes aériennes, et la Chambre lui donnait encore une fois raison. Elle n'accordait le crédit demandé qu'après avoir obtenu du gouvernement, qui ne demandait pas mieux que de se laisser convaincre, l'assurance que sous aucun prétexte on ne désorganiserait le service Chappe. Afin de rassurer M. le Directeur du conservatoire des Arts-et-Métiers, il fallait que les télégraphes optiques fussent toujours prêts à agiter leurs longs bras.

De son côté, le directeur des lignes télégraphiques ne capitula pas sans conditions. Il ne consentit à se servir du système électrique que parce que la Chambre adopta un système qu'il avait inventé avec M. Louis Breguet, et qui avait l'avantage de conserver la langue des signaux Chappe, avantage si précieux qu'on ne pouvait le payer trop cher, en employant toujours deux fils au lieu d'un.

En outre cette défaite même de la télégraphie optique n'était point sans compensation. Si le système Chappe perdait la France, il gagnait l'Algérie. Protestant à sa manière contre la loi nouvelle, le ministre de la guerre, qui régnait en monarque absolu de l'autre côté de la Méditerranée, choisissait précisément ce moment pour donner à notre grande colonie africaine une organisation télégraphique que l'on devait considérer comme définitive. Car, si la Chambre eût été appelée à voter sur ce que le gouvernement y faisait, elle n'aurait jamais conseillé de placer des fils dans un pays où l'Arabe les aurait coupés tous les jours. Arago lui-même, malgré son fanatisme pour l'électricité, n'aurait pas deviné que le nouveau réseau algérien n'aurait pas plus de quinze années d'existence, qu'il serait démoli aussitôt qu'il serait terminé, et que le fonctionnaire qui était chargé de l'établir serait le premier à demander d'être chargé de le supprimer.

Mais si l'on a le droit de dire que la France est, de tous les pays de l'Europe, celui qui ressemble le plus à la Chine, si l'on tient compte des habitudes de son administration, on peut dire que c'est celui où certains ministres éminents se laissent le plus facilement entraîner. Car c'est Paris qui fut le berceau de la télégraphie sous-marine, après avoir manqué être le tombeau de la télégraphie terrestre. M. Brett, célèbre ingénieur électricien d'Angleterre venu de ce côté du détroit pour faire l'essai d'un télégraphe imprimeur, dont les compagnies d'Angleterre ne voulaient entendre parler à aucun prix, proposa en même temps au gouvernement d'établir une ligne sous le Pas-de-Calais, et ses ouvertures furent accueillies avec faveur.

Une première tentative de jonction télégraphique de l'Angleterre et de la France aurait été exécutée avant la révolution de Février, si l'audacieux inventeur avait pu trouver les capitaux dont il avait besoin. Mais quel était alors le banquier assez perspicace pour reconnaître que les mines les plus productives et les plus sûres sont peut-être celles que les compagnies télégraphiques exploitent au fond des océans? Cet inventeur infortuné fut donc obligé de repasser le détroit sans avoir pu tirer parti des excellentes dispositions du cabinet soudainement converti aux merveilles de l'électricité, et les événements politiques lui interdirent bientôt de songer à profiter de ces bonnes dispositions.

II

Le gouvernement provisoire, qui comptait pourtant l'inventeur de l'électro-aimant au nombre de ses membres les plus influents, ne paraît point avoir compris l'importance que la télégraphie électrique avait prise tout à coup à la suite des événements extraordinaires dont la révolution donna le signal non seulement en France, mais encore dans toute l'Europe. Il se borna à renvoyer le directeur des télégraphes et à le remplacer par deux administrateurs dont aucun ne connaissait un mot d'électricité. Le général Cavaignac ne fut pas mieux avisé; il mit à la retraite le plus âgé des deux administrateurs et le remplaça par un ancien inspecteur, sans se douter que c'était le télégraphe optique qu'il fallait destituer.

Au moment où la révolution de Février éclata, la ligne de Douvres à Londres n'était point encore terminée; on travaillait à poser la section qui traverse Bermonsey. Aussi, lorsque la nouvelle de la fuite du roi arriva à Douvres par un bateau-pilote, la compagnie comprit la nécessité de ne pas perdre une semblable occasion pour montrer la supériorité du nouveau mode de transmission des dépêches. On parvint à porter ce message dans les bureaux du *Times* assez à temps pour qu'en débarquant de London Bridge les voyageurs pussent lire affichée dans les environs de la gare la grande nouvelle qu'ils croyaient apporter.

Cette circonstance fut considérée par la compagnie télégraphique comme un avertissement providentiel, et l'on décida que, pour être mieux à même de hâter la transmission des dépêches du continent, on adopterait une série de mesures fort imtelligentes, qui faisaient un singulier contraste avec l'inertie de la presse et de l'administration française.

Aussitôt que le paquebot qui apportait les lettres de Calais était arrivé, on remettait la correspondance à un rédacteur spécial, qui en faisait instantanément un résumé et le télégraphiait à la station de London Bridge, avec un appareil Wheatstone donnant une moyenne de 17 à 18 mots par minute.

A cette station se trouvaient deux employés fort habiles ; un lecteur dictait les mots à mesure qu'il les voyait apparaître sur le cadran, et un secrétaire les écrivait avec une grande rapidité. Aussitôt que le message était ainsi mis sur du papier, il était emporté au galop par un cab, qui le portait bride abattue vers le bureau du *Times*.

Malgré ces précautions, Paris était toujours séparé de Londres par une lacune fort gênante, et qui produisait non seulement une grande perte de temps, mais encore une irrégularité constante dans l'arrivée des dépêches. M. Brett s'adressa alors à sir Robert Peel pour lui demander d'établir une ligne sous-marine. Mais, quoique Wheatstone eût déjà fait cette proposition dès 1840 à une commission du Parlement britannique, le premier ministre de la reine d'Angleterre n'était point assez instruit pour s'affranchir du préjugé populaire qui considère le feu électrique comme n'étant pas susceptible de se marier avec l'eau. Il ne lui était point possible de s'imaginer que l'on pût isoler assez complètement un fil de cuivre pour lui faire traverser un bras de mer sans qu'il fût mis en contact avec le liquide qui le serrait de toutes parts.

M. Brett, renonçant à convertir le chef du cabinet britannique, résolut de venir en France pour recommencer ses démarches auprès du gouvernement français, dont le chef était alors M. Louis-Napoléon Bonaparte. Le prétendant avait une assez forte éducation scientifique et une assez longue pratique de la vie anglaise pour ambitionner la gloire d'attacher son nom à la naturalisation en France de la télégraphie sous-marine.

Lorsqu'il avait choisi M. Dufaure pour ministre de l'intérieur, un de ses premiers soins avait été de lui faire présenter une loi pour l'extension du réseau télégraphique. L'Assemblée législative, qui avait succédé à la Constituante, était animée du désir de donner au gouvernement tous les moyens qu'il pouvait réclamer pour maintenir l'ordre sur les divers points du territoire. Aussi la proposition du célèbre homme d'Etat fut accueillie avec faveur par la majorité. Elle prit pour rapporteur l'astronome Leverrier, ancien ami d'Arago, qu'elle opposait ouvertement à l'illustre directeur de l'Observatoire et qu'elle avait déjà désigné pour son successeur.

Singulière fortune de l'ancien membre du gouvernement provisoire, de se voir réduit pour ainsi dire au silence par des considérations politiques et personnelles, au moment d'accélérer le triomphe de ses chères idées et d'avancer le jour où son électro-aimant allait prendre possession du monde. Que cette abstention forcée devait peser cruellement sur son âme ardente!

Nous étions trop jeune pour qu'il nous honorât de ses confidences; mais nous avons lu plusieurs fois sur son front rembruni les traces du désappointement que produisait une situation aussi fausse.

La loi fut votée par la Législative après quelques délais, et la commission se montra même plus favorable pour la télégraphie que le gouvernement ne l'aurait désiré. En effet, elle demandait au gouvernement de mettre le télégraphe à la disposition du public; mais le ministère était si peu préparé à se servir de cette faculté qui lui paraissait exorbitante, qu'il proposa l'ajournement jusqu'à la présentation d'un projet de loi qu'il comptait bien n'avoir jamais à déposer sur la tribune.

Les ennemis du télégraphe électrique revinrent encore à la charge en se basant sur les caprices de l'électricité. Ils prétendaient que les fluides sont incoercibles, que les intempéries des saisons les exposent à des arrêts constants; ils citaient l'exemple de poteaux qui avaient été renversés par des accumulations de givre. Ils prétendaient que ni M. Wheatstone, ni M. Morse, ni M. Brett, les apôtres de la télégraphie électrique, n'avaient tenu leurs promesses. Ils affirmaient que ce dernier n'avait pu transmettre une seule phrase de Paris à Bruxelles, lorsque l'on avait voulu faire l'essai de son télégraphe imprimeur. Enfin, pour compléter leurs dénonciations, ils ajoutaient que ces étrangers se rendaient si peu compte des difficultés matérielles qu'ils avaient à vaincre, qu'ils se proposaient de jeter leurs fils si fragiles dans le fond des mers. Une brochure publiée par l'inventeur d'un télégraphe de nuit et distribuée à profusion à tous les membres de l'Assemblée se terminait triomphalement par une énumération de tous les dangers auxquels ces rêveurs ne songeaient point. Il n'oubliait ni les ancres ni les filets, ni les vagues, ni les vents, ni les requins, ni les baleines, ni les tarets, ni même l'action spéciale que les courants exercent sur le métal quand ils circulent d'une façon prolongée.

La haine clairvoyante songeait à tous les dangers dont l'expérience n'a que trop démontré la réalité. Elle n'oubliait qu'une chose, une seule : c'est qu'à tous ces maux on trouverait un remède, parce que les fils sous-marins sont appelés à rendre de tels services qu'on ne devait jamais manquer d'argent pour les réparer et les entretenir, du moment que l'on aurait commencé à goûter les résultats qu'ils produiraient.

Quoi qu'il en soit, aucun de ces arguments n'empêcha le Président de la République de signer un décret qui concédait à M. Brett le droit exclusif de placer un fil télégraphique entre la France et l'Angleterre et de l'exploiter pendant une période de dix années, mais à condition qu'il exécuterait les travaux dans une période de quinze mois, et que le télégraphe pourrait transmettre 20 messages en cent minutes. L'acte de concession était signé en faveur de lord de Mauley, de l'honorable feu Cadogan, de sir James Carmichael, et de John W. Brett.

C'est poussé par ce décret intelligent que le gouvernement anglais consentit à donner au câble français le droit de pénétrer sur le sol Britannique; si on peut lui reprocher de s'être laissé devancer, on doit reconnaître qu'on ne vit surgir aucune des hésitations peu honorables que la perspective du tunnel de la Manche a fait sortir.

III

Au moment où M. Brett faisait ces démarches à Paris, on venait de découvrir dans les îles de la Sonde une substance dont les propriétés isolantes sont beaucoup plus parfaites que celles du caoutchouc et que la nature semble avoir créée exprès pour permettre aux électriciens d'isoler leurs lignes. Cette substance si précieuse, qui se nomme la gutta-percha, a été employée pour la première fois en grand sur la ligne terrestre de Douvres.

Dans les premiers temps, l'on ne plaçait pas de fil dans les tunnels, à cause de l'humidité qui y règne constamment et qu'entretient la vapeur débitée par les locomotives. La ligne électrique quittait le voisinage des rails, franchissait les obstacles d'une façon quelconque et ne rejoignait la voie ferrée qu'à la sortie des souterrains. Ces circuits étaient incommodes, et ils gênaient la surveillance, surtout sur la ligne de Londres à Douvres.

Dès que la propriété caractéristique de la gutta-percha fut connue, M. Walker, ingénieur électricien de la Compagnie de South-Eastern, proposa de l'employer pour isoler les fils que l'on placerait sous le tunnel. Il obtint qu'un de ces fils, qui avait 2700 mètres de longueur, fût envoyé à Folkstone pour exécuter une expérience de transmission sous-marine, qui permit de répondre à toutes les objections que l'on posait aux propagateurs du télégraphe de la Manche.

L'intention de l'habile physicien était de placer un fil électrique dans une barque et de le dévider dans la mer jusqu'à la rencontre d'un paquebot que la compagnie de South-Eastern avait mis à sa disposition et à bord duquel se trouvaient les appareils télégraphiques.

Mais il s'éleva un vent si violent qu'il fallut renoncer à ce projet d'excursion. On dut se contenter de submerger le fil le long de la côte, en lui faisant contourner la jetée et le phare pour arriver jusqu'au bateau, qui était resté amarré le long du quai. Les appareils électriques se comportèrent à merveille ; les signaux s'échangèrent directement avec Londres, comme si aucune partie de la ligne n'avait été noyée.

Le fil, soumis à une épreuve si importante, n'avait subi aucune altération sensible ; l'enveloppe était si

parfaitement intacte, malgré son séjour aussi prolongé dans la mer qu'on l'employa sous le tunnel,
auquel il était destiné, et qu'il fit un excellent service pendant longtemps sans avoir besoin de subir
la moindre réparation.

Pour la première fois, la gutta-percha avait fait
réellement ses preuves, et cette expérience avait
été exécutée de manière à détruire dans l'esprit des
capitalistes toute arrière-pensée.

On avait acquis le droit de demander hardiment
au public une somme de deux cent cinquante mille
francs, faible sacrifice en comparaison des résultats
qu'il était permis d'espérer sans exagération. On
pouvait dire en effet que dorénavant le succès de
l'entreprise ne pouvait être mis en doute d'une façon
sérieuse par des gens sensés. C'est à Paris que fut
fixé le siège de la société dans laquelle les capitaux
français jouaient un rôle important; mais on fut
obligé de faire construire en Angleterre le premier
fil sous-marin, car nous ne possédions point alors
d'atelier où une opération, qui semblait colossale,
pût être tentée.

Le constructeur choisi par M. Brett et ses associés
fut M. Newall, grand manufacturier de Newcastle,
fort habile déjà dans la tréfilerie, et qui devint le
fournisseur attitré de toutes les compagnies. Il
acquit ainsi rapidement une fortune considérable,
dont il fit du reste le plus noble usage. Il se donna
le luxe de construire dans sa maison de campagne
la plus grande lunette astronomique qui ait existé

jusque dans ces derniers temps et dont la réputation était si grande qu'en 1875 nous accompagnions
M. Leverrier dans un voyage fait à Newcastle, dans
le seul but de visiter ce merveilleux instrument.

On imagina d'enrouler ce fil isolé sur un cylindre
que l'on construisit entre les deux tambours du
Goliath et qui avait des dimensions que l'on considérait alors comme gigantesques. Les témoins ocu-
laires s'extasient tous en nous racontant que cette
pièce avait trois à quatre mètres de diamètre et
quatre à cinq de longueur.

Le fil qui recouvrait ce cylindre était enduit d'une
simple couche de *gutta-percha* qui lui donnait l'épaisseur du petit doigt ; on avait simplement pris la précaution de renfermer dans un petit étui en plomb,
tout le bout qui devait traîner sur le rivage. On
avait donné à ce tube protecteur une longueur qui ne
dépassait point trois cents mètres. Comme on le voit,
la confiance que l'expérience de M. Walker, un des
plus habiles et des plus modestes électriciens du
siècle, inspirait aux organisateurs de l'entreprise
était si grande qu'on se bornait à prendre les mesures les plus rudimentaires.

Lorsque M. Brett avait proposé pour la première
fois à sir Robert Peel de joindre la France et l'Angleterre par un trait d'union plus solide que tous
les traités de commerce, le grand ministre n'avait
pas cru devoir céder aux importunités d'un rê-
veur. Mais le résultat favorable de l'expérience de
M. Walker et l'accueil que le gouvernement fran-

çais avait fait aux projets de l'inventeur du télégraphe imprimeur avaient déterminé l'Amirauté britannique à venir en aide à la compagnie sous-marine. Le steamer le *Widgeon*, de la marine royale d'Angleterre, avait été employé à jalonner par des bouées surmontées de drapeaux, la route que le câble devait suivre et que l'on jugeait la plus favorable, pour éviter des écueils et des récifs dont on exagérait singulièrement l'importance. En effet, dans ces jours d'ignorance, les gouffres, peu redoutables cependant, du Pas de Calais, étaient considérés comme plus à redouter pour les fils immergés que le Maelstrom ne peut l'être pour les navires égarés dans le voisinage de ce tourbillon.

Les électriciens avaient encore d'autres causes d'anxiété, car on se demandait non sans effroi ce qui arriverait si le *Goliath*, à bord duquel on n'avait embarqué qu'un rouleau de fils pesant à peine cinq tonnes, était surpris par une des tempêtes qui depuis quelques jours devenaient fréquentes.

Mais on aurait dit que la nature tenait à favoriser cette entreprise, que tant de gens considéraient alors comme follement audacieuse. C'est le mercredi 28 août à midi que l'on donna le signal du départ et que le *Goliath* commença à se diriger lentement vers la France, en suivant le chenal que le *Widgeon* avait tracé quelques jours auparavant. Pendant trois jours la mer resta comme un miroir, et c'est seulement à partir du 1er septembre que le vent commença à la rider.

M. Brett, M. Wollaston, M. Edwards, quelques électriciens et quelques membres de l'administration de la Compagnie sous-marine se trouvaient à bord, ainsi qu'un nombreux équipage de plus de trente hommes.

L'opération marchait avec une grande lenteur; non seulement le cylindre ne débitait que six à sept mille mètres à l'heure, mais il fallait s'arrêter toutes les quinze minutes afin de charger le fil d'une masse additionnelle de 10 kilogrammes en plomb, que l'on supposait nécessaire pour obliger la ligne à atteindre le fond de la mer.

De temps en temps, on envoyait quelques signaux à terre pour s'assurer que la communication électrique n'avait point été interrompue par quelques-uns des accidents imprévus que l'on doit toujours redouter dans des expériences de cette nature. On redoubla naturellement de précautions lorsque l'on approcha de la petite vallée sous-marine qui sépare le Varne et le Cobbard, deux bancs de sables mouvants dont les ingénieurs du tunnel de la Manche ont rendu le nom célèbre depuis lors.

Mais aucun accident n'interrompit l'opération, et le fil était intact lorsqu'on le débarqua pour le joindre aux instruments télégraphiques.

On n'eut même pas besoin de fil de retour, et les deux *terres* se répondirent à travers le détroit. On s'empressa d'envoyer à Douvres un message en anglais dont le texte a été conservé par l'histoire et que nous devons traduire soigneusement.

« Cap Gris-Nez côtes de France, 8 h. 1/2 du soir.

« Le *Goliath* vient d'arriver sans aucun accident; des compliments sont échangés pour la première fois par-dessous le détroit entre la France et l'Angleterre, et à travers le bras de mer qui les sépare. La malle de France peut, comme elle en a l'habitude, ne point arriver à Douvres assez à temps pour que les nouvelles nous soient transmises avant notre tirage. Mais dans peu de temps, les arrangements nécessaires ayant été complétés, les nouvelles de Paris et la cote de sa bourse nous arriveront par une malle qui ne sera jamais en retard et qui ne craint pas qu'on l'arrête au passage. »

IV

Le ministre de l'Intérieur de la République française, le Préfet du Pas-de-Calais et les autorités locales avaient solennellement visité le point voisin du cap Gris-Nez où le cable devait atterrir. Mais la masse du public ne s'était point passionnée pour l'entreprise. L'attention générale était du reste concentrée presque exclusivement sur le voyage que le Président exécutait à Lyon et à Dijon. On se demandait comment il serait reçu par les clairvoyants canuts qui lui avaient prodigué leurs suffrages, et l'on s'inquiétait peu de l'accueil que la Manche ferait au fil conducteur de M. Brett.

Il n'en était pas de même en Angleterre, où du reste le point d'atterrissage du câble n'avait point été placé sur une plage déserte. Une foule nombreuse assiégeait les bureaux de la Compagnie sous-marine et lançait des hurrahs enthousiastes chaque fois que des signaux arrivaient. Lorsque l'on reçut des côtes de France le télégramme que nous venons de reproduire, ce fut un véritable délire. Les chapeaux volaient en l'air. De toutes parts on entendait retentir les cris de : « Vive la Reine ! vive le Président de la République française ! vive la France. »

Le duc de Wellington, qui se trouvait alors à Douvre, voulut lui-même expédier un message au neveu du grand vaincu de Waterloo. Mais le télégraphe, qui avait si facilement transmis les premiers signes partant des côtes françaises, refusa tout à coup de parler. La malle qui ne craignait ni le vent ni la marée n'arrivait point ; elle s'était perdue dans l'abîme.

Après une longue attente, pleine d'anxiété, le duc dut repartir sans avoir pu donner satisfaction au désir si légitime qui l'avait amené sur les bords du détroit. Le vénérable maréchal fut obligé de retourner à Londres sans avoir reçu la clef de l'interruption mystérieuse.

Il rentra dans son palais, persuadé que l'agitation des vagues avait usé l'enveloppe de gutta-percha, mis à nu le cuivre, et produit des blessures par les-

quelles le courant avait disparu. C'est seulement dans
son hôtel qu'il apprit la vérité.

Un pêcheur de Boulogne qui traînait son chalut
le long de la côte française avait accroché le câble
de M. Brett et en avait coupé un morceau, heureusement après le moment où il venait de transmettre
son unique dépêche.

Cet accident fût sans doute resté ignoré si le coupable n'avait ramené triomphalement sa prise avec
ses soles et ses limandes.

En mettant la main sur cette tige parfaitement
régulière, le pêcheur s'était imaginé qu'il avait arraché du fond de la mer une des algues innombrables
qui y prospèrent, et il l'aurait probablement rejetée
dans l'abîme s'il n'avait été frappé par la couleur
dorée que prend le cuivre quand il n'a point été
modifié par de l'oxyde, et conserve encore sa couleur primitive !

Comme il se rappelait avoir lu quelques livres des
anciens alchimistes, il s'imagina qu'il avait saisi la
plante merveilleuse dont la moelle est constituée
avec de l'or, et il revint à Boulogne enchanté de la
merveilleuse trouvaille, croyant avoir fait sa fortune
et celle de ses camarades.

La maladresse de cet ignorant mettait fin à l'existence de la société Brett, qui avait dévoré son capital pour faire passer un message de cent mots. Et
M. Brett, ruiné à plates coutures, devait payer par
une vie de misères le progrès qu'il avait réalisé.

Désireux de mettre Londres et Paris en communication instantanée pendant l'Exposition universelle du Cristal Palace, le gouvernement français avait imposé à cet illustre et malheureux électricien l'obligation d'établir sa ligne sous-marine dans un délai de quinze mois.

Mais ce laps de temps devenait insuffisant pour la construction d'un câble plus solide et la constitution préalable d'une société plus sérieuse, qui devait commencer par racheter la concession inutilisée, c'est-à-dire en réalité prendre à son compte les frais de l'expérience si malheureusement interrompue. Le gouvernement français eut le bon esprit de se prêter à la circonstance et d'accorder tous les délais demandés; malheureusement il n'imposa pas à la compagnie nouvelle l'obligation de conserver son siège à Paris, de sorte que ses organisateurs s'empressèrent de retourner à Londres, c'est-à-dire dans la seule ville où ils pouvaient trouver des capitalistes assez prudents pour ne pas craindre de jeter leurs millions dans le fond des océans.

C'est ainsi que nous perdîmes notre première compagnie sous-marine, et, depuis lors, il nous fut impossible d'en avoir une autre. En effet, toutes celles que l'on chercha à établir ultérieurement furent achetées directement ou indirectement par l'Angleterre, qui conserva le monopole de plus en plus exclusif de la télégraphie des océans.

Ne lui laissons pas conserver le monopole de la reconnaissance et venons nous aussi en aide au Bélisaire de l'électricité!

V

Pendant ce temps, le gouvernement poussé par
l'exemple de ce qui se passait en Angleterre, avait
résolu de doter la France du bienfait de la télégraphie privée, dont nos voisins jouissaient depuis plusieurs années. Le cabinet qui avait succédé à celui
de M. Dufaure avait soumis en effet à l'Assemblée
nationale un projet de loi pour mettre le réseau
de l'Etat à la disposition du public.

La majorité choisit encore comme rapporteur de
la loi M. Leverrier; cependant elle était loin d'être
favorable à l'innovation dont le célèbre astronome
était un partisan avéré. Il avait à triompher à la fois
de l'hostilité de deux catégories de représentants
également peu sympathiques à ce progrès. Un grand
nombre de farouches montagnards voyaient dans la
télégraphie privée un nouveau moyen d'influence
et d'information dont le monopole appartiendrait
presque exclusivement aux classes qui vivent de la
sueur du peuple. De nouveau, les royalistes faisaient retentir les couloirs de leurs sombres prévisions. Les sociétés secrètes qui ruinaient le pays
et qui allaient bouleverser la société lorsqu'arriverait la terrible échéance de 1852, emploieraient
le télégraphe électrique pour faire circuler leurs
terribles mots d'ordre d'un bout à l'autre de la
France.

Le projet de loi, qui avait attendu si longtemps, n'eut pas le bénéfice d'une déclaration d'urgence, dont la Législative était pourtant si prodigue. Il dut subir péniblement l'épreuve de trois lectures, se succédant à de longs intervalles.

Quand vint la discussion, elle souleva les objections les plus vives, les plus ridicules, les plus puériles, on pourrait même dire les plus inconvenantes.

Il n'est pas inopportun de puiser dans les débats parlementaires et dans les articles des journaux du temps des échantillons de ces polémiques étranges qui nous font sourire aujourd'hui, sans que peut-être nous nous apercevions que nous commettons encore des fautes analogues pour des sujets plus graves, car le progrès matériel qui s'est accompli depuis lors n'a pu transformer l'homme moral, et la faiblesse intellectuelle qui produisait ce débordement de sophismes doit se faire certainement sentir d'une manière quelconque et accompagner toujours nos plus grands, nos plus rapides progrès.

Les télégraphes, disait-on, ont été jusqu'ici réservés exclusivement au gouvernement, et c'était dans ce privilège même que résidait toute la puissance de leurs informations. Ces avantages disparaîtront dès qu'on les mettra à la disposition du premier venu. Pour le gouvernement, le résultat sera à peu près le même que si l'on anéantissait purement et simplement l'invention des télégraphes. Puis on ajoutait des raisonnements tirés de l'état politique de la France et qui ne laissaient pas que d'exercer une certaine influence sur les trembleurs.

Quel moyen choisit-on pour dépouiller ainsi le gouvernement de l'un de ses plus énergiques ressorts? Les circonstances extraordinaires dans lesquelles il a le plus besoin de se défendre avec énergie contre les tentatives des éternels ennemis de l'ordre social, l'époque troublée où les anarchistes préparent dans leurs sociétés secrètes l'assaut suprême qu'ils veulent donner aux pouvoirs publics, les approches de la future élection présidentielle.

Le gouvernement avait présenté un tarif que l'on pouvait considérer comme tout à fait prohibitif. Le moindre télégramme aurait coûté 2 francs pour aller de Paris à Versailles. L'Assemblée renchérit encore sur cette fiscalité à outrance et éleva à trois francs cette taxe exorbitante.

Elle augmentait en proportion de la distance, et d'une façon telle qu'il fallait dépenser une vingtaine de francs pour traverser le territoire de la République française de part en part.

Quelques membres plus clairvoyants, qui avaient souci de l'avenir de la télégraphie, comprirent qu'elle ne resterait point indéfiniment dans l'état d'enfance et qu'il fallait se préoccuper d'avoir des employés capables en nombre suffisant. M. Foy répondit que l'Assemblée n'avait rien à craindre à cet égard, car on n'aurait besoin au plus que de trente ou quarante employés nouveaux; d'ailleurs le service se recrutait dans les rangs de l'École polytechnique;

mais, en même temps, le sagace directeur craignait que ces employés si intelligents ne pussent apprendre la nouvelle langue télégraphique. Il exigea encore une fois que toutes les lignes françaises fussent à deux fils, afin que l'on pût imiter servilement les signaux en usage sur les anciennes lignes aériennes !

Ce n'est pas tout : afin de pouvoir se préparer à une innovation si grande, le gouvernement demanda un nouveau délai, de sorte que le télégraphe ne fut ouvert que le 1er mars 1851.

Par suite de ces craintes et de ces hésitations sans cesse renouvelées, l'inauguration du service terrestre privé devança à peine de quelques mois celle du service sous-marin. Car la compagnie anglaise avait continué ses préparatifs avec la plus remarquable rapidité.

Le nouveau conducteur contenait quatre fils isolés l'un de l'autre à l'aide de la gutta-percha. A son tour, l'enveloppe isolante avait été recouverte de chanvre saturé de goudron et soumis à l'action d'une presse à vapeur. Puis le cylindre ainsi obtenu avait été entouré sur toute sa longueur d'une armure en fer destinée à empêcher un pêcheur de le pêcher de nouveau.

On était bien loin du fil primitif de M. Brett, car il était arrivé à un poids de 200 000 kilogrammes, qui devenait embarrassant non seulement à poser, mais même à transporter à Douvres.

Avant de quitter l'usine, on s'assura soigneusement que, pendant les manipulations nombreuses auxquelles ce fil avait dû être soumis à bord du navire chargé de le poser, aucune fuite ne s'était déclarée. L'épreuve, qui était décisive, consista à mettre le feu à une fusée avec le courant qui avait traversé deux des quatre conducteurs, l'un pour aller et l'autre pour le retour.

On le transporta à bord du *Blazer*, ancien steamer auquel on avait enlevé ses machines et tous ses emménagements intérieurs; on avait organisé de la sorte un immense magasin dans lequel le fil avait pu être roulé méthodiquement, qui sous certain point de vue pouvait soutenir la comparaison avec les réservoirs dont tous les navires télégraphiques sont pourvus de nos jours et auxquels il a servi de modèle incontestablement.

Mais l'expédition avait à peine quitté Douvres, que l'on s'aperçut que le courant ne passait plus; il n'y avait plus de communication avec South Foreland. Heureusement, en examinant la portion du câble qui traînait sur la partie du rivage que l'eau recouvrait à peine, on trouva que le défaut de conductibilité était produit par le frottement sur un galet aigu. Après une courte suspension qui fit palpiter tous les cœurs, on commença à voguer de nouveau vers les côtes de France.

Le *Blazer* n'était plus qu'un horrible ponton, parfaitement incapable de tout mouvement et en quelque sorte hors d'état de garder son équilibre sur les vagues.

On avait cru qu'il suffirait de l'attacher par une

amarre à un remorqueur sérieux, le *Black Eagle*, robuste steamer que l'Amirauté avait mis à la disposition de la Compagnie sous-marine. Mais, à peine était-on arrivé au large, dans les parages où l'action des vagues commence à se faire sentir, que l'on commença à reconnaître combien il était difficile de mettre d'accord l'allure des deux bâtiments. A chaque instant on croyait que le fil allait se rompre. Il tint bon; mais l'amarre céda un peu après avoir passé le milieu du détroit. Poussé par le vent et la marée, qui, agissant de conserve, avaient acquis une force irrésistible, le *Blazer* s'en alla à la dérive.

Pendant que le *Blazer* était ainsi abandonné sans défense aux caprices des flots, le capitaine n'avait point osé interrompre la pose, de crainte de fatiguer le fil, et il avait continué à le laisser couler à peu près avec la même vitesse que pendant la journée précédente; aussi quand, après une nuit d'anxiété, il voulut recommencer l'opération, il reconnut que le bout qui restait était trop court. Le *Blazer* était encore à trois milles au large, et il n'y avait plus à bord qu'une ligne de deux milles.

Cependant on prit courage quand on eut reconnu que les courants passaient encore, et l'on essaya de ramener le *Blazer* dans la direction du cap Gris-Nez en profitant de la marée, qui, ayant changé de sens, était devenue favorable. On se mit donc à tirer sur la ligne de toute la force des machines pour tenter de changer sa position dans le fonds du détroit. Heureusement on ne tarda point à se convaincre de la futilité de semblables efforts, et l'on se décida à adopter le seul parti qui fût sage dans des circonstances aussi critiques.

On apportait un peu par hasard à Sangate, pour économiser un fret inutile, un fil couvert de caoutchouc qui devait servir à joindre le bout du câble à la station de Calais. On se décida à l'employer provisoirement à combler la lacune qui venait de se révéler et à faire la soudure au large, où l'on avait attaché le câble à une bouée. L'opération qui paraissait si redoutable se termina sans beaucoup plus de difficulté que si elle avait été exécutée à terre, et, après s'être assuré que la bouée ne pourrait être enlevée ni par la marée ni par le vent, on remit de nouveau le cap pour Sangate, en continuant la pose à l'aide de ce fil, destiné à la télégraphie terrestre.

Le *Blazer* arriva bientôt au pied de la falaise, qui est excessivement escarpée et qui offre dans la partie inférieure une assez jolie caverne creusée par les vagues à une époque inconnue. C'est là que se rendait un puits que l'on avait pratiqué à l'avance et qui permit facilement de faire monter la ligne jusqu'au pied d'un sémaphore. On y avait dressé une tente renfermant les instruments télégraphiques destinés à la communication avec l'Angleterre et où la Compagnie établit pendant dix-huit mois son service.

Le fil provisoire remplit admirablement son service, et l'on put facilement procéder à des expériences qui excitèrent vivement la curiosité publique.

On envoya en Angleterre une étincelle électrique qui mit le feu à une pièce d'artillerie située sur les remparts de Douvres. Immédiatement après, l'on répliqua de l'autre rive par une étincelle qui vint donner le feu aux pièces françaises.

Le duc de Wellington avait donné déjà l'année précédente une preuve de l'intérêt qu'il portait à la communication sous-marine entre la France et l'Angleterre. Désireux de contribuer pour sa part à écarter les souvenirs irritants qui pouvaient empêcher un rapprochement définitif entre deux nations faites pour se prêter un mutuel concours, le vainqueur de Waterloo avait spontanément renoncé à célébrer l'anniversaire du grand anniversaire qui lui assure une place si distinguée dans l'histoire. Il était retourné de nouveau à Douvres dans l'espoir d'assister à l'inauguration ; mais, fatigué d'attendre encore une fois comme en 1849 et croyant sans doute qu'il allait avoir la mortification d'assister encore une fois à un nouvel échec, il s'était résigné à revenir à Londres. Il était déjà dans le train qui allait l'emporter vers la capitale britannique lorsqu'éclata la salve d'artillerie qu'un artilleur français placé de l'autre côté du détroit venait de tirer sur la rive anglaise.

La foule, qui était encore plus nombreuse qu'en 1849, faisait entendre de nouveau ses vivats en faveur de la Reine, de la France et du Président de la République française.

Cette fois, la population de Calais était émue, elle

avait déserté la ville pour se rendre auprès de la cabane de Sangate, et elle témoignait d'un enthousiasme qui ne le cédait point à celui des citoyens de Douvres.

Le soir, M. Mayer, maire de Calais, assisté de MM. Legros et Devos, représentants du peuple, et des principaux habitants de la ville donnaient un banquet à sir James Carmichael, à M. Crampton et à M. Wollaston, qui venait de diriger ces opérations, dont on comprenait cette fois l'importance. On décida de plus qu'un échantillon du câble sous-marin serait conservé dans le musée de Calais avec la nacelle du ballon dans lequel l'aéronaute Blanchard avait exécuté son voyage sur-marin en 1785.

Le village de Sangate, où aboutit le câble, se compose d'une unique rangée de maisons, construites le long de la falaise et habitées par des pêcheurs que l'on dit descendre de colons britanniques.

Il paraît que c'est également de Sangate que partirent les barques qui conduisirent César et les premières légions romaines de l'autre côté de la Manche, dans cette Bretagne encore barbare et enveloppée de légendes aussi nuageuses que ses brouillards.

Enfin c'est à Sangate que la Compagnie française du canal sous-marin de la Manche a construit le puits où l'on travaille déjà à l'exécution du grand travail, qui empêche de dormir le généralissime des armes britanniques et qui trouble son sommeil par des rêves dont son illustre prédécesseur, le grand vainqueur de Waterloo, n'aurait fait que sourire.

On eût dit que les braves marins qui avaient si vaillamment triomphé de tant d'obstacles devaient être exposés à la fureur maligne des éléments repentants de leur première indulgence et courroucés de voir que les communications de France et d'Angleterre échappaient pour toujours à leurs caprices. Le vent et la mer se déchaînèrent avec fureur contre le *Blazer*, auquel le *Black Eagle* avait donné la remorque et qui roulait si horriblement que les matelots qui le montaient eurent toutes les peines du monde à ne pas être broyés contre les bordages ou jetés à la mer. Le *Blazer* n'aurait peut-être même pu arriver jusqu'au port de Woolwich, si le *Monkey* n'était venu à l'aide de son remorqueur. Mais désormais la colère d'Eole et de Neptune ne pouvait réellement empêcher la malle *électrique* de franchir le détroit. Les filets et les ancres des pêcheurs étaient les seuls ennemis que les câbles de la Manche eussent dorénavant à redouter.

Le premier message envoyé de Londres à Paris fut transmis à l'Elysée, et immédiatement après la ligne sous-marine mise à la disposition du public.

La première personne qui s'en servit fut le chef d'une maison de banque de Paris, qui expédiait à son correspondant de Londres les cours de clôture de la Bourse de Paris. Le temps de la transmission, y compris le transport de Sangate à Calais et à Domrale, ne prit pas une heure.

La première dépêche politique reçue par la même

voie parut dans le *Times* du 14 novembre 1851, datée de la veille, à sept heures du soir. Elle annonçait le rejet de la loi électorale, dont l'adoption eût certainement fait avorter le coup d'Etat et qui ne fut repoussée que par 7 voix, c'est-à-dire par 355 contre 348. Londres apprit ce funeste événement politique en même temps que Paris, sans comprendre certainement mieux que Paris que ce sinistre parlementaire n'était que la préface d'une catastrophe plus grave encore.

Pendant plus d'une année, on hésita à marier la télégraphie électrique à la télégraphie sous-marine. Les novateurs les plus téméraires ne pouvaient s'imaginer que les courants électriques conserveraient leurs qualités en passant à travers ce détroit, que tant de savants avaient pendant si longtemps considéré comme infranchissable. Pour aller de Londres à Paris, les dépêches faisaient une première halte à Calais, puis elles s'arrêtaient à Douvres, comme pour reprendre haleine. Ce n'est que le 1er novembre 1852 que les bureaux intermédiaires furent supprimés, et que Londres et Paris eurent la communication directe. En outre, la Compagnie obtint alors du gouvernement britannique la concession de la ligne directe qu'elle possède encore aujourd'hui de Douvres à la cité de Londres, malgré le rachat du réseau britannique.

Jusqu'à ce moment, ses affaires financières étaient peu prospères et ne donnaient qu'un dividende modéré, car la Compagnie terrestre dont elle empruntait le concours absorbait la majeure partie de ses bénéfices; mais, à partir de ce jour, ses actions ont toujours donné des bénéfices si considérables, qu'elle négligea de demander la concession de lignes lointaines, et qu'elle se contenta de s'assurer le monopole des communications télégraphiques de l'Angleterre avec le continent. Elle devint insensiblement une grande école de télégraphie sous-marine, elle dota l'Angleterre d'une industrie qui est le plus beau fleuron de sa couronne industrielle.

Le 2 juin 1852, le *Britannia* et le *Prospero*, profitant de l'expérience acquise lors de la pose du câble de Calais, avaient placé un fil de 1103 kilomètres à travers le canal Saint-Georges. Ce télégraphe, que l'on peut considérer comme le symbole matériel du célèbre acte d'union, était beaucoup plus léger que le précédent; il ne pesait que 20 tonnes. Cependant l'opération réussit sans coup férir. A partir de ce moment, les poses se succédèrent avec une rapidité remarquable dans les mers étroites qui séparent la Grande-Bretagne du nord de l'Europe. Au mois de mai 1853, le *William Stutt* réunissait l'Angleterre et la Belgique par la voie de Douvres à Ostende; au mois de juin, le *Monarque* déposait dans le fond de la mer du Nord le fil télégraphique qui, partant d'Oxfordness, sur la côte de Suffolk, atteint la Hollande en traversant le Zuiderzée. Au mois de septembre, le gouvernement danois réunissait le Jutland à l'île de Seeland, où se trouve sa capitale. Mais aucune de ces lignes n'avait encore une

longueur suffisante pour que l'on pût s'autoriser de
sa marche pour croire que, réellement, l'Océan lui-
même n'était pas un obstacle suffisant pour arrêter
à jamais les poseurs de fils sous-marins.

La guerre de Crimée et les progrès de la coloni-
sation en Algérie vinrent simultanément tirer les
télégraphes de ce petit cabotage électrique. Les
ingénieurs télégraphistes se virent obligés pour ainsi
dire malgré eux à aborder deux problèmes qui,
malgré ces premiers succès, semblaient également
redoutables, la traversée de la Méditerranée et celle
de la mer Noire.

La première opération, commencée au mois
d'avril 1854, réussit sans coup férir. Un fil de
845 kilomètres, à un seul conducteur et pesant
800 tonnes, fonctionna sans interruption pendant
toute la durée du siège de Sébastopol. Il rendit aux
alliés des services inouïs. On peut dire sans exagération que, s'il n'avait point existé, il n'y aurait
jamais eu de duc de Malakoff.

La Méditerranée se montrait plus rebelle aux tentatives des électriciens, et la pose du fil algérien,
quoiqu'on prit la précaution de le faire passer par
la Corse ou par la Sardaigne, afin de diminuer la
distance, rencontrait des obstacles imprévus, sans
cesse renouvelés.

Les uns tenaient au peu d'habileté des hommes,
les autres à la fureur des éléments ; d'autres devaient
être attribués à la nature du fond. Mais tous étaient
indistinctement exploités par les ennemis de la té-

légraphie atlantique, et ces insuccès coûteux, pénibles, quelquefois presque ridicules, devaient naturellement exercer la plus désastreuse influence sur les projets des ingénieurs qui poursuivaient la réunion des deux hémisphères et sur l'opinion des capitalistes, dont le concours enthousiaste était indispensable dans une semblable opération.

La question du télégraphe atlantique, toujours maintenue à l'ordre du jour par de persévérants apôtres, avait ses adversaires et ses adhérents passionnés, et l'opinion intelligente se trouvait pour ainsi dire alternativement ballottée entre deux courants contraires.

Lesage, Ampère, Reynolds, tous les premiers savants d'imagination qui ont eu l'intuition de la télégraphie électrique, ont supposé que l'on se servait de vingt-cinq ou vingt-six fils suivant que l'alphabet avait plus ou moins de lettres. Cookes et Wheatstone avaient réduit ce nombre à cinq, puis à deux, avant qu'on ait constaté que la terre pouvait servir au retour du courant. Puis enfin à un seul. Des hommes à système en tiraient la conclusion qu'il était absurde de se donner tant de peine pour jeter dans la mer ce dernier fil qu'on pouvait lui-même supprimer à son tour comme les précédents. Ils souriaient, haussaient les épaules d'un air capable et indiquaient des procédés simples pour recueillir les courants à travers un détroit, ou même à travers l'Atlantique, sans avoir besoin du moindre intermédiaire.

D'autres avaient trouvé un moyen simple de conserver indéfiniment les lignes et surtout de leur permettre de franchir les abîmes océaniques, qui étaient la terreur des électriciens. Ces physiciens timides reculaient devant l'idée de soumettre la gutta-percha à des pressions suffisantes pour faire passer au laminoir de l'acier trempé. Ils proposaient d'isoler le fil de cuivre à l'aide d'une enveloppe dont la densité fût à peu près celle de l'eau, de sorte que la ligne électrique pût être toujours retrouvée d'une façon rapide et facile.

Quelques-uns se rassuraient en songeant que la terrible pression des abîmes océaniques ne nuit pas à la santé des foraminifères si bien décrits par Ehremberg, c'est-à-dire des individus les plus délicats que la nature nous offre, de ceux dont la chair est précisément la plus fragile. La seule chose qui les inquiétât était la distance. Il leur semblait impossible de conserver au fond des mers une ligne dont la longueur dépassait celles de toutes les lignes aériennes connues.

Mais, comme un certain nombre étaient des hommes d'initiative, ils ne proposaient point de s'arrêter lâchement devant une difficulté pareille. Ils conseillaient donc tout simplement de construire en pleine mer une série de grandes tours reposant sur autant d'îles en pilotis et servant de stations intermédiaires pour permettre à l'électricité de reprendre haleine.

D'autres plus hardis proposaient de joindre au

câble principal des câbles accessoires qui en émaneraient et qui viendraient aboutir à des bouées permanentes attachées en plein Océan. Ce projet bizarre a été repris dans ces dernières années avec le but, évidemment philanthropique, de donner aux navires les moyens d'échanger des dépêches avec leur port d'armement.

Un ingénieur télégraphiste américain présenta à cette époque un projet qui fut en faveur pendant un certain temps, et que l'extension des expéditions polaires fera reprendre inévitablement, mais à un autre point de vue.

M. Shaffner proposait de résoudre le problème de la jonction des deux continents en utilisant les îles, les Fiords et les terres du cercle polaire, et il arrivait de la sorte à n'avoir besoin de poser aucune section dont la longueur excédât notablement celles qui avaient été déjà établies sans trop de difficultés. La ligne d'Amérique devait partir du nord de l'Ecosse et se rendre à Thorshaven, capitale des îles Feroe, qui n'en est séparé que par une distance de 250 milles. Après avoir franchi la grande île de ce groupe dans toute sa longueur, la ligne du Nord aurait abordé l'Islande à Portland, sur la côte méridionale. Cette seconde section maritime n'aurait encore eu que 600 milles de longueur et aurait été suivie d'un télégraphe terrestre allant d'un bout à l'autre de cette île glacée. Une troisième de même longueur aurait traversé le détroit de Danemark et aurait abordé le Groenland en un point de la côte orientale. Une ligne de terre aurait atteint Frederickstadt, tête d'une voie sous-marine qui aurait conduit la ligne à Hamilton Inlet, sur le Labrador, après avoir traversé la mer de Davis, dont la largeur ne dépasse pas 6 à 700 milles. Il n'y aurait plus eu qu'à joindre Hamilton Inlet au système télégraphique du Canada à travers le Labrador, région inhospitalière que parcourent un petit nombre de hordes d'Esquimaux à l'état sauvage, mais dont la protection aurait pu naturellement être achetée à bon marché.

M. Babinet, un des membres de l'Académie des sciences qui avaient le plus contribué au succès du câble sous-marin, avait trouvé une autre route. Il voulait que l'on fît passer la grande ligne le long de la côte orientale d'Amérique en Californie, en Orégon, dans l'Amérique russe et dans le détroit de Behring. Une fois en Sibérie, on n'avait que le choix entre la ligne russe et celle que l'on devait établir sur les côtes de l'Empire de la Chine.

Le spirituel mandarin scientifique de l'Empire français ne comptait pour rien la distance, et il espérait que ses collègues de l'Empire du Milieu se laisseraient entraîner dans l'orbite irrésistible du progrès. Mais la résistance héroïque qu'ils faisaient encore en 1881, sous prétexte que les esprits des ancêtres viendraient se briser les ailes le long des fils aériens, prouve combien M. Babinet s'était trompé.

VI

On peut dire que c'est en Amérique que la question de la télégraphie sous-marine a pris naissance, quoiqu'elle n'y ait été pratiquée que sur une petite échelle et que ces tentatives n'aient jamais fait grand bruit. En effet, plusieurs années avant l'époque où M. Walker avait exécuté la première expérience de Douvres, Morse était parvenu à échanger des signaux entre la ville de New-York et un navire qui se trouvait dans le port. On avait également employé un fil isolé au caoutchouc pour établir des communications entre cette ville et son faubourg de Booklyn; enfin les grands fleuves d'Amérique avaient peut-être été les premiers dans lesquels des fils télégraphiques aient été lancés. Les États-Unis étaient donc un terrain fertile où l'idée britannique devait particulièrement germer.

Aussitôt que la grande expérience de Brett eut réussi, M. Gisborne, ingénieur américain bien connu, eut l'idée de réunir le cap Ray de Terre-Neuve à la ville de New-York à l'aide d'une série de fils, les uns terrestres et les autres sous-marins, allant du Nouveau-Brunswik à Charlotte, capitale de l'île du Prince-Edouard, à travers le détroit de Northumberland; de l'île de Prince-Edouard à Sidney, ville principale de l'île du Cap-Breton; de Sidney, au cap Ray, pointe occidentale de Terre-Neuve; enfin du cap Ray à Saint-Jean, capitale de Terre-Neuve, en suivant la côte méridionale sur une étendue de plus de 500 kilomètres, dans un district habité par des populations blanches presque retournées à l'état sauvage et plus dangereuses que des hordes indiennes, car elles ont insensiblement perdu l'habitude de tout gouvernement.

L'édifice de cette chaîne de lignes devait être couronné par la création d'un service de bateaux à vapeur, allant régulièrement en cinq jours de Valentia à Saint-Jean.

Cet homme audacieux, qui n'avait pourtant point osé tenter de franchir le grand abîme, fut accueilli avec beaucoup de sympathie par les divers gouvernements coloniaux et par le congrès des Etats-Unis; on lui accorda toutes les concessions dont il avait besoin, et il se mit à l'œuvre avec un irrésistible entrain.

Mais des difficultés matérielles surgirent dans l'un et l'autre élément. La pose des lignes dans des détroits qui n'avaient qu'une largeur et une profondeur peu redoutables ne réussit pas. L'entretien de la ligne terrestre elle-même présenta des obstacles que l'on n'avait point prévus.

La compagnie Gisborne ne tarda point à péricliter, et la faillite se présentait dans un avenir peu éloignée lorsqu'elle fut écartée par une de ces circonstances extraordinaires, si fréquentes dans l'histoire de la télégraphie sous-marine, qui semblent tenir plus au roman qu'à la réalité.

M. Gisborne était venu à New-York dans l'espoir de trouver de l'assistance auprès des grands financiers de New-York, mais toutes les caisses auxquelles il frappa restèrent impitoyablement fermées. Heureusement, le hasard le fit descendre dans un hôtel où habitait M. Cyrus Field, riche capitaliste avec lequel il n'avait jamais été en rapport et auquel dans sa détresse il n'avait point encore songé.

Cyrus Field, qui joignait la fougue de sa nation à la froideur nécessaire à un homme habitué à faire manœuvrer ses millions sur les grands champs de bataille de l'industriel, l'écouta sans rien dire et sans lui faire d'observations.

« Votre projet, lui dit-il lorsqu'il eut terminé sa harangue, est dans tous les cas très mauvais ; si l'on ne peut jeter un fil du cap Ray à Valentia, il ne vaut rien, parce que personne ne prendra votre ligne bâtarde de steamers ; si l'on peut résoudre ce grand problème, il est détestable parce que dans ce cas rien n'empêche de construire une ligne d'Europe en Amérique ; mais s'il en est ainsi je m'en charge ; je vous achèterai votre concession, et je prendrai la suite de vos opérations. Revenez dans quinze jours, quand j'aurai pris mes informations. »

M. Gisborne partit à la fois enchanté et terrifié, ne sachant s'il devait se brûler la cervelle ou se considérer comme sauvé.

A peine M. Field fut-il seul, qu'il écrivit au lieutenant Maury et à M. Morse. Celui-ci n'hésita point à déclarer immédiatement qu'il ne voyait

aucune raison pour craindre que le courant ne pût
être conservé intact dans l'intérieur d'un conducteur
en cuivre isolé avec un soin suffisant. Au moment
même où la lettre de Cyrus Field lui arriva, le lieutenant Maury était en train de répondre à une question analogue, qui lui était adressée précisément par
le secrétaire du département de la marine. Il n'eut
pour ainsi dire qu'à copier le rapport qu'il envoyait
sur les résultats des sondages exécutés en 1853
entre l'Islande et l'île de Terre-Neuve, pour déterminer la nature des courants sous-marins et la
température des couches profondes.

Dès qu'il apprit d'une façon officielle qu'il existait
au milieu de l'Océan un vaste plateau sablonneux sur
lequel le câble devait reposer avec une tranquillité
parfaite, qui était assez profond pour que les glaces
flottantes ne pussent le raboter, l'audacieux Américain le décida à risquer sa fortune et celle de ses
amis, dans une entreprise qui aurait fait pâlir les
plus audacieux banquiers français. Il racheta la concession de M. Gisborne et fit des démarches aussi
bien auprès du gouvernement anglais que du gouvernement américain, pour obtenir une subvention
dans le cas où il parviendrait à résoudre le plus beau
problème que les électriciens aient pu se poser, et
où il mettrait New-York aux portes de Londres,
comme M. Brett y avait déjà mis Paris.

Sur les deux rives de l'Atlantique, M. Cyrus Field
trouva un accueil également intelligent, également
sympathique. Non seulement le parlement d'Angle-

terre et le congrès consentirent à garantir dans le cas d'une réussite l'intérêt du capital employé, mais ils expédièrent l'un et l'autre un bâtiment de guerre chargé d'exécuter des sondages préparatoires et de déterminer d'une façon aussi exacte que possible la route que le câble devait suivre. C'est pour ces deux expéditions que l'on inventa la fameuse sonde Brookes, dont il fut fait usage dans toutes les explorations analogues, et qui, modifiée de différentes manières, a servi dans la croisière du *Challenger*.

C'est donc grâce à ces grandes expéditions transatlantiques organisées pour éclairer la pose des câbles, que la science moderne doit presque exclusivement les merveilleux détails qu'elle possède sur les habitants des régions sous-marines, tellement éloignées de la surface des océans que des êtres intelligents relégués au fond de ces abîmes ignoreraient jusqu'à l'existence de notre soleil !

On pouvait donc raisonnablement espérer que, même dans le cas où le fil se romprait, tout ne serait point perdu, et qu'il n'était pas impossible, s'il en était malheureusement besoin, d'aller le repêcher au milieu des myriades de foraminifères qui peuplent ces zones ténébreuses et y créent peut-être le sol de continents futurs !

Il ne restait plus qu'une objection à laquelle se cramponnaient les ennemis du projet, avec une obstination digne d'une meilleure cause. L'électricité pourrait-elle fournir d'une seule haleine une course de plus de trois mille kilomètres ?

Déjà à cette époque la télégraphie terrestre avait pris aux Etats-Unis de si merveilleux développements que des expériences concluantes purent être faites sans pour ainsi dire aucun dérangement; on fit jouer le télégraphe sans interruption de Boston à Montréal, sur une distance de 2 400 kilomètres, et de New-York à la Nouvelle-Orléans en passant par Charlestown, Savannah et Mobile, ce qui porta à 3000 kilomètres la distance franchie en une seule étape par l'électricité. C'était juste la distance qui séparait l'extrémité occidentale du vieux monde de celle du nouveau continent.

Mais, pour que le rattachement pût être exécuté d'une façon efficace, il fallait tenir compte des détours que les vents et la marée pouvaient obliger à faire pendant la pose, et des inflexions innombrables que le câble parcourait en suivant le profil inconnu du fond des océans.

En outre, on savait déjà que le milieu dans lequel les conducteurs de l'électricité sont placés agit sur la manière dont elle se transmet. La plus vulgaire prudence exigeait que l'on exagérât dans une proportion notable la distance des deux stations extrêmes entre lesquelles on avait l'ambition d'établir un gigantesque trait d'union.

M. Cyrus Field s'adressa donc aux directeurs des lignes télégraphiques d'Angleterre et d'Irlande, et leur demanda de choisir une nuit pour réunir en un seul fil les principales lignes qui servaient à leur exploitation. Tous se prêtèrent de bonne grâce à cette immense expérience, dont les résultats ont été conservés dans les enquêtes du parlement d'Angleterre et qui a été exécutée sur une longueur de 8000 kilomètres.

L'électricité passa avec une facilité surprenante le long de cette ligne temporaire formée d'une multitude de fils, dont la majeure partie étaient aériens, dont quelques-uns se trouvaient sous terre et dont quelques autres étaient même sous-marins et qui étaient dirigés dans toutes les directions. Les signaux s'échangèrent aussi facilement que dans la première expérience analogue exécutée aux États-Unis. Cette épreuve décisive fut exécutée dans la nuit du 9 octobre 1856, qui restera à jamais mémorable dans les annales de l'électricité.

Les impossibilités physiques dont on avait parlé lorsqu'il s'était agi du premier télégraphe, et que l'on avait agitées devant les promoteurs du télégraphe de la Manche, avaient entièrement disparu; l'électricité n'était point en insurrection devant la grande entreprise; mais il restait encore deux questions à se poser : pourrait-on réussir à porter un fil d'un continent à l'autre sans le rompre, et, le fil une fois tendu, ce miracle de hardiesse et d'habileté nautique étant accompli, serait-il possible d'établir un trafic fructueux? Le triomphe matériel n'aboutirait-il pas à un désastre financier?

La réponse définitive à la première question ne pouvait être donnée que par le succès; mais les résultats obtenus avec facilité sur les mers plus étroites semblaient de précieux indices, qui promettaient un triomphe certain. M. Cyrus Field les faisait valoir avec une éloquence persuasive et s'attachait à détruire le mauvais effet des échecs méditerranéens.

Qui persisterait à redouter un insuccès matériel dans une entreprise rationnelle, conduite par des gens habiles, ayant sondé la profondeur des gouffres dans lesquels ils voulaient opérer, soutenus par les conseils de tous les savants du monde, et animés du désir de s'immortaliser par l'issue heureuse d'une entreprise aussi exceptionnelle?

Comment en outre supposer un seul instant que les banquiers de Londres, de New-York et de Paris n'apprécieraient point les avantages d'une communication instantanée entre les trois grands foyers commerciaux du monde? est-ce que la presse, la science et l'industrie resteraient indifférentes à la suppression de l'Atlantique? Est-ce que les voyageurs si nombreux aujourd'hui ne profiteraient pas de cette voie merveilleuse pour connaître sans retard les maladies, les naissances et les morts? Car il ne s'agit pas seulement de gagner quelques heures, comme avec les lignes européennes; c'est une attente d'une douzaine de jours qui se trouve supprimée.

En outre en mettant les choses au pis, la double garantie des gouvernements de la République des Etats-Unis et de Sa Majesté Britannique donnait un intérêt suffisant pour rassurer les trembleurs.

Dans de semblables conditions, les capitalistes

ne pouvaient plus hésiter. Vingt-sept jours plus tard, la Compagnie transatlantique était formée, on élevait son capital à neuf millions de francs, qui étaient couverts avec un entrain que la soucription de l'isthme de Suez n'a point atteint et que celle du tunnel de la Manche ne dépassera jamais.

Dans les premiers jours de décembre 1856, la soucription était close, le premier quart du capital était versé et l'on commençait à prendre des dispositions pour exécuter l'œuvre la plus étonnante que l'homme puisse jamais tenter.

On peut dire que l'expédition se présentait sous les plus heureux auspices, puisqu'elle excitait au même degré l'intérêt public et l'intérêt privé.

Mais nous n'étions plus alors à Paris, sous l'influence de l'élan que la République de 1848 avait donnée. L'entreprise du percement de l'isthme de Suez suffisait à notre ambition, et nos capitalistes étaient plutôt tournés vers des spéculations de bourse que vers de nouvelles créations, impliquant un véritable progrès technique. On avait parfaitement oublié — qui s'en rappelle à présent même pour venir à son aide? — que c'était à Paris que M. Brett avait trouvé pour l'aîné des câbles sous-marins, le concours que Londres lui refusait.

Lorsqu'on avait annoncé que les Américains proposaient aux Anglais de s'unir à eux pour tendre un fil qu'une baleine pourrait rompre, qu'un requin briserait infailliblement, un immense éclat de rire avait retenti sur les boulevards et dans les Académies. Ce fut précisément un des physiciens qui avaient contribué à faire accorder la concession du câble de la Manche, qui se chargea de résumer les objections que les sophistes de la science officielle adressaient aux projets élaborés par les hommes d'action d'outre-Manche et de l'autre côté de l'Atlantique.

M. Babinet, un des oracles de l'Académie des sciences, répandait sa prose mordante dans la *Revue des Deux-Mondes*, dans les *Comptes rendus*, dans les *Débats*. « Je ne peux, s'écriait-il dans des conférences auxquelles le tout Paris d'alors assistait avec enthousiasme, regarder de pareilles idées comme sérieuses. La théorie des courants suffirait à elle seule pour démontrer qu'une transmission dans des conditions pareilles est un rêve et que ceux qu'on enverrait si loin s'éteindraient avant d'arriver jusqu'au bout. Mais comment supprimer de plus ceux qui se produisent spontanément et qui sont si puissants qu'on a déjà constaté leur existence dans le petit trajet de Douvres à Calais? »

Telles étaient les paroles auxquelles nous applaudissions nous-même avec un entrain qui donnait une mesure de notre peu de science et de notre naïveté. Après avoir articulé de la sorte un fait complètement faux, le clairvoyant critique ajoutait que l'on pouvait passer par les îles Féroë d'Islande, le Groënland et le Labrador; mais immédiatement il s'empressait de retirer cette concession, car il ajoutait d'un ton pénétré : « Que d'études à faire d'ici là sur les courants polaires, la profondeur des mers, la nature du sol, le climat, ses influences sur les conditions et mille autres éléments dont pourrait dépendre le succès d'une si grande entreprise! Mais du moins elle ne paraît avoir contre elle aucune impossibilité matérielle, comme en présente la voie sous-marine transatlantique. Car, malgré leur *outrecuidance*, les citoyens des Etats-Unis n'ont sans doute pas la prétention d'établir des stations intermédiaires au fond de l'Océan. » Comme nous l'avons vu, l'on n'avait point accepté cette idée *outrecuidante;* cependant elle s'était présentée à l'esprit fécond des inventeurs; mais, quelque chimérique qu'elle fût, elle était moins ridicule peut-être que les *non possumus* qu'un physicien distingué étalait avec tant de complaisance dans les colonnes de tous les journaux qui s'enorgueillissaient de sa collaboration, et dans tous les salons où son esprit caustique était alors justement admiré.

Cet exemple, qu'il faut joindre à beaucoup d'autres, montre avec quelle circonspection un homme de science doit prononcer le mot impossible toutes les fois que les inventions qu'on lui propose n'impliquent aucune idée contradictoire avec des faits incontestables sagement interprétés.

Mais ce n'est point une raison pour écarter le nombre étonnant de combinaisons absurdes qui, d'après les échantillons que nous avons cités, encombreraient le domaine de la pratique, si une critique sévère ne permettait de rejeter toutes celles qui ne sont point d'accord avec le bon sens.

VII

Le lieutenant Maury, de la marine des États-Unis, ne s'était pas borné à indiquer la route du futur télégraphe; il avait de plus décidé le choix du jour auquel la pose devait avoir lieu. Les nombreuses recherches auxquelles il s'était livré pour rédiger ses fameuses instructions nautiques l'avaient conduit à déclarer que le commencement du mois d'août était toujours calme dans les solitudes océaniques, et que la nature invitait à mettre à profit cette trêve des vents pour rattacher les deux continents.

Mais afin de faire comprendre toute la solidité que l'on donnait au fil chargé de cet office, on le désigna sous le nom de *câble*, qui est resté aux télégraphes de l'Océan et même de la Méditerranée.

On s'arrêta au choix d'un *câble* dont la longueur serait de 4000 kilomètres et dont le poids était de 3000 tonnes. Il n'y avait pas d'usine qui pût procéder à un pareil travail, dans lequel il fallait réunir deux talents qui semblaient devoir à jamais s'exclure, celui du cyclope Polyphème et celui de la fileuse Arachné.

On partagea donc la tâche entre la célèbre usine de Birkenhead et une nouvelle usine établie à Greenwich.

Après avoir trouvé deux usines, il fallait encore trouver deux navires, car on n'en possédait point encore qui pût recevoir dans sa calle un fardeau aussi prodigieux.

M. Cyrus Field s'adressa donc à la fois à chacun des gouvernements qui avaient accordé une garantie d'intérêt, pour leur demander un navire qui pût porter à lui seul une moitié du cable. Le gouvernement Britannique accorda la frégate à vapeur l'*Agamemnon*, choisi par M. Charles Bright, célèbre ingénieur électricien, qui s'était fait une spécialité dans la pose des lignes sous-marines et qui était, pour la partie scientifique de l'entreprise, ce que M. Cyrus Field fut pour l'organisation administrative et financière.

Les ingénieurs de la grande république américaine n'avaient point encore imaginé ces monstres de fer et d'acier que la guerre de Sécession devait engendrer. Ils recherchaient alors dans les steamers de guerre l'élégance et toutes les qualités nautiques que l'on s'efforçait de donner aux navires à voiles. Ils venaient de donner la mesure de leur science nautique en équipant une flotte de douze grands steamers, dont le congrès avait voté la construction uniquement dans le but de montrer que la grande République américaine n'était point étrangère aux perfectionnements dont la navigation à vapeur était devenue l'objet dans les différentes monarchies du vieux continent.

Le gouvernement américain décida qu'il mettrait à la disposition de la Compagnie une de ces grandes et belles frégates, qui se nommait le *Niagara*, et dont le nom est devenu aussi célèbre que celui des vaisseaux vainqueurs des plus grandes batailles qui aient ensanglanté la surface des mers.

L'expédition, qui se préparait ainsi d'une façon aussi grandiose, ne devait plus être uniquement considérée comme une simple entreprise scientifique, digne d'attirer l'attention des industriels et des physiciens. Elle possédait de plus une incontestable portée politique. En effet, c'était la première fois que les deux nations dont le divorce avait été accompagné d'une guerre sanglante et suivi de ressentiments beaucoup trop durables, faisaient flotter de conserve leurs pavillons sur ces océans que les luttes héroïques de leurs flottes avaient tant de fois ravagés.

Cette première réconciliation, entre les cousins anglo-saxons, avait lieu sous l'invocation de l'électricité, dans des circonstances que le grand électricien Franklin n'aurait certainement pas désavouées, et l'on pouvait dire que les fluides devaient établir des rattachements plus solides que tous ceux que les ministres les plus ingénieux d'une nation voisine ont pu imaginer dans ces derniers temps.

Le *Niagara* était digne de représenter la flotte construite par le congrès des États-Unis, afin qu'il ne fût pas dit que les gouvernements monarchiques de la vieille Europe étaient les seuls à travailler au perfectionnement de l'invention du républicain Fulton.

En attendant l'heure bientôt imminente où il allait

sauver la patrie de Washington, l'aîné de ces beaux bâtiments allait être employé à une œuvre de civilisation et de paix. Quelle différence avec le sort de nos grands paquebots français, qui avaient été pour ainsi dire inaugurés en transportant en Afrique ou à Cayenne les victimes de nos discordes civiles, et dont les premières cargaisons avaient été en quelque sorte celles du coup d'État !

Les aménagements intérieurs d'un navire de guerre devaient naturellement subir de grandes transformations pour recevoir un coli d'une semblable nature, pour héberger ce monstrueux serpent sans que les anneaux vinssent se confondre, pour le disposer de telle sorte que la machine destinée à le précipiter graduellement dans l'Océan pût le débiter avec une vitesse que l'on sût ralentir ou accélérer à volonté. Il fallait établir des couloirs sur lesquels le câble pût glisser, des poulies sur la gorge desquelles il pût être enroulé un nombre suffisant de fois, et combiner une série de ressorts qui diminuassent l'énergie des chocs que l'agitation des vagues transmettait aux mécanismes dont le navire était surchargé. Comme le dévidement du câble a lieu à l'arrière, il fallait prendre de sérieuses précautions pour le garantir contre l'aspiration de l'hélice qui l'aurait infailliblement coupé en deux.

Quoique toutes les parties destinées à remplir ces différentes fonctions fussent bien loin de la perfection qu'elles devaient acquérir dans la suite, elles formaient déjà un ensemble compliqué et nécessitaient des travaux que l'on pouvait difficilement accomplir sur les chantiers privés.

Les arsenaux de la reine d'Angleterre s'ouvraient pour transformer le *Niagara* et le mettre en harmonie avec la difficile mission dont il devait s'acquitter.

Ce n'était pas sans résistance que les officiers de Sa Majesté Britannique y avaient conduit l'*Agamemnon* pour y accomplir des modifications qu'ils considéraient comme autant de profanations. Mais comme la nécessité de tous ces changements avait été démontrée par des expériences irrévocables, leurs collègues d'Amérique se résignèrent plus facilement.

Dès ce moment, la presse anglaise et la presse américaine rivalisèrent de zèle pour faire connaître les moindres incidents de la grande entreprise que préparaient les argonautes de l'électricité. Nous pourrions entrer dans des détails beaucoup plus minutieux et beaucoup plus vrais que ceux que donne Valérius Flaccus, quand il décrit la construction du navire qui devait aller à la conquête de la Toison d'or, quand il énumère toutes les localités où poussaient les chênes qui entraient dans sa coque, le lin qui servait à tisser sa grande voile, le fer qui assemblait la charpente, et tous les dieux qui avaient pris part à l'opération. Mais un semblable travail dépasserait les bornes que nous avons dû nous tracer.

Nous dirons seulement que l'on profita, dans la

construction du câble, de tous les enseignements que les expériences de télégraphie sous-marine, dont nous avons indiqué l'énumération sommaire, avaient permis de recueillir tant dans la mer du Nord que dans la mer Noire et dans la Méditerranée.

On comprit qu'il n'était pas nécessaire d'employer un câble dont le poids fût aussi grand que celui de Calais à Douvres, qui pesait 4400 grammes par mètre courant, et que le plus court des câbles sous-marins devait rester le plus pesant. On se contenta de lui donner un poids de 640 grammes; c'était une exagération non moins blâmable, quoiqu'elle fût dirigée dans le sens diamétralement opposé. Car, en matière pratique, tous les excès sont également dangereux, et c'est au milieu juste qu'il importe de s'arrêter. Mais l'esprit humain n'a jamais la force de le faire, et c'est seulement par tâtonnements successifs qu'il finit par accomplir toutes ses merveilles. Les grands théoriciens n'arrivent le plus souvent que pour découvrir ce qu'on a trouvé sans eux et quelquefois contre eux. Même, en science pure, ce ne sont point ordinairement des Christophe Colomb, mais de simples Vespuce.

On était, il faut le reconnaître, bien excusable de s'en tenir à un poids trop léger. En effet, l'on aurait peut-être trouvé quelques millions de plus, mais le *Niagara* et l'*Agamemnon* auraient refusé tout net de porter le fardeau qu'on leur aurait imposé. Il eût fallu prendre trois navires et faire deux soudures. Hélas! c'était déjà bien assez d'une, pour empêcher tous les électriciens des deux mondes de fermer l'œil pendant de longues nuits, et pour réjouir tous les ennemis du progrès.

Les ingénieurs qui avaient fabriqué le câble comptaient beaucoup alors sur une disposition nouvelle fort ingénieuse, qui n'a point toute l'importance qu'on lui attribuait et qui, sans pouvoir compenser le trop faible poids dont ils s'étaient contentés, n'était pas sans offrir cependant quelques avantages.

La partie intérieure vitale, celle dans laquelle circule l'électricité, n'était point formée, comme dans les premiers fils, par un cylindre unique, mais par une corde métallique composée de sept brins qui, tressés ensemble, étaient naturellement susceptibles de recevoir une certaine extension avant de se rompre.

Autour de cette corde précieuse, dans laquelle les fluides devaient exécuter à leur aise leurs mystérieuses évolutions, on avait soigneusement disposé trois couches de gutta-percha, qui portaient le poids à 84 grammes par mètre. C'étaient ces couches si minces qui devaient empêcher l'eau de mer de pénétrer jusqu'au cuivre et de soutirer au métal le fluide qu'on lui donnait aux extrémités.

Nous avons vu que, pendant la guerre de Crimée, on avait eu l'audace excessive de placer un fil isolé sans armure dans le fond de la mer Noire. Mais qui aurait osé en lancer un semblable dans l'Océan sans l'avoir bardé de fer, sans lui avoir donné une cotte de mailles semblable à celle que revêtaient les héros du

Tasse et sur lesquelles glissaient les coups les plus vigoureux portés avec les cimeterres des Sarrasins.

Ces fils étaient fabriqués par longueurs de deux milles ou de 3 200 mètres et enroulés sur des bobines; alors on leur faisait subir deux épreuves, l'une relative à la conductibilité et l'autre à l'isolement.

Pour que chaque rouleau fût considéré comme bon pour le service de l'électricité, il fallait qu'il servît à transmettre le courant produit par une pile d'un seul élément.

Pour qu'il fût déclaré susceptible de conserver le fluide qu'on lui confierait, il ne devait point laisser transsuder celui qu'il recevait d'une pile monstre de deux cents.

Une fois qu'il était ainsi reconnu irréprochable, on le rattachait au précédent avec un nombre infini de précautions. Les bouts de chacun des sept brins qui constituaient la corde de cuivre étaient coupés en biseau et rapprochés de biseaux identiques, puis soudés à l'argent. On soudait également les trois enveloppes isolantes, puis on recouvrait la soudure d'une pièce supplémentaire de gutta-percha destinée à boucher les derniers interstices par lesquels l'eau pouvait s'infiltrer.

Pour mieux garantir cette âme délicate contre le rude contact des roches, afin de lui donner la solidité suffisante pour ne pas rompre sous son propre poids ou sous les efforts mécaniques auxquels on ne pouvait la soustraire pendant l'opération si hasardeuse de la pose, on l'entourait d'hélices construites avec des cordes de fer que l'on tressait en employant les procédés qui sont en usage dans les grands moulins à coton du Pays noir.

On fabriquait ces torons protecteurs en retordant sept brins de fer offrant chacun une résistance de plusieurs centaines de kilogrammes. Cette opération se faisait avec des métiers analogues à ceux que l'on emploie dans la fabrication des fils anglais, avec cette seule différence que la fibre végétale se brise quelquefois sous le souffle du vent. Mais, quoique les mules Jenny de l'électricité eussent à manier des éléments aussi rudes, elles débitaient leur filé avec une vitesse d'un kilomètre par heure.

C'était un autre métier, de construction analogue, mais plus puissant, qui prenait sept de ces torons de sept fils et qui les roulait en spirale autour de la tige fragile que pouvait rompre le mouvement des vagues, que pouvaient blesser tant de chances défavorables, tant de contacts imprévus.

Ce câble était considéré comme une nouvelle merveille du monde, et tous les écrivains scientifiques de France et d'Angleterre s'extasiaient sur ses étonnantes proportions. On racontait avec admiration que les métiers avaient dû s'arrêter pendant une journée, parce que toutes les tréfileries d'Angleterre ne pouvaient parvenir à livrer la longueur du fil de fer qu'ils dévoraient quotidiennement et qui dépassait le double de la distance de Londres à Paris. Un arithméticien calcula qu'en mettant bout à bout tous les fils qui entraient dans sa construction, on arriverait à constituer un cordon assez long pour faire treize fois le tour du monde !

L'enthousiasme était si grand qu'un visiteur, voyant le réservoir où l'on avait empilé la partie réservée à l'*Agamemnon*, se mit, dit-on, à genoux et l'embrassa dans un élan d'admiration soudaine. Mais le courant qui circulait à l'intérieur avait produit l'effet d'une charge d'électricité statique accumulée dans une bouteille de Leyde ; à peine les lèvres de cet idolâtre avaient-elles touché son fétiche qu'il tombait, paraît-il, foudroyé.

Cet incident étrange ouvrit une nouvelle voie aux recherches, et l'on décida que l'on expédierait les messages à l'aide de l'électricité d'induction fournie par une batterie monstre inventée par M. Varley, ingénieur électricien à la Compagnie. Cet appareil en zinc et en argent platiné se composait de dix éléments, dans chacun desquels la surface active était de 20 000 centimètres carrés.

La construction de cette batterie, aux dimensions de laquelle on n'était pas encore habitué, excitait également l'étonnement du public, oubliant facilement que, même du temps de Davy, on avait vu à l'Institution royale de Londres et à l'École polytechnique de Paris, des piles possédant une puissance bien autrement prodigieuse.

Les études préliminaires révélèrent un fait inattendu, auquel le sagace Babinet n'avait point songé dans ses critiques, et qui réduisait aux proportions d'une immense expérience de physique transcendante l'opération si coûteuse, exécutée aux frais d'actionnaires fort peu soucieux de sacrifier leurs millions pour établir triomphalement la réalité d'un grand principe de la théorie de la conductibilité. L'électricité circulait bien dans le câble avec la vitesse que l'on soupçonnait depuis les expériences exécutées par Lemonnier, au couvent des Chartreux de Paris; cependant la transmission demandait un temps dont la longueur était désespérante. Il ne fallait pas moins de trois secondes pour envoyer deux signaux.

En travaillant nuit et jour, le câble ne pouvait expédier par vingt-quatre heures que 120 télégrammes de 20 mots, nombre beaucoup trop faible pour qu'on pût espérer une exploitation rémunératrice.

Les deux navires n'étaient point encore arrivés à Valentia pour commencer la pose, que l'on était obligé de renoncer à voir un Pactole sortir des profondeurs de l'Océan. Ce n'était point une mine d'or d'une nouvelle espèce que l'électricité allait exploiter dans le dernier dessous de l'Océan; les actionnaires n'avaient donc d'autre perspective que la garantie d'intérêt promise par les gouvernements et qui, pour surcroît de désappointement, ne pouvait être payée que tant que le câble fonctionnerait. Quelques-uns, hommes de foi, espéraient dans l'inconnu, dans l'inattendu, dans les progrès de la science, dans cette Providence qui a si souvent reculé l'horizon scientifique du monde, et reculé jusqu'au delà de la

photographie, du téléphone ou phonographe, les colonnes d'Hercule du progrès.

Peut-être ces enthousiastes comptaient-ils aussi
sur les codes de signaux alors dans leur enfance,
et qui devaient donner des moyens si énergiques
d'abréger l'expression de la pensée; mais, en tout
cas, une chose est certaine, et l'événement du reste
l'a glorieusement prouvé, ceux-là seuls étaient sages,
ceux-là étaient véritablement perspicaces et sérieusement prudents, qui ne s'étaient point découragés.

Le trône de la vice-royauté d'Irlande était occupé en 1857 par un homme de lettres distingué,
qui occupait un rang important à la Chambre des
lords et dans les rangs de la haute aristocratie anglaise. C'était un explorateur intrépide, qui avait
parcouru dans tous les sens les deux hémisphères
qu'il s'agissait alors de rattacher. Plus d'une fois,
dans ses impressions de voyage, il avait appelé à
son aide la magie de l'électricité, il avait laissé
percer le regret de ne point être demeuré, dans ses
courses vagabondes, en communion constante avec
cette vieille Angleterre, d'où l'on part si facilement,
mais à laquelle on est pourtant si inébranlablement
attachés; car, en quittant cette île brumeuse et sombre, l'homme intelligent oublie le souvenir de son
ciel maussade, mais il conserve indestructiblement
gravées dans le cerveau les idées libérales qu'il y a
vu produire tant de merveilles.

Nul membre de la haute aristocratie britannique,
tout en admirant les splendeurs de la nature tro-

picale dans les jeunes forêts du nouveau monde ou dans les vieilles jungles de l'Orient, n'avait plus souvent soupiré après les nouvelles de son foyer princier. Nul orateur n'était mieux à même d'apprécier toute l'importance du progrès qui allait illustrer à jamais l'île de Valentia et la rendre aussi célèbre dans nos annales modernes que l'était l'ultime Thulé des géographes de l'antiquité.

La vue de ces beaux navires surchargés du poids de leur précieuse cargaison, de cette foule bigarrée, dans les rangs serrés de laquelle les sexes, les âges, les nations, les métiers étaient confondus, mais qui était animée d'un unique sentiment d'espérance et de crainte, lui donna une éloquence véritablement sibylline.

Sans cesser d'encourager noblement les navigateurs et les électriciens qui l'écoutaient, il ne leur dissimula pas qu'il entrevoyait des obstacles inattendus, des difficultés inouïes.

Son discours, conservé par les reporters du *Times*, n'aurait point été désavoué par Valerius Flaccus, par le Camoens, par les poètes qui ont chanté la conquête de la Toison d'or et celle des compagnons de Vasco de Gama.

L'évêque de Kerry, qui prit ensuite la parole, était un membre énergique de ce clergé d'Irlande, habitué à trouver dans l'Écriture des images chères aux déshérités. Il compara, avec une hardiesse digne d'un Bossuet, la tentative de l'union des deux mondes, à l'entreprise des peuples de l'antiquité, essayant de faire monter jusqu'au ciel la tour élevée au milieu des plaines de la Chaldée. Mais, comme cette fois les hommes ne se proposaient point de jeter un défi à la puissance divine, ils pouvaient fouiller l'abime sans concevoir la moindre appréhension pour le résultat de leurs travaux. Ce n'était pas la confusion des langues, mais au contraire l'union des peuples qui en sortirait inévitablement.

L'évêque termina son discours par une magnifique allusion à une des plus curieuses traditions de l'Église catholique d'Irlande, si riche en légendes de toute espèce. Il rappela que, suivant ce que rapportent les Bollandistes dans la vie de saint Brendan, ce compagnon de saint Patrick aurait quitté les lieux où le câble allait être fixé, pour visiter les régions inconnues du couchant, huit cents ans avant la découverte du Nouveau-Monde.

Le saint ne revint, suivant ce que rapportent ces légendes, dans son diocèse de Kerry qu'après une absence qui ne dura pas moins de sept années. Mais pendant ces sept années d'absence, il avait découvert, au-delà des mers, des terres immenses, admirablement fertiles, peuplées d'hommes de races inconnues et auxquels il avait essayé de faire balbutier le nom de Dieu.

Les géographes, qui ont trop facilement peut-être adopté les traditions relatives à la découverte du Canada par Erik le Rouge, quatre ou cinq siècles après l'époque attribuée aux voyages de l'évêque de Kerry, ont persisté jusqu'à nos jours à ne voir dans ces îles lointaines que l'archipel des Canaries. Mais n'est-on pas plus porté à supposer que le port d'attache du lien sympathique des deux mondes est, par une merveilleuse coïncidence, le point de départ du premier précurseur légendaire de Christophe Colomb?

Quoi qu'il en soit de ces traditions, l'on peut dire que, dans les temps les plus modernes, cet imperceptible îlot a joué un rôle fort important. C'est là que se trouvait le dernier établissement des Espagnols, qui y avaient fondé une véritable colonie. Cette possession leur resta bien après la défaite de la grande Armada; pour la leur arracher, il ne fallut rien moins que le général Cromwell, qui la conquit pour le compte du Parlement d'Angleterre et y fit construire les deux forts que les Stuart, le prince d'Orange et les Hanovriens ont soigneusement conservés.

Une fois le câble porté à terre et solidement attaché au poste télégraphique terrestre, où l'on devait, à l'aide de signaux convenus à l'avance, être tenu au courant des moindres péripéties de l'opération, l'escadrille, qui portait la fortune de la Compagnie télégraphique, s'éloigna lentement vers le couchant. C'est le 6 du mois d'août 1857, que l'on commença, suivant la belle expression de Shakespeare, à mettre une guirlande autour du monde. Comme les vents étaient favorables, personne ne s'aperçut qu'on avait commis un acte d'ingratitude en oubliant de citer une seule fois le nom du chef des Têtes-Rondes, de

ce glorieux lord protecteur qui, dans ces îles où il a
fondé la liberté féconde, n'a même point trouvé de
tombeau.

VIII

Pesamment enfoncés dans l'eau, le *Niagara* et
l'*Agamemnon* semblaient près de succomber sous le
poids de la précieuse cargaison qu'ils portaient dans
leurs flancs. Ils étaient accompagnés de la *Susque-
hannah*, de la marine fédérale, et de deux navires
de Sa Majesté la reine d'Angleterre, le *Léopard* et le
Cyclope, destinés à servir de pilote et d'aviso.

Le temps était magnifique; il n'avait d'autre défaut, aux yeux des commissaires, que d'être trop
beau : pas un souffle de vent ne troublait la surface
des vagues lorsque l'escadrille s'éloigna du rivage.

Afin de montrer par un symbole matériel combien était grande l'union des deux nations, l'on avait
décidé que la frégate américaine poserait le bout
destiné à continuer l'Angleterre, et que c'était la
frégate anglaise qui recevrait dans sa cale le câble
destiné à être amarré à Terre-Neuve. L'*Agamemnon*
ne devait donc commencer à se servir de sa machine d'émission que lorsque le *Niagara* aurait fini
d'user de la sienne et que lorsqu'on aurait fait la
grande soudure qu'on devait confier aux profondeurs presque insondables du milieu des océans.

C'était du pont du *Niagara* que descendaient, avec

une lenteur majestueuse et fascinante à la fois, les interminables anneaux de ce long serpent, qu'on voyait disparaître dans l'eau ; les quatre autres navires réglaient naturellement leur marche sur celui qui tenait dans ses rouets le sort de l'expédition.

La terre d'Irlande s'apercevait encore dans le lointain, à l'orient, et les compteurs qui indiquaient la longueur du câble n'avaient point encore marqué le dixième kilomètre, que l'on entendit le clapotement des vagues fouettées par le poids d'une longue corde tombant de l'arrière.

Au même instant, tous les rouets s'arrêtaient et un coup de canon partait d'une pièce de chasse placée sur le pont. La catastrophe tant de fois prédite avait eu lieu ; le câble qui devait traverser l'Atlantique s'était rompu en vue des côtes d'Irlande.

Un matelot chargé de garder le câble à la sortie de la soute, au moment où il passait dans les couloirs qui le conduisaient à la machine chargée de le couler, avait éprouvé un moment de distraction. Il avait suffi qu'il songeât une minute à sa payse pour que tout fût perdu.

Le câble avait quitté sa ligne et s'était embrouillé dans les mécaniques. L'action de la machine se joignant au poids de la partie qui était déjà lancée et au mouvement du navire, il avait cédé comme un de ces brins de coton que la *girl* de la filature a touché sans précaution.

A peine le signal d'alarme était-il donné que toutes

les embarcations étaient à la mer. Comme on n'avait point encore atteint les grandes profondeurs et que l'eau n'avait pas perdu son calme, le sauvetage fut l'œuvre de quelques heures. Le jour même, les 10 kilomètres déjà dévidés étaient rattachés aux 4090 kilomètres qui se trouvaient encore dans la soute du *Niagara*. Le courant électrique traversait de nouveau tout le câble, aussi bien la partie qui se trouvait dans les soutes que celle qui était déjà noyée. Par elle, il se rendait à la station télégraphique d'Irlande, et racontait la première scène du drame qui commençait.

La journée du 7 août débuta brillamment; les actionnaires du câble apprirent en même temps l'accident et la réparation. Ils se félicitèrent de la manière rapide et facile dont on l'avait raccommodé, oubliant trop facilement peut-être cette grande fragilité, sur laquelle le vice-roi d'Irlande avait cru devoir appeler leur attention.

Pendant quelques jours, tout alla bien; le *Times* enregistrait chaque matin la pose d'un nombre satisfaisant de milles. On avait déjà atteint les grandes profondeurs, et d'habiles statisticiens calculaient déjà, avec la précision que donne l'habitude de manier les grands nombres, l'époque où serait terminée la grande opération dont les deux mondes attendaient la conclusion avec une égale impatience. Le compte rendu de la cinquième journée, paru dans le numéro du 13 août, était particulièrement satisfaisant, car il annonçait qu'on était arrivé à une distance de 500 milles du point de départ. Malheureusement, au bas de cette glorieuse dépêche, un télégramme de la dernière heure annonçait qu'après avoir transmis cette bonne nouvelle le câble était resté muet.

Vainement les opérateurs de Valentia avaient employé les énormes forces électriques dont ils disposaient, à interroger leurs correspondants lointains ; ils n'avaient pu vaincre l'inertie de leur aiguille soudainement paralysée !

Ils demeurèrent ainsi pendant plusieurs jours, sans aucune nouvelle, nuit et jour plongés dans une mortelle angoisse que quelques mouvements convulsifs de l'aiguille rendaient encore plus poignante et plus désespérée, car espérant encore malgré eux alors que leur raison leur disait de s'éloigner, ils tenaient les yeux constamment attachés sur l'appareil de transmission qui s'agitait de temps à autre, comme s'il balbutiait et s'essayait à parler.

C'est seulement par le retour du *Niagara* qu'ils furent tirés de cette incertitude et connurent le détail d'une de ces catastrophes qui déconcertent les préparatifs les plus merveilleux, et troublent les courages les plus éprouvés.

Malgré les savants calculs du lieutenant Maury, les vagues s'étaient soulevées sous l'impulsion d'un vent du sud-ouest, qui prenait le *Niagara* par le travers de bâbord. Comme le steamer ne pouvait virer de bord sans revenir sur sa route et compromettre toute l'opération, il donnait à chaque instant de la bande et imprimait au câble des chocs, dont les freins dépourvus de ressorts ne faisaient qu'aggraver, qu'exagérer la violence.

On planait précisément sur une sorte de mont Cervin ignoré, faisant partie d'une de ces chaînes sous-marines qui, en dépit de tous les sondages exécutés jusqu'alors, traversent dans tous les sens le grand plateau télégraphique. Derrière cette cime se trouvait un précipice semblable à celui qui avait englouti lord Douglas. Tombant à pic, le câble descendait avec une vitesse de six à sept nœuds, tandis que le *Niagara*, obligé de retenir l'élan que lui donnait l'ouragan, ne faisait pas plus de trois à quatre nœuds. Cette différence d'allure avait produit une tension terrible que le dynamomètre indiquait, et qui montait graduellement à mesure que le câble se précipitait et que le vent fraîchissait.

Il s'était instinctivement répandu dans tout le navire une de ces terreurs vagues qui sont le précurseur des grandes catastrophes. Incapables de se rendre compte des causes naturelles qui produisaient cette traction alarmante, les officiers et les électriciens se demandaient avec effroi si quelque courant sous-marin ignoré, agissant sur toute l'étendue de l'immense chaînette, ne lui imprimait point un mouvement violent qui l'écartait du navire.

Pour les matelots, c'était quelque pieuvre immense qui avait saisi le câble dans ses puissantes tentacules et qui, lorsqu'il aurait dévidé de la pelote du *Niagara* une longueur suffisante, saurait bien se l'approprier d'une façon définitive en pratiquant une section, car pour lui ce câble n'avait pas plus de résistance que le crin du pêcheur pour une carpe d'une taille suffisante.

Tout d'un coup, le câble se rompit. Il se détacha précisément au moment où la brise semblait mollir; quand il frappa l'eau, les vagues faisaient entendre des mugissements si violents, que le bruit qu'il produisit en fouettant leur surface échappa à toutes les vigies. C'est à l'allure du navire, qui se modifia sur-le-champ, que l'équipage comprit qu'une seconde catastrophe avait interrompu l'opération.

Malgré toutes les précautions prises par les gouvernements des deux nations pour éviter des froissements, des rivalités résultant des luttes sanglantes de la fin du siècle dernier, on pouvait dire qu'un feu dangereux couvait encore sous la cendre de la guerre, même dans le sein des classes éclairées, qui auraient dû être à l'abri de semblables rancunes.

Quoique les Américains du *Niagara* et de la *Susquehanah* eussent reçu une hospitalité plus qu'écossaise, les fins connaisseurs de la marine britannique s'étaient acharnés à critiquer d'une façon injuste et cruelle tous les détails de l'armement des navires transatlantiques, et même de l'uniforme des marins qui les montaient.

Tous les rédacteurs de *Times*, du *Standard* et du *Morning-Post* tombaient d'accord pour déclarer d'un commun accord que l'Amirauté britannique avait des constructeurs sans rivaux. Ils ajoutaient, non sans téméraire audace, que, quoique d'un moindre tonnage, l'*Agamemnon* porterait vaillamment sa moitié du câble tout aussi bien que le *Niagara*, et ils n'avaient pas voulu lui faire grâce d'un tonneau; amour-propre mesquin, puéril, qui faillit avoir les conséquences les plus graves dans une expédition ultérieure, et amener, quelques mois plus tard, une catastrophe qui aurait eu pour résultat de dégoûter à jamais de confier les câbles aux abîmes océaniques. Mais ces considérations futiles se taisaient chaque fois que le salut du câble était en question. En présence de ces dangers, il n'y avait plus à bord du *Niagara* qu'un drapeau, celui de l'électricité. Les malades en traitement à l'infirmerie s'étaient arrachées de leurs cadres. Excepté les mécaniciens strictement indispensables à l'entretien de la machine, tout ce qu'il y avait à bord d'êtres humains s'était précipité sur le pont. Anglais et Américains étaient également consternés d'une interruption irrémédiable, puisque la ligne était devenue trop courte.

En admettant, ce qui était encore un problème, que les bouts de l'*Agamemnon* et du *Niagara* pussent être soudés l'un à l'autre, on n'arriverait jamais jusqu'à Terre-Neuve. On était en face d'une opération qui aboutissait à une effrayante lacune. La seule issue que l'on pût espérer était d'arriver à une bouée mouillée au large de Terre-Neuve, comme celle que le *Blazer* avait fixée dans la Manche, mais, hélas! dans des conditions épouvantablement différentes. En effet, le Pas de Calais n'a qu'une profondeur insignifiante en comparaison des eaux qui sont accumulées dans ces rudes parages ; quoique les vents y soufflent parfois d'une violence terrible entre la France et l'Angleterre, les courants marins n'ont point la même impétuosité que ceux du grand banc, et la surface du détroit, au-dessous duquel on veut percer un tunnel, n'est jamais parcourue par ces redoutables banquises qui ont creusé des Fiords dans la roche vive, et à la fureur desquelles la bouée du câble devait rester exposée pendant plus d'une année.

C'est sous l'impression de ces pensées désolantes que l'expédition mit le cap sur l'Angleterre. Doutant de tout, le désespoir dans l'âme, ingénieurs, officiers et matelots étaient persuadés que les directeurs, renonçant à une entreprise téméraire, dépèceraient leur câble pour en utiliser les morceaux.

IX

Heureusement, en abordant en Europe, ils apprirent que les capitalistes avaient, à la nouvelle de la seconde interruption, pris un parti plus viril ; sans attendre les détails, ils avaient décidé qu'on ferait le nécessaire pour recommencer la grande opération en 1858, avec de plus énergiques moyens d'action.

La longueur sacrifiée était assez faible pour que l'on

pût croire à un simple retard; mais la Compagnie transatlantique ne se borna point à commander à l'usine de Greenwich une longueur à peu près double de celle qu'on avait perdue : les deux câbles furent soigneusement débarqués et immergés dans de grands réservoirs que la Compagnie possédait à Keyham, où il fut possible de leur faire subir d'innombrables épreuves destinées à constater leur conductibilité. On révisa soigneusement le fonctionnement des gigantesques rouets à vapeur chargés du dévidage, dont les difficultés sérieuses venaient d'être mises en évidence. Il fut décidé de plus, que la pose commencerait par le milieu de l'Océan, où l'*Agamemnon* et le *Niagara* se rendraient de conserve, et qu'une fois l'épissure faite ils se sépareraient en dévidant chacun son câble et en mettant le cap, celui-ci sur Terre-Neuve, et celui-là sur Valentia.

Les journaux politiques de Londres et de Paris resteraient privés des nouvelles de l'expédition. Ils ne pourraient plus suivre la piste électrique pendant tout le temps que la pose devait durer; mais le temps nécessaire à son exécution serait abrégé de moitié. Il serait moitié moins grand, le nombre d'heures pendant lequel on serait exposé à ce qu'une lame un peu plus forte que les autres vînt anéantir le fruit de tant de travaux.

Pour franchir cette mer immense, pour attacher deux continents, on employait deux navires constamment soudés l'un à l'autre, mais à l'aide d'un lien qui s'élargissait graduellement. Il permettait à ces frères Siamois d'un nouveau genre de se faire confidence de tous les incidents du voyage qu'ils exécutaient en partie double, grâce à l'électricité.

Pour triompher de l'abîme au profit de l'électricité, on faisait usage de la propriété la plus merveilleuse des fluides de l'électricité.

Quoique rapidement devenus invisibles l'un à l'autre, les deux navires, portant chacun une moitié du grand câble, échangeaient leurs pensées plus facilement peut-être que s'ils fussent restés ancrés l'un à côté de l'autre dans la rade de Valentia. Séparés par les vagues, les courants et les tempêtes, ils ne formaient pourtant qu'un seul tout. Ils étaient animés d'une volonté commune; quoiqu'ils missent le cap l'un vers l'Amérique et l'autre vers l'Europe, ils naviguaient cependant de conserve, et toutes leurs manœuvres étaient à chaque instant concertées.

Pour la première fois depuis que l'esprit divin a créé le monde, on peut dire que les deux moitiés de l'âme de l'Androgyne allaient flotter à la surface des Océans. Elle allait en quelque sorte se trouver réalisée entre deux navires cette alliance que Platon a rêvée comme le symbole du parfait amour; mais elle ne pouvait durer que tant que l'intégrité du fil conjonctif serait respectée par les vagues, par les roches et par les monstres qui peuplent les profondeurs inconnues de l'Océan.

L'accident qui avait interrompu les opérations

l'année précédente, imposait l'obligation impérieuse de prévoir l'hypothèse où un divorce involontaire se produirait fatalement.

Dans le cas où la perte ne dépasserait pas deux fois celle de l'année dernière, les deux navires avaient l'ordre de mettre le cap l'un sur l'autre, sans perdre une minute, et de regagner aussi vite que possible le lieu du premier rendez-vous.

Si le destin contraire voulait que la catastrophe se produisît plus tard, après que l'on avait franchi cette distance fatale, il ne restait plus d'autre ressource que de regagner Liverpool, le port le plus voisin où il fût possible de se concerter.

Les actions, qui avaient été créées à 1000 livres sterling étaient brusquement montées jusqu'à 1200 livres sterling, aussitôt que les télégrammes annonçant le départ de l'expédition de 1857 étaient arrivés à la Bourse de Londres. Elles n'y étaient pas restées longtemps, puisque cette malheureuse campagne n'avait duré que quelques jours. Aussitôt que le *Times* avait jeté l'alarme par son numéro du 13 août, elles étaient tombées au taux de 600 livres sterling. La seule annonce des arrangements qui avaient été adoptés par la seconde expédition suffit pour les pousser à 800, et dans la suite de cette histoire nous leur verrons subir bien d'autres oscillations.

Mais en ce moment l'impression était si favorable que les hommes de bourse commencèrent à parler de créer une concurrence à ce câble, qui n'avait encore pu fonctionner que dans les réservoirs de

Keyham. Il fut question de demander au public une somme de vingt-cinq millions de francs, bagatelle nécessaire pour établir une nouvelle ligne sous-marine, beaucoup plus longue incontestablement que celle de Valentia à Terre-Neuve, mais qui ne devait point être fragmentée en autant de sections indépendantes ; en effet, elle devait aller d'une seule traite du cap Finistère de Portugal à Boston et être jointe au réseau britannique par une ligne aboutissant des Algarves à Falmouth.

Précisément en ce moment, les électriciens qui étaient chargés de la tâche relativement plus facile de réunir Terre-Neuve à Valentia, étaient en proie à une sorte de panique dont ils gardèrent soigneusement le secret.

Ils venaient en effet de s'apercevoir d'une négligence dont leur imagination, excitée par des appréhensions bien faciles à comprendre, exagérait singulièrement les proportions.

Ils n'avaient point poussé assez loin la première tentative pour avoir à se préoccuper de la fameuse épissure qui devait être exécutée à égale distance des deux continents. Plus attentifs cette fois, ils avaient reconnu à leur grande terreur que les spirales de fer protégeant le bout européen avaient été enroulées de gauche à droite, dans la direction où marchent les aiguilles des montres et où le soleil semble se mouvoir dans sa route journalière. Au contraire, les spirales du bout américain tournaient dans le sens opposé. Est-ce que les deux serpents ainsi associés, rivés l'un à l'autre, n'auraient point contracté une sorte d'incompatibilité d'humeurs et ne chercheraient point à se tortiller en sens inverse, à se nouer, à se serrer, à s'étreindre et en quelque sorte à se mordre la queue.

On décida donc que, avant de mettre à la voile pour la grande expédition définitive, on ferait une répétition générale dans la baie de Biscaye, où l'*Agamemnon* et le *Niagara* se rendraient, accompagnés de leurs tenders; c'est ainsi que l'on appelait les navires chargés de les accompagner.

Dans ces parages tempétueux, mais fort connus, les poseurs de câbles trouveraient des gouffres de plusieurs milliers de mètres à peu près identiques à ceux que la Providence a destinés à servir de frontière sous-marine entre les deux continents. Non seulement ils pourraient s'exercer à y lancer leurs fils électriques, mais rien ne les empêchait de pousser plus loin leurs études et d'obliger l'abime à leur rendre les cordages qu'ils lui auraient confiés.

De même que l'année dernière, les Anglais avaient tenu à ce que l'*Agamemnon* portât toute la moitié de son câble; mais, comme on avait voulu échapper à la perspective de rester court, si l'on perdait une longueur relativement insignifiante, la provision de fil avait été augmentée de quelques centaines de kilomètres à bord de chaque bâtiment. Le steamer britannique avait de la peine à suivre son tender et semblait à chaque instant sur le point de chavirer, tandis que son rival portait sa ration de câble sans sourciller.

La faute commise pour respecter une folle étiquette nautique avait été aggravée par une autre circonstance.

En déroulant les câbles pour leur faire passer l'hiver dans les réservoirs de Keyham, on s'était aperçu que quelques centaines de kilomètres avaient été mises hors de service. Ils avaient subi des éraillures, des éraflures, des écrasements au fond des cales dont les dispositions avaient dû être en conséquence modifiées.

Les nouvelles installations avaient eu lieu sans difficulté à bord du *Niagara;* mais il n'en avait pas été de même pour l'*Agamemnon*, qui, contrairement aux règles d'un bon chargement, avait reçu une partie notable de sa cargaison sur le pont.

Placée bien au-dessus du point que les ingénieurs maritimes nomment le métacentre, cette masse produisait, aussitôt que la mer devenait un peu houleuse, un tangage effrayant et un roulis des plus dangereux.

Pour empêcher les vagues d'envahir le bâtiment, on avait fermé, calfeutré tous les sabords, mais contre ces soubresauts, qui menaçaient à chaque instant de faire chavirer le navire et de l'envoyer au fond de l'abîme où il avait la prétention de frayer une voie à la pensée humaine, il n'y avait qu'un seul remède, qu'on n'avait pu adopter. En effet, il aurait fallu se servir d'un balancier, comme celui qu'emploient les sauvages pour soutenir leurs embarcations. Dès que l'escadrille électrique fut arrivée au milieu du golfe, un canot venant de *Niagara* se dirigea vers l'*Agamemnon*. Il traînait à la remorque un bout de câble qui tenait à la frégate américaine et qu'on hissa sur le pont de la frégate anglaise.

Aussitôt des ouvriers s'en emparèrent et mirent à nu l'âme de cuivre qu'elle contenait. Ils coupèrent en biseau les sept brins qui la formaient et les rapprochèrent de sept brins identiques contenus dans le câble de l'*Agamemnon*.

Alors on effectua avec tout le soin possible successivement les sept soudures sacramentelles à l'argent, et l'on s'assura que la continuité métallique était parfaite, en recevant dans un galvanomètre disposé *ad hoc* le courant d'une pile placée dans le cabinet électrique du *Niagara*.

Puis les ouvriers soudèrent soigneusement les trois gaines successives de gutta-percha qui constituaient ce que l'on peut appeler l'isolement réglementaire.

Ils enveloppèrent enfin le cylindre ainsi formé dans l'intérieur d'une pièce destinée à environner la soudure, puis ils tressèrent le fil de l'armure de manière à ce que la cotte de mailles n'offrît aucune interruption de solidité. Aussitôt que ces préparatifs furent terminés, les navires s'éloignèrent l'un de l'autre, et les machines se mirent à dévider lentement les rouets.

Surchargé d'un plomb que l'on avait préparé

d'avance, le câble atteignit bientôt la surface de l'eau. A partir de ce moment, le sommet de la chaînette étant noyé, on ne vit plus que deux brins isolés en apparence en s'écartant peu à peu, mais le courant passait néanmoins sans aucune espèce de difficulté par cette chaînette invisible, qui devait grandir pas à pas, jusqu'à compléter l'œuvre de Christophe Colomb.

Mais l'ambition des ingénieurs qui dirigeaient cette grande entreprise ne se bornait point à laisser couler leur câble au fond de la mer. Ils avaient déjà formé le projet de le ramener à bord, s'il venait à se rompre ou si la continuité était altérée d'une façon quelconque. On comprenait qu'il fallait que l'on pût raccommoder cette longue ligne si quelque accident arrivait. C'est ainsi que procède l'araignée, cette active fileuse qui peut servir de modèle aux navires télégraphiques et qui, dans le cas où sa toile est avariée, en forme une pelote, qu'elle avale précieusement pour servir à une nouvelle pose.

Après avoir dévidé lentement une ligne de plusieurs milliers d'encâblure, les deux navires, qui s'étaient presque perdus de vue, se mirent à se rapprocher l'un de l'autre au moment où l'étincelle électrique leur avait intimé l'ordre de rebrousser chemin. Les rouets tournaient en sens inverse avec une extrême lenteur, mais de manière à relever la ligne, sur laquelle ils pesaient d'une façon ménagée, sans que les dynamomètres indiquassent, une seule fois, une traction réellement inquiétante.

6

Au bout de quelques heures de travail continu, on vit le sommet de la chaînette immense sortir de l'eau et se balancer dans l'air. Bientôt elle fut à bord de l'*Agamemnon*, et l'on constata que plusieurs grains de sable s'étaient incrustés dans la couche de graisse dont la surface inférieure du plomb avait été barbouillée. On l'avait donc fait pénétrer à 3000 brasses de profondeur, et d'autre part les observations des électriciens démontraient que la circulation du courant n'avait point été modifiée. L'enveloppe avait été soumise à une pression de 600 atmosphères, sans que l'isolement fût entamé.

On procéda ensuite à la mise à l'eau de bouées qui pussent servir à soutenir provisoirement l'extrémité du câble, si l'on était obligé de le couper en haute mer. Ces appareils, aussi énormes que ceux que l'on a vus figurer à l'Exposition d'électricité, semblaient amarrés de manière à défier toutes les tempêtes.

Pendant ces dernières manœuvres, le fil se coupa à plusieurs reprises; mais on attribua ces accidents à ce que la solidité du bout avarié avec lequel on opérait avait été détruite antérieurement. Aucune pensée lugubre n'assombrissait l'avenir quand on mit le cap sur l'Angleterre. Chacun avait la confiance de voguer au devant d'un succès et l'on croyait que toutes les chances défavorables avaient été prévues dans cette petite guerre. Les électriciens se croyaient invincibles, parce qu'ils avaient triomphé sans coup férir, dans leur camp de Châlons!

X

L'escadrille électrique ne toucha Plymouth que le temps nécessaire pour embarquer quelques vivres frais, car on était anxieux de tirer parti de la période habituelle des grands calmes océaniques, déterminée avec une précision nouvelle par le lieutenant Maury.

Le 10 juin, l'*Agamemnon* et le *Niagara* levaient l'ancre, ainsi que leurs deux tenders le *Valorous* et la *Gorgonne*, qui marchaient à l'avant-garde et semblaient s'exercer à les guider.

Mais, à peine avait-on quitté la terre de vue, que le baromètre commençait à fléchir; vers deux heures, on voyait apparaître des nuages de petite dimension, de forme grossièrement globulaire, aux contours nettement arrêtés, mais aux allures prodigieusement irrégulières, comme s'ils étaient le siège d'une sorte de fermentation tumultueuse.

Bientôt après, de longs filaments, parallèles les uns aux autres, moitié transparents, semblables à des écharpes de fine dentelle, vinrent s'intercaler au-dessous de ces cumulus singuliers, dont le nombre et les dimensions augmentaient surtout au couchant. Petit à petit, du côté de l'orient, ils se fondirent les uns avec les autres et arrivèrent, insensiblement, à ne former qu'une seule nuée aux reflets cuivreux, qui descendait jusqu'aux limites de l'horizon. Il semblait que de mystérieux obstacles s'accumulaient derrière cette muraille menaçante, vers laquelle l'escadrille électrique continuait à se diriger péniblement; les vagues, clapoteuses, bouillonnant dans tous les sens, offraient un obstacle considérable à la marche des bâtiments, et souvent l'eau frissonnante semblait s'écarter pour que l'hélice n'y mordît point.

On ne vit point paraître le génie des Tempêtes demandant aux Anglo-Américains ce qui les amenait au milieu de l'Océan, mais les éclairs qui sillonnaient la nue devenaient de plus en plus larges, livides et nombreux. Leurs tonnerres étaient si fréquents, si bruyants, si retentissants, si puissamment accompagnés par le murmure des lames qu'il était impossible d'entendre les coups de canon à l'aide desquels les navires de l'escadrille tentaient de se retrouver, car le jour avait fait place brusquement à une nuit d'une épaisseur prodigieuse, et la brise s'était changée en un épouvantable ouragan.

Le *Niagara*, le *Valorous* et la *Gorgonne* avaient complètement disparu lorsqu'un soleil pâle et terne parvint à lancer ses premiers rayons, au milieu d'une pluie torrentielle inondant les matelots de l'*Agamemnon*. Les convulsions de la frégate étaient devenus si violentes que la partie du câble qu'on avait arrimée sur le pont sortit de ses parcs et bondit de l'arrière à l'avant. Roulant dans tous les sens avec une vigueur digne du serpent de Laocoon, saisissant par les membres, par le corps, par les vêtements, les matelots qui n'étaient point assez lestes pour se dérober à ses dangereux embrassements, il les étranglait dans ses innombrables anneaux.

Plusieurs furent ainsi roulés, aplatis, écrasés par cet ennemi d'un nouveau genre. D'autres, en essayant de l'éviter, se défoncèrent la poitrine en heurtant les plabords contre lesquels ils se trouvèrent précipités. Heureusement aucun homme de l'équipage ne tomba à la mer, où il eût été impossible de lancer aucune embarcation.

La brise contre laquelle l'*Agamemnon* lutta avec une vaillance désespérée, avait une telle force que les vagues le couvraient à chaque instant. L'eau entrait dans les soutes avec presque autant d'impétuosité que s'il s'était déclaré une voie à fond de cale et les pompes ne suffisaient point pour y maîtriser l'inondation. Le navire inclinait de plus en plus sur le tribord; le capitaine essaya de continuer la lutte en obligeant l'*Agamemnon* à se coucher sur l'autre flanc; mais les lames embarquaient à chaque instant et éteignaient le feu des machines, de sorte que l'on ne parvenait même plus à maintenir la pression dans les chaudières. Force était de changer d'allure! Il fallait pour le moment perdre de vue l'exécution de la grande épissure. Le danger n'était plus de faire attendre les Yankees.

A peine l'*Aganemnon* avait-il viré de bord pour fuir devant le temps, que l'on vit apparaître au nord-est une de ces gigantesques trombes si rares dans nos latitudes, mais qui quelquefois y acquièrent une force presque inconnue dans les mers tropicales. Le feu de la foudre, qui jaillissait d'une façon continue, accompagnait le bruit de l'eau bouillonnant avec une énergie telle qu'on eût pu croire que l'Océan allait s'ouvrir, pour laisser passer les feux d'un volcan sous-marin. La tempête se déchaîna ainsi pendant trois jours et trois nuits consécutives. Pendant soixante-douze heures, l'ouragan gronda avec une violence impitoyable. Lorsque l'*Agamemnon* reprit enfin possession de lui-même, il avait encore à faire une traversée aussi longue que s'il était resté à l'ancre dans la baie de Valentia. Sans perdre une minute, il remit le cap au nord-est, où était le lieu du rendez-vous. Il était temps qu'il arrivât. Au moment où les vigies du *Valorous* signalèrent l'*Agamemnon*, le capitaine du *Niagara* réunissait ses officiers pour leur demander s'il était nécessaire d'attendre plus longtemps un navire qui, suivant toute probabilité, avait coulé bas.

Mais, si l'*Agamemnon* était matériellement présent, ce n'était pas dans un état qui lui permît immédiatement de prendre part à la pose. Il fallait en effet commencer par remettre en ordre le câble, si malencontreusement embrouillé. Cette opération fastidieuse et difficile, à laquelle on fut plus d'une fois sur le point de renoncer, ne put être terminée qu'avec le concours d'une équipe composée des meilleurs gabiers du *Niagara*. En revenant à leur bord, ceux-ci racontèrent que le câble ne s'était point en réalité échappé, mais que les matelots anglais étaient devenus fous de frayeur et que, pour éviter d'être engloutis par les vagues, ils avaient formé le dessein de le jeter à la mer, ce dont ils n'avaient pu être empêchés par les officiers qu'après avoir commencé à le tirer de son parc.

La soudure définitive s'accomplit de la même manière que dans la baie de Biscaye. La chaloupe du *Niagara* vint apporter aux plombiers de l'*Agamemnon* le bout qu'ils devaient joindre ; mais ces ouvriers, quelque habiles qu'ils fussent, n'avaient plus la même habileté et le même sang-froid, et la crainte de ne point réussir, les faisait trembler comme des enfants.

Dans l'antiquité, on aurait fait un sacrifice à Neptune, on aurait égorgé au moins un taureau blanc sur un autel, que les augures eussent considéré comme particulièrement agréable, puisqu'il était flottant. Au moyen âge, on aurait chanté des hymnes à la Vierge et à tous les saints du paradis qu'on aurait signalés comme assez bien en cour céleste pour exercer une influence utile au succès de l'expédition. Le progrès des lumières a fait renoncer à toutes ces cérémonies, mais le besoin de se rendre favorables les divinités inconnues qui dirigent les grandes forces de la nature est tellement enraciné dans le cœur de l'homme, que les matelots ne voulurent point laisser tomber l'épissure dans l'abîme sans l'accompagner de quelque cérémonie mystérieuse. Ils y attachèrent donc une pièce de six pence trouée.

Malheureusement, cette pratique superstitieuse ne parut pas avoir désarmé la mauvaise chance, car l'épissure n'avait point encore touché l'eau que la masse de plomb, qui était destinée à accélérer sa chute, se détacha et tomba dans la mer, où elle disparut en un instant.

L'épissure fut ramenée avec toute la rapidité dont les rouets étaient susceptibles, et l'on chercha précipitamment quelque objet qui pût remplacer celui qui venait de disparaître d'une façon si inopinée. On ne mit la main que sur un boulet, que l'on fixa avec une hâte que l'impatience générale était bien loin de rendre excusable.

Aussitôt que la sphère de fonte fut engloutie, l'*Agamemnon* et le *Niagara* commencèrent à s'écarter. Pas la moindre acclamation n'éclata ni à l'un ni à l'autre bord; les équipages du *Valorous* et de la *Gorgonne* restèrent également silencieux. En voyant le câble descendre, emportant dans l'abîme l'objet maudit que l'on attache aux pieds du matelot renfermé dans son cercueil de toile, il n'y avait pas un marin de l'escadrille électrique qui ne se sentît 'âme oppressée.

Ces sombres pressentiments n'étaient point dénués de fondement. En effet, le *Niagara* et l'*Agamemnon* étaient à peine à une lieue l'un de l'autre, et l'épissure n'avait certainement pas touché le fond de l'Océan, qu'un coup de canon retentit. Un faux mouvement des rouets de la frégate américaine avait déterminé la rupture.

Sans perdre une seconde, l'*Agamemnon* et le *Niagara* se rapprochèrent; dès qu'ils furent à quelques encâblures, une barque du *Niagara* vint apporter à bord de l'*Agamemnon* le bout du câble destiné à former une seconde épissure.

Aucun matelot ne fut assez superstitieux pour proposer de faire au génie de l'abîme le sacrifice d'une seconde pièce de six pence; mais on fit en sorte de se dispenser cette fois de l'intervention d'un boulet. On disposa avec soin une masse de plomb, et on l'attacha avec toutes les précautions nécessaires, pour qu'elle pût accompagner jusqu'au fond du gouffre le câble qu'elle était chargée d'entraîner rapidement.

Les deux navires s'écartèrent de nouveau, mais avec une lenteur plus grande que la première fois; lorsqu'ils se perdirent complètement de vue, le temps était splendide, le câble filait de part et d'autre avec une régularité admirable; petit à petit les deux navires reprirent une allure plus vive, et ses deux équipages oubliaient progressivement leurs appréhensions. Tout d'un coup, les électriciens de l'*Agamemnon* s'aperçurent que le courant ne passait plus; au même instant, les rouets s'arrêtèrent brusquement, le câble s'était rompu.

Comme on n'avait encore dévidé que 60 kilomètres, on remit le cap sur les parages où l'on avait déjà rencontré le *Niagara* à deux reprises différentes. Averti par la rupture du courant, le *Niagara* avait suivi lui aussi la consigne; il arrivait en même temps au rendez-vous. Les deux navires se saluèrent par de bruyantes acclamations et des coups de canon, répétés par le *Valorous* et la *Gorgonne*; mais les deux premiers échecs avaient diminué la provision de câble et surtout ébranlé la confiance des équipages et même des électriciens. M. Cyrus Field, qui était à bord du *Niagara*, et M. Bright, qui était à bord de l'*Agamemnon*, convinrent de réduire de moitié la longueur du câble que l'on pouvait perdre sans renoncer à l'opération. On résolut de regagner Liverpool si une troisième rupture se produisait, après que les deux navires auraient mis à l'eau autant de fil qu'ils en avaient sacrifié l'an dernier. Les ingénieurs décidèrent, en outre, que la marche des bâtiments serait plus lente et qu'on redoublerait de précautions. Pendant les premières heures, l'anxiété était extrême; mais on commença à se rassurer en voyant avec quelle parfaite régularité les signaux circulaient. Les inquiétudes ne se réveillèrent que lorsque les deux navires eurent dépassé la distance sacramentelle à partir de laquelle le moindre accident entraînait la remise de l'opération en 1859. C'est le 29 juin 1858 que ce point critique fut franchi, et que l'on recommença à trembler.

Cependant tout marchait avec un ordre irréprochable; le câble filait lentement dans ses couloirs; la traction exercée par les dynamomètres était si modérée qu'il semblait doué de raison, et se mouvant volontairement. Les ingénieurs du *Niagara* et de l'*Agamemnon* se disposaient à prendre quelques heures de repos, lorsque chacun entendit le canon d'alarme. Sans cause assignable, le câble s'était rompu. Au même instant et à la fois, il avait échappé aux deux bâtiments.

Les instructions étaient formelles : il n'y avait plus qu'à regagner Liverpool.

Le *Niagara* arriva le premier, et c'est seulement après trois ou quatre jours d'attente que l'*Agamemnon*, sur le compte duquel on n'était point sans inquiétude, put être signalé. L'étonnement redoubla quand on apprit que les deux bouts du câble avaient cédé au même moment. Cette sinistre coïncidence éveilla plus d'un soupçon, et ébranla la confiance des plus enthousiastes électriciens. Mais, comme il restait encore dans les calles une longueur suffisante pour réunir les deux mondes, on se décida à tenter la fortune d'une nouvelle expédition sans attendre un nouveau délai. Il fallait dévider tout son câble, ou vaincre ou périr. N'était-ce pas une manière comme une autre de brûler ses vaisseaux ?

Le public européen apprit donc en même temps les détails du premier échec et le nouveau départ des deux bâtiments. Quant au public américain, il ne put que deviner la catastrophe en voyant que le *Niagara* n'arrivait point à Terre-Neuve. Lorsqu'il eut le récit du *Times* sous les yeux, l'escadrille électrique était déjà arrivée aux parages de l'épissure, et la pose avait de nouveau commencé.

Aussitôt que l'expédition eut mis de nouveau à la voile, le *Times* publia une correspondance remplie

de réticences et de récriminations. On se plaignait
du manque de courtoisie de l'équipage américain
vis-à-vis des électriciens anglais, on racontait qu'ils
avaient été plusieurs fois sur le point de renoncer à
leur tâche, et que, sans l'importance de la mission
dont ils étaient chargés, ils n'auraient jamais montré
tant de patience; on ajoutait que les Américains
avaient de leur côté manifeste le désir de retourner
en Amérique, et qu'ils avaient répandu les bruits
les plus calomnieux sur l'attitude de l'équipage de
l'*Agamemnon* pendant la grande tempête. Ces récriminations envenimées contribuaient à semer le
découragement dans l'esprit des porteurs d'actions,
dont la valeur était réduite à 200 livres; tous les
jaloux, tous les ennemis des câbles les exploitaient
avidement et habilement.

On racontait même qu'on s'était aperçu qu'un
bout de fil de fer avait traversé l'enveloppe de caoutchouc du fil de l'*Agamemnon*, que c'était par miracle qu'on avait reconnu et réparé cette faute que
la malveillance avait pu produire. Un pareil accident ne pouvait que difficilement s'expliquer autrement que par un noir complot dont les auteurs
devaient être soigneusement recherchés. Si les
nihilistes et les fénians eussent été connus à cette
époque, on les aurait formellement accusés. Mais
des nouvelles importantes vinrent noyer ces com-
mérages dans de plus nobles préoccupations.

XI

Le 29 juillet 1858, le *Niagara* et l'*Agamemnon*
se réunissaient et se séparaient pour la quatrième
fois au milieu de l'Océan. Comme dans les tentatives précédentes, le déroulement du câble était très
rapide, quoique les deux navires fussent très lents
à s'écarter l'un de l'autre; mais on augmenta progressivement leur vitesse jusqu'à ce qu'elle atteignît
cinq nœuds; ce qui produisit une telle diminution
dans la traction, que la tension du dynanomètre se
réduisit à quelques centaines de kilogrammes.

Il y avait environ six heures que la pose avait
commencé lorsqu'on vit s'approcher de l'*Agamemnon*
une énorme baleine, qui faisait voler autour d'elle
l'écume et qui se dirigeait droit sur le câble, comme
si elle avait eu l'intention de le briser. N'était-ce
pas une de ses sœurs, n'était-ce pas cette impor-
tune visiteuse elle-même qui avait brisé le câble le
29 juin, c'est-à-dire jour pour jour un mois plus tôt?
Est-ce que, plus hardie, elle revenait pour recommencer devant les yeux des hommes, réduits à l'im-
puissance, son crime de lèse-électricité?

On a remarqué que, sous divers prétextes, les
êtres dépourvus de raison semblent faire preuve
d'une sorte d'intelligence pour s'opposer aux progrès de la télégraphie, comme s'il leur répugnait de
voir l'homme pourvu d'une faculté nouvelle dont

la nature échappe incontestablement à la portée de leur instinct.

Les araignées prennent plaisir à tendre, le long des lignes, des toiles par l'intermédiaire desquelles une portion des courants se trouve détournée de la destination que l'opérateur lui a donnée. Les oiseaux à bec incisif, les pics de Norvège, viennent fouiller les poteaux, les ours s'efforcent de les faire tomber à terre en les secouant, les buffles s'y précipitent comme s'ils tâchaient de les renverser, l'homme des solitudes, comparable aux fauves qui les peuplent, les perce à coup de fusil !

Est-ce une pensée du même genre qui attire le gigantesque cétacé sur le sillon du câble ? Est-il séduit par le murmure du fil qui entre dans la vague et gémit doucement en disparaissant dans l'Océan ? Obéit-il à la haine du grelin qui lui rappelle le harpon du pêcheur, que tant des siens ont si douloureusement ressenti ?

La baleine n'est plus qu'à quelques encâblures du câble, mais rien n'indique qu'elle se soit aperçue qu'elle peut mettre fin au grand travail du *Niagara* et de l'*Agamemnon*. Elle se lance et disparaît sans se douter qu'il lui suffit d'un coup de queue pour venger sa race et interdire à son ennemi le plus gigantesque travail qu'il ait jamais osé entreprendre. Tout alla bien pendant deux heures, et la baleine commençait à être oubliée, lorsque l'électricien de service découvrit une avarie dans la portion du câble qui allait être mise à l'eau. En calculant d'après la vitesse du compteur, qui tournait en ce moment avec une rapidité désespérante, on n'avait que vingt minutes pour couper la partie avariée et souder l'un à l'autre les deux bouts conservés.

Quoique encore réduite au quart du coefficient limite, la traction était dangereuse, car les dynamomètres indiquaient un menaçant accroissement.

La situation était terrible; mais il n'y avait point à hésiter, car la fuite, quoique totale, n'avait pas diminué l'isolement de la partie déjà coulée. La science indiquait que les vagues étaient innocentes. Le coupable était sur le pont; c'était le bout qui s'y trouvait encore, qu'il était indispensable d'amputer.

Le sort de l'entreprise qui résumait tant d'espérances, tant de travaux, était encore une fois entre les mains d'un petit nombre de manœuvres. Il dépendait probablement du plus ou moins de rapidité avec laquelle ils exécuteraient la soudure qu'on était obligé de leur demander.

Ces braves ouvriers se montrèrent tout à fait dignes du rôle auquel la Fortune les réservait. Ils procédèrent à l'amputation du bout de câble reconnu défectueux et à la soudure des deux fragments, sans que M. Canning, le chef électricien qui les surveillait, ait eu besoin de leur donner un seul avis, ou mieux de leur adresser la parole. Officiers, marins, électriciens, journalistes, tous d'un œil fébrile scrutaient leurs moindres mouvements; des

centaines d'yeux guettaient la plus légère hésitation,
et des centaines des mains étaient prêtes à punir
une maladresse qu'on eût considérée comme une
trahison. Cependant ils continuaient imperturbable-
ment leur tâche, avec l'allure calme, tranquille, ré-
fléchie, silencieuse, réagissant contre une impatience
irréfléchie, de gens qui se gardent bien d'oublier
la portée du merveilleux proverbe : « *C'est surtout
alors que l'on veut aller vite, que l'on doit bien
prendre garde de ne se point presser.* »

Mais, à mesure qu'on soudait les fils de l'axe,
qu'on rabattait les enveloppes de gutta-percha, qu'on
enveloppait le cylindre d'une feuille supplémentaire, le moment terrible où il devenait indispensable d'arrêter le jeu des rouets approchait. Vainement on avait ralenti le dévidage, ce qui avait amené
la traction jusqu'au chiffre exagéré de trois mille
livres; la provision de câble s'épuisait. Les rouets
demandaient l'épissure au moment où l'on ne faisait
que de commencer à tresser les brins de fer formant
cotte de mailles.

On avait laissé passer le moment où la section désespérée du câble eût été une ressource extrême,
parce qu'on aurait pris la précaution d'y attacher
une bouée chargée de le soutenir, et la soudure
n'était point terminée !

La seule ressource qui restât, c'était le câble sur
lequel il fallait peser en arrêtant le mouvement des
rouets. Son point d'attache devait supporter non
seulement le poids de l'immense chaînette réunis-

sant le plancher de sables sur lequel reposent les Océans, au pont de l'*Agamemnon*, mais encore toute l'inertie de sa masse en mouvement.

Depuis quelques instants, l'obscurité était devenue absolue, complète; un voile de vapeurs sombres soudainement formées dissimulait les derniers feux du crépuscule; même au zénith les étoiles les plus brillantes de la Lyre ne pouvaient se distinguer. Le pont de la frégate offrait un aspect morne, sinistre, désolé; toutes les conversations s'étaient successivement interrompues comme si personne n'osait communiquer ses craintes; l'*Agamemnon* n'osait plus respirer, car la machine elle-même avait cessé de tourner.

On n'entendait plus qu'un bruit sinistre et lugubre : c'était le cri aigu de brins de fer que les ouvriers tortillaient. On attendait à chaque instant la cloche d'alarme du dynamomètre, indiquant une rupture inévitable, car l'aiguille indicatrice touchait déjà le point fatal.

Heureusement l'effort, s'étant produit d'une façon graduelle et sans secousses, s'atténua en se propageant. Le câble profita de la construction de son âme en cuivre et de son armure en acier; et la forme même de l'immense chaînette contribua à la victoire en augmentant le coefficient d'élasticité. Le brin descendit lentement, paisiblement, sans se rompre, emportant triomphalement l'épissure, qui ne tarda point à atteindre la surface des vagues, où elle disparut en un instant.

7

Sans être aussi terrible, l'inquiétude avait été pourtant très vive à bord du *Niagara* pendant tout le temps que les signaux étaient restés interrompus ; toutefois, comme on avait reconnu que l'isolement n'avait pas cessé un seul instant d'être irréprochable, on en avait tiré la conclusion rassurante que l'électricité ne se perdait pas dans l'Océan et que le câble était encore entier.

Mais les épreuves de cette journée terrible n'étaient point terminées. En effet, avant que l'épissure ait eu le temps d'arriver au fond de l'eau, on s'aperçut que le courant était de nouveau coupé.

Quelle était la cause de cette interruption ? Est-ce qu'il n'était point arrivé au *Niagara* quelque accident analogue à celui dont on venait de triompher d'une façon si heureuse, si inespérée ? Est-ce que le câble ne venait point de se rompre de son côté ? Il n'était certainement pas sage de considérer l'expédition comme définitivement avortée. N'était-il pas puéril de jeter dans la mer ce filament inerte qui ne pouvait plus servir à transmettre l'électricité ? N'était-ce pas agir avec une légèreté coupable que de gaspiller sans motif sérieux le fil précieux que la Compagnie pouvait certainement utiliser dans les mers européennes ?

Pendant que l'on délibérait ainsi, le dévidage continuait avec toute la lenteur dont il était susceptible, sans que le dynamomètre indiquât une tension dangereuse, sans qu'on approchât assez de la rupture pour que le moindre défaut de résistance, un coup de mer ou un coup de barre produisissent la catastrophe qu'on avait évitée avec tant de bonheur et d'habileté quelques instants auparavant. On navigua ainsi pendant plusieurs heures, au milieu d'une anxiété dont rien ne peut donner l'idée.

Au moment où l'on avait pris la décision de ne plus continuer la pose dans ces conditions lentes, précaires, difficiles, absurdes, de grands cris de joie éclatèrent, les deux navires jumeaux étaient de nouveau en communication, le câble était intact, le courant passait.

Il est impossible de donner une idée de la scène qui se passa alors à bord de l'*Agamemnon*, où la sécurité la plus folle avait brusquement fait place au désespoir le plus violent. Il semblait en effet que tout conspirât à augmenter la joie générale. La lune s'était levée dans un ciel magnifique, et donnait au fil qui descendait lentement, quoique la traction fût presque nulle et qu'on l'abandonnât pour ainsi dire à lui-même, une magnifique teinte argentée. Les ressorts semblaient prendre plaisir à se reposer, et le navire commençait à s'apercevoir de l'allégement qu'il éprouvait. Il se tenait mieux sur les vagues, qui étaient moins dures, et le pont était débarrassé de toute cette longueur de cordes qui, pendant la grande tempête du mois de juin, avaient occasionné de si cruels embarras.

Seuls les électriciens conservaient encore quelques appréhensions, car la cause de l'interruption de courant qui les avait si vivement alarmés n'était point encore complètement expliquée.

Mais pendant que l'*Agamemnon* continuait paisiblement sa route, en faisant si facilement tourner ses rouets, la tâche du *Niagara* était rendue difficile par un vent violent soufflant du sud-est, qui le prenait par le travers et gênait le dévidement ; toutefois, grâce à l'excellente construction des dynamomètres, il n'arriva aucun accident. Le 30 juillet, à deux heures et demie du soir, un signal de l'*Agamemnon* annonça qu'il avait dévidé 218 milles de câble. Dix minutes après, le *Niagara* put répondre qu'il avait juste coulé la même longueur. Des hurrahs dont l'électricité put transmettre les échos accueillirent de part et d'autre cette excellente nouvelle.

Il pleuvait et il ventait à bord de la frégate américaine, mais le beau temps continuait à favoriser le navire de Sa Majesté Britannique. Un magnifique soleil faisait étinceler les couleurs de son pavillon.

Dans la soirée, le vent commença à souffler avec une violence inquiétante et la nuit du 30 au 31 fut déplorablement agitée. Les vagues étaient gigantesques et hors de proportion, ce qui arrive quelquefois, avec la violence de la brise, avec laquelle elles semblaient conspirer pour arrêter la marche de l'*Agamemnon* et le refouler en plein Océan. On mit des poids sur les soupapes, et l'on jeta du charbon dans les fours, où l'on poussa le feu autant qu'on pouvait le faire sans entamer la solidité dont les chaudières avaient besoin. On descendit sur le pont les voiles,

les vergues elles-mêmes, afin de diminuer autant que possible la prise que la mâture offrait au vent. On aurait abattu les mâts eux-mêmes, pour les jeter à la mer, si l'on n'avait eu besoin de les réserver. En effet l'on avait reconnu qu'on épuisait la provision de charbon avec une rapidité prodigieuse et que, si cette brise infernale ne mollissait point, on ne pouvait atteindre Valentia qu'en sacrifiant, pour faire de la vapeur, la mâture, les chaloupes, les cloisons, toutes les matières combustibles que pouvait fournir le navire pour alimenter le feu, sans livrer passage à l'eau !

Dans la journée du vendredi, la brise mollit un peu. et elle remonta vers le nord d'un ou deux quarts, mais elle reprit vers le soir après le coucher du soleil ; la nuit, plus obscure que les précédentes, parce que la lune était avancée dans son décours, fut troublée par un phénomène qui, quoique de peu d'importance en lui-même, ne laissa pas que d'impressionner les marins.

L'eau était remplie de légions innombrables de ces infusoires phosphorescents qui ont la singulière propriété de sécréter une lueur assez vive ; non seulement le creux des vagues étincelait, mais le câble laissait derrière lui une traînée lumineuse : quelques matelots s'imaginèrent que le feu électrique qu'il contenait s'évadait au point même où il commençait à être baigné par les flots.

Heureusement, les indications de la boussole, qui étaient excellentes, permirent aux électriciens de rassurer les trembleurs, et d'indiquer la véritable cause de cette inquiétante apparition.

Pendant ce temps la navigation du *Niagara* avait été relativement paisible; elle n'avait été troublée que par un peu de pluie, un peu de vent et un peu de mer. L'Américain avait même pris une légère avance, car les compteurs indiquaient un dévidage de 555 kilomètres le samedi 3 juillet, à onze heures du matin. L'*Agamemnon*, qui reçut la nouvelle quelques heures après, ne put télégraphier le même fait que trois heures et demie plus tard; c'était l'état de la mer qui lui avait fait perdre le léger avantage qu'il avait un jour auparavant.

Le dimanche fut assez pénible à bord des deux navires, surtout de l'*Agamemnon*, qui passait alors précisément au-dessus du grand abîme, du gouffre, où la mer n'a pas moins de 4000 mètres de profondeur, presque autant que la hauteur du mont Blanc; mais ce n'est que dans la nuit du dimanche au lundi que le vent reprit une intensité inquiétante et que la hauteur des vagues dépassa encore une fois celle qu'elle atteint généralement. Délesté d'un poids très notable, l'*Agamemnon* flottait beaucoup plus sur la lame. Il ne courait pas, au même degré que dans les derniers gros temps, le danger d'être submergé, mais ses soubresauts étaient par cela même plus fortement accentués. Aussi était-ce avec une attention encore plus scrupuleuse qu'il fallait veiller à tous les mouvements du câble, dont la pression éprouvait des variations incessantes, car

le dynamomètre était comme affolé. Le plus souvent, il ne marquait pas 1000 livres, mais quelquefois il s'élevait brusquement jusqu'à près de 2000.
Au moment où il allait atteindre cette limite dangereuse, il retombait tout d'un coup à zéro ! Alors, devenu
libre, le câble filait dans la mer avec toute la vitesse
que son poids et le mouvement du steamer étaient
susceptibles d'imprimer. Il se serait cassé infailliblement comme un brin de soie entre les doigts
d'une fileuse inattentive, si par malheur les rouets
se fussent trouvés en repos au moment où la pression remontait tout d'un coup. La violence de ce
choc sec, brutal, brisant, ne pouvait être qu'impar-
faitement atténuée par les ressorts dont les freins
avaient été pourvus ; aussi M. Canning, M. Bright,
M. Thompson, célèbre depuis sous le nom de sir
William, tous les électriciens du bord étaient dans
une anxiété que chaque lame renouvelait.

Lorsque les officiers firent leur point, ils reconnurent que, malgré tant d'obstacles accumulés, ils
étaient arrivés à 52 degrés de latitude nord et à
19 degrés 48 de longitude ouest. En quatre-vingt-
seize heures, la vaillante frégate avait donc franchi
la moitié de la distance qui la séparait de Valentia ;
la moitié de la tâche était accomplie, la conductibilité était encore bonne, les signaux s'échangeaient
régulièrement sans hésitation, et les immenses profondeurs que les lumières académiques avaient dé-
clarées infranchissables avaient reçu docilement le
fil électrique sans le briser.

Tout allait bien à bord du *Niagara*, qui, ayant le vent moins contraire, avançait un peu plus rapidement vers Terre-Neuve et n'était plus obligé de sacrifier une aussi grande longueur de câble que dans les commencements de l'opération, où l'excès sur l'arc de grand cercle allait jusqu'à 30 0/0.

Dimanche soir, le bâtiment n'était plus qu'à 946 kilomètres de la station télégraphique terrestre, vers laquelle il marchait, à peu près la traversée de la France de Dunkerque à Perpignan. Le lundi soir, il n'avait plus à faire que 479 kilomètres sur les 1623 qui le séparaient de Terre-Neuve, lorsque la grande épissure fut noyée dans l'Océan pour la quatrième fois.

Lundi, il avait vu passer, vers sept heures du soir, un grand steamer de la ligne Cunard. Il avait échangé des signaux pour le prier d'annoncer à Liverpool que tout marchait bien. Mais c'était avec le secret espoir que cette bonne nouvelle arriverait plus vite encore par le bout que posait l'*Agamemnon*, et que cette fois la vapeur serait vaincue enfin par l'électricité sous-océanique.

Mais le quart de minuit avait à peine été appelé sur le pont que l'on s'aperçut que l'isolement du câble avait presque complètement cessé. Si l'aiguille du galvanomètre n'avait encore été agitée par un mouvement convulsif, on aurait déclaré que le câble s'était rompu encore une fois.

Cet état dura trois ou quatre heures, d'une façon extraordinairement alarmante; mais, au moment où l'on croyait que le câble allait rendre le dernier soupir, le courant reprit avec une rapidité qui n'eût pas été moins inquiétante, si l'on ne s'était imaginé que cette circonstance extraordinaire pouvait s'expliquer par une maladresse des électriciens de l'*Agamemnon*.

Cette reprise mystérieuse fut suivie d'une période de calme et de sécurité. Le seul incident qui troubla un peu la satisfaction de l'équipage du *Niagara* fut l'approche de montagnes de glace, flottant dans le voisinage de Terre-Neuve. Mais ces banquises gênantes eurent le bon esprit de rester à distance respectueuse du navire électrique. Elles disparurent rapidement comme si elles n'avaient eu pour but que de l'intimider, et elles ne se montrèrent de nouveau que lorsqu'il était trop tard pour qu'elles pussent occasionner des embarras sérieux.

Quoique le temps se fût mis au beau à l'autre bout du câble, les deux journées de lundi et de mardi avaient été très mouvementées à bord de l'*Agamemnon*.

Le lundi dans l'après-midi, on vit apparaître par le travers de bâbord un trois-mâts américain. Comme la mer est assez large pour tout le monde, on ne prenait qu'une médiocre attention à la route que ce bâtiment tenait. Tout d'un coup, la vigie s'aperçut qu'il mettait directement le cap sur l'*Agamemnon*.

Ce mouvement extraordinaire n'était pas resté inaperçu à bord du *Valorous* qui, en fidèle garde du corps, se porta en avant pour subir, s'il le fallait, l'abordage, et tira un coup de canon pour avertir le navire inconnu qu'il devait changer son angle de route, s'il ne voulait être coulé bas.

Mais le *Valorous* s'y était pris trop tard, et, conti-nuant sa bordée, le navire inconnu laissait porter sur l'*Agamemnon*. Heureusement, un coup de barre du timonier modifia l'allure de la frégate porte-câble et le trois-mâts passa à quelques brasses.

C'est seulement à ce moment que l'équipage de ce malencontreux voilier parut comprendre la na-ture de l'opération qu'il avait failli interrompre. Tous les matelots et les passagers, ainsi que les offi-ciers eux-mêmes, montèrent sur les vergues et saluè-rent de trois hurrahs le navire qu'ils avaient si ridi-culement troublé.

Mardi, vers trois heures du matin, au moment même où les électriciens du *Niagara* étaient de leur côté réveillés en sursaut par une dernière alerte, des coups de canon arrachaient au sommeil l'équi-page de l'*Agamemnon*. Chacun, persuadé qu'il s'était produit une nouvelle catastrophe, sautait de son lit en maudissant le sort. Heureusement, l'incident qui occasionnait tout ce tapage était d'une gravité infini-ment moindre. Voyant qu'un autre clipper américain allait recommencer la manœuvre du voilier de la veille, le *Valorous* avait pris la résolution de s'y opposer par la force, et il déchargeait toute son artillerie sur l'importun visiteur. Comme quelques-unes des pièces avaient été chargées de boulets, afin qu'il les entendît tomber près de lui, l'importun bâtiment se décidait à virer de bord et à disparaître, sans laisser son nom à la postérité.

Depuis lors, le temps se montra digne de celui que le lieutenant Maury avait promis. L'*Agamemnon* avait enfin franchi le grand abîme, et dépassé le sommet de la grande montagne sous-marine qui limite à l'ouest le plateau télégraphique ; le fond de l'Océan se rapprochait tellement de la surface qu'on aurait pu diminuer notablement le débit du câble. Mais cette partie du monde sous-marin est semée de tant de vallées, qu'on crut prudent de l'augmenter, pour que le câble ne fût pas obligé de faire la cloche et qu'il pût descendre jusqu'au fond des gorges les plus profondes, au-dessus desquelles le destin voulait qu'il passât.

XII

C'est le mercredi à minuit que les vigies de l'*Agamemnon* aperçurent enfin les feux de Valentia. Jeudi matin, les premiers rayons du soleil montraient le profil animé de la perle du pittoresque comté de Kerry. Fatigués d'une fiévreuse attente, les habitants de cette région, ordinairement si calme, ne songeaient plus au grand événement qui était passé dans le domaine de l'histoire, et qui mérite d'être inscrit à côté des travaux dont la mythologie grecque et latine a fait honneur soit aux Titans, soit aux demi-dieux !

Il fallut que le *Valorous* se portât en avant pour réveiller les dormeurs en tirant des coups de canon. Aussitôt que ce tonnerre se fut répercuté dans les roches, la vigie annonçait l'arrivée de l'expédition dans des circonstances qui semblaient indiquer un triomphe complet, et des barques se détachaient en toute hâte de toutes les criques, de toutes les anses, de toutes les baies.

Au moment où les premières communications s'échangeaient avec les embarcations venues de Valentia, il y avait déjà plusieurs heures que l'on savait à bord de l'*Agamemnon* que le *Niagara* était entré dans la baie de la Trinité.

A sept heures du matin, il était arrivé en vue de la passe qu'il avait franchie à midi. Comme il était encore de bonne heure pour lui, il avait prévenu l'*Agamemnon* qu'il allait interrompre les communications pour exécuter une épissure. Cette opération avait été terminée rapidement, le steamer de Sa Majesté Britannique *Procurpine* avait guidé le *Niagara* à son ancrage, et le bout de câble avait été porté à terre aux employés de la station télégraphique avant que la nuit fût venue pour les habitants de Terre-Neuve et eût fini pour ceux de la verte Erin. Quand les premiers pilotes irlandais mettaient le pied sur le pont, un vigoureux courant, traversant l'Atlantique, venait d'avertir le capitaine de l'*Agamemnon* que son collègue du *Niagara* donnait lecture d'une prière pour remercier l'Eternel. Aussitôt que la première émotion fut calmée,

MM. Bright et Canning firent transporter à terre le bout du câble si heureusement complété ; on l'enfouit sous leur surveillance dans une tranchée et on le rattacha à la station télégraphique de Valentia. Des salves d'artillerie, tirées par les forts et par les navires télégraphiques, annoncèrent que le premier courant électrique parti d'Europe avait atteint l'autre continent.

C'est le 5 août 1858 que ce grand fait physique fut accompli. Il suffit pour faire remonter les actions du câble à 920 livres sterling. Mais elles ne dépassèrent et n'atteignirent même point le pair, parce que les ennemis furent assez habiles pour semer des doutes sur la vitalité du nouveau-né.

Il était, hélas ! impossible de le mettre immédiatement en service, parce que les lignes qui devaient le joindre à New-York par une chaîne télégraphique passablement compliquée n'étaient point encore terminées ; il restait encore à compléter l'ajustement des appareils d'induction, sur lesquels les électriciens de la Compagnie comptaient pour accélérer les communications, beaucoup trop lentes pour servir commercialement avec la pile ordinaire que Volta nous a donnée.

Les principaux journaux d'Angleterre et de France furent obligés d'expliquer longuement toutes ces circonstances au public, que les précédents revers rendaient fort sceptique et qui n'acceptait point sans réticences toutes ces salves d'artillerie. Treize jours en effet s'écoulèrent avant que l'inauguration pût avoir lieu. Elle fut célébrée par un télégramme que Cyrus Field adressa à Sa Majesté la reine d'Angleterre, qui se trouvait alors à Cherbourg, où elle était solennellement reçue par Napoléon III, à l'occasion de l'inauguration de la digue. Cette circonstance fournit au *Times* le sujet d'un *Leader*, dans lequel il faisait un éloquent parallèle entre les conquêtes de la guerre et celles de la paix.

Sans perdre un instant, la reine d'Angleterre adressa un télégramme à M. Buchanam, président des États-Unis. Ce dernier répliqua par une lettre contenant un peu plus de cent mots, qui ne prit qu'une heure à franchir l'Atlantique, grâce à la puissance des courants employés. Ce document télégraphique est trop important pour ne pas être reproduit intégralement; nous nous faisons un devoir de le mettre sous les yeux de nos lecteurs.

« Le président félicite cordialement la reine du succès de la grande entreprise internationale, accomplie par le talent, la science et l'indomptable énergie de la Grande-Bretagne et des États-Unis. Ce triomphe, dont nous nous réjouissons, ainsi que Votre Majesté, est d'autant plus glorieux que son utilité dépasse ceux que les grands conquérants ont obtenus sur les champs de bataille, en les arrosant de sang humain!

« Puisse, avec la bénédiction de Dieu, ce télégraphe atlantique être à jamais un lien de paix et d'amitié entre les deux nations sœurs! Puisse-t-il

être un instrument destiné par la divine Providence
à répandre dans tout l'univers la religion, la civilisation, la justice et la liberté! Est-ce que, pour atteindre un si noble but, toutes les nations chré-
tiennes ne parviendront point à s'entendre? Est-ce
qu'elles ne déclareront point d'un commun accord
que, passant même au milieu des mers, dont elles se
disputeront la possession, il n'en sera pas moins
considéré comme une chose sacrée. »

Jamais peut-être paroles plus éloquentes n'ont été
confiées aux abîmes océaniques et n'ont été plus
opportunes à prononcer. En effet, quoique le câble
qui les a transmises n'ait pas tardé à être hors de
service, il aura assez vécu, si elles sont restées
gravées dans la mémoire des successeurs de M. James Buchanam. Quel que soit alors le ministre
des affaires étrangères de la République française,
a-t-il besoin d'invoquer d'autres arguments pour
convaincre les représentants des puissances, pour
leur montrer la nécessité d'accepter la formation
de la conférence diplomatique que M. Barthélemy
Saint-Hilaire, un de ses illustres prédécesseurs, a
prise sous sa protection?

Le lord maire, le maire de New-York échangèrent
en outre quelques compliments, l'on annonça que
le câble serait ouvert au public, et le *Times* commença à insérer dans ses colonnes des télégrammes
d'Amérique, à côté de ceux qui lui arrivaient des
différentes parties du vieux continent.

Il serait impossible de donner une idée de l'en-

thousiasme avec lequel le public d'Amérique et
d'Angleterre accueillit ces événements si importants. La presse parisienne ne resta pas en arrière
de ses confrères de l'autre côté de la Manche et de
l'autre côté de l'Atlantique. Si notre pays avait été
réduit à jouer le rôle de spectateur dans ce magnifique drame, il ne ressentait nullement les atteintes
d'une basse et mesquine jalousie, que le spectacle
des grandes œuvres de la paix a plus d'une fois sus-
citée chez d'autres nations.

En réalité, ce splendide triomphe de la science
électrique ouvrait des horizons assez immenses
pour que toutes les ambitions nationales légitimes
fussent satisfaites. Ce n'était pas, en effet, seulement
l'Angleterre qui sentait impérieusement le besoin de
donner instantanément des ordres à des escadres et
à des colonies semées sous tous les climats, disper-
sées sur tous les Océans.

En effet, malgré ses malheurs, la France possède
encore un empire colonial excessivement étendu et
dont l'importance sera d'autant plus agrandie, que
les divers membres seront étroitement rattachés
au centre, d'où, suivant nos idées nationales, toute
impulsion réellement féconde doit procéder!

Aussitôt que l'installation des lignes accessoires
fut terminée, Cyrus Field se rendit à New-York,
pour jouir des honneurs que sa persévérance et son
bonheur avaient si amplement mérités, et auxquels on
s'apprêtait à donner un éclat inouï digne de ceux
qui attendaient les consuls de la république ro-

maine, quand ils rentraient dans la Ville éternelle à la tête de leurs légions.

M. Cyrus Field fut promené en triomphe dans les différents quartiers de New-York, à la tête d'un cortège que les évaluations les plus modérées portent à vingt mille personnes.

Le défilé et les réceptions ne durèrent pas moins de seize heures. La fête se termina par une illumination générale et une retraite aux flambeaux qui conduisit Cyrus Field à l'hôtel qu'il habitait. C'était là même où il avait reçu la visite de M. Gisborne venant lui proposer de se joindre à lui, pour exécuter le projet beaucoup plus timide qu'il avait eu le bon esprit de repousser. L'enthousiasme était si grand qu'il devint irréfléchi, et qu'on négligea les mesures de prudence les plus élémentaires. Les illuminations furent si brillantes et si peu ménagées à la mairie de New-York qu'on mit le feu à cet édifice. Le toit et la coupole furent complètement détruits, et cet incendie, qu'on eut beaucoup de peine à éteindre, faillit acquérir de gigantesques proportions.

Des fêtes analogues étaient célébrées le même jour dans toutes les grandes villes des États-Unis, où l'on donna des illuminations, des processions aux flambeaux, des concerts populaires, des feux d'artifice, et qui toutes se disputaient l'honneur de posséder, pendant quelques heures, le Lesseps de l'électricité des deux mondes.

Pendant ce temps, Cyrus Field avait reçu des invitations pressantes d'avoir à se rendre dans la vieille Angleterre, qui se plaignait d'être la dernière à célébrer la réunion des deux continents.

En effet, on trouvait que, dans leur enthousiasme, les Américains oubliaient beaucoup trop la Grande-Bretagne, dont le nom était presque entièrement effacé. Si le fondateur de la Compagnie transatlantique était Américain, est-ce que les câbles n'avaient point été fabriqués en Angleterre ? est-ce que l'immense majorité des souscripteurs n'étaient point Anglais? Est-ce que l'expédition aurait réussi sans Charles Bright et M. Thompson, ces élèves de Faraday, qui avaient acquis, dans le maniement des câbles britanniques, une expérience sans laquelle l'expédition transatlantique aurait donné raison à M. Babinet.

Les commentaires allaient leur train, et l'appréciation du mérite respectif des deux nations aurait pris des proportions en quelque sorte inquiétantes et menaçait de s'éterniser, lorsque un bruit étrange se répandit.

Le câble était affecté d'une maladie de langueur : il était positivement devenu poitrinaire, et les messages arrivaient de plus en plus rares, de plus en plus difficiles à interpréter ; il fallait employer des courants de plus en plus énergiques pour lui arracher quelques réponses énigmatiques. Bientôt on ajoutait que, depuis quelques jours, il refusait obstinément de parler !

XIII

Les docteurs de la télégraphie sous-marine discutèrent avec beaucoup de vivacité, pour déterminer les causes de la catastrophe qui s'était produite dans des circonstances si extraordinaires et si déplorables à la fois. On eut recours à toutes les hypothèses les plus extraordinaires, mais personne ne fit attention à la cause la plus simple et la plus naturelle.

Nous avons raconté que l'on avait fabriqué le câble de 1867 par bouts de deux milles de longueur, que l'on avait attachés les uns au bout des autres avec une soudure à l'argent. On ne s'était pas aperçu que le câble était si long qu'il contenait deux mille de ces soudures, et que, si une seule se laissait pénétrer par quelques gouttes d'eau de mer, il était irrévocablement perdu!

En effet, le liquide chargé de sel s'introduisant par une fissure même plus petite qu'un trou d'épingle, déterminait la formation d'un couple voltaïque, et l'argent, agissant comme pôle, travaillait nuit et jour à la dissolution du cuivre qui le touchait.

Mais l'ennemi le plus terrible de l'âme conductrice était sans contredit le courant lui-même, le courant auquel il devait sous peine de mort livrer une route irréprochablement uniforme. En effet, même au milieu de l'étonnante masse d'eau qui le comprime de toutes part, le feu électrique n'a point perdu la propriété de brûler les points qui résistent; il y allume un incendie lent, graduel, que toutes les rivières du monde n'éteindront jamais.

A mesure que le câble devenait plus rétif à l'électricité d'induction, on avait augmenté l'énergie de la charge. On pouvait donc dire que c'était avec sa propre substance qu'il avait balbutié ses derniers messages. Mais fallait-il faire un crime aux électriciens de cette méthode barbare d'opérer? En effet, en même temps qu'on anéantissait le câble de 1857, on rendait inévitable la construction d'un autre câble plus parfait, car, en le surmenant de la sorte, on multipliait les services qu'il rendait à la civilisation.

Les anciens, qui cherchaient toujours à rattacher les grands événements de l'histoire aux phénomènes naturels, auraient prétendu que la comète découverte par Donati au moment où le câble envoyait ses premiers messages annonçait la nature éphémère et précaire de ce merveilleux succès.

C'est vers le 5 septembre 1858 que passèrent les derniers courants. Le fantôme de câble n'avait vécu que vingt-trois jours, pendant lesquels on était parvenu à expédier 400 télégrammes, formés de 4359 mots. Plus de la moitié, 271, comprenant 2885 mots, avaient été expédiés de Terre-Neuve à Valentia. Ils ont été religieusement conservés et publiés en mémoire de ce grand événement télégraphique. Rien n'est plus curieux et plus émouvant que la lecture du petit volume qui les contient. Quoique tous en quelque sorte aient leur intérêt historique, nous n'en citerons qu'un seul, qui est devenu célèbre et resté en quelque sorte historique.

Par une malle à vapeur partie à la fin du mois d'août, le ministère de la guerre avait donné ordre au 62ᵉ régiment, qui se trouvait en garnison à Halifax, de revenir en Angleterre pour aller renforcer l'armée de l'Inde. Mais les nouvelles reçues le lendemain du jour où l'ordre était parti le rendaient complètement inutile. Le télégraphe expédia le contre-ordre, qui arriva en temps utile; on calcula que ce télégramme économisait à l'Etat 90 000 livres sterling, c'est-à-dire plus que la subvention de la Compagnie n'aurait coûté en trois années au chancelier de l'Echiquier. Cet avis, arraché par un suprème effort, est un des derniers que le grand malade consentit à balbutier.

L'importance de ces produits accidentels du câble est si grande, qu'on ne saurait essayer de l'évaluer numériquement. Il est même des services qu'il serait évidemment indécent de chiffrer. Quel nouveau Shylock, en effet, oserait calculer ce que valent les derniers adieux d'un père ou d'une mère, qu'un fils appelé par télégramme à travers l'Atlantique arrive à embrasser encore une fois avant le moment suprème? A quel taux marquerait-il la détermination exacte de la longitude de toutes les villes des Etats-Unis? Que payerait-il pour l'annonce des comètes ou des petites planètes que découvrent si fréquemment les astronomes américains? Que donnerait-il pour les renseignements météorologiques, le jour où ils seront enfin utilisés à des prévisions réellement dignes d'être publiées au nom de la science officielle, dans le siècle de l'électricité?

La guerre de Sécession, qui ne tarda point à éclater avec une violence inouïe et qui réservait au monde civilisé tant de spectacles grandioses, vint bientôt augmenter l'intérêt de ces communications journalières entre les deux continents.

En même temps, ces catastrophes politiques diminuaient les ressources de la Compagnie, qui avait l'audace de recommencer la tentative avortée au milieu d'un succès inouï. Car, obligé de lutter avec la plus formidable insurrection des temps modernes, l'héroïque Abraham Lincoln, le martyr de l'affranchissement des nègres, ne pouvait donner à la grande entreprise que des marques en quelque sorte platoniques de sympathie.

Aussitôt qu'il ne fut plus possible de cacher la mort du câble aux innombrables clients qui assiégeaient les bureaux de la Compagnie, M. Witehouse, son électricien en chef, publia dans le *Times* une lettre, dans laquelle il essayait courageusement de lutter contre le désespoir qui s'emparait des meilleurs esprits. Il déclarait que le grand câble n'était pas mort, et qu'il ne demandait pas mieux que de parler. S'il se taisait, il attribuait la cause de ce silence à ce que la partie du câble qui traînait sur les côtes d'Irlande était exposée tantôt à l'action de l'air et tantôt à celle des marées. Il conseillait de remplacer cette section par un câble cinq ou six fois plus pesant, qui se trouvait déjà dans les réservoirs de Keyham, et il assurait qu'avec une dépense relativement insignifiante le câble serait remis en état. Ces communications atténuèrent dans une certaine mesure l'effet de cette déplorable interruption ; les transactions continuèrent sur les actions du câble, à la Bourse de Londres, où elles se maintinrent un peu au-dessous de 500 £, tant il se trouvait de gens disposés à se rappeler *que, si le câble se taisait, il avait au moins parlé.*

Interrogé par M. Perdonnet, un des plus sympathiques ingénieurs français de cette période, sur l'intention des actionnaires, un des principaux répondit que leur intention était de recommencer. « Mais si vous échouez encore ! — Nous recommencerons, nous recommencerons toujours jusqu'à ce que nous ayons réussi. »

Mais ces nobles paroles ne représentaient que l'opinion d'une élite, car dans l'esprit public la cause du câble était perdue.

Ce n'est qu'en 1860 que la Compagnie se décida à faire les frais d'une expédition à Terre-Neuve pour ramasser quelques débris de la ligne océanique, et vérifier ce qu'il pouvait y avoir de réel dans les assertions de M. Witchouse. Mais le fond n'était point tel que cet enthousiaste électricien le supposait. La vase qui l'encombrait était parsemée de roches aiguës sur lesquelles le câble avait fait guirlande et s'était en quelque sorte usé. L'enveloppe de fer était complètement corrodée par la rouille, excepté dans quelques endroits où elle s'était trouvée protégée par une couche de cuivre qui s'y était déposée, certainement parce qu'elle passait dans le voisinage de quelque filon sous-marin. Toutefois l'examen électrique des fragments arrachés à ces mers inhospitalières montra, d'une façon incontestabe, que les facultés isolantes de la gutta-percha n'avaient point été diminuées par une immersion aussi prolongée. Les galvanomètres prouvèrent que la conductibilité de l'âme de cuivre, loin d'être entamée, s'était améliorée. La partie vitale du câble s'était comportée dans le fond de l'Océan comme du vin mis en bouteilles et soigneusement bouché, qui gagne de qualité en vieillissant dans le fond d'une cave.

Cette découverte inattendue venait faire briller une lueur d'espoir; la Compagnie prit la résolution de se perpétuer. Tout en renonçant à ses projets de repêchage et de mise en activité immédiate, elle conservait intacts ses privilèges et ses attaches officielles avec les gouvernements d'Angleterre et d'Amérique. En même temps, elle attendait que de nouveaux progrès dans la télégraphie sous-marine vinssent permettre de renouveler cette tentative hasardeuse avec des chances suffisantes de succès.

L'agitation qui s'était emparée des meilleurs esprits, ne tarda pas à réagir sur le ministère.

Mis en demeure de s'expliquer, le Parlement

britannique ne faillit point à sa mission. Il nomma
une commission d'enquête, qui tint vingt-deux
séances, pendant lesquelles on interrogea tous les
électriciens et tous les marins qui pouvaient donner
quelque lumière sur une question aussi intéres-
sante. Les dépositions de ces témoins constituent
quelquefois de véritables volumes qui ont été soigneusement conservés, et les efforts intellectuels
provoqués par une invocation aussi solennelle exer-
cèrent l'influence la plus heureuse sur les progrès
de l'électricité théorique et pratique. On peut dire
hardiment que la science a tiré un parti glorieux
de ces échecs, et que chacune de ses défaites a été
une victoire du progrès.

A l'occasion des fêtes de Pâques de l'année 1862,
M. Samuel Gurney, un des rajahs de la télégraphie
britannique, donnait aux membres les plus éminents
de la haute aristocratie britannique une des fêtes
scientifiques les plus brillantes auxquelles on eût
encore assisté. Un grand nombre d'appareils Morse
ayant été disposés dans un somptueux salon, le
comte de Shaftesbury se mit en communication
instantanée avec l'empereur de Russie, qui se trouvait sur les bords de la Néva. Le lord lieutenant
d'Irlande, interrogé par un de ses collègues du
cabinet, émit le vœu que l'on tendit bientôt un
second câble de Valentia. Une dépêche adressée au
Caire apprit à la noble assemblée que le prince de
Galles allait commencer son voyage de Terre-Sainte
et se disposait à partir pour Alexandrie le lende-

main matin. Les détails de cette brillante soirée retentissaient encore dans tous les journaux de Londres, lorsqu'une députation de la Compagnie transatlantique se présentait devant lord Palmerston, pour lui demander l'autorisation de former une nouvelle Compagnie, dont le fonds social serait élevé à 17 millions et demi de francs, afin qu'elle pût racheter les actions de la Compagnie du câble de 58, et à laquelle le gouvernement britannique accorderait une garantie de revenu de 4 0/0. En même temps, la députation mettait sous les yeux du célèbre homme d'Etat un échantillon de l'ancien câble et un autre du nouveau.

Mais, si les pétitionnaires demandaient à être autorisés à faire de nouveau les frais d'une entreprise rendue mémorable par tant d'insuccès, ils étaient décidés à ne rien donner au hasard. Ils priaient le chef du cabinet d'envoyer un navire de guerre pour explorer encore une fois le trajet que le câble devait suivre, et voir s'il ne s'y trouvait pas des fonds dangereux soit par la nature de leurs roches, soit par les habitudes des animaux qui les peuplaient. En effet, on avait découvert depuis peu des espèces voraces d'un goût peu délicat, qui s'attaquaient à l'étoupe et à la gutta-percha.

Précisément à cause des malheureuses circonstances politiques qui privaient la Compagnie future du concours du gouvernement américain, lord Palmerston ne pouvait hésiter. Il avait un trop vif sentiment de l'orgueil britannique pour ne point saisir cette occasion d'illustrer le règne de la gracieuse souveraine des trois Royaumes-Unis.

Il donna donc des ordres pour envoyer le *Procurpine* le long de la ligne projetée. Le rapport du naturaliste fut des plus rassurants. Il reconnut que la vie sous-marine était très active, mais que ces régions ténébreuses sont habitées par des peuplades innombrables de poissons complètement inoffensifs; elles sont pour ainsi dire tapissées de foraminifères qui n'ont aucun organe de nature à produire des perforations, de coquillages ou d'anémones qui, s'ils s'attachent aux lignes, ne font qu'augmenter leur isolement en les couvrant d'une gaine calcaire. Son microscope ne trouva nulle part de traces de ces crustacés qui creusent les câbles des mers tropicales, se glissent dans les interstices imperceptibles du fil de fer, et pénètrent jusque dans l'intérieur de l'enveloppe isolante et s'y creusent des tanières que l'eau envahit.

C'est à la suite de ces constatations favorables que les principaux capitalistes de la Compagnie du câble de 1857 résolurent de faire un appel au public, et de constituer une nouvelle Compagnie dont le capital fût porté à 700 000 livres sterling et à laquelle le gouvernement britannique accorda une garantie d'intérêt de 34 000 livres, payable aussi longtemps que le câble fonctionnerait.

Les actions de l'ancien câble entraient en partage des bénéfices, mais seulement dans le cas où ils dépasseraient le minimum que le gouvernement avait fixé et qui assurait aux nouveaux souscripteurs un intérêt de 8 0/0.

Ces arrangements ingénieux furent expliqués au public des grandes villes d'Angleterre dans des conférences faites par d'habiles orateurs, qui exposaient la nature des nouveaux résultats scientifiques auxquels on était arrivé, et la garantie nouvelle de sécurité qu'ils apportaient.

Le président de cette croisade scientifique était M. Stuart Wortley, dont le nom doit être cher à la France, car un de ses parents, le colonel Stuart Wortley, se mit à la tête du comité du ravitaillement de Paris, et le jour approche où l'on rendra justice au rôle honorable qu'il a joué, ainsi que ses coreligionaires politiques, en faveur de notre malheureuse patrie.

Ce grand mouvement en faveur du nouveau câble n'excita qu'une très médiocre sympathie dans les états-majors de notre télégraphie nationale, peu portée par son recrutement privilégié à placer sa confiance dans les résultats de l'initiative privée.

Les *Annales télégraphiques*, organe officiel de l'administration française, n'avaient point entièrement renoncé aux réserves exprimées par M. Babinet. En effet, elles s'exprimaient ainsi (page 301, sixième volume) :

« Il est donc permis aux esprits les moins prévenus de conserver encore quelques doutes sur le succès complet de la Compagnie transatlantique, mais

s'il ne s'agit que de poser un câble entre l'Irlande
et Terre-Neuve, de le faire parler *pendant quelques
mois*, d'échanger régulièrement du matin au soir
des signaux à travers l'Atlantique, on ne peut douter
que tout cela soit possible. »

XIV

Dans la construction de son câble, la nouvelle
Compagnie avait mis à profit tous les perfectionnements dont la pratique de la télégraphie maritime et
les travaux de la commission parlementaire avaient
démontré l'utilité.

L'âme de cuivre se composait, comme la première,
de sept fils ; mais, au lieu d'avoir un peu moins de
deux millimètres de diamètre, ils en avaient presque
quatre ; en outre, ils avaient été fabriqués avec un
cuivre dont le degré de pureté avait été éprouvé.

Le poids de la matière isolante et des fils de fer
constituant l'armure avait été doublé. Ces derniers
avaient été recouverts d'une enveloppe de chanvre
goudronné qui remplissait deux fonctions : la première était d'empêcher la destruction par la rouille
et la seconde de diminuer le poids dans l'eau. En effet,
ce câble perfectionné, dont la résistance était juste
double, ne pesait pas plus que celui de 1858, une
fois qu'on l'avait immergé.

D'une densité moitié et offrant beaucoup plus de
frottement, il devait descendre dans les abîmes océa-

niques avec une vitesse beaucoup moindre. Sa résistance était portée à huit tonnes, de sorte qu'une longueur de 20 kilomètres pouvait peser sur le point d'attache sans le faire céder.

Le seul inconvénient était l'augmentation du poids dans l'air, qui s'élevait à 1000 kilogrammes par kilomètre, de sorte que l'on n'aurait pu tenter de le poser, à moins de le fragmenter en six sections portées par six navires, et d'avoir à effectuer cinq soudures successives en plein Océan.

Heureusement, la Providence mit à la disposition de la nouvelle Compagnie un steamer exceptionnel, de la taille de l'arche légendaire de Noé, et dont on pouvait dire *Fara-da-se*.

Ce navire géant était le *Great-Eastern*, mis en chantier le 1er mai 1853, sur les chantiers de M. Scott Russell, Milwall, près de Londres, où il fut construit en quatre années, avec une dépense de vingt-cinq millions, par M. Brunel fils, habile ingénieur, digne du nom dont il avait hérité. Cet homme célèbre, avec une perspicacité admirable, avait deviné la spécialité de son navire, car bien des fois on l'entendit s'écrier en écoutant le récit des mésaventures des Compagnies sous-marines : « Il n'y a que par le *Great-Eastern* que le premier câble transatlantique pourra être placé. »

Les infortunes de ce chef-d'œuvre d'architecture navale, qui n'a d'autre défaut que d'être trop parfait, trop commode et trop peu proportionné avec les besoins d'un commerce qui n'a point encore senti le besoin de *faire grand*, datent de sa mise à l'eau.

L'opération, commencée le 3 novembre 1857, s'arrêta à moitié route, comme si le *Léviathan* (c'est sous ce nom biblique qu'il fut baptisé) hésitait à prendre possession de son empire. Pour le décider à se plonger dans le sein de la Tamise, il fallut employer des machines hydrauliques qui donnaient une pression de soixante atmosphères, et quatre-vingt-deux jours de travail continu. Malgré les précautions les plus minutieuses, plusieurs accidents ensanglantèrent les rails sur lesquels il glissait si difficilement.

Quand il arriva à Depfort, la Compagnie qui l'avait fait construire était en faillite. On le vendait à 20/00 de sa valeur, et, avant même d'avoir reçu ses machines, ce chef-d'œuvre d'architecture navale avait occasionné une perte de 15 millions.

C'est seulement en 1859 qu'il fit son premier voyage d'essai. Ses nouveaux propriétaires l'avaient appelé le *Great-Eastern*, en l'honneur du premier navire qui, deux ans plus tôt, avait quitté Liverpool pour franchir l'Atlantique et se rendre aux Etats-Unis. Mais la fortune tragique qui avait accompagné jusqu'alors le *Léviathan* ne renonçait point à le poursuivre encore sous son nouveau nom. Deux jours après l'exécution de son premier voyage, un tuyau de vapeur crevait en rade de Hastings, et plusieurs matelots expiraient dans d'épouvantables souffrances. Deux mois plus tard, son premier capitaine se noyait en rade de Southampton.

Les préventions contre ce navire admirable étaient si prodigieuses lorsqu'il se rendit à New-York, que quarante-six passagers seulement avaient osé courir les chances d'une traversée qui s'accomplit d'une façon admirable en dix jours et demi. Malgré son premier succès, ce prodigieux hôtel flottant splendidement installé pour quatre mille voyageurs, était encore vide lorsqu'il repartit pour l'Angleterre; quand il arriva à Liverpool, ce fut pour être saisi par un huissier.

Les infortunés actionnaires avaient été obligés de se cotiser pour le disputer au marteau de l'encanteur et à celui des démolisseurs, lorsque la Compagnie télégraphique songea à l'utiliser; heureuse inspiration, profitable à tous, car le *Great-Eastern* était sauvé et le câble aussi.

Dans la construction de son chef-d'œuvre, Brunel fils avait bien hardiment combiné l'ancien mode de propulsion indiqué par Jouffroy avec celui que Sauvage avait imaginé. Il avait placé au milieu du navire deux roues à aubes de 18 mètres de diamètre et dont chacune était mue par une machine de 500 chevaux. A l'arrière, se trouvait une hélice d'un peu plus de sept mètres de diamètre, qu'une machine à 1600 chevaux faisait tourner avec une vitesse de plusieurs révolutions par seconde.

Il fallait pour tous ces mécanismes un personnel de 200 ingénieurs et chauffeurs, et une consommation de trois cents tonnes de charbon par jour; mais il pouvait transporter avec une vitesse de douze à

quinze nœuds par seconde une cargaison de plus
de vingt mille tonnes. Elle était de 22 500 lorsqu'il
quitta Liverpool pour accomplir la glorieuse mission à laquelle son constructeur l'avait destiné.

Comme ce poids énorme était en harmonie avec
sa taille géante, il le portait avec une aisance que
ni l'*Agamemnon* ni le *Niagara* n'avaient connue; son
pont, qui avait une largeur de 25 mètres et une longueur de plus de 200, était orné par les cinq chemi-
nées et les six mâts, et les machines à vapeur destinées à faciliter toutes les parties de la manœuvre
que Brunel y avait placées. On y avait installé de la
façon la plus élégante et la plus commode tous les
appareils nécessaires au lancement, au repêchage
et à la rapide mise à l'eau des bouées; on avait construit solidement dans les cales trois immenses cuves
reposant sur un lit de ciment plus épais que celui
qui sert aux fondations d'une cathédrale, et dans
lesquelles le câble était complètement immergé, en
attendant sa submersion définitive.

A cause de sa longueur, le *Great-Eastern* reposait
toujours sur plusieurs vagues, de sorte qu'il ne par-
ticipait aux oscillations d'aucune. Il s'avançait donc
sur la mer agitée comme un roc en quelque sorte
inébranlable, offrant une stabilité incompréhensible
en quelque sorte pour les marins et qui était pour
les électriciens la plus complète garantie de sécurité.

En le voyant planer indifférent aux mouvements
tumultueux des lames, on sentait bien qu'il n'avait

à craindre aucune des oscillations qui avaient si
prodigieusement fatigué le câble dans les précédentes expéditions. Cet avantage était un de ceux
qui séduisaient le plus son constructeur et qui
l'avaient déterminé à tirer avec tant de justesse
l'horoscope de son merveilleux bâtiment.

XV

Le *Great-Eastern* semblait avoir été taillé exprès
pour poser le grand câble, de même que le grand
câble semblait avoir été fabriqué avec l'idée que
l'on trouverait bien moyen de construire un bâtiment assez vaste pour le porter à la surface des
mers, sans être réduit à le convertir en tronçons
isolés. Le hasard, ce grand maître, semblait avoir
fait grandement les choses en rapprochant une telle
cargaison et un tel navire; mais ce câble géant, il
fallut que le navire géant allât le chercher à l'usine
de Greenwich.

C'est en face de ce magnifique établissement que
le *Great-Eastern* avait été construit; mais il n'était
qu'une coque vide lorsque le beau fleuve qui arro-
sait son berceau lui avait livré passage. Il refuserait
de le laisser descendre dès qu'il aurait dans ses
cales une cargaison de 7000 tonnes, car tel était le
poids de la gutta-percha, du chanvre et du cuivre
constituant l'immense cordage, qui devait servir
de pont intellectuel entre les deux mondes.

Quelques-uns de ces ingénieurs qui ne doutent de rien proposèrent de soutenir le navire monstre avec des allèges proportionnés à sa taille. Le procédé n'avait en lui-même rien qui fût réellement absurde. Mais, avec beaucoup de sens et de raison, l'on trouva plus simple et plus commode de mouiller le *Great-Eastern* dans les eaux profondes de la Medway, à 25 kilomètres seulement en aval de Greenwich. Une vieille frégate rasée et changée en ponton servit de barque pour effectuer ce transport; on mutila ainsi l'*Isis*, héroïne des guerres de France; mais avait-elle le droit de se plaindre du changement et sa dernière croisière n'était-elle pas la plus honorable de toutes? Jamais certainement elle n'avait travaillé d'une façon plus solide à la gloire de la Grande-Bretagne.

L'Angleterre est un grand pays libre où l'initiative privée multiplie ses merveilles sous toutes ses formes, et sans que l'État ait besoin de la surexciter. On ne compte jamais sur l'échiquier de Sa Majesté pour exécuter des travaux gigantesques qui feraient l'honneur des gouvernements du continent. Toutefois la monarchie anglaise se considérerait comme déshonorée si elle se désintéressait du progrès qui s'accomplit en dehors d'elle quoique sous son égide. Elle tient à honneur de mettre son cachet officiel sur toutes les œuvres qui méritent d'être considérées comme étant véritablement nationales.

La reine était alors plongée sous l'empire de la douleur dont l'avait accablée la perte récente de l'époux qu'elle pleurera jusqu'à son dernier jour. Elle chargea le prince de Galles de visiter en son nom le *Great-Eastern*, ancré en rade de Sherness, dans la basse Tamise. Quand le jeune prince arriva à bord du steamer, qui avait reçu toutes ses machines et tout son chargement, il était accompagné d'une multitude de personnages appartenant à la haute noblesse et à l'aristocratie scientifique d'Angleterre.

Ni le prince ni la plupart des personnes qui l'accompagnaient n'avaient encore vu cet admirable bâtiment. En effet, les grands de la terre avaient jusqu'alors négligé de faire leur cour à cette majesté flottante, à ce roi des océans. Quelque habitude qu'ils eussent des merveilles de l'architecture navale, qui est poussée à un si haut degré de perfection chez nos voisins d'outre-Manche, ils ne purent se défendre d'un sentiment d'admiration, en montant sur l'échelle qui permet d'escalader les murailles de cette forteresse navale. Leur enthousiasme s'accrut en pénétrant sur le pont, où tant d'objets étranges, n'ayant aucun nom si ce n'est dans l'idiome des électriciens, sollicitaient leur attention ; mais c'est surtout lorsqu'on leur fit visiter l'intérieur de cette véritable arche d'alliance, chargée de sonder moralement les deux hémisphères, qu'ils comprirent la grandeur de l'œuvre quasi divine dont le *Great-Eastern* était chargé.

Les ingénieurs introduisirent Son Altesse royale et sa suite dans l'intérieur d'un des trois grands réser-

voirs où l'on avait fini de ranger une section de la
ligne, mais où l'on n'avait point encore introduit
l'eau de mer destinée à mettre les fuites en évidence,
et à donner au câble ce qu'on pourrait appeler son
baptème. La partie supérieure, qui était restée vide,
formait un dôme dont les dimensions étaient comparables à celles des salons de Windsor. Le reste du
cylindre était rempli par un rouleau de cordages
formé de cent mille anneaux superposés et qui aurait pu traverser tout le Royaume-Uni depuis le
nord de l'Écosse jusqu'aux côtes de Sussex. Les
nobles visiteurs descendirent, en devisant gaiement,
par un escalier commode et élégant. Ils se pro-
menèrent à leur aise sur cet amas formidable, dont
la dernière couche formait un moelleux et élas-
tique plancher. Sous ce plancher, le fluide de Volta
circulait depuis plusieurs jours avec une activité
merveilleuse qu'aucun signe ne manifestait au
dehors.

Pour les convaincre de ce fait surprenant, on les
conduisit dans le laboratoire d'électricité, salle située
sur le pont et beaucoup moins vaste, mais décorée
avec un goût sévère. On leur fit toucher les appareils électriques qui devaient leur permettre de communiquer avec la station de Valentia pendant tout le
temps du voyage, à l'aide de signaux longuement
médités, prétendus infaillibles et dont la Compagnie
était excessivement orgueilleuse. En effet, on pré-
tendait que toutes les hypothèses possibles avaient
été prévues, et qu'aucun incident ne pouvait se pro-

duire à bord sans qu'on en fût prévenu en Europe
au même instant ; on ajoutait que l'on avait pris les
précautions nécessaires pour que le travail de la
réparation d'une fuite ne fût point confondu avec
une solution de continuité.

Enfin, pour mettre le comble aux étonnements de
Son Altesse, on la pria d'expédier un télégramme
qui ne parviendrait à l'autre bout du navire qu'après
avoir parcouru les innombrables anneaux du serpent à âme de cuivre et à squelette d'acier, dont la
tête allait bientôt se trouver à Valentia et la queue
à Terre-Neuve.

Albert-Édouard se prêta docilement à l'expérience. Il télégraphia ces trois mots, qui résumaient un vœu cher à tout ami du progrès : « *Succès
au câble,* » et qui lui revinrent après un intervalle
de quelques secondes ayant parcouru dans la calle
du *Great-Eastern* une distance égale à celle qui sépare les deux mondes.

Son Altesse royale visita ensuite les machines
pour lancer le câble ; on avait mis à profit dans cette
circonstance toute la coûteuse expérience accumulée dans les expéditions précédentes, la méthode
était devenue excessivement simple, malgré une
véritable complication apparente. L'œil était surpris et dérouté par cette multitude de roues, de
freins et de ressorts. Mais ces engins étaient disposés avec une précision admirable. On s'était ar-
rangé pour que l'ingénieur pût régler à chaque instant la marche du câble, la retarder ou la précipiter

suivant les indications d'un excellent dynamomètre, véritable pièce d'horlogerie montrant les variations de la traction à laquelle le précieux fil était soumis à chaque instant. Le pilote de la pose suivait ainsi les mouvements du câble plus facilement que celui de la route ne réglait sur l'habitude les mouvements du bâtiment.

On expliqua aussi l'usage de gigantesques bouées analogues à celles qui ont eu tant de succès à l'Exposition universelle d'électricité, et qui étaient destinées à soutenir le câble.

Cette dernière mesure extrême venant à se joindre à toutes les autres et complétant l'ensemble des précautions, le prince et ses compagnons partirent persuadés que les tribulations de la Compagnie transatlantique étaient arrivées à leur terme. Ils auraient juré sur leurs couronnes nobiliaires que le troisième voyage, si soigneusement préparé, allait être une série de triomphes plus durables que ceux de la campagne précédente. Tous les journaux anglais répétèrent avec enthousiasme les paroles chaleureuses que l'admiration avait arrachées au fils aîné de la reine d'Angleterre et les commentait de mille manières ingénieuses.

Le *Great-Eastern* n'était pas le seul steamer employé dans cette grande expédition. Chacun des bouts extrêmes était confié à un navire différent; celui des côtes d'Irlande, qui pesait 540 tonneaux pour une longueur de 43 kilomètres, avait été chargé sur la *Caroline*. C'est seulement après avoir reçu la nouvelle du départ de ce bâtiment que le *Great-Eastern* prit son complément de charbon et leva l'ancre. Il était temps que l'appareillage eût lieu. En effet, si le *Great-Eastern* n'était arrivé providentiellement pour lui donner la remorque, l'expédition eût été interrompue par le naufrage de la *Caroline*, qui coulait bas avec sa cargaison au large du cap Lizard·

On peut dire que si le Dieu des batailles se met du côté des gros bataillons, celui des tempêtes fait de même et favorise les gros bâtiments. Malgré les 7000 tonnes de câble et les 14000 tonnes de vivres ou d'appareils qu'il portait dans ses cales, le *Great-Eastern* glissait sur l'Océan comme sur l'eau paisible d'une rade. Les lames qui allaient submerger la *Caroline* ne lui donnaient qu'un imperceptible tangage.

A partir du moment où la *Caroline* put saisir l'amarre que lui tendait le *Great-Eastern*, elle était sauvée. Deux jours après des salves d'artillerie annonçaient son arrivée dans la baie de Bantry, où les deux bâtiments jetaient l'ancre par un fond excellent et par dix-sept brasses d'eau limpide comme un cristal.

La baie de Fœlhommerum, où devait aborder le câble, s'étend au pied d'immenses falaises déchiquetées, couronnée d'une façon pittoresque par un vieux fort ruiné dont nous avons raconté l'histoire. La pente de sable est tellement douce, que les navires d'un fort tonnage sont obligés de rester au large à distance respectueuse. Quand le vent d'Amé-

rique souffle avec violence, ces parages sont terribles, et, dans les moindres criques de cette côte,
l'on n'a qu'à chercher pour trouver quelques-unes
des épaves dont elles sont pavées.

A l'est du fort de Cromwell, règne un assez vaste
plateau où une multitude de curieux venant de tous
les points de l'Angleterre et de l'Irlande, mais principalement des districts occidentaux, où règne actuellement le fenianisme, avaient dressé leurs tentes.
Une sorte de ville provisoire, habitée par ces populations à demi sauvages, s'était établie sur ce
district ordinairement désert. Ces paysans impressionnables étaient dans un grand enthousiasme, car
c'est à l'occident qu'ils voient se lever le soleil
de la liberté, et leurs regards sont constamment
tournés vers la République américaine. Le câble
était sacré pour eux, car il représentait un lien
nouveau avec le monde plus juste dont ils espè-
rent que les principes reflueront sur leur triste
patrie.

Vers la limite orientale de cette agglomération
singulière s'élevaient quelques barraques en planches mal rabotées, ressemblant aux huttes que les
pionniers australiens établissent dans les mines de
Victoria, ou mieux encore à celles que les cher-
cheurs de diamants construisent à l'avant-garde des
villes improvisées de l'Afrique méridionale. Mais
l'intérieur de ces constructions grossières était occupé par des objets plus précieux que les trésors
de Golconde. On y admirait les instruments tirés

des ateliers des grands électriciens de l'Europe, on y voyait la pile de Volta, ce grand talisman de la civilisation moderne. On y trouvait le galvanomètre à miroir de Thompson, ce chef-d'œuvre alors considéré comme le *nec plus ultra* de la science électrique (car on ne pouvait deviner que l'homme de génie qui l'avait inventé ferait un miracle de plus) et que Faraday mourant avait déclaré être une des merveilles scientifiques du monde! Des poteaux télégraphiques, qui formaient une ligne continue et qui descendait du côté de l'Irlande, indiquaient la destination de ce singulier édifice. Cette chaîne le reliait au grand réseau européen en traversant le bras de mer qui sépare Valentia de la terre d'Irlande.

Le problème qu'il fallait résoudre pour aller rejoindre le *Great-Eastern* n'était pas sans offrir lui-même quelque difficulté. En effet, il fallait commencer par porter le câble d'atterrissage depuis le rivage jusqu'au haut des falaises où se trouvait la station télégraphique. Ce n'était point une mince difficulté que d'ouvrir une voie praticable pour des hommes chargés d'une grosse corde pesant 6 à 7 kilogrammes le mètre courant et obligés de gravir la pente raide et déchiquetée qui regardait l'Amérique. Mais l'élan des ouvriers et des ingénieurs était irrésistible; ces braves gens étaient fiers de faire partie de l'avant-garde de la grande armée de l'électricité. L'établissement de cette voie ne dura que deux jours. Commencée le 19, au moment où le canon annonçait l'arrivée du *Great-Eastern* et de la *Caroline*, elle était terminée le 21. Le 22, à la pointe du jour, une centaine de barques indigènes entouraient la *Caroline*. On eût dit les canots des Sandwich groupés autour des navires du capitaine Cook.

Mais il n'y avait certainement à bord aucune pensée de meurtre et d'assassinat. En ce moment, le capitaine Moonlight n'aurait pu recruter des soldats, car tous ces enfants de la verte Erin ne songeaient qu'au grand lien mystérieux par lequel les sorcières du Connaught prétendaient que la richesse et la liberté devaient un jour franchir les océans.

Ces barques se rangèrent méthodiquement, de manière à former les grains d'un chapelet dont le câble formait le lien. Celle qui portait le premier bout se dirigeant vers la terre, toutes, à leur tour, se mirent à la suivre en se détachant lentement du navire l'une après l'autre.

Quand celle qui tenait la tête arriva au point où le ressac se fait sentir avec force et où les plus solides canots sont en danger d'être mis en pièces, les marins qui la montaient descendirent à l'eau, qui montait jusqu'aux aisselles.

Ils auraient été renversés plus d'une fois et peut-être noyés, s'ils ne s'étaient servis du câble pour se cramponner, se soutenir et en quelque sorte se souder les uns aux autres.

Leurs camarades les imitèrent successivement, et bientôt la procession humide prit une marche assurée et pour ainsi dire régulière.

L'ascension de la falaise se fit sans difficulté et d'une façon plus rapide qu'on ne l'aurait supposé. Bientôt des salves de coups de fusil et le son de la cornemuse annoncèrent que le bout du câble était amarré aux appareils qui devaient recevoir les messages d'Amérique; à ces bruits répondirent non seulement les échos de la falaise, mais encore le canon du *Great-Eastern*, et l'électricité le répercuta dans toutes les villes du vieux continent. Le lendemain matin, il était annoncé aux lecteurs de tous les journaux européens.

XVI

Au moment où la nouvelle de l'ouverture des grandes hostilités contre la nature se répandait, le *Great-Eastern*, escorté du *Terrible* et du *Sphinx*, quittait son mouillage et réglait forcément son allure sur celle de la *Caroline*, qui, chargée de la pose du câble de terre, s'acquittait de sa mission avec une lenteur fatigante. Il y eut forcément un nouveau temps d'arrêt pour l'exécution de la soudure du câble de haute mer ou, pour parler comme les marins, de l'épissure. Cette opération ne demanda que deux ou trois heures, et le *Great-Eastern* prit sa course vers la haute mer, solidement attaché à cette terre dont il s'écartait, et qui allait bientôt disparaître dans les brumes de l'Orient.

Dans les premiers instants, le grand navire n'avait

pas une allure moins timide que la *Caroline*. L'araignée géante ne filait son câble qu'avec une vitesse de trois nœuds par heure; mais le temps était si beau, la mer si calme et l'Amérique si loin, que la vitesse augmentait visiblement à chaque brasse; le capitaine Anderson la poussa insensiblement à 3 nœuds 1/2, à 4, à 4 1/2, à 5, à 5 1/2, à 5 3/4 et même à 6.

Tout à coup, la cloche d'alarme retentit et paralyse le mouvement des machines. On se précipite autour du cabinet des électriciens! Le courant ne passe plus, le miroir du galvanomètre, jusqu'alors écarté de sa position d'équilibre par le courant qui vient de terre, y est retombé. Il y a une fuite. Où est-elle? Tel est le cri qui sort de toutes les lèvres.

Les électriciens ont des formules que l'on dit infaillibles pour trouver la position des fuites; mais pas un ne tombe d'accord : les uns prétendent qu'elle est près du bord, les autres que c'est le bout de terre qui est interrompu.

La seule chose à faire est de revenir vers l'Irlande en rembobinant la ligne, jusqu'à ce que l'endroit défectueux ait été saisi, coupé et remplacé par une portion tout à fait irréprochable.

Aussitôt que le dévidage fut arrêté, on commença par attacher le câble aux flancs du navire par des amarres destinées à diminuer la pression qui peut le briser, et en même temps permettre de le descendre jusqu'à la mer sans cependant l'abandonner.

Puis le navire géant se mit à virer de bord, en hésitant, en tâtonnant, comme il convient lorsque cette manœuvre s'exécute en eau profonde. En effet, si la moindre traction se fût jointe au poids de la partie déjà coulée, le câble se brisait net et disparaissait dans l'abîme.

Le désappointement qui accompagnait ce premier désastre était atténué par une sastisfaction technique de nature à flatter l'amour-propre des ingénieurs. Il avait suffi du moment de repos produit par le changement de direction du navire pour que l'on transportât le câble des machines du lancement à celles du repêchage; sans avoir besoin de le couper, on l'avait manœuvré comme s'il s'était agi d'une simple ficelle, sans le froisser et, ce qui n'est pas moins important, sans y faire le moindre nœud, la moindre coque.

Une fois ce problème redouté complètement résolu, l'on donna au mécanicien l'ordre de faire marcher la machine de l'avant. Mais on fut stupéfait de reconnaître que la chaudière fuyait. On espérait tant ne pas avoir à se servir de cet appareil qu'on avait oublié d'en faire l'épreuve. A bord de tout autre navire, ce contre-temps eût arrêté l'expédition; mais le *Great-Eastern* était une véritable usine flottante, mieux pourvue en outils de tout genre que n'avait pu l'être l'arche de Noé. On parvint donc à réparer l'accident en installant des tubes par lesquels on amena de la vapeur destinée à l'hélice.

En effet, une fois la vapeur arrivée, la machine du

repêchage marcha beaucoup plus facilement qu'on ne l'aurait supposé. L'effort nécessaire pour ramener le câble à bord n'approcha pas de la moitié du coefficient de rupture.

On n'avait point encore relevé deux milles lorsqu'un matelot découvrit l'endroit malade. Il suffit d'un coup d'œil pour se rendre compte de ce qui s'était passé.

Ce n'était point un accident produit par le contact de quelque roche ou par la dent d'un habitant des régions ténébreuses. Rien n'était venu troubler le repos du câble sur le lit de boues bleuâtres et gluantes où il s'était couché, mais une main coupable avait pratiqué la blessure avant qu'il quittât le *Great-Eastern*. Elle était produite par un fil de fer affilé, affûté comme le tranchant d'une flèche, et introduit traîtreusement dans l'intérieur de l'armure. Ce fil avait été en outre courbé de telle manière qu'il jouât le rôle de ressort et entamât la gutta-percha.

On enleva le morceau malade, et l'on fit une soudure dont les plombiers du *Great-Eastern* effacèrent soigneusement la trace; mais personne ne put oublier le forfait dont on avait été témoin.

A une époque où les crimes bêtes et lâches des incendiaires, des massacreurs d'otages, étaient inconnus, on avait encore de la peine à admettre la possibilité d'un attentat, la majeure partie de l'équipage se refusait à croire qu'un scélérat capable d'un acte aussi monstrueux se trouvât à bord du grand navire. Cependant chacun regardait son voisin avec un air de défiance. Les moindres mots étaient scrutés, analysés; les gestes les plus insignifiants pouvaient devenir un sujet de soupçons injurieux. Si une semblable situation eût duré, la discorde ne fut pas restée dans l'air.

Heureusement, une nouvelle catastrophe vient faire diversion à cette tempête intestine; le dévidoir s'arrête; un bruit terrible se répand, les signaux sont interrompus, la terre ne répond plus. Pendant vingt-quatre heures, électriciens, officiers de marine, physiciens et marins, tous, restent en suspens. Fallait-il continuer la route vers l'Amérique? Fallait-il revenir sur ses pas? Était-il sage de continuer la pose? Devait-on relever une seconde fois ce câble qu'on avait lancé dans une boue gluante?

Grâce à l'indomptable énergie de M. Cyrus Field, qui soutenait tous les courages, le dernier parti avait fini par prévaloir. Déjà le capitaine Anderson avai tfait préparer la machine à repêcher. Tout d'un coup, la terre se met à parler. La correspondance se rétablit d'une façon aussi mystérieuse qu'elle a cessé. Ces appareils qui étaient restés muets, inébranlables pendant un jour entier, qui avaient résisté aux courants les plus énergiques, recommencent à se mouvoir. Jamais depuis le départ ils n'ont parlé avec autant de volubilité.

Personne n'a encore donné une explication complète de cet incident singulier, extraordinaire. La version la plus probable l'attribue à l'imperfection de la langue télégraphique spéciale dont les électriciens de l'expédition étaient si fiers, et qu'ils expliquaient avec tant de complaisance à Son Altesse le prince de Galles!

Une circonstance imprévue ne tarda point à exciter la surprise des savants et par contre-coup celle de l'équipage. L'isolement augmentait et la conductibilité du câble devenait visiblement meilleure, à mesure que la partie qui reposait déjà dans le fond de l'Océan augmentait aux dépens de celle qui était dans le navire. La cale immense de l'Atlantique était meilleure que celle du *Great-Eastern* pour conserver ce chef-d'œuvre des tisserands électriques.

La démonstration complète de cette merveilleuse propriété a été fournie, à la suite de la récente expédition du *Challenger*. En effet, on a découvert par des mesures thermométriques prises avec le plus grand soin que la température des eaux profondes est de beaucoup inférieure à celle des eaux superficielles, et par conséquent de celles qui baignaient le câble dans les réservoirs du bord. Il en résulte que le pouvoir isolant de la gutta-percha qui dépend de cette température a augmenté dans une proportion notable, du moment qu'elle est arrivée dans les eaux fraîches qui remplissent le fond de l'Océan.

Pendant trois jours, l'opération marcha sans incident notable, lorsque, le 29 juillet au soir, la trace lumineuse du galvanomètre Thompson sort encore une fois de son cadre. L'alarme se répand immédiatement ; mais la nuit était trop noire pour qu'il fût possible de songer à faire aucune manœuvre. A cette époque, dont nous sommes déjà bien loin au point de vue du progrès dans la science d'Ampère et de Volta, la lumière électrique ne pouvait remplacer les rayons du soleil. Pendant toute la nuit, les cinq cents êtres humains qui respiraient à bord du *Great-Eastern* étaient réduits à la plus horrible inaction. C'est au milieu des tortures de cette épouvantable oisiveté que tous ces hommes braves, hardis et vaillants attendaient l'aurore.

Au moment où les muezzins montent sur les minarets pour appeler les fidèles à la prière, parce que la lumière naissante permet de distinguer un fil blanc d'un fil noir, le capitaine Anderson donna le signal du travail.

Il s'agissait de transporter encore une fois la prise du câble de l'arrière à l'avant, en même temps que l'on virait de bord.

Cette manœuvre périlleuse, émouvante n'est pas du nombre de celles auxquelles les marins s'habituent. Elle était du reste aggravée par la profondeur de l'Océan, qui était devenue effrayante. En effet, avant de voir sortir de l'abîme une partie du câble teinte de la vase collante et animalisée qui recouvre le fond de la mer, il fallut en tirer une longueur de 5000 mètres. Tel était le développement de l'arc de chaînette dont le haut sommet était à fleur de l'Océan et dont le dernier reposait sur le lit tapissé par les légions de foraminifères qui y dorment éternellement. Mais lorsqu'on eut atteint la portion boueuse, il se produisit le même changement que la première fois.

Presque aussitôt, les courants électriques commencèrent à impressionner de nouveau l'aiguille. On était encore une fois en communication avec la terre. Le navire, qui s'éloignait de notre vieux continent, pouvait continuer sa magique conversation avec les ingénieurs de Valentia.

L'aspect de la ligne avariée n'avait rien d'extraordinaire. Sans le galvanomètre, on ne se serait aperçu d'aucun désordre. On la mit sous clef pour l'examiner à loisir dès que l'on aurait le temps d'approfondir ce mystère!

Le surlendemain seulement, on put procéder à l'autopsie du fil ainsi séquestré. Quelques soupçons que l'on eût conçus, ils étaient largement dépassés par la triste réalité.

Ce second accident était produit par un crochet de fer, identique à celui qui avait une première fois déjà blessé le câble. Le crime était voulu, étudié dans tous ses détails. En effet, le traître qui l'avait commis avait profité de l'horrible expérience qu'il avait acquise. Cette fois, il avait été assez habile pour que le fil de fer qui mettait en communication l'âme de cuivre avec l'Océan fût entièrement recouvert par l'armure. Elle-même l'enveloppe de chanvre goudronnée avait été soigneusement rapprochée, de manière à dissimuler presque entièrement la cicatrice!

Ce scélérat faisait naturellement partie des ouvriers électriciens qui se trouvaient à bord. On connaissait même la brigade à laquelle il appartenait. En effet, circonstance aggravante, c'était la même escouade qui était de service quand les deux parties martyrisées avaient passé par les dévidoirs.

Si l'on avait tenu l'infâme, on l'aurait pendu à la grande vergue comme un pirate saisi en pleine mer. Interrogés sévèrement, les ouvriers répondirent avec cette assurance sereine qui désarçonne les juges d'instruction les plus soupçonneux. Aucun ne pouvait nier que l'accident ne fût le résultat d'une combinaison criminelle; mais tous exprimaient leur horreur pour une action aussi lâche avec un élan qu'il est bien difficile d'admettre qu'un coupable puisse feindre. Force fut donc d'abandonner l'enquête. On se borna à mettre indistinctement tous ceux qui touchaient au câble sous la surveillance d'une police composée des électriciens et des officiers. Malheur à celui qui aurait rougi ou balbutié; dans l'état de surexcitation terrible que produisait l'horreur d'un crime aussi noir, un mot maladroit, un signe inexpliqué aurait pu coûter la vie au plus honnête homme du monde.

Mais le 2 août une terrible nouvelle vint faire diversion à ces fureurs. A huit heures du matin, le galvanomètre de sir Thompson annonçait une nouvelle fuite. Cette fois, elle n'était pas totale. Le courant n'avait point disparu d'une façon absolue. Cependant la majeure partie du feu que secrétaient les piles de Valentia s'éteignait dans la mer avant de parvenir à bord. Il fallait bon gré mal gré arrêter le navire. On ne pouvait sans trahir tous ses devoirs aggraver la situation en continuant la pose.

Malgré l'extrême désir d'en finir à tout prix, on était obligé de relever une troisième fois ce fil si fragile. Cette nécessité terrible, inexorable, se produisait dans des conditions réellement désespérantes. Quelques heures plus tard, le *Great-Eastern* avait traversé le grand abîme. Il arrivait dans des parages où la profondeur de l'Océan n'excède pas celle des mers les plus familières déjà à cette époque aux ingénieurs de la télégraphie sous-marine. Par surcroît de mauvaise chance, le vent avait fraîchi d'une façon terrible. On eût dit que la nature se repentait d'avoir laissé un répit de quelques jours aux poseurs de câble, ou qu'elle leur faisait payer sa clémence en les assaillant avec une furie irrésistible, au moment où il fallait enlever le câble aux cylindres de la machine de la pose, pour le livrer aux engrenages de celles du repêchage.

Pour accélérer l'opération, on se décida à couper encore une fois ce câble dont l'intégrité devenait en ce moment une considération secondaire. Grâce à cette résolution brutale, on épargna tous les tâtonnements qui avaient rendu les deux premiers relèvements si pénibles. Après l'avoir coupé, on le fit rapidement passer dans les rouages de la machine de l'avant, et l'on mit en marche le système de treuil.

Pendant ces manœuvres, un ouvrier racontait

qu'il avait entendu un bruit suspect quelque temps avant qu'on constatât l'existence de la fuite. Il lui avait semblé reconnaitre le grincement d'une pointe de fer qui racle des poulies de même métal. Malgré les terribles mesures qui avaient été prises contre tous ceux qui troubleraient l'opération d'une façon quelconque, il avait rompu le silence imposé. Il avait crié au risque d'encourir un châtiment terrible; on ne l'avait point entendu. Il n'avait point persisté, espérant s'être trompé et redoutant de devenir suspect par un appel non justifié. Maintenant ce pauvre diable s'arrachait les cheveux. Il ne pouvait se pardonner de n'avoir pas tiré de sa poitrine un de ces hurlements qui s'imposent à l'oreille au milieu de la tempête.

On ne tarda pas à reconnaitre que ce récit, qui avait excité la plus vive incrédulité, était cependant de la plus parfaite exactitude. En effet, après quelques heures de travaux assidus, la vigie s'écriait qu'elle voyait approcher un fil implanté dans le câble, fiché dans une direction perpendiculaire à son axe. On aurait dit une aiguille qu'on y avait enfoncé à plaisir.

On étendait déjà la main pour saisir cet objet étrange, lorsqu'il se produisit un horrible craquement. Le câble se rompit en donnant un violent coup de fouet. Après avoir tourbillonné autour de la vigie, qu'il faillit enlacer et entrainer pour la punir de sa clairvoyance, il disparut dans l'abime en faisant jaillir un flot d'écume.

Le steamer géant, qui d'ordinaire restait indifférent à tous les mouvements de la mer, s'abaissa sous un coup de tangage comme jamais il n'en avait encore reçu. Les machines s'arrêtèrent court, et les vagues s'éteignirent avec une rapidité prodigieuse ; autour du *Great-Eastern* comme sur son pont il y eut un moment de recueillement et de silence.

XVII

Après un court instant d'abattement, le capitaine Anderson se rappela qu'il avait à son bord des vétérans de la flotte électrique, de vaillants et habiles matelots qui avaient déjà repêché des câbles par 1400 mètres de profondeur, dans les eaux rocailleuses de la Méditerranée. Avait-il le droit de désespérer de pénétrer dans un abîme deux fois et demi plus profond, lui qui commandait le plus beau navire du monde? N'avait-il pas à sa disposition des grappins d'un poids et d'une puissance exceptionnels, des bouées gigantesques, des chaînes et des câbles que jamais constructeur n'aurait eu l'audace de faire entrer dans le gréement d'un navire de guerre?

Aussitôt que sa résolution est prise, le *Great-Eastern* sort de sa torpeur ; il se change en véritable forge titanesque, maniée en plein Océan par de nouveaux Cyclopes.

Tous les bâtiments qui faisaient un cortège d'hon-

neur au grand navire au moment où il quittait
Valentia avaient disparu l'un après l'autre sous
différents prétextes. Seul le *Terrible* était resté,
témoin muet, impassible de cette scène émouvante.
Pendant qu'on échangeait fébrilement avec ce compagnon unique des signaux désespérés, cent mains
armaient les immenses ongles de fer, à l'aide desquels le plus grand des navires espérait ressaisir
le plus parfait des câbles, au fond du plus sombre
de tous les Océans !

Les grappins disparurent avec la rapidité d'un
boulet qui ricoche ; ils entraînèrent les cordages
comme l'eût fait une baleine cherchant à se dégager du harpon qu'elle a reçu en plein.

On commença par modérer le mouvement en
appuyant sur des freins dont la puissance était formidable ; mais le chanvre eût inévitablement cédé,
si l'on avait voulu produire un ralentissement trop
considérable de la chute vertigineuse.

On se contenta d'arroser les poulies sur lesquelles
la ligne glissait, afin d'éviter qu'elle ne prît feu. Une
colonne de vapeur empêchait de voir l'endroit où elle
quittait le navire. Bientôt elle s'arrêta ; après quelques minutes ce bouillonnement étrange cessait, on
venait d'entendre le bruit sourd qu'avait produit la
masse de fer en frappant le fond de l'Océan ; aussitôt un grand changement s'était produit à bord. Les
machines s'étaient arrêtées, les foyers avaient cessé
de lancer vers le ciel un torrent de fumées noirâ-
tres. Le capitaine Anderson avait placé son navire

par le travers, de telle sorte que le vent, la marée, les vagues, toutes les forces naturelles le poussaient, le précipitaient dans cette course vagabonde, dont le but était caché au fond de l'abîme. Si de temps en temps une roue faisait lentement quelque fraction de tour, ce n'était qu'afin de redresser le bâtiment pour qu'il servît plus facilement d'instrument au hasard.

A bord, il n'y avait plus pour ainsi dire de commandement; c'était le destin qui était devenu capitaine; lui seul était responsable du sort de ce chef-d'œuvre d'architecture nautique et de mécanique navale, produit raisonné de tant de stupéfiants calculs.

Mais chaque mouvement rendait en quelque sorte la position de plus en plus sombre, de plus en plus lugubre. Car on avait commencé la chasse étrange sans connaître la position du câble, et on était menacé de la finir en ignorant celle du navire. On cherchait un fil perdu dans le fond de l'Océan; qui sait si l'on ne rencontrerait pas à sa surface quelques-unes de ces glaces, écueils qui ont défoncé tant de vaillants navires?

Le ciel s'était complètement voilé, les ténèbres qui régnaient au fond de l'eau semblaient avoir remonté sur les vagues, car un brouillard blanc, gluant, impénétrable, s'attachait au *Great-Eastern*, avec la rapidité de la foudre et la tenacité d'une lèpre; de jour comme de nuit il coupait toutes ses communications avec le ciel; non seulement il rendait le soleil parfaitement invisible, mais encore il prenait la précaution de cacher jusqu'aux moindres étoiles.

La divinité malfaisante, qui semblait veiller à l'inviolabilité de l'empire d'Amphytrite, appelait les ténèbres à son aide. Elle réduisait à naviguer à tâtons ceux qui fouillaient en aveugles !

Ils ne savaient plus dans quels parages le vent et la lame portaient leur navire. Ils ignoraient leur route ; ils ne mesuraient pas la direction du vent, ils ne s'inquiétaient pas de la marche des courants sous-marins ; ils oubliaient même, dans leur sombre emportement, qu'ils approchaient fatalement de quelque immense banquise, car l'apparition en plein mois d'août de brouillards polaires indique le voisinage d'une de ces immenses banquises qui ont englouti le *Président*, qui ont coulé bas tant de steamers mystérieusement disparus et qui en feront sombrer tant d'autres.

Au milieu de ce désastre, personne ne pensait aux dangers du navire ; chacun songeait à ceux du câble ; c'est du câble que chacun portait le deuil, c'est pour le câble que chacun aurait sans sourciller affronté la mort.

Chaque fois que le dynamomètre attelé à la ligne des grappins indiquait la plus faible augmentation de traction, on aurait dit que tous, capitaines, officiers, électriciens, matelots ou mousses, recevaient une secousse électrique.

Dans ces moments terribles, la vigie oubliait elle-même de regarder si elle n'apercevait pas dans le

brouillard sombre la silhouette plus sombre encore
de ces montagnes flottantes, de ces rochers d'eau
gelée qui, lancés par le flot, ont la dureté du granit,
et dont le tranchant aigu pénètre dans la coque
comme la lame affilée d'une hache gigantesque.
L'équipage du *Great-Eastern* ressemblait à une colonne d'attaque marchant à l'assaut sous la mitraille
et qui pense trop à la victoire pour songer un seul
instant aux blessures !

La tentative désespérée dura neuf jours entiers,
neuf jours continus d'angoisse, neuf jours non interrompus de fièvre ! De temps en temps, le brouillard devenait moins épais. On tirait partie de ces
éclaircies providentielles pour jalonner l'Océan à
l'aide de quelques bouées montrant les endroits où
le câble avait été touché, rencontré. Lorsqu'au lieu
de diminuer et de s'évanouir la pression indiquée
sur le dynamomètre augmentait d'une façon pro-
gressive, la vie et l'espérance renaissaient ! Un sif-
flement aigu indiquait le commencement des opérations de sauvetage. La machine de l'avant se
mettait à tourner avec précaution et même avec
une lenteur croissante. En effet, le dynamomètre
indiquait que la traction allait en grandissant, et
que par conséquent on avait eu le bonheur de saisir
le fugitif que les harpons arrachaient progressivement au lit qu'il avait adopté.

A peine quelques centaines de brasses de la ligne
humide étaient-elles ramassées à bord, que l'équipage du *Great-Eastern* se trouvait placé entre deux

alternatives également désespérantes. Arrêter le relèvement, c'était renoncer à l'espérance d'un succès; c'était laisser lâchement retomber le câble sous sa couche de vase gluante. Continuer, c'était inévitablement amener une rupture.

A force de précautions, en ménageant habilement la traction, on arrivait à augmenter la distance dont le câble se soulevait; mais jamais, quoi qu'on fît, on ne parvint à lui faire parcourir plus du tiers de la distance qui le séparait de la surface de l'Océan.

Chaque fois que les amarres rompaient, on se remettait avec rage à labourer l'effrayant abîme; pendant que le navire cherchait à retrouver la ligne du câble, on forgeait de nouvelles pinces, on ramassait les bouts de corde, on réunissait les morceaux de bois pour constituer des radeaux. La forge retentissait nuit et jour sans trêve ni merci.

Pendant ce temps, la cambuse se vidait, l'eau potable aurait manqué si l'on n'avait trouvé moyen d'utiliser celle que distillent les chaudières. Mais le charbon allait à son tour faire défaut, et bientôt on allait manquer de houille pour regagner l'Angleterre. Si quelques gros temps survenaient, le *Great-Eastern* était réduit à aller à la dérive.

Une véritable disette d'outils, de métal se faisait en outre ressentir. Il n'y avait plus à bord un bout de fer susceptible d'être façonné. On n'aurait point découvert une encâblure de cordage ou une barrique. Ces alternatives épuisantes, énervantes, se reproduisirent à quatre reprises successives. La quatrième rupture, celle qui décida forcément de l'abandon, faillit même avoir une fin tragique.

En effet, l'amarre rompue avait cédé comme les autres en fouettant l'air, mais d'une façon si malheureuse qu'elle avait failli s'enrouler autour d'un matelot et, se nouant autour de son corps, l'entraîner vivant dans l'abîme. Le malheureux était resté à bord, mais on se demandait s'il survivrait à la blessure affreuse que cet effrayant serpent lui avait infligée par un soubresaut diabolique.

Le *Great-Eastern* était obligé de revenir en Angleterre après avoir abandonné dans le fond de la mer les deux tiers de sa cargaison. Évidemment, c'était un grand revers, une calamité véritable qu'on ne pouvait trop déplorer. Car les actionnaires du câble étaient généralement des travailleurs, qui avaient eu le courage de mettre leurs épargnes laborieusement gagnées au service de la plus noble des causes. Mais il ne fallait pas non plus exagérer la catastrophe. Cette défaite, quelque douloureuse qu'elle fût, n'était point sans offrir de grandes consolations. On avait le droit d'espérer que le théâtre des revers deviendrait l'an prochain le lieu d'une de ces victoires définitives, que l'homme remporte toujours lorsqu'il cherche à résoudre un problème sagement défini et conforme à la nature.

Le câble dormait inerte et inutile au milieu des roches et des vases, mais les doigts de fer qui l'y avaient saisi ne l'avaient jamais laissé glisser. S'il était retombé, c'étaient les amarres trop faibles qui avaient malheureusement cédé. Le câble aurait supporté une traction triple sans être exposé à se rompre. Il n'y avait qu'à revenir mieux armé, avec des cordages plus robustes, et on le repêcherait plus facilement que le baleinier ne rattrape le cétacé qu'il a harponné et qui a fui en emportant le fer qui l'a blessé à mort.

Il était incontestable que l'on viendrait une nouvelle fois tenter la fortune, car une démonstration éclatante avait été acquise. Les abîmes océaniques étaient aptes à recevoir et à garder un câble sans nuire à ses qualités conductrices.

La pose n'était point abandonnée, elle n'était que suspendue. On devait la reprendre au printemps prochain; le grand naufrage qui paraissait irréparable n'était qu'un délai dans l'inauguration. Somme toute, le câble était plus à l'abri dans le fond de l'Océan qu'il ne l'était dans les cuves si bien combinées, si soigneusement surveillées du *Great-Eastern*. Enfin, non seulement les bouées qui jalonnaient la route où gisait le grand cadavre électrique avaient été trop solidement attachées pour que les orages leur fissent lâcher prise; elles étaient garnies de pavillons faciles à reconnaître, elles devaient être retrouvées avec autant de facilité que si leur détermination astronomique avait été faite avec une précision que les marins mettent rarement dans des opérations de ce genre. Enfin, ce qui n'était pas moins important, toute anxiété morale avait disparu d'une façon définitive. Les soupçons que l'on avait

dirigés contre les ouvriers avaient été de la plus
excessive injustice. Le pire ennemi du câble avait
été le câble lui-même.

Mal assujetties, quelques mailles de l'armure
s'étaient dérangées, et dans leur mouvement en
courant sur les poulies, en s'enroulant, quelques
brins de fer s'étaient brisés ; avec une subtilité qui
avait paru criminelle, et qui était un effet bizarre
de la pression, ils s'étaient cachés, dissimulés, enfouis dans la masse. On avait pu croire à un propos délibéré, à une intention coupable, tandis qu'il
n'y avait eu qu'une succession d'incidents malheureux, impossibles à prévoir, mais faciles à éviter dans une construction future.

XVIII

Si le spectacle qu'offrait le *Great-Eastern* pendant que ces grands événements s'accomplissaient
était émouvant et grandiose, celui qui se passait à
Valentia n'était pas moins digne de frapper l'attention de l'homme d'Etat et du philosophe.

Les premières interruptions n'avaient fait qu'augmenter l'assurance des ingénieurs, et une véritable sécurité avait été acquise au prix de quelques
moments d'angoisse. Il n'en fut point autrement
dans la fatale journée du 1er août.

A chaque instant, l'on s'imaginait que les communications allaient reprendre d'un instant à l'autre.

Tous les ingénieurs et tous les agents de la Compagnie restaient pendant de longues heures les yeux attachés sur le miroir, interrogeant avidement ses moindres mouvements, interprétant comme des signaux intentionnels les moindres vibrations produites par les incessantes fluctuations de l'électricité naturelle. En effet, un conducteur isolé de plus de 1400 mètres de longueur ne peut être en communication à ses deux bouts avec le réservoir commun sans qu'il soit incessamment parcouru par des ondes électriques de toute nature.

Jamais antiquaire cherchant à déchiffrer les traits qu'il croit apercevoir sur une vieille pierre mutilée ou sur un morceau de poterie antique n'a développé une imagination plus brillante, plus fertile! Le code fort imparfait du reste des signaux pour la communication entre la terre et le navire était étudié, compulsé inutilement de toutes manières. Quelquefois on croyait saisir un bout de phrase; mais, au moment où l'on s'imaginait tenir un sens, de nouveaux signes venaient dérouter les œdipes. Les plus tenaces étaient obligés de convenir que le sphinx sous-marin n'avait point livré le secret de son énigme!

Pendant quelques jours, on résista à l'immense pression que la légitime curiosité du dehors exerçait sur le dedans, et l'on refusa de livrer aucune des dépêches que l'on arrachait si péniblement au câble. Mais, comme on avait eu l'imprudence de commencer la publication, on ne pouvait articuler aucune raison sérieuse pour changer brusquement de système. Cette discrétion soudaine ne pouvait manquer d'éveiller des soupçons de tout genre.

Les nouvelles les plus sinistres commençaient à circuler. On disait que non seulement le câble était rompu, mais que le *Great-Eastern* lui-même avait sombré et qu'il n'était point échappé un seul témoin pour rapporter les détails de l'épouvantable catastrophe.

On n'avait pas le droit de garder plus longtemps le secret de la catastrophe, car on s'exposait au danger de favoriser un agiotage coupable sur les actions, dont les oscillations étaient effrayantes. Pour calmer le public, il fallut avouer qu'on était sans nouvelles.

Quoique l'on redoutât une calamité pire que celle que l'on révélait, l'effet premier fut déplorable ; il se produisit une véritable panique, c'est seulement le lendemain que l'on comprit que le malheur n'était peut-être point irréparable.

Sir Georges Airy, directeur de l'observatoire de Greenwich, et M. Glaischer, chef du service des observations magnétiques, vinrent en aide aux amis du câble. Ces deux astronomes annoncèrent qu'il régnait en ce moment une violente tempête magnéto-électrique, que les courants terrestres spontanés constatés à Greenwich avaient une énergie prodigieuse. Ils ne savaient si le câble était rompu ; mais ils affirmaient que, s'il n'était pas rompu, il était temporairement inutile, et que les électriciens du

Great-Eastern ne pouvaient avoir assez de piles à leur bord pour faire entendre leur voix au milieu d'un pareil trouble!

Quoique cette version ne tendît rien moins qu'à mettre en doute l'efficacité du câble, elle fut acceptée avec enthousiasme et diminua un peu le désarroi du public.

Les spirites et les somnambules, dont l'industrie était alors des plus florissantes, furent consultés, par nombre de gens crédules qui abondaient alors en Angleterre, sur le sort de la précieuse cargaison et du navire qui la portait, mais aucun de ces clairvoyants personnages ne se hasarda à publier ce que l'esprit de Faraday, d'Ampère ou d'Arago avait pu lui confier.

Des marins qui n'avaient pas besoin du secours mystérieux des esprits furent plus clairvoyants, et devinèrent la vérité. Un vieux loup de mer, consultant sa conscience de capitaine, publia dans le *Times* une lettre positivement admirable de lucidité et de bon sens. Rien ne lui avait échappé, il avait tout vu. Il connaissait chacune des manœuvres du commandant du grand navire. Le *Great-Eastern* était à la recherche du câble perdu, et il ne lâcherait prise que lorsqu'il l'aurait rattrapé ou lorsqu'il aurait épuisé tous les moyens de sauvetage qu'il avait à bord.

Pendant que l'opinion était ainsi agitée par des craintes et des espérances également convulsives, la Compagnie ne perdait pas son temps. Elle se montrait digne des immenses intérêts qui lui étaient confiés.

Par une coïncidence bizarre, que l'on pourrait attribuer à une sorte d'enchaînement providentiel, le Conseil d'administration de la Compagnie transatlantique se réunissait dans un office de la Cité, le même jour et à la même heure où le capitaine Anderson donnait à regret l'ordre de revenir en Angleterre.

Au moment où un brave marin s'arrachait presqu'en pleurant du théâtre de ses angoisses, le right honorable Stuart Wortley annonçait que, quoi qu'il arrivât, la Compagnie transatlantique allait continuer son œuvre grandiose. Les résultats que l'on poursuivait par une voie sûre étaient trop brillants pour qu'on se laissât détourner de sa voie par quelques revers temporaires, transitoires, qui pouvaient être cruels, mais que l'on réparerait, puisque l'on en connaîtrait la cause d'une façon absolue.

Les énergiques paroles du right honorable président produisirent un excellent effet sur l'opinion publique, dont les chaudes et persévérantes sympathies étaient depuis longtemps acquises aux poseurs de câbles.

Le *Great-Eastern* reparut à point nommé, au moment où l'attitude énergique des intéressés produisait une réaction contre ces craintes puériles, et contre les sarcasmes des prophètes de malheur, de ces esprits étroits qui persistaient à nier la possibilité de réunir ainsi les deux mondes! Le désespoir fit place à un véritable enthousiasme, lorsque l'on apprit que le navire géant avait montré des qualités exceptionnelles, et que le câble lui-même n'était point perdu, qu'on l'avait confié à l'océan comme un dépôt dont on allait venir l'an prochain lui demander compte.

Ainsi préparée d'une façon fort sage et accompagnée de circonstances qui ne pouvaient que la rendre plus facile, la souscription nouvelle réussit d'une façon qui dépassa les espérances des plus enthousiastes amis des câbles. Avant que le public fût admis à souscrire, deux riches capitalistes avaient pris pour eux cinq millions d'actions, le tiers de la somme nécessaire. Le reste ne fut l'affaire que de quelques jours. Le succès financier était considéré comme si certain dans un pays où les écus ont toujours montré du patriotisme, que le constructeur du troisième câble se mit à l'œuvre avant la constitution définitive de la société nouvelle.

Après tant d'échecs successifs, le plan de la Compagnie était comparable à celui du Sénat romain, qui mettait en vente le terrain occupé par l'armée d'Annibal. En effet, elle ne se contentait point de construire et de placer un nouveau câble. Elle annonçait carrément qu'elle compléterait le tronçon qui dormait inutile dans le fond de la mer. Un peu plus, on aurait demandé d'élever une statue à la Fortune pour la féliciter de cette rupture providentielle.

En effet, de nouveaux calculs, auxquels il n'y

avait rien à reprendre, avaient constaté que le trafic télégraphique devait être trop actif entre les deux mondes pour qu'une seule ligne pût suffire. Constamment encombrée, la ligne unique n'eût servi qu'à faire des jaloux. On aurait été obligé d'attendre que deux lignes fussent prêtes avant d'ouvrir le télégraphe au public !

Où diable les promoteurs du projet primitif avaient-ils eu la tête de croire qu'un seul fil pourrait satisfaire au besoin du commerce, de l'industrie, de la science, de la civilisation, de la politique, de la justice, de la paix et de la guerre. On n'avait pas à se plaindre de la Providence, qui avait été plus sage que les hommes. Les retards que l'on éprouvait n'étaient donc en réalité que des délais nécessaires à la bonne et complète exécution du programme.

Quoique la construction du câble de 1865 ne pût être considérée comme ayant été réellement défectueuse, elle avait offert des inconvénients sérieux, qui avaient amené sa rupture, comme une sage théorie malheureusement faite après coup permettait de le prévoir. Il fallait le rendre plus flexible, afin d'éviter que le fil destiné à le protéger ne vînt à le blesser lui-même, presque aussi cruellement que la dent d'un requin ou l'ancre d'un navire. Ce résultat pourrait être obtenu avec la dernière facilité en enduisant la corde de cuivre d'une couche de guttapercha rendue visqueuse par l'adjonction d'un vernis particulier excessivement tenace, connu sous le nom de mastic de Chatterton. La matière isolante du câble de 1868 formait une masse compacte dont l'homogénéité et l'application pouvaient laisser à désirer et qui n'était pas douée d'une élasticité suffisante. On devait la remplacer par une série de couches minces et alternées de gutta-percha et de mastic, appliquées l'une sur l'autre avec la précision la plus minutieuse.

Il suffit de quelques jours pour arrêter le plan du nouveau câble, pour l'adopter d'une façon définitive et se mettre à l'œuvre. Quelques mois à peine s'étaient écoulés que le nouveau câble était prêt à transporter à bord du *Great-Eastern*. Il est inutile d'ajouter que les fils de fer avaient été étirés dans un métal exceptionnellement résistant et homogène. Enfin, l'on ne s'était pas contenté cette fois de compter sur l'enveloppe d'étoupe goudronnée qui devait les soustraire à l'action de l'eau de mer. Par surcroît de précautions, on les avait recouverts d'une couche mince, mais excellente de cuivre galvanique. Grâce à un choix judicieux des matériaux, le poids du nouveau câble avait diminué d'un dixième, tandis que sa résistance à la traction avait augmenté d'un seizième. Plus facile à manier et plus souple, il était devenu plus difficile à rompre. Mais les bouts de terre, pour lesquels on doit tout prodiguer, parce qu'ils sont exposés au contact des grappins et des ancres, avaient reçu un diamètre plus considérable; on avait augmenté également leur volume, leur poids et leur ténacité. Ils étaient devenus plus difficiles à rompre que la plus solide chaîne d'argent.

Si l'on tient compte de la flexibilité, de l'isolement, de la conductibilité, on peut dire que le câble de 1866 était aussi supérieur à celui de 1865, que celui-ci l'était à celui de 1857. Mais le progrès le plus sérieux était surtout réalisé dans la partie des appareils destinés à relever les lignes déjà posées. Dans les premières expéditions, on n'avait pas même supposé que le câble pouvait se briser. En 1865, on avait admis cette hypothèse, mais on avait espéré qu'elle ne se réaliserait point, et l'on n'avait point étudié cette partie des opérations avec tout le soin nécessaire. En 1866, on considérait les appareils destinés à réparer la rupture, que l'on commençait à rendre impossible, comme aussi nécessaires que les appareils de pose. En effet, sans compter les éventualités qui pouvaient se réaliser dans la manipulation du nouveau câble, le succès n'était complet que si l'on ressaisissait l'ancien. Le problème à résoudre était double; on avait à la fois à éviter de tomber dans les erreurs du passé, et à réparer en même temps celles qui avaient été commises.

C'est ainsi que les inventions et les industries qui sont réellement utiles à l'humanité et qui ont trouvé leur application dans le concert universel, se développent de proche en proche par une sorte de mouvement organique et fatal qui ressemble étrangement à celui des végétaux et animaux, et qui fait que les hommes des différents siècles et des diverses nations sont réunis dans un même travail de collaboration immense dont ils sont parfois les derniers à avoir conscience.

Il suffit souvent d'une légère amélioration de détail, d'un tour de main d'atelier, pour que ce qui était chimérique devienne progressivement une opération courante. Buffon semble avoir surtout deviné cette grande et glorieuse industrie moderne, dont les résultats ont commencé à transformer le monde, quand il s'est écrié avec l'ardente conviction qui l'animait que le génie est une longue patience.

On peut dire qu'à cette époque la pose des câbles était devenue nécessaire, la télégraphie transatlantique était le couronnement de l'édifice, un comble, la dernière expression d'une industrie vivace et vivante! Depuis l'année 1851 jusqu'en 1865, c'est-à-dire dans une période de quatorze ans, la Compagnie de gutta-percha de Londres avait fourni des fils isolés pour 55 câbles sous-marins, dont la pose avait réussi et qui avaient un développement total de 16 000 kilomètres, dont quelques-uns franchissaient des abîmes dont la profondeur dépassait 1 500 brasses; la télégraphie universelle était déshonorée, si elle n'accouchait pas de son chef-d'œuvre.

En outre, au point de vue de la banque, même après tant d'échecs successifs, la spéculation était encore merveilleusement séduisante.

Ce qui résumait la situation aux yeux d'un grand nombre d'actionnaires, c'étaient les phrases remarquablement précises par lesquelles les directeurs terminaient leur compte rendu. « Si l'on suppose seulement que chacun des deux câbles peut travailler avec une vitesse bien modérée de cinq mots par minute pendant seize heures par jour, et que chaque mot soit payé cinq shellings, taux également très modique, la Compagnie sera dans une position financière très prospère. Il lui restera un énorme dividende après avoir payé l'intérêt des capitaux des trois Compagnies successives, à des taux de 4, 8 et 12, sur des sommes dont le total atteint 3 600 000 francs, et avoir prélevé une somme annuelle de 1 250 000 francs pour les dépenses d'exploitation ainsi que pour le fonds de réserve. » En effet, seize heures par jour pendant 365 jours représentent 320 400 secondes, qui à 10 shellings chacune (5 pour chaque câble) donnent une recette totale de 166 200 livres sterling, soit environ 4 millions de francs. L'enthousiasme véritable avec lequel les listes de souscription furent couvertes peut être rangé à juste titre parmi les plus grands succès de l'arithmétique triomphante !

Mais il n'en fut pas de ces calculs comme de ceux de la Compagnie du Mississipi et de tant de spéculations, reposant quelquefois sur les brouillards de la Tamise. En effet, quoique deux Compagnies transatlantiques existent en Angleterre, qu'elles aient acheté le câble d'une Compagnie française, fusionnée avec une autre, et qu'elles entrent en combinaison avec une Compagnie américaine, elles n'ont à se plaindre que d'elles-mêmes, et si leurs actions ont baissé, c'est que le prix qu'elles ont conservé a appelé la concurrence.

XIX

Ce qu'on a dit avec raison de la nuit qui porte conseil peut à plus forte raison se dire des revers. L'influence de l'année qui venait de s'écouler s'était fait sentir sur toutes les parties de l'œuvre. Quelque considérables que fussent les perfectionnements apportés à la fabrication des câbles, ils n'étaient rien en comparaison de ceux qu'on avait apportés dans la combinaison des appareils placés à bord du *Great-Eastern*. Ces derniers progrès eux-mêmes étaient moindres que ceux que l'on avait réalisés dans la théorie électrique.

En 1865, la station de Valentia n'était pour ainsi dire qu'un accessoire; elle ne jouait qu'un rôle purement passif dans l'étude de l'isolement des câbles. Tous les électriciens réunis au même bord se doublaient, se triplaient et pouvaient se compléter les uns par les autres.

En 1866, tout était changé, transformé, bouleversé; les fonctions électriques étaient réparties d'une façon rationnelle, intelligente, entre la terre et le navire.

C'était surtout à Valentia qu'on devait exécuter les mesures exactes, tellement délicates, que la seule vibration des bordages suffisait pour y nuire.

En outre, la langue télégraphique avait été perfectionnée de telle sorte que les moindres résultats constatés dans un laboratoire inébranlable, situé sur des roches solides, étaient signalés au *Great-Eastern* avec toute la vélocité dont l'électricité était animée. Mus par un conducteur de cuivre dont la forme et la position changeaient à chaque instant, la petite île et la nef géante se donnaient le mot à travers l'espace. A bord étaient les piles engendrant le fluide, à terre les vigies qui le voyaient palpiter. Dans le navire était le péril, mais à terre était la vigie qui criait casse-cou; c'est de terre que venait le signal, tandis que c'était à bord que s'exécutait la manœuvre.

Admirable collaboration, que le génie des poëtes de l'antiquité n'a point deviné! C'est la terre qui disait : Prenez garde, vous lancez dans l'océan un bout malade, compromettant; rebroussez chemin, revenez sur vos pas, reprenez à l'abîme la portion du fil qui n'est pas digne d'y figurer!

Chose étrange, pleine d'enseignements, MM. Varley et Thomson, en 1865, les deux chefs électriciens, étaient à bord du même navire. Parfois ils avaient quelque peine à être du même avis. En 1866, celui-ci était à bord, celui-là était à terre, et entre celui-ci et celui-là il ne passa jamais aucun nuage assez épais pour les empêcher de se comprendre. Ils parvenaient à réaliser ce problème à l'aide d'une langue toute nouvelle, créée de toutes pièces par le capitaine Boulton. En effet, cet ingénieux officier avait eu la patience de numéroter tous les mots de la langue anglaise, qui depuis lors est devenue l'idiome obligatoire de la télégraphie océanique. Le travail du télégraphiste, grâce à ce labeur, se trouvait abrégé des deux tiers. On avait enfin créé le premier des Codes.

Mais ce n'était pas tout que de savoir ce qu'il fallait faire. Il était nécessaire d'exécuter rapidement tous les ordres, il était indispensable que le *Great-Eastern* obéît au geste et à la voix, à la bride comme au marin. Plus le colosse était grand, plus il devait être docile.

Les précautions qui avaient été prises sous ce point de vue n'étaient pas moins remarquables ; elles ne faisaient pas moins d'honneur à la pléiade d'hommes habiles et entreprenants dont le génie n'avait en ce moment qu'un objectif, le *succès du câble*.

Un des principaux obstacles contre lesquels on avait eu à lutter en 1865 était la lenteur des évolutions du navire géant quand il devait virer de bord. On avait rendu les deux roues indépendantes, de manière que le *Great-Eastern* pouvait en quelques instants pivoter sur lui-même.

Un mécanicien avait imaginé une disposition qui permettait d'arrêter rapidement la machine pour lancer le câble ; un autre avait perfectionné cette idée et adopté un dispositif qui permettait de la faire tourner à rebours. L'appareil qui avait commis la faute était donc chargé de la réparer. Ce n'est pas tout, un électricien avait eu l'audace de construire un dynamomètre disposé de telle sorte que ce renversement se produisait de lui-même toutes les fois que la pression dépassait trois tonnes!!

Enfin l'on avait poussé la prévoyance jusqu'à diminuer la vitesse du *Great-Eastern* lui-même en modifiant la position des roues. Grâce à cette disposition, le poids du câble se faisait mieux sentir sur la chaînette qui traversait l'océan; elle retombait plus mollement sur la vase du fond de la mer, elle avait plus de jeu pour se redresser, et par conséquent moins de raisons pour se rompre.

*

XX

C'est seulement à la fin de juin que le *Great-Eastern* appareilla route pour Valentia, cet éternel port d'attache de tous les câbles américains. Il avait pris à son bord un grand nombre de ladies et de gentlemen, intéressés au succès de l'entreprise. C'était une fête pour cette société nombreuse et choisie que d'assister aux débuts d'une expédition qu'on avait tant de raisons pour considérer comme définitive. Mais les commencements de la campagne furent loin de répondre à ces espérances.

A peine l'immense bâtiment était-il en rade de l'île de Wight, qu'il fut assailli par une tempête qui soulevait des vagues d'une hauteur extraordinaire. Comme le *Great-Eastern* portait toutes ses provisions, sa cargaison et ses hôtes, il entrait profondément dans la mer, et chaque lame un peu plus forte que les autres balayait son pont d'une façon inquiétante.

En présence d'un tel courroux des vagues, des marins grecs auraient certainement chercher à désarmer les divinités sous-marines en lançant dans l'Océan une Iphigénie de circonstance, choisie parmi les plus jolies passagères. Le capitaine Anderson n'eut point cette inspiration sauvage. Il se contenta de soulager son navire, en sacrifiant un peu d'eau sale. Il laissa simplement écouler à la mer une portion de l'eau qui remplissait les trois grands réservoirs.

Cette précaution bien simple et fort peu dispendieuse fut la seule que le capitaine Anderson crut nécessaire, quoiqu'avec une persistance rare en cette saison l'ouragan poursuivît le *Great-Eastern* jusqu'au delà du cap Finistère.

Ayant été rehaussé de plus d'un mètre, le *Great-Eastern* ne recevait plus à son bord que l'embrun produit par la pulvérisation des lames impuissantes. Il continuait sa route lentement, mais avec une régularité imperturbable, naviguant sur une mer démontée, qui aurait déconcerté tout autre steamer.

On était aussi complètement en sûreté que dans les salons de Belgravia, à moins que, aveuglées par l'ouragan, les vigies laissassent le timonier précipiter le *Great-Eastern* sur quelque écueil. Mais les marins du *Great-Eastern* étaient bien loin d'avoir de ces idées lugubres; comme la traversée de Sherness à Valentia se prolongeait, et qu'il n'était point agréable de se promener sur le pont par une pluie diluvienne, on se décida à inaugurer le théâtre du *Great-Eastern*. On débuta par une parodie représentant la colère des divinités sous-marines en voyant que leur empire servait de passage à la pensée humaine, et que les plus curieuses divinités de la cour d'Amphytrite ne pouvaient dérober les messages que les fils de Prométhée faisaient courir le long de leur grand câble !

Pendant que, malgré vagues, vents et marées, le *Great-Eastern* s'acheminait lentement vers le port d'attache du grand câble, le fusil à aiguille faisait ses merveilles entre les mains de l'armée prussienne. Les vainqueurs de Langensalza et de Sadowa faisaient l'apprentissage de leurs victoires futures.

Au moment où un lien d'amitié allait enfin réunir les deux moitiés de la race humaine, le génie de la ruse et de la violence obtenait une première victoire, sûr présage d'une seconde encore plus sanglante, celle qui rendra l'année terrible inoubliable dans nos annales !

De ces deux grands faits simultanés dans l'histoire, quel est celui qui l'emportera aux yeux des siècles futurs ? Sera-ce l'œuvre de la conquête qui persistera, ou sera-ce l'œuvre du câble ? Quelle est celle qui sera éclipsée ? Quelle est celle dont les fruits persisteront ? Nous ne craignons point de dire que nous ne concevons pas d'inquiétude à cet égard.

La flottille télégraphique qui devait accompagner le *Great-Eastern* dans sa nouvelle tentative avait été obligée de rester dans les ports. Aucun de ses bâtiments n'avait pu braver la tempête. Ce n'est que le 6 juillet qu'elle fut au complet. En ce moment, le port de Valentia avait un air de fête. Outre le navire géant, on y voyait le *William Carry*, vapeur construit exprès pour poser des câbles, qui avait fait ses premières armes dans la Méditerranée, et qui était chargé de poser le bout d'atterrissage d'Irlande ; la *Medway*, qui portait le câble d'atterrissage de Terre-Neuve ; et l'*Albany*, à bord duquel se trouvait une portion destinée à compléter le câble de l'année précédente. Ces deux derniers navires devaient accompagner le *Great-Eastern* jusqu'au bout de sa croisière. L'un et l'autre portaient en outre des machines de relèvement excessivement puissantes, hors de proportion avec leur taille, et dignes de rivaliser avec celles de *Great-Eastern*. Ils devaient en effet jouer comme lui un rôle dans l'opération du repêchage, dans cette entreprise téméraire qui consistait à reprendre en 1868 ce qu'on n'avait pu exécuter en 1867.

Mais si l'on avait mené l'audace jusqu'aux extrêmes limites, ce n'était pas sans avoir fait l'impossible pour se tenir au niveau de la tâche.

On avait poussé les précautions jusqu'à emporter trois espèces de grappins : les premiers, en forme de charrue, étaient simplement destinés à labourer le fond de la mer, à peu près comme l'ancre d'un ballon poussé par le vent creuse un sillon dans les terres labourables; les seconds étaient disposés en forme de pinces, afin de saisir fortement le cylindre, mais comme il pouvait arriver que le poids à soulever excédât la résistance des lignes, on en avait imaginé des troisièmes qui étaient tranchants comme des rasoirs et destinés à scier le câble que les deux autres devaient saisir. Si ce sacrifice devenait nécessaire, il fallait ensuite repêcher successivement chacun des deux bouts que l'on aurait ainsi coupés, et détruire la cicatrice de l'amputation à l'aide d'une nouvelle soudure.

Le rôle de chaque navire était fixé d'avance. Il fallait jouer du grappin tranchant si le *Great-Eastern* n'avait point eu la force de ramener le câble que la *Medway* aurait commencé à détacher du fond de la mer; c'était l'*Albany* qui devait donner le coup décisif.

Quelques steamers porteurs de charbon ajoutaient encore à l'animation surprenante de cette rade presque toujours déserte. Un steamer de guerre de Sa Majesté Britannique, le *Rangoon*, qui était en croisière pour saisir les navires fenians portant des armes aux assassins d'Irlande, vint bientôt s'ajouter à cette flottille.

Le capitaine Armitage avait pris sur lui d'abandonner pendant quelques jours sa noble mission pour faire assister un grand nombre de ladies et de gentlemen à un spectacle que ne reverront plus les générations suivantes.

C'est le *William Corry* qui se mit le premier en mouvement. Le capitaine, qui avait une grande expérience des poses télégraphiques, se piqua d'honneur ; il voulut devant une si brillante assemblée exécuter une manœuvre plus délicate et moins barbare que celle de l'année précédente ; la méthode qu'il a imaginée est depuis lors restée classique.

Elle consiste à réunir une série de bateaux transformés en arches d'un pont gigantesque, et à les réunir par un énorme tablier en chanvre partant du navire et allant jusqu'au rivage. C'est le long de ce grelin retenant toutes les barques que l'on vit glisser le câble électrique.

Ainsi préparée, l'opération marcha avec une rapidité surprenante et une régularité tout à fait inespérée.

A peine le bout était-il arrivé à terre, que les barques s'écartaient avec un merveilleux ensemble. Chacune laissait tomber à la mer la longueur qu'elle soutenait, et le *William Corry* prenait le large, laissant couler son câble jusqu'au bout.

Il l'attachait à une bouée qui avait été amarrée à l'avance, et il regagnait le rivage au bruit du canon et aux applaudissements des équipages.

Le premier acte de la quatrième pose appartenait à l'histoire. C'est seulement le 13 juillet que le *Great-Eastern* commença le second. Il était environ midi lorsqu'il quitta Valentia, à trois heures ; la soudure ayant été faite et reconnue excellente, le capitaine Anderson donna le signal du départ pour l'Amérique. Le *Terrible*, la *Medway* et l'*Albany* le suivirent ; les navires charbonniers poussés par une irrésistible curiosité, firent de même ainsi que le *Rangoon*. Le pont du steamer de Sa Majesté était tellement encombré de visiteurs que le capitaine faillit faire payer cher son hospitalité aux gentlemen et aux ladies qui en jouissaient sans arrière-pensée et sans crainte : un faux coup de barre amena cette belle frégate près de l'avant du *Great-Eastern*, qui faillit être coulé comme un canot de la Seine attiré par un remorqueur.

Cet incident produisit un effet terrible sur la foule des spectateurs, qui, de la terre ferme, suivaient anxieusement cette scène navale. Peu de minutes après, il s'élevait un épais brouillard, peu commun dans cette saison, et le *Great-Eastern* ainsi que son escorte devenaient soudainement invisibles.

Mais on pouvait le suivre avec les yeux de l'esprit, grâce à la station télégraphique. En effet, les signaux se succédaient avec une régularité parfaite, sans aucune hésitation, sans la moindre ambiguïté, sans le plus léger temps d'arrêt.

Le navire et Valentia faisaient la conversation avec la même facilité que deux bureaux de M. Cochery. Il n'y avait dans l'allure des courants aucune indécision qui permit de s'apercevoir que le câble le long duquel roulaient les messages se déroulait lui-même avec une vitesse d'au moins six milles à l'heure, qu'il passait par la filière des machines compliquées, destinées à régulariser sa chute, à évaluer sa tension, à le lâcher ou le retenir suivant les circonstances imprévues qui pouvaient se produire. L'électricien le plus consommé, le plus clairvoyant, le mieux versé dans les secrets de son art, n'aurait jamais pu deviner que ce câble le long duquel les signes coulaient avec tant de facilité était précipité dans la mer, et qu'il y tombait avec une vitesse accélérée, suivant la proportion de son poids spécifique, de la résistance que son périmètre offrait au mouvement, et aussi en raison de la profondeur de la mer.

Mais, comme l'on avait reconnu le danger qu'il y avait à parler trop vite, c'est seulement le 17 juillet que le *Times* publia pour la première fois le récit circonstancié du départ de l'expédition et les télégrammes reçus la veille du *Great-Eastern*, annonçant que tout allait pour le mieux, qu'aucun incident inquiétant ne s'était produit, et donnant en milles anglais la longueur du chemin parcouru et celle du câble sorti des soutes du navire.

L'effet de cette communication fut excellent sur les Brokers du Royal Exchange. Le prix des actions, qui se tenait dans le voisinage de huit livres et demie, monta brusquement à neuf livres. Comme le pair était à dix livres seulement, on voit que les gens d'argent étaient impressionnés d'une façon favorable et que, somme toute, la banque même à cette époque critique avait foi dans la fortune du câble de la nouvelle expédition.

XXI

L'enquête à laquelle on avait procédé après la perte du câble prouva, comme nous l'avons fait comprendre, que les faits de 1865 n'avaient point été le résultat d'un complot, mais l'effet d'une série de malheureux hasards ; cependant il y a une multitude de gens impressionnables, qui persistent à voir partout des crimes. Il fallait sacrifier quelque chose à ces imaginations tragiques et morbides. Ainsi avait-on fait signer à tous les ouvriers embarqués à bord du *Great-Eastern* un engagement d'une forme exceptionnelle. Ils consentaient d'avance à se laisser juger et exécuter dans le cas où ils auraient été surpris commettant un attentat contre la conductibilité, c'est-à-dire contre la vie du câble. Le conseil du bord se trouvait donc investi du droit de vie et de mort, sur tous les ouvriers qui touchaient au câble. Le *Great-Eastern* était en état de siège tant que durait la pose. On pouvait dire que la loi de Lynch régnait sur eux.

En outre, on avait affublé ces hommes d'une espèce de justaucorps fait exprès, tout à fait collant, n'ayant aucune poche même pour y placer un mouchoir. Il était impossible à ceux qui portaient cet étrange uniforme de voler une épingle. La crainte d'un châtiment immédiat était donc doublée de l'impossibilité absolue de nuire.

Mais, comme les électriciens et les officiers savaient à quoi s'en tenir sur les causes de l'accident de la dernière campagne, ces précautions et ces menaces ne préoccupaient personne. Il y régnait pour la première fois une douce gaieté et une inébranlable confiance. Il semblait que le succès était infaillible, et personne n'osait émettre sérieusement le moindre doute.

Non seulement le théâtre jouait presque tous les soirs avec une régularité des plus étranges, mais on avait de plus imaginé de publier un journal composé des cancans du bord et en même temps des nouvelles que l'on recevait d'Europe.

Ce journal, imprimé par une équipe de typographes embarqués spécialement dans ce but, se nommait le *Great-Eastern telegraph* et était destiné à être mis en vente en Amérique au moment où aborderait le navire.

On y trouvait quelques aperçus originaux sur les graves événements qui s'accomplissaient en Europe, pendant que la nef télégraphique accomplissait paisiblement ses destinées glorieuses.

Nous devons surtout citer le « premier *Great-Eastern* » extraordinairemnt remarquable, qu'un auteur malheureusement anonyme écrivit pour annoncer à ses compagnons de voyage que l'empereur François-Joseph avait cédé à son bon ami l'empereur Napoléon III la Vénétie, et que ce dernier s'était empressé d'en faire don et hommage à Sa Majesté le roi Victor-Emmanuel.

Plus clairvoyant que bien des journalistes qui écrivaient sur un terrain plus solide, le rédacteur du *Great-Eastern telegraph* se demandait ce que l'empereur des Français gagnait à froisser son allié naturel, quelle folie le poussait à aider à l'agrandissement d'une puissance qui considérerait peut-être comme autant d'injures les services inestimables qu'on lui rendait. N'était-il pas facile de voir que ce serait à la Prusse que les vaincus de Lissa et de Custozza reporteraient le mérite de cette conquête singulière accomplie à force de défaites, et la joie des feuilles officielles de France, quoique transmises par un télégraphe peu solide, n'avait point modifié l'opinion d'un homme au courant des vicissitudes de la politique moderne.

Le dévidage commença vendredi 13 juillet à trois heures vingt minutes du soir et l'opération marcha avec une régularité dont le fait suivant permettra de juger : On avait disposé un appareil fort simple qui mettait en mouvement une petite clochette chaque fois qu'une longueur d'un mille avait été mise à l'eau. L'écoulement était réglé de telle sorte que jamais il ne s'écoulait plus de dix minutes entre deux coups consécutifs. Toutes les différences portaient sur la marche du navire, qui se ralentissait lorsqu'on arrivait dans des eaux plus profondes, afin de laisser au câble le temps de descendre, et qui s'accélérait au contraire lorsque le fond de la mer se relevait.

A midi, la clochette du débit indiqua qu'on venait de laisser couler le 645ᵉ mille, et le point fait par les officiers à l'aide du temps de Greenwich envoyé électriquement par le câble prouva qu'on était à 540 milles de Valentia, en comptant les distances le long d'un grand arc de la sphère. La journée de mercredi avait été exceptionnellement belle, et l'eau de la mer était si unie qu'on y voyait les mâts réfléchis comme dans un miroir. Jamais les conversations n'avaient été si gaies, si animées, et le calme complet dont on jouissait à bord par un très léger vent du sud et un soleil ardent contrastait avec la série des nouvelles effrayantes transmises par le télégraphe ambulant, l'invasion du choléra à Liverpool, l'incendie de Portland, une éruption du Vésuve, la faillite de la Banque de Birmingham.

Tout à coup, vers six heures du soir, au moment où les dames faisaient de la musique dans le grand salon en attendant le dîner, on entend la cloche d'alarme. Aussitôt musiciens, chanteuses, auditeurs, marins, cuisiniers et marmitons, tous ceux que leurs devoirs ne retiennent pas dans les cales ou dans les machines se précipitent autour du cabinet des électriciens! On était au milieu des grands fonds, par une hauteur d'eau de 3600 mètres!

Les savants, absorbés par leurs calculs, ont de telles distractions qu'un des électriciens avait par mégarde mis la main sur le timbre d'alarme qui avait retenti, et jamais tocsin funèbre n'avait produit un aussi prodigieux effet dans une ville affolée par un siège, la famine ou la peur.

On se sépara presque en riant. Mais cette fausse

alerte, ne devait point être isolée. Au milieu de la nuit suivante une seconde alarme plus sérieuse devait réveiller l'équipage du *Great-Eastern*. On avait négligé pendant quelques instants de surveiller le déroulement du câble dans les réservoirs; plusieurs tours qui n'étaient plus comprimés s'étaient soulevés d'eux-mêmes. Entraînés avec le brin qui se rendait aux dévidoirs, ils avaient formé des nœuds inextricables, même pour des marins habitués à triompher de tous les caprices des cordes.

Il fallut arrêter la marche du navire et préparer les bouées pour les jeter à la mer avec le câble amputé, si la tension qui était montée rapidement, devenait assez grande pour qu'on fût obligé de trancher ces nouveaux nœuds gordiens. La situation était des plus critiques; en effet, un malheur ne vient jamais seul; à une journée claire, ensoleillée, calme, sans vagues, avait succédé une nuit noire, orageuse, troublée par des lames géantes.

Pendant que le vent se déchaînait avec violence, les cordiers du bord s'efforçaient de reconnaître les divers replis du câble et de les suivre jusqu'à leur origine, seul moyen de les débrouiller d'une façon complète. Il fallut cent fois passer et repasser de l'avant à l'arrière pour rétablir les ronds dans leur état normal. Cette étrange opération ne demanda pas moins de deux heures, pendant lesquelles on s'attendait à chaque instant à un faux coup de barre, quoique le capitaine Anderson fût resté lui-même au gouvernail.

Le calme ne reparut que lorsque le dévidage ayant repris, on pouvait braver la tempête. Les électriciens de Valentia ne s'aperçurent même pas de l'incident qui avait excité des appréhensions si cruelles. En effet, le passage du courant n'avait point été troublé par tous les mouvements désordonnés de la ligne, dont il suivait tous les replis avec une régularité imperturbable.

Dans les premiers voyages, on éprouvait toujours quelques difficultés lorsque, un réservoir étant usé, l'on passait au suivant. Aucun incident ne signala ces opérations, qui marchèrent avec une facilité merveilleuse.

Il semblait donc que le *Great-Eastern* avait triomphé de tous les obstacles et qu'il avait épuisé toutes les vicissitudes du sort. Mais les combinaisons hostiles de l'atmosphère sont en quelque sorte infinies. De tous les ennemis naturels contre lesquels l'atome humain aime à lutter, on peut dire que celui dans le sein duquel il respire est en même temps le plus violent et le plus traître.

Le 24 juillet, le temps se met à la pluie; le 25 commence par une chute abondante, suivie d'une brume épaisse, annonçant l'approche des glaces flottantes. L'air était devenu si opaque que les navires ne pouvaient plus se distinguer et que, pour éviter de se perdre, ainsi que pour parer au danger d'abordage, ils étaient obligés de s'appeler constamment en employant tantôt le canon, tantôt les sifflets à vapeur. On ralentit la marche du *Great-Eas-*

tern, qui par une suprême ironie du sort aveuglé en plein triomphe était condamné à errer dans des ténèbres créées par une différence de quelques degrés de chaleur.

Pour éviter une erreur de rhumb qui eût été calamiteuse, on décida que l'*Albany*, le *Terrible*, le *Medway* s'échelonneraient sur le chemin de Terre-Neuve, ainsi jalonnée par trois frégates à vapeur transformées en bouées avec des signaux sonores.

Le 26 à midi, on put prendre le point ; on n'était plus qu'à 200 kilomètres de Terre-Neuve, et l'eau n'avait plus que 120 brasses. Encore quelques heures et le *Great-Eastern* pourrait dire comme le poète : *Exegi monumentum !*

Mais à peine avait-il mis le cap sur la terre promise que l'on vit arriver une banquise, détachée de la flotte de radeaux de glace dont un rayon échappé du soleil montrait les arêtes menaçantes.

Cette montagne marchait droit vers le *Great-Eastern*, comme si elle eût été attirée par quelque secret magnétisme. Il restait bien la ressource de fuir et d'abandonner le câble après l'avoir attaché à une bouée. Hélas ! le peu de profondeur de la mer, qui réjouissait les marins quelques quarts d'heure auparavant, était soudainement devenu le plus cruel souci.

En effet, il paraissait évident que ce glaçon maudit allait raboter le fond de l'Océan et enlever le fil qu'on venait d'y tendre.

Mais, au moment où tout espoir semblait perdu,

la banquise semble hésiter, comme si elle était en proie à deux courants contraires et si l'eau la poussait dans une autre direction que le vent; après un court intervalle de repos, elle se met en mouvement, mais c'est pour s'éloigner de la ligne que va suivre le navire.

Cet inquiétant débris des océans glacés était à peine à un demi-kilomètre du *Great-Eastern* que le soleil se montrait dans tout son éclat. Un rayon puissant, rencontrant les sommets aigus de la banquise fuyante, les couvrait de toutes les teintes de l'iris, et, en montant sur les vergues, on pouvait à l'aide d'une lunette d'approche reconnaître les côtes basses, profondément découpées du port.

Des hurrahs et des applaudissements frénétiques saluèrent cette bonne nouvelle, que le télégraphe transmit aux électriciens de Valentia, et ceux-ci la répétèrent à toutes les capitales du monde!

Un même élan d'enthousiasme, un même cri de triomphe s'éleva encore une fois de la terre vers le ciel!!

XXII

L'expédition de *Great-Eastern* établit triomphalement un grand fait, sur lequel on ne saurait trop insister, car il est pour le moins aussi utilisable qu'il est surprenant. Lorsque toutes les dispositions ont été prises d'une façon convenable, la terre peut communiquer avec un navire qui pose un câble, de la même manière qu'avec une station permanente.

Sauf l'épisode du nœud, dont on trouva superflu d'avertir l'Europe, tout ce qui se passait à bord était minutieusement raconté à terre; chaque matin, le *Times* rapportait le détail des opérations de la veille; il donnait régulièrement le nombre de milles déposés dans le fond de l'océan, la distance parcourue à partir de Valentia, prise à vol d'oiseau, c'est-à-dire dans le ciel. Quelquefois il ajoutait sous forme de correspondance des articles détaillés mettant le public au courant de la situation morale du navire, et même des incidents de la vie du bord. Ni les physiciens, ni les astronomes ne songèrent à profiter de cette grande expédition pour faire une immense expérience. Ils ne s'aperçurent pas des ressources que leur donnait cette station ambulante. Ils oublièrent combien cette faculté serait précieuse pour faire des observations sur la manière dont se propagent les orages et les tempêtes, pour pénétrer le grand mystère dont la météorologie doit trouver la clef pour exister comme science. Il faut en effet qu'elle en connaisse la solution complète avant d'employer utilement le télégraphe terrestre à prévoir les tempêtes, à prévoir la marche en apparence si capricieuse, si irrégulière des centres de dépression ou, si l'on aime mieux employer le terme consacré, des bourrasques.

Le seul emploi scientifique du câble fut la transmission quotidienne du midi de Greenwich, pendant toute la campagne. L'imagination de sir John Bidell Airy n'avait point trouvé d'autre problème à résoudre. Il ne faut pourtant point en faire un crime au savant astronome royal. Car à l'heure qu'il est, personne ne songe à employer les poses si nombreuses, si fréquentes de nos jours, à vérifier les théories météorologiques, même celles du *Herald*, qui prétend suivre les tempêtes américaines dans leur traversée de l'Atlantique! Les météorologistes qui accumulent chaque année des millions d'observations oiseuses, insignifiantes, n'ont point encore une seule fois discuté celles des navires télégraphiques!

Cette fois les gens d'argent se montraient beaucoup plus intelligents que les gens de science.

Les capitalistes de Londres suivaient avec une grande avidité les moindres mouvements du câble; chaque incident heureux rendait les transactions plus actives. Mais, tant que le *Great-Eastern* n'avait pas franchi le grand abîme où se trouvait encore étendu le cadavre du câble de 1865, la progression de la valeur était lente. Ce n'est que le 24 juillet qu'elle put décrocher le pair et arriver à 10 livres sterling.

L'action de 10 livres ne devait pas y rester longtemps; dès le lendemain elle se mit à monter avec une certaine rapidité, dépassant successivement 11 livres, 12 livres, 13 livres et s'approchant même de 14; mais des bruits fâcheux vinrent paralyser le mouvement ascendant et même produire une réaction inquiétante. Le câble de 1866 allait être posé d'une façon satisfaisante après un temps plus ou moins long, suivant les difficultés que rencontreraient les électriciens à Terre-Neuve. Le Président et la Reine d'Angleterre allaient s'envoyer quelques nouvelles prières. Mais après avoir balbutié ses messages pendant quelques jours, le câble surmené se mettrait en révolte ouverte contre l'électricité. Il refuserait de parler comme il l'avait déjà fait une première fois, après avoir fait passer en Europe quelques dépêches. Avait-on le droit de compter que l'on serait plus heureux en 1866 qu'on ne l'avait été en 1858?

Mais quand le câble serait complet et parfait, le *Great-Eastern* n'aurait encore accompli que la première partie de sa tâche. Les baissiers faisaient remarquer que dans les calculs on supposait l'établissement de deux câbles indispensables, puisque la Compagnie nouvelle avait à payer les intérêts de trois capitaux. Pour que l'affaire fût viable, il fallait que l'on pût relever le câble qu'on avait été obligé d'abandonner en 1865.

A ces diatribes intéressées les amis du câble ne se faisaient pas faute de répondre en expliquant sur tous les tons ce que nous avons déjà dit, que le relevage n'avait pas manqué par la faute du câble et des machines, mais parce que l'on n'avait pas fait l'an dernier une provision suffisante de cordages.

Ils expliquaient que le *Great-Eastern* avait été

pourvu d'une excellente machine à vapeur, spéciale, placée sur l'avant, ayant son foyer établi avec soin, susceptible de produire d'énormes efforts de traction sur un treuil de plus de dix pieds de diamètre et portant un large tambour en fonte, sur lequel les cordages retenant les grappins pouvaient s'enrouler de la façon la plus régulière. Ce robuste organe avait été muni d'une roue à rochet permettant d'engrener ou de désengrener à volonté, et les dispositions avaient été prises de telle manière que, dans aucune hypothèse, on n'était obligé de couper le câble pour le faire saisir par les crampons du système chargé de le ramener.

Ces enthousiastes n'exagéraient rien, car tous les perfectionnements que l'on a introduits depuis lors dans l'industrie du raccommodage et du relevage, étaient déjà réalisés dans une des machines les plus parfaites que les ingénieurs aient jamais pu construire. Mais, comme le public est prompt à s'impatienter et que l'effet d'un succès s'affaisse rapidement après une première effervescence, le *Great-Eastern* était condamné à reprendre la mer pour s'acquitter sans délai inutile de la seconde partie de sa mission. On ne lui aurait pas permis de s'oublier une heure de plus qu'il n'était indispensable dans les délices de cette Capoue antique, à demi sauvage, qui se nommait *Heart's-Content*, ce qui veut dire, en anglais, la joie, le contentement du cœur.

XXIII

Quoique l'île de Terre-Neuve ne soit point placée sous une latitude aussi élevée que celle de Paris, le climat y est, comme chacun le sait, beaucoup plus rude. Les courants froids qui descendent du pôle et y charrient un nombre infini de glaçons en font une dépendance du cercle polaire.

Les golfes sont profondément entaillés et dentelés par une multitude de criques assez pittoresques; tout l'intérieur est couvert par une impénétrable forêt d'essences résineuses au feuillage sombre, à l'allure monotone, dans laquelle errent encore quelques tribus sauvages.

Les côtes seules sont habitées par des populations d'origine européenne, mais adonnées à des industries peu raffinées. La principale consiste à sécher les morues et à préparer par la putréfaction l'huile que consomment tous les poitrinaires du monde.

Actuellement, malgré tous les progrès dont la création de la station télégraphique a été le signal, on ne compte pas plus de 160 000 habitants, répartis sur un territoire dont l'étendue dépasse notablement celle de l'Irlande; 20 ou 30 000 de ces sujets anglais vivent sur un territoire dont l'usage appartient à la France, ne possèdent aucun gouvernement régulier et offrent l'exemple peut-être unique d'une agglomération d'hommes juxtaposés, sans liens légaux les uns avec les autres, et réalisant l'anarchie, qui constitue l'idéal de certaines sectes communardes!

Le village de Heart's-Contents n'est point dans cette zone abandonnée à elle-même, mais dans la région qui reconnaît le joug salutaire de lois régulières et d'un véritable gouvernement colonial.

Prévenus de l'approche du *Great-Eastern*, les habitants avaient fait de leur mieux pour célébrer le grand événement qui les rattachait à l'Europe et qui, de la patrie de quelques pêcheurs de morues, faisait réellement l'avant-garde du nouveau monde.

Lorsque le *Great-Eastern* jeta l'ancre pour attendre la *Medway*, qui était chargée de poser le câble de terre, le capitaine Anderson put apercevoir le pavillon anglais et le pavillon des États-Unis arborés au clocher de l'église, et au sommet de la station télégraphique. Toutes les habitations s'étaient pavoisées, et la bourgade avait pris un air de fête.

Bientôt on vit se détacher du rivage des embarcations amenant à bord toute la population indigène, susceptible de se bouger. C'était la levée en masse de l'admiration.

L'enthousiasme de ces braves gens dépassait leur éloquence; ils ne savaient comment s'y prendre pour l'exprimer!

Tout du reste était merveille, à bord du navire géant. Les splendeurs du salon des passagers les plongeaient dans une stupéfaction profonde. La vue des pianos acheva de mettre hors d'eux-mêmes les ladies terre-neuviennes, qui supplièrent les musiciens de l'équipage d'essayer leurs talents sur ces instruments merveilleux.

On improvisa un bal, pendant que les matelots de la *Medway* charriaient à terre le bout qui reliait le câble à la station irlandaise de Valentia. Danseurs et danseuses se séparèrent en se promettant bien de se revoir le lendemain.

Mais il devait en être autrement. Par les premières dépêches on apprenait que la Bourse de Londres était impatiente! Il fallait songer à compléter l'opération, compléter l'autre câble, encore aussi muet que les poissons qui lui servaient de compagnons. Il fallait sans perdre de temps l'arracher à cette torpeur et lui donner la vie, l'âme, l'électricité!

On transborda à bord du grand navire la portion complémentaire que l'*Albany* avait apportée d'Europe, et cette frégate partit dès le 1er août, accompagnée du *Terrible*, pour chercher les bouées posées en 1865 et à une vingtaine de milles au nord de la route adoptée cette année. Quoique les deux câbles d'atterrissage aboutissent aux mêmes baies de Terre-Neuve et de Valentia, on avait choisi un tracé assez différent, pour éviter que les tentatives faites pour la réparation projetée ne nuisissent à la ligne que l'on allait poser.

Le lendemain, le *Great-Eastern* appareilla à son

tour, accompagné de la *Medway*, qui devait lui servir de pilote, et le télégraphe transatlantique, ayant appris ces événements à l'Europe, resta muet pendant un temps assez prolongé sur le sort de l'expédition.

La reine d'Angleterre, le président des États-Unis, le lord maire de Londres et le maire de New-York échangeaient gravement des politesses télégraphiques, comme on l'avait fait huit années auparavant. Mais ces démonstrations de courtoisie internationale, qui avaient excité la curiosité universelle lorsqu'elles s'étaient produites pour la première fois, avaient perdu le privilège d'émouvoir le public, et elles glissaient cette fois complètement inaperçues au milieu des préoccupations financières.

Le glorieux résultat si péniblement acquis semblait médiocre s'il n'était point complété par le rétablissement du câble de 1865. Heureusement le vieux câble de 1857-1858 était oublié; sans cela, on aurait peut-être demandé de le rétablir à son tour.

Vainement les électriciens de la Compagnie s'étendaient sur l'importance des découvertes de M. Varley, qui avait imaginé de compléter le câble à l'aide de deux immenses bouteilles de Leyde placées l'une à Terre-Neuve, l'autre en Irlande. Les merveilles de cet ingénieux procédé, destiné à détruire ou au moins atténuer les effets du flux électrique, n'excitaient qu'une curiosité médiocre. La seule chose que l'on tenait à savoir, c'était si le *Great-Eastern* allait réussir dans la seconde partie de sa mission.

En matière scientifique, on s'accoutume avec une rapidité effrayante à l'usage des merveilles les plus grandes. Le progrès est comme un éternel Juif errant, qui est condamné à marcher toujours!

XXIV

Malgré la légitime impatience des actionnaires, il ne suffisait pas pour réussir de transporter dans les cuves du *Great-Eastern* le dernier bout du câble de 1865, ce fragment que l'on avait l'audace de vouloir souder au bout abandonné dans les gouffres de la haute mer.

Il fallait encore que la Nature ne se mît point en tête d'empêcher cette opération téméraire, et que le câble abandonné pût être retrouvé, saisi et retiré, autrement qu'au milieu d'une horrible tempête.

Dans la nuit qui précéda le départ du *Great-Eastern*, la mer devint épouvantable.

L'extrême agitation des vagues ne produisit pas plus d'effet que d'ordinaire sur la marche du navire géant, qui avait été pour ainsi dire construit dans le but de nier la tempête.

Mais les deux navires qui l'avaient devancé et celui qui l'accompagnait étaient bien loin de jouir de la même immunité. Pas un n'avait pu conserver sa route. La flottille électrique commençait donc sa croisière par être dispersée à la surface de cet Océan dont elle s'apprêtait à fouiller les profondeurs.

Aussi ce n'est que le 12 août, c'est-à-dire après dix jours de mer, que le *Great-Eastern* réussissait à rencontrer l'*Albany*.

Mais, aussitôt que la frégate fut en vue, elle télégraphia une grande et glorieuse nouvelle ; le câble était harponné ; le *Great-Eastern* n'avait plus qu'à le saisir à son tour et à s'y atteler. Le plan qu'on avait adopté en quittant l'Angleterre allait donc s'exécuter sans coup férir, et la réparation du vieux câble allait couronner une série de triomphes comparables à la pose du nouveau.

Le *Great-Eastern* recommença la manœuvre à laquelle il s'était déjà exercé l'an dernier. Il se plaça au nord de la route, où se trouvait le câble qu'il cherchait ; une fois assuré de ne pas commencer trop bas sa tentative, il laissa tomber les ongles de fer qui devaient gratter le fond de la mer et saisir un cylindre visqueux, couvert de vase et beaucoup plus glissant que corps d'anguille ne l'avait jamais été.

La ligne qui allait jusqu'au fond de l'océan ne tarda point à avertir que le harpon sous-marin avait saisi sa proie ; en effet, la traction, qui était insignifiante, augmenta d'une façon soudaine. Aussitôt que le dynamomètre eut commencé à monter, on mit en marche la machine de l'avant. La chaudière était cette fois excellente, et tous les robustes rouages se trouvaient en parfait état.

Les amarres revenaient à bord l'une après l'autre

avec une régularité parfaite et une lenteur calculée, présage d'un succès certain. Pendant trois heures l'opération dura de la sorte, sans aucune hésitation, sans aucune interruption ; à mesure qu'elle approchait de son terme, l'émotion augmentait. Depuis quelques minutes, personne n'osait ni bouger ni respirer, tous les yeux étaient braqués sur la surface de l'océan.

Tout à coup on vit apparaître les grappins eux-mêmes. Bientôt, ils émergent complètement de l'eau, ils tiennent évidemment un morceau de la chaînette que la griffe intelligente a été saisir dans le fond de l'abîme. Il n'y a pas moyen d'en douter, le câble est ramené !

Il ne faut pas plus d'un instant, d'un clin d'œil pour s'assurer que ce n'est point une illusion ; le câble est là, il est enfin revenu, on le tient bien, il se trouve à quelques encâblures du bord, il n'y a plus qu'à monter à bord le produit de ce coup de filet qui vaut mieux que dix campagnes du plus habile baleinier.

Aussitôt éclatent de toutes parts des hurrahs frénétiques, des applaudissements ; des bravos retentissent depuis le haut des vergues jusqu'aux dernières profondeurs de la cale ; les voix des matelots, des femmes, des mousses, des électriciens, des officiers, des passagers, se confondent, dans de gigantesques vivats, comme jamais l'océan n'en a entendus et auxquels se mêlent ceux des équipages de la *Medway*, du *Terrible* et de l'*Albany*.

Mais, soit que le mécanicien chargé de la conduite de la machine ait voulu accélérer le mouvement, soit qu'un faux coup de barre ait augmenté la pression, soit que l'augmentation de poids produit par la sortie de l'eau ait suffi, soit que toutes ces causes avaient agi simultanément, soit que quelque courant sous-marin ait déterminé un surcroît de traction, les grappins lâchent leur proie. Le câble se tend, grince et disparaît.

Quelle qu'ait pu être la cause de ce sinistre, on reconnut qu'on avait agi avec une véritable imprudence et en tout cas trop de précipitation. On prit donc la résolution de procéder dorénavant avec méthode et de ne plus rien laisser au hasard. On convint de renoncer à l'idée de réussir d'un seul coup. Au lieu de tirer d'emblée jusqu'à ce que les grappins reparussent au-dessus de l'eau, on décida d'arrêter le relèvement aussitôt que l'on serait arrivé à deux kilomètres du fond ; on devait alors prendre la précaution d'attacher une bouée pour marquer l'endroit où le fugitif avait été saisi, et se résigner à ne continuer l'opération qu'après être tout à fait à l'abri contre une rupture, dont la possibilité ne devait jamais être perdue de vue. En effet, cette triste perspective existait constamment, à tout instant du jour et de la nuit, tant que le câble n'avait pas recommencé à dormir sur son lit de vase.

Pendant de longues heures, l'équipage du *Great-Eastern* put croire qu'il n'aurait plus jamais l'occasion d'appliquer ces règles si sages. Car les grappins labouraient le fond de l'Océan sans que les lignes reçussent une secousse sérieuse. Les vibrations que l'on ressentait de temps en temps n'étaient dues qu'à quelques faibles inégalités dans le fond de la mer.

Après deux nouveaux jours de croisière, le 19 août, les grappins du *Great-Eastern* soulevaient de nouveau le câble. On n'eut pas de peine à l'amener à 2000 mètres du fond ; mais, avant de continuer l'opération, on attacha la bouée indicatrice, ainsi qu'il avait été convenu.

La sagesse de ce temps d'arrêt ne tarda point à être mise en évidence. En effet, à peine la bouée était-elle en place qu'il s'élevait un vent violent, et la mer devenait si forte que les vagues déferlaient sur le *Great-Eastern* comme sur une falaise. Il eût été impossible de tirer sur les amarres de fil d'acier sans les briser aussi facilement que si elles avaient été fabriquées avec des bouts de ficelles pourries. La bouée, qu'on avait eu beaucoup de peine à attacher, dut donc être abandonnée à son sort.

Il fallut croiser pendant quatre jours en luttant sans relâche contre le vent et les lames, avant de songer à jeter de nouveau le grappin.

C'est seulement le 25 que le *Great-Eastern*, la *Medway* et l'*Albany* commencèrent à draguer.

A chaque instant, l'un ou l'autre des trois navires faisait des signaux indiquant qu'il croyait avoir rencontré le câble. Mais presque toujours la traction supplémentaire qui avait donné lieu à un éclair d'espérance s'évanouissait. Cependant, tout compte fait, l'on constata que, pendant cette période, le câble fut saisi et même relevé à dix reprises différentes. Malheureusement ces rencontres n'avaient produit qu'une effrayante diminution dans la provision de câbles d'acier. A eux seuls, le *Great-Eastern* et l'*Albany* avaient déjà perdu ou abandonné une longueur de plus de 8 kilomètres de ces précieux agrès semés dans le fond des océans.

Cette journée déplorable devait finir par une catastrophe ; en effet, avant que le soleil se couchât, un canot de la *Medway* arrivait à bord du *Great-Eastern*, apportant la nouvelle que la bouée du 19 avait été rompue, et que, par surcroît de mauvaise chance, on croyait que le câble lui-même avait eu le même sort.

Heureusement, le lendemain matin, on apprit que l'*Albany* était parvenu à attacher une nouvelle bouée et que l'opération du relèvement marchait avec une facilité extraordinaire. Il semblait que quelque divinité mystérieuse venait en aide à l'équipage de ce navire secrètement favorisé.

Par une circonstance bizarre, inexplicable, la traction ne diminuait pas brusquement, comme lorsque le grappin lâche prise, mais elle n'augmentait pas non plus à mesure que la chaînette s'écartait du fond de la mer. On sentait une diminution, très légère, graduelle, dont on n'osait cependant se réjouir, et qui excitait à chaque tour de roue une surprise croissante.

Mais, quelque imagination qu'eussent les marins de l'*Albany*, ils ne pouvaient être préparés à la surprise qui les attendait lorsque leur grappin apporta sa proie à la surface de l'Océan. Ils avaient rattrapé un bout de deux ou trois kilomètres détaché de la ligne principale, laquelle se trouvait évidemment partagée en fragments. Combien y en avait-il de pareils? n'avait-on pas produit une rupture analogue chaque fois qu'on avait rencontré le câble? Etait-ce la peine de les repêcher et de les ressouder bout à bout?

Aucune de ces questions, qu'on osait à peine se poser, ne pouvait être résolue en ce moment. La seule chose à faire était de continuer la recherche avec une nouvelle activité.

Mais, comme les provisions s'épuisaient, et que l'on devait être inquiet en Europe, le capitaine Anderson se décida à détacher le *Terrible*, qu'il envoya à Terre-Neuve donner des nouvelles de l'escadrille électrique et chercher les vivres et les amarres nécessaires à son ravitaillement.

XXV

Aussitôt que le *Terrible* eut mis le cap dans la direction de Terre-Neuve, le *Great-Eastern* recommença à remuer le fond de cette mer, où le câble semblait avoir pris racine; on eût dit en effet qu'il quittait à regret les profondeurs où rien ne pouvait troubler sa quiétude et où il semblait se plaire en compagnie des foraminifères. L'issue de la dernière tentative avait rendu le capitaine Anderson beaucoup moins confiant dans le résultat des efforts de son grand navire. Il comprit que tout espoir était perdu s'il n'agissait de conserve avec l'*Albany* et la *Medway*, et si les efforts de toute l'escadrille électrique ne convergeaient vers un point unique. On arrivait forcément à appliquer dans toute sa rigueur le programme des électriciens d'Angleterre et à s'arranger pour que chacun des trois navires pût jouer dans l'œuvre commune un rôle particulier, l'*Albany* commençant à soulever le câble, le *Great-Eastern* l'amenant à la surface des vagues, et la *Medway* l'amputant s'il était nécessaire du côté de Terre-Neuve, afin de conserver intact le grand bout qui allait du côté de l'Irlande.

Pendant plusieurs jours, ces grandes combinaisons stratégiques donneront lieu à des mouvements sans nombre. Le câble fut accroché à cinq ou six reprises différentes et quelques bouées furent attachées; mais tantôt le *Great-Eastern* arrivait trop tard, tantôt la *Medway* quittait avec une précipitation condamnable le voisinage de la bouée qu'elle venait d'attacher. D'autres fois, l'*Albany* s'égarait dans les brouillards qui nuisaient très souvent à la marche des navires et changeaient ce chassé-croisé perpétuel en un véritable jeu de colin-maillard.

Ces évolutions étaient d'autant plus pénibles que les navires se laissaient pousser par le vent et la mer dans une direction qu'ils ignoraient pour ainsi dire, et que toute l'habileté des pilotes consistait à maintenir une sorte d'équilibre variable à chaque instant, entre ce qui se passait à la surface des vagues et les efforts exercés dans le fond des abîmes océaniques, où traînaient les immenses grappins remorqués par d'effrayantes amarres.

La chaudière des machines de relèvement chauffait nuit et jour, afin d'être toujours prête à marcher ; en effet, aussitôt que la pression semblait augmenter, on mettait en mouvement les treuils, afin de tâter l'abîme et de deviner la nature de l'obstacle qui alourdissait la sonde.

Jamais croisière n'a été plus mouvementée, plus saccadée, plus fatigante et plus instructive, car jamais navires n'ont fouillé avec autant de soin un canton, après tout fort limité, du plus grand océan du monde. Jamais non plus pêcheurs de corail ou pêcheurs de perles n'ont eu l'espérance de conquérir des trésors d'une valeur comparable. Les richesses des galions de la baie de Vigo auraient à peine suffi pour rendre aux actionnaires de 1865 ce que leur avait coûté leur ligne noyée inutilement, et perdue dans le dernier dessous de l'abîme qui avait jusqu'alors inutilement cessé de mériter le surnom d'insondable !

Un mois entier se passa de la sorte, au milieu d'angoisses sans cesse renaissantes, et d'alternatives de désappointement et d'espérances ! Jamais le vent ne se calmait que pour quelques heures, trop court répit pour que l'on pût en profiter, pour faire une tentative sérieuse.

Le 2 septembre, la bise se tut, et pour la première fois depuis longtemps la surface de l'Atlantique prit l'aspect imposant des jours de grand calme. Il n'y avait d'autre mouvement perceptible à la surface de l'immense océan que l'ondulation paresseuse d'une lame allongée qui jamais ne se repose, et dont les mouvements ont été comparés à ceux qui doivent accompagner la respiration d'un monde.

Commençant à désespérer de l'issue d'une croisière traversée par des obstacles d'une nature si variée, découragé par la multitude des ennemis qu'il avait à combattre, le capitaine Anderson laissait le *Great-Eastern* dériver le long de la route maudite, devenue malheureusement trop facile à reconnaître à cause du nombre toujours croissant de bouées dont elle était jalonnée, vestiges ne rappelant que de tristes souvenirs. En effet, chacune de ces énormes balises qui suivaient docilement le caprice inconscient et monotone des lames représentait une tentative avortée, une espérance déçue ! !

Vers trois heures et demie, la vigie, qui avait les yeux braqués sur le dynamomètre, annonça que les grappins avaient mordu ; on mit aussitôt en mouvement la machine de l'avant, et on s'aperçut que l'on tenait en effet quelque chose. La pression augmentait lentement, mais elle augmentait toujours ; elle augmentait même tellement, quelques précautions que l'on prît, qu'elle commençait à devenir inquiétante ; on avait dépassé 10 000 kilogrammes, et elle approchait de 11 000.

Le capitaine Anderson et les électriciens étaient fort embarrassés et tenaient conseil pour savoir s'il fallait interrompre l'opération et placer une nouvelle bouée, sauf à ne pas la retrouver le lendemain matin. Tout à coup, on aperçoit au large des signaux nocturnes ; c'est la grande chaloupe à vapeur de la *Medway* qui annonce une bonne nouvelle : la vaillante frégate a saisi le câble du côté de Terre-Neuve. Elle tient bien le câble, elle l'a même amené jusqu'à 900 mètres de la surface ; mais elle se trouve dans la même position que le *Great-Eastern* : la pression augmente ; on craint une rupture ; que faire ? Le capitaine envoie demander avis.

La réponse était intelligente et fine. « Continuez, fut-il dit, le relèvement avec toute la rapidité possible ; ne craignez point de briser le câble, car, si vous le rompez, vous nous soulagerez d'autant, et, si vous échouez, nous ne serons que plus certains de réussir. »

On arrêta le relèvement juste assez de temps pour que le canot pût regagner son bord. Lorsque l'on entendit retentir le canon de la *Medway*, qui annonçait la reprise des travaux, on commença de nouveau à haler sur les amarres.

Il était facile de voir que cette fois aucun grelin ne casserait. En effet, la tension ne variait que d'une manière tout à fait insensible.

Pour la première fois depuis le commencement

des opérations, les dynamomètres indiquaient des chiffres rassurants, ruisselants d'espérance?

Quelques esprits timorés commençaient même à s'étonner, à se troubler, à se demander si l'on ne tirait point de l'eau une corde muette et morte, séparée de la ligne d'Irlande. Tout à coup on aperçut une autre embarcation qui faisait force de rames. Les marins agitaient leurs chapeaux et poussaient des hurrahs en signe d'allégresse.

On apprit alors par un canot de l'*Albany* que ce navire avait également réussi à retrouver le câble du côté de l'est, à quatre milles de distance, et 2000 mètres du fond. Le *Great-Eastern* venait donc donner le coup décisif au milieu d'une gigantesque guirlande. Il n'avait à soulever que la moitié du poids de deux chaînettes, l'une qui allait vers l'Europe, et l'autre qui allait vers l'Amérique. A droite et à gauche, à l'orient comme à l'occident, il était assisté par deux des vaillants auxiliaires, qui devaient partager la gloire de ce grand œuvre. Unis par le câble qu'ils voulaient sauver, les trois navires n'avaient qu'une âme.

Lorsque le timonier piqua le quart de minuit, le coup d'œil qu'offrait l'avant-proue du *Great-Eastern* était véritablement admirable. Une flottille de canots appartenant aux trois navires se pressait dans l'endroit où les cordes d'acier devaient accomplir le grand sauvetage.

Cinq cents yeux braqués sur ces amarres interrogeaient silencieusement le gouffre. Chacun se met-

tait l'esprit à la torture, afin de deviner le moyen
de consolider la prise et de fixer le déserteur aux
serres du *Great-Eastern* avec de solides cordages,
dont la ténacité pourrait défier toutes les fureurs de
l'Océan.

Il était une heure du matin, lorsqu'à la lueur des
falots, on vit apparaître les tenailles qui tiraient
une corde noirâtre. En ce moment de résurrection
régnait un silence de mort. Seule la voix du capitaine Anderson retentissait de temps à autre et
donnait des instructions aux fantômes qui s'agitaient à la surface des flots. On était bien loin du
fol enthousiasme avec lequel on avait salué la première apparition du câble, qui avait été peut-être
la principale cause de tant de délais et qui, sans
tant de persévérance accompagnée de tant de bonheur, aurait amené l'échec définitif.

Bientôt après, les cordiers qui devaient s'emparer
du câble à mesure qu'il sortirait de l'eau descendaient le long du bord, en se servant d'échafaudages
semblables à ceux de nos badigeonneurs. Leur premier soin fut de fixer solidement à la surface de ce
cylindre gluant de monstrueux paquets d'étoupes.
Puis ils l'attachèrent à d'énormes cordes de chanvre
de 20 centimètres de diamètre, placées l'une à droite
du pli et l'autre à gauche. Alors ils songèrent à se
débarrasser du grappin qui, si bien remplacé, n'était
plus qu'une gêne inutile.

La prise dont l'on se défiait était si parfaite qu'il
fallut de grands coups de marteau et un quart

d'heure de travail assidu pour dégager le fer et le ramener à bord.

C'est alors seulement que l'on donna le signal de hisser le câble lui-même. Aussitôt arrivé il fut porté à l'arrière et amarré sans perdre une seconde sur les machines du dévidage. Ne fallait-il pas reprendre sans nouveaux délais l'opération interrompue pendant un entr'acte de treize mois, nécessaire pour la fabrication et la pose d'un nouveau câble, de sorte que l'aîné des deux était, quoique l'on fît pour le raccommoder, devenu le plus jeune.

Mais cette hâte n'était-elle point imprudente? n'aurait-il pas mieux valu attendre le résultat des analyses électriques? Qui disait en effet que ce câble, que tout l'équipage serrait entre les mains, n'avait point été blessé à mort. Qu'est-ce qui prouvait que, criblé de fuites, il n'était pas devenu un grelin inutile qu'on allait bientôt rejeter avec dégoût, dédaignant de l'employer à la construction de quelque ligne marine ou fluviatile de troisième ordre?

Ces sombres réflexions se présentaient à tous les esprits. Car l'époque des illusions, des enthousiasmes était passé depuis longtemps pour cet équipage, épuisé par tant d'efforts, et qui commençait à croire qu'on s'acharnait inutilement à une entreprise insensée, paradoxale.

Une foule plongée dans un silence de mort assiégeait anxieusement la porte du laboratoire, où les charpentiers avaient porté le bout récupéré aussitôt après l'avoir fixé sur la machine du dévidage et où les électriciens s'étaient enfermés sans vouloir admettre ni les officiers ni les représentants de la Compagnie. C'était dans ce sanctuaire qu'ils devaient rendre leur verdict suprême; aussi avaient-ils tenu à rester seuls, avec leurs lampes, leurs clefs et leurs miroirs.

Leur mission était grave, et leur responsabilité bien lourde, car il était également déplorable de semer inutilement le désespoir, ou de faire concevoir des espérances inutiles, qu'un prochain avenir allait démentir de la façon la plus absolue, la plus radicale, la plus complète.

Pendant longtemps les avis étaient partagés, et l'on entendait le bruit d'une conversation très vive, à laquelle succédaient des intervalles de silence. Tantôt on reconnaissait la voix de M. Smith, tantôt celle de M. Cumming, tantôt celle de M. Thomson; mais on ne pouvait saisir un mot. Enfin M. Smith ouvrit la porte : « Hourrah, s'écria-t-il, la conductibilité est parfaite, nous allons continuer la pose. »

M. Smith tenait à la main le câble, dont les plombiers du bord avaient dorénavant le droit de s'emparer et qu'ils pouvaient souder au bout qui était enroulé dans les calles du grand navire!

M. Thomson et M. Cumming étaient sortis sur le pont, et ils agitaient leurs chapeaux pour montrer aux incrédules qu'ils étaient du même avis et qu'il n'y avait qu'une voix, qu'une opinion dans le haut état-major électrique.

On se fait généralement une idée si fausse de la

puissance de l'homme et du calme profond qui règne au fond des océans agités par les tempêtes les plus épouvantables, que l'on s'exagère à la fois les dangers que peuvent courir les câbles, et la puissance des moyens dont l'homme peut disposer pour leur venir en aide. Même des gens aussi expérimentés que l'étaient les marins du *Great-Eastern* étaient involontairement portés à considérer un câble abandonné pendant plus d'une année comme perdu d'une façon définitive.

Il y eut donc un moment visible d'hésitation avant que l'enthousiasme des savants trouvât son écho au dehors.

Mais, après ce temps d'arrêt involontaire, un immense cri, parti du fond de toutes les poitrines humaines, s'éleva jusqu'aux nuages, qui laissèrent passer un splendide rayon de soleil.

En ce moment, le yacht britannique se hissait à la corne d'artimon, et une salve d'artillerie apprenait l'heureux événement aux autres navires de l'escadre.

Avant même qu'ils eussent eu le temps de répondre, le vieux monde avait tressailli, la grande nouvelle était parvenue plus rapidement à Valentia et à Londres qu'aux navires associés avec le *Great-Eastern*, partageant la gloire de cette grande entreprise du rétablissement de ce câble, qui mieux que le prophète des Hébreux aurait eu le droit de recevoir le surnom de Moïse [1].

---

1. Moïse, en hébreu, veut dire « sauvé des eaux », suivant l'étymologie biblique.

ÉPILOGUE

Nous ne suivrons point le *Great-Eastern* dans la série des opérations auxquelles il a procédé sans aucun incident notable et qui se sont succédé avec une rapidité remarquable. En effet, le 8 septembre 1866, le second câble était complété, aux applaudissements du monde entier, à l'exception de quelques académiciens français, parmi lesquels il est inutile de dire que figurait M. Babinet.

En apprenant cette grande nouvelle à ses ouailles scientifiques, le spirituel rédacteur du *Journal des Débats* et de la *Revue des Deux-Mondes* engageait les astronomes d'Europe et d'Amérique de se hâter de comparer la longitude de Greenwich à celle de New-York avant que les câbles aient cessé de fonctionner. Mais quand ce sombre pronostic se réalisa, dix années s'étaient écoulées et le pauvre M. Babinet avait depuis longtemps porté dans l'autre monde son esprit mordant et sa verve caustique!

Il y a de l'autre côté du détroit des ordres de chevalerie comme chez nous. Mais le gouvernement n'a pas l'habitude d'accorder ces distinctions aux faits d'armes scientifiques. Sa manière de reconnaître les grandes découvertes est d'accorder des titres de noblesse. Jamais Sa Majesté ne se montra plus généreuse que dans cette distribution, qui s'étendit jusqu'aux directeurs de la Compagnie du câble atlantique, mais qui cependant ne put comprendre M. Cyrus Field. En sa qualité de sujet américain, le Lesseps de la télégraphie sous-marine fut obligé de se contenter de la justice que la postérité lui rendra, et de faire partie de cette noblesse, véritablement universelle, que l'histoire a toujours consacrée et dont les vers ne rongeront jamais les parchemins.

Mais le plus grand hommage que l'on ait pu rendre aux deux câbles de la compagnie anglo-américaine, ce fut de lui créer une concurrence. C'est en France que l'on eut pour la première fois l'idée de faire baisser le prix des dépêches, qui, après avoir subi des diminutions successives, valaient encore 12 fr. 50 le mot.

Dès 1868, le gouvernement de Napoléon III autorisa deux étrangers, MM. Reuter et Erlanger, à poser une ligne télégraphique entre Brest et Saint-Pierre de Miquelon, petit îlot, dernier souvenir du Canada, qui devait de plus être rattaché par une autre ligne au continent américain. La Compagnie, au capital de 25 millions, devait avoir son siège à Paris, et, dans la pensée des ministres qui autorisaient l'entreprise, sa création devait être un puissant levier pour intéresser notre haute finance à l'exploitation des merveilles de l'électricité. C'était la continuation d'une politique véritablement féconde, qui avait conduit à rétablir le prix quinquennal en faveur du perfectionnement de la pile de Volta.

Le nouveau câble fut construit en Angleterre, de la même manière, avec les mêmes matériaux et les mêmes procédés que le câble de 1866, et l'on se décida à employer de nouveau le *Great-Eastern* pour ce grand travail.

Le navire géant quitta l'Angleterre dans les premiers jours de juin, emportant dans trois réservoirs un câble de 4300 kilomètres, dont la constitution était identique à celle du câble de 1866. Il arriva en vue de Brest le 15 juin 1869, accompagné du *Chiltern*, du *Hawk* et du *Scandernia*, et il procédait immédiatement à la pose du bout de terre qui aboutissait à la baie de Minou.

Un train spécial avait amené de Paris les représentants de tous les journaux de Paris, à qui l'on avait promis solennellement de faire visiter le *Great-Eastern*, mais qui durent se borner à faire une promenade en mer autour de l'escadrille électrique.

Nous faisions partie de cette expédition au nom de la *Liberté*, alors dirigée par M. Emile de Girardin, et nous fîmes tous nos efforts pour calmer l'irritation de la majeure partie de nos confrères, qui s'imaginaient naïvement qu'on pouvait admettre une foule de visiteurs à bord d'un navire de cette taille, et qui ne comprenaient pas que l'abordage du vaisseau géant aurait peut-être coûté la vie à plusieurs illustrations littéraires et scientifiques. En effet la plupart de nos spirituels confrères, très habiles à manier la plume avec la dextérité de véritables reporters parisiens, étaient parfaitement incapables de sauter à une échelle en quittant une barque que la lame lance sur un bâtiment aussi complètement immobile qu'un rocher. Si l'administration de Paris avait eu le tort de promettre, celle de Brest aurait commis une faute beaucoup plus grave en s'avisant de tenir cet engagement téméraire.

Mais on devait quelque dédommagement aux journalistes désappointés, et à notre sollicitation on s'exécuta de bonne grâce.

Le lendemain, nous fûmes tous admis à visiter la cabane construite sur les bords de la baie de Minou, en partie d'après les plans qui avaient servi pour la station provisoire de Valentia. Nous demanderons la permission de décrire le spectacle émouvant auquel nous assistâmes dans cette mauvaise chaumière, qui servait à des opérations si merveilleuses.

Nous entrâmes dans une pièce tellement obscure qu'il nous fallut quelque temps pour parvenir à nous rendre compte de ce qui se passait.

Sur une table chargée d'appareils de toute forme, on avait allumé deux lampes qui faussaient le peu de jour pénétrant par un volet presque complètement fermé. Devant cette table, un homme était assis et portait les yeux sur les instruments sans jamais les perdre de vue un seul instant. Un autre se tenait auprès d'une table beaucoup plus petite placée dans la direction du rayon de jour, dont il cherchait à profiter. Il avait devant lui une montre marine dont la marche était soigneusement réglée sur celle que le *Great-Eastern* emportait à Terre-Neuve.

Les deux opérateurs échangeaient à intervalles réguliers quelques monosyllabes dont celui qui cherchait la lumière semblait prendre note.

On aurait pu croire qu'ils ne s'étaient point aperçu de notre présence, car ils n'avaient pas levé la tête, et leur conversation continuait calme, paisible, comme si trente étrangers n'assistaient point à leur tête-à-tête, brûlant du désir de les interroger. Voyant que personne n'avait pris la parole, je me décidai à rompre le silence.

J'avais bien des questions à poser à ces électriciens si peu communicatifs, mais je ne le fais que d'une voix tremblante; l'émotion me gagne malgré moi. Je ne crains pas tant d'ignorer ce qui me préoccupe que de troubler ceux qui, sous nos yeux, livrent une grande bataille à la nature, et auxquels je ne peux sans doute rendre aucun autre service que de m'éloigner le plus rapidement possible !

J'apprends cependant qu'il y a sur cette table deux galvanomètres, que l'un est réservé au courant qui vient de terre et que l'autre, plus délicat, est réservé à celui qui arrive du bord.... Quoique discrètes, nos questions dérangent les opérateurs, qui perdent un signal arrivé sans doute pendant qu'ils échangeaient quelques paroles! Eux ne seront point inquiets, puisqu'ils connaissent la cause de ce trouble; mais quel cruel souci nous créons peut-être aux électriciens du *Great-Eastern!* Qui sait si en ce moment, par notre faute, ils ne croient point à quelque rupture du câble?

Aucun incident ne se produisit à bord du *Great-Eastern* jusque pendant la journée du 29 juin, moment où une forte dépression barométrique annonça l'approche d'une tempête qui éclata pendant la nuit.

Jamais malheur n'arrive seul; c'est précisément au milieu de l'ouragan que l'on s'aperçoit qu'on a mis à la mer une portion défectueuse du câble, et qu'il est indispensable de la retirer.

Un jour blafard s'étend sur la mer, d'épais nuages courent dans le ciel, et des montagnes d'eau poussées par un vent qui mugit dans la mâture déferlent sur les flancs du navire. A chaque instant, le *Chiltern* et le *Scandernia* disparaissent derrière les vagues. Le *Chiltern* roule à tel point que le bout de ses vergues trempe dans l'Océan; cependant le *Great-Eastern* achève imperturbable l'opération qu'il a commencée, et le câble continue à revenir à bord. Tout se serait bien passé, si le hasard n'avait voulu que l'immense navire ne présentât précisément son arrière aux lames furieuses. Un effrayant paquet de mer s'abat sur les bordages, le capitaine est renversé sur le pont, le plancher à claire-voie sur lequel il se tenait a été démoli par la violence du choc, des madriers de plusieurs pouces d'épaisseur ont été arrachés avec les boutons en fer qui les fixent.

On n'a point interrompu l'opération, qui devient cependant de plus en plus difficile. A six heures trois quarts, le dynamomètre indique jusqu'à 96 quintaux.

Tout à coup, les cris : « Arrêtez... arrêtez! » se font entendre. Le câble vient de se rompre en arrière de la machine de relevage, à moitié de la longueur du pont.

L'extrémité du câble file à toute vitesse et va tomber à la mer. Le capitaine et quelques hommes se précipitent, espérant follement que leurs mains crispés pourront retenir ce précieux cordage et l'empêcher de disparaître.

Heureusement, les freins ont rempli leur office, et le bout fugitif est miraculeusement saisi!

Mais il faut prendre rapidement un parti décisif, car un nouveau coup de mer pareil au précédent rompra le câble aussi facilement que la première fois.

Après une délibération qui ne dure pas une minute, on l'attache par une chaine en fer à une gigantesque bouée en tôle, puis on coupe successivement les amarres.

A peine a-t-on tranché la dernière corde que la bouée disparaît dans le sein d'une lame géante, tumultueuse et le choc effrayant, formidable ne s'entend même point!

Mais on voit bientôt le pavillon reparaître, surnager triomphalement, de l'œil on peut le suivre pendant quelques instants.

Prévenus à coups de canon, le *Chiltern* et la *Scandernia* mouillent chacun une bouée pour indiquer les parages où cette douloureuse séparation a eu lieu.

Ce n'est que le 2 juillet que la tempête s'apaise et que le *Great-Eastern* peut retrouver le précieux objet qu'il a confié à l'Océan. A partir de ce moment, l'opération réussit admirablement. Malheureusement, il n'en fut pas de même de la combinaison patriotique que le gouvernement, nous pouvons lui rendre franchement cette justice, se proposait en accordant les autorisations.

Le câble français ne tarda point à être acheté par une Compagnie anglaise, malgré la protestation d'un certain nombre d'actionnaires, qui n'avaient mis leur argent dans cette affaire que dans l'espoir d'assurer à la télégraphie nationale une ligne directe de communication avec le nouveau continent.

Le désappointement qui résulta de ce marché devait produire une nouvelle tentative en Angleterre, où l'on créa une Compagnie électrique, celle du câble direct des États-Unis. Malheureusement ses actions tombèrent bientôt au-dessous du cours, et elle ne tarda point à être obligée de se fusionner avec la Société propriétaire des anciens câbles.

Mais il est tellement naturel d'essayer d'enlever à une Compagnie unique le monopole des communi-

TABLE DES MATIÈRES

Coulommiers. — Imprimerie Paul BRODARD.

cations entre l'Europe et les États-Unis que le gouvernement français ne tarda point à accorder les autorisations nécessaires à une nouvelle Compagnie, constituée au capital de 40 millions, qui se fonda sous la direction de M. le comte Dillon et dont Pouyer-Quertier présida le Conseil d'administration.

Les deux câbles de cette Compagnie furent fabriqués en Angleterre par la maison Siemens de Londres et posés par le vapeur télégraphique *le Faraday*, qui lui appartient.

L'ouverture du service de la Compagnie française fut saluée par une diminution des prix de la Compagnie anglaise, qui réduisit son tarif des deux tiers et le porta à 1 fr. 25. Après quelques mois d'une lutte dans laquelle elle ne demandait peut-être qu'à succomber, puisqu'elle conservait l'ancien prix, la Compagnie française consentit à entrer dans un arrangement avec ses adversaires. Les trois Compagnies formèrent un *consortium*, et le tarif général remonta d'un commun accord au prix de 3 fr. 75 [1].

Mais les intérêts qui avaient produit la création des deux Compagnies françaises ne devaient point tarder à amener une nouvelle tentative de l'autre côté de l'Atlantique.

On sait qu'en Amérique l'industrie de la télégraphie n'a point encore été absorbée par l'Etat. Le directeur de la *Western Union*, la plus puissante des entreprises américaines, étant parvenu à établir un

---

1. Nous ne devons pas cacher que cette fusion d'intérêts était contraire au décret de concession.

certain nombre de fusions avec des Compagnies terrestres, eut l'idée d'étendre son système jusqu'aux communications avec l'Europe.

Il commanda en Angleterre deux nouveaux câbles, qui furent posés au printemps de cette année; mais le *triumvirat* des trois Compagnies était si puissant que la Compagnie propriétaire des deux nouveaux câbles, au lieu de recommencer la guerre des tarifs, accepta une place dans le *consortium*, et le prix actuel de 3 fr. 75 fut maintenu, au détriment des parties contractantes aussi bien qu'à celui du public.

En effet, huit câbles sont évidemment trop nombreux pour le trafic nécessairement limité avec un droit quasi prohibitif de 3 fr. 75 par mot. Les Compagnies associées n'ont fait qu'une très mauvaise affaire, et leur capital, qui représente une valeur de deux cents millions, a subi une dépréciation moyenne d'environ 50 0/0.

Si l'on continue dans les mêmes errements, et si l'on ne cherche pas dans un tarif modéré des sources nouvelles de revenu, la situation, déjà déplorable, ne fera que s'empirer.

En effet, les câbles sont déjà vieux pour la plupart, et l'on ne tardera point à être obligé à en poser de nouveaux ou à faire des réparations qui coûtent des millions.

D'un autre côté, une Compagnie nouvelle entre en campagne pour poser deux lignes perfectionnées qui lui serviront à faire un service à bon marché. Elle prend l'engagement de ne jamais demander plus de

50 centimes par mot et par conséquent absorbera tout le trafic. La simple annonce de son émission a donné lieu à une guerre de plume acharnée dans les journaux anglais.

Nous y avons appris des faits bien instructifs, bien curieux et bien rassurants pour l'avenir de la télégraphie atlantique, malgré la crise dont elle est menacée. En effet, on nous a appris que dans une seule année le nombre des mots transmis a dépassé *dix millions*, c'est-à-dire la matière de deux cents volumes semblables à celui que nous mettons sous les yeux de nos lecteurs.

Il est difficile de se faire une idée même approximative du nombre de mots qui circuleront à travers les océans quand l'usage de la télégraphie avec l'Amérique se sera développé comme avec la Grande-Bretagne.

Quoique la Compagnie sous-marine de Douvres à Calais soit loin d'avoir le monopole des communications de l'Angleterre avec le reste du monde et que les câbles directs se multiplient chaque jour, le nombre des messages qu'elle transmet grandit sans interruption. Dans la journée du 16 juin dernier, on est arrivé à 11 000 messages, représentant 120 000 mots. Si ce nombre était une moyenne, — et elle le deviendra prochainement, — la Compagnie de la Manche transmettrait par an *quarante millions de mots*.

Il est vrai que chacun de ses câbles (au nombre de 6 ou 7) contient plusieurs conducteurs, et que la transmission se fait directement, sans beaucoup plus de difficulté que si l'on avait à manœuvrer des lignes aériennes.

Puis la télégraphie océanique a fait, dans ces derniers temps, des progrès si considérables qu'il est impossible de fixer une limite de la rapidité à laquelle la transmission à travers l'Atlantique est destinée. On pourrait supposer, sans être taxé de folie, qu'elle pourra même arriver plus tard jusqu'à employer la téléphonie.

Sir William Thomson a reconnu lui-même les inconvénients de son admirable galvanomètre à signal lumineux; il a bien vu que les télégraphistes étaient astreints à un travail excessivement dur, dans lequel les plus graves erreurs peuvent se glisser sans vérification possible. Pour les débarrasser de cet esclavage, il a imaginé un siphon enregistreur qui, sans la moindre intervention de l'opérateur, trace des traits d'une délicatesse inouïe et d'une merveilleuse précision.

Cet appareil offre en outre l'avantage de pouvoir marcher en duplex, de telle sorte que le nombre des lignes atlantiques est en réalité de douze, puisque chacun des six câbles qui existent actuellement peut servir à la fois dans les deux sens [1].

1. Le nombre des câbles qui font le service est essentiellement variable, puisqu'il y en a souvent un ou deux qui s'interrompent et que l'on parvient à réparer après quelques semaines de travaux. Au moment où nous écrivons ces lignes (22 août), nous croyons que le nombre des câbles en service est de 6; il pourra varier demain. Les réparations cou-

On peut dire sans exagération que les Etats-Unis d'Amérique et le Canada, avec les soixante millions d'habitants d'origine européenne qu'ils auront avant la fin du siècle, donneront lieu à un mouvement télégraphique dépassant celui que les câbles de la Manche desservent actuellement. Ce qu'est déjà l'un, montre ce que l'autre sera bientôt.

Pendant que la télégraphie transatlantique travaille à rapprocher les deux rameaux de la famille civilisée, celle de l'océan Indien et du Pacifique réalise la conquête du monde barbare déshonoré par le despotisme et la superstition. Elle fait en quelque sorte le siège de l'Afrique en attendant que les deux artères télégraphique, qui ont leurs racines à Alexandrie et à Alger, aillent converger au Cap, malgré les déserts et les Zoulous.

Les progrès de la télégraphie orientale ont été si grands dans ces derniers temps que la révolte d'Arabi lui a permis de l'affirmer dans l'histoire par des actes d'héroïsme et d'intrépidité.

La Compagnie électrique a donné un bel exemple aux gouvernements. Ses employés zélés pour l'honneur du pavillon télégraphique ont essayé de défendre le bureau d'Alexandrie contre les pillards et les assassins. Un d'eux, Français de nation, le jeune Ternant, neveu du directeur de la station de Marseille, a noblement sacrifié sa vie pour la

rantes sont distinctes de celles qui sont nécessaires quand un câble est déclaré hors de service et qui consistent en une véritable remise à neuf, comparable à celle du couteau de Janot.

cause qui a perdu le privilège d'émouvoir les prétendus apôtres de la civilisation! Il a versé son sang pendant que des sophistes versaient leur encre pour glorifier les assassins, et il a racheté par une mort héroïque la honte que d'autres avaient tenté d'imprimer au drapeau national français!

En même temps, le bout de terre avait été repêché par le *Chiltern*, afin qu'il ne pût tomber entre la main des insurgés. Il permit même par un hasard providentiel aux officiers de la garnison de Malte d'entendre à cent lieues de distance le tonnerre des pièces anglaises pulvérisant les forts d'Alexandrie.

Les navires télégraphiques servirent aussi de stations flottantes pour communiquer avec les troupes britanniques, lorsqu'elles eurent débarqué.

Une expérience, faite d'une façon fortuite, complétant les enseignements de celles qui ont été exécutées pendant la durée des poses du *Great-Eastern*, a révélé la possibilité d'une nouvelle branche de la télégraphie sous-marine. En effet, il paraît que l'on s'occupe d'établir, au large du Havre, un ponton où seront déposés des téléphones dont les navires pourront se servir pour communiquer avec la terre bien plus facilement qu'avec les signaux.

On a aussi démontré que la ligne droite a cessé d'être le plus court chemin d'un point à un autre. En dépit de la géométrie, cette ligne est devenue celle où l'électricité circule le plus facilement.

Le passage par l'isthme de Suez n'est qu'un luxe inutile pour les électriciens. Outre la ligne de la mer Rouge, ils en possèdent deux autres, dont une partie notable est terrestre et qui échappent toutes deux aux Egyptiens. La première, qui part de Constantinople, se rend à Bagdad et, descendant l'Euphrate, aboutit au golfe Persique à l'embouchure du Chat-el-Arab.

La seconde, plus septentrionale, passe par Berlin de deux côtés différents, Téhéran, Ispahan, et se rend à Bushire, dans le voisinage de la première.

Enfin, ces circonstances extraordinaires ont appris aux Anglais qu'il fallait compléter l'édifice de leur télégraphie sous-marine en complétant la ligne du Cap-Vert jusqu'au Cap en passant par Sainte-Hélène et la ligne orientale d'Afrique en joignant les îles Mascareignes d'une part à Zanzibar et de l'autre à Bombay.

Les tentatives désespérées d'un fanatisme aux abois, auront forcé de faire un nouveau pas vers l'accomplissement du réseau universel, dont la seule grande lacune est maintenant celle du Pacifique entre la Chine et les États-Unis, en passant par les îles Sandwich.

En effet, la ligne de Sibérie a été construite dans des régions où la nature semblait opposer des obstacles infranchissables à l'activité humaine. Après avoir franchi les abîmes océaniques, les fils électriques ont traversé les solitudes australiennes; on les a lancés dans les déserts de l'Afrique centrale et dans ceux de l'Afrique australe, où ils assureront à jamais la domination de l'homme blanc.

Nous vivons heureusement dans un siècle où l'art de construire des paratonnerres ne suffit plus à notre ambition. Nous nous sommes posé le problème d'utiliser à notre gré les forces mystérieuses, dont les anciens réservaient l'usage au roi des dieux. Nous savons qu'on ne peut rien faire de grand, sans être initié à l'art de les diriger, et nous n'ignorons plus qu'il ne doit pas y avoir de limites aux aspirations humaines, quand nous serons arrivés à maîtriser la substance impalpable qui est celle même de la vie.

On peut dire, sans exagération, que nous avons commencé à comprendre que notre empire peut être solide dans les zones les plus indomptables, dès que nous y aurons introduit les fluides de l'électricité. Même dans la région des nuages, dont la nature semble nous avoir interdit à jamais l'accès, nous pouvons espérer d'asseoir notre domination, depuis que nous songeons à emporter dans nos nacelles la matière de la foudre que Volta nous a appris à préparer et Planté à emprisonner.

NOTES SCIENTIFIQUES

LES MERVEILLES ÉLECTRIQUES DU MONDE SOUS-MARIN

Comme nous l'avons indiqué dans différents passages
de notre histoire des câbles, les travaux sous-marins nécessaires pour déterminer la route des câbles, ainsi que
pour les repêcher lorsqu'ils ont subi quelque avarie, ont
étendu nos connaissances d'une façon que l'on peut dire
inespérée.

Nous ne donnerions qu'une idée imparfaite des services que la plus grande des industries électriques a
rendus à l'humanité si nous négligions de faire apprécier
à sa juste valeur le progrès incontestable qui en est ré-
sulté sous ce point de vue essentiel. En effet, en nous révé-
lant l'existence d'êtres vivants dans des conditions si extraordinaires, l'électricité nous a montré des merveilles aussi
grandes que si nous avions visité la surface des autres
planètes gravitant comme la nôtre autour du soleil; mais
en même temps les conditions nouvelles qui se sont révé-
lées sont trop opposées à celles que nous pouvions imaginer, pour que l'on puisse entretenir la moindre espérance de deviner ce qui se passe à la surface de Mars, de
la Lune ou de Vénus sans s'y transporter. Aussi longtemps que les moyens de locomotion manqueront dans
les espaces célestes, et nous ne voyons point comment il
en serait autrement, les spéculations que l'on se permet-
trait à ce sujet ne seraient que des rêveries sans aucune
valeur théorique ou pratique. Elles ne pourraient se sauver

du ridicule que par l'esprit que Voltaire a mis dans sa fine satire de *Micromégas*, et sans ce secours elles ne mériteraient que l'indifférence ou le mépris.

Un sujet d'étonnement a été la faible température des mers les plus profondes, qui devraient cependant recevoir quelque chaleur de l'intérieur s'il était vrai qu'il fût incandescent. On peut tirer de ce fait général une conclusion défavorable à l'existence du feu central, et le citer comme argument en vertu de la théorie de Davy supposant à la terre un noyau alcalin que l'oxygène de l'air ou le contact de l'eau des mers combure lentement.

On sait que la surface de la terre a une tendance à se couvrir de végétations, c'est-à-dire de corps organisés dans lesquels le carbone domine. Il n'en est pas de même du fond des mers, qui est la patrie de légions infinies d'êtres appartenant à la classe des animaux et constitués à l'aide d'un tissu qui possède comme propriété essentielle la sensibilité diffuse.

Tous ces êtres sont loin d'être doués d'appareils de locomotion. Il en est un grand nombre qui prennent racine sur ce sol sous-marin, où ils constituent de véritables forêts. Ils y meurent et leur dépouille produit des couches dont la puissance est bien de nature à confondre notre raison. Les individus ou les agrégations d'individus qui composent ces montagnes sous-marines ont un squelette siliceux dont la délicatesse surpasse celle de la plus fine dentelle, et leurs formes étudiées au microscope nous donnent des étonnements sans cesse renouvelés.

Quoique différents par certains détails de ceux qui ont habité le fond des mers d'où notre Europe moderne a émergé, ces êtres leur sont essentiellement analogues, de sorte que l'on peut dire que le procédé essentiel de la nature n'a point changé à leur égard depuis ces époques dont l'arithmétique refuse à exprimer l'ancienneté.

Mais on a été conduit à reconnaître réellement un phénomène beaucoup plus curieux, et qui est si peu connu qu'il n'est point superflu d'en dire quelques mots.

Les grandes profondeurs océaniques ne sont pas seulement habitées par ces animaux-plantes, mais aussi par les vertébrés appartenant à l'ordre des poissons. Il est facile de comprendre que ceux qui ne vivent point à des profondeurs moindres de deux à trois cents brasses sont toujours plongés dans un jour semblable à la fin de notre crépuscule. Aussi n'a-t-on pas été surpris de reconnaître que quelques-uns de ceux qui se tenaient près de ces limites avaient des yeux énormes semblables à ceux de nos oiseaux nocturnes. On a vu également sans étonnement que d'autres espèces habitant un peu plus bas étaient complètement aveugles; mais ce que l'on n'était certainement point préparé à constater, c'est qu'il s'en trouve dans la région des ténèbres absolues d'autres qui sont doués de la propriété de s'illuminer eux-mêmes, et que, pour y voir clair dans les abîmes où ils se promènent, chacun d'eux porte sa lanterne avec lui.

Le système muqueux de ces êtres est extraordinairement développé; tout leur corps semble couvert par une couche de mucilage, comme si elle était utile pour rendre leurs mouvements plus faciles dans un liquide dont les molécules sont soumises à une pression formidable.

On a reconnu que ces mucilages ont des propriétés phosphorescentes fort développées; mais ces sortes de transsudations ne sont pas les seules substances qui donnent naissance à de la lumière, car la plupart de ces êtres prodigieux portent un nombre plus ou moins grand de petits corps, ronds, brillants, de couleur nacrée et qui sont logés dans l'épaisseur de leur peau. Ces organes lumineux sont constitués à l'aide de grandes plaques d'une forme souvent ovale, mais quelquefois irrégulière, placées dans le voisinage des yeux. Ils forment quelquefois de petits corps globulaires arrangés symétriquement le long du corps comme seraient les boutons d'un habit et en relation avec les divers anneaux de la colonne vertébrale. Ils ont en outre sur le front des corps d'un assez grand diamètre, transparents, bi-convexes, analogues aux lentilles d'une lanterne sourde placée en avant d'une chambre remplie d'un liquide incolore, tapissée d'une membrane noire dont la composition offre une certaine analogie à celle de notre rétine. Ce qui rend ces organes dignes de l'attention des physiologistes, c'est qu'ils sont pourvus de filets nerveux destinés à les mettre en action et à placer leur pouvoir illuminateur, comme le pouvoir électrique de la torpille, sous la dépendance de la volonté.

Ces animaux étranges diffèrent par une multitude de détails de leur organisation de ceux qui vivent à la surface; mais nous ne pouvons nous arrêter à décrire toutes les remarques que l'on a pu faire à leur sujet et dont quelques-unes sont peut-être fort hasardées. Nous devons cependant ajouter un conseil que nous avons entendu donner à différentes reprises et dont il était impossible de ne pas reconnaître la justesse en visitant l'exposition des Compagnies sous-marines, au Palais de cristal. En admirant la délicatesse inouïe de certains zoophytes qui avaient été tirés du fond de certaines mers beaucoup moins creuses que celles dont nous parlons, on disait autour de nous qu'il serait à désirer que des naturalistes accompagnassent chacune des expéditions télégraphiques. En effet, la surface des câbles que l'on retire du fond des eaux est certainement de nature à donner les plus précieuses notions sur la vie dans ces abîmes, dont l'étude est un des plus attrayants problèmes que l'on doive à l'électricité.

On ne peut pas s'empêcher de songer au spectacle inouï que doit offrir la route du câble, si, dans les endroits où il fait guirlande, les habitants du dernier abîme viennent le visiter en le regardant à la lueur de la lampe qu'ils portent à la place où nous avons les yeux.

Ces êtres sont très voraces et pourvus d'un surprenant pouvoir de déglutition; quelques-uns même ont l'estomac et le gosier tellement dilatables qu'ils peuvent avaler des êtres plus gros qu'eux. Cependant leur hostilité, non plus que leur curiosité, ne saurait être aussi dangereuse que le travail des petits animalcules du genre des tarets; en effet ces derniers, qui se logent dans l'enveloppe en gutta-percha, et surtout dans les mers tropicales, peuvent détruire l'isolement des câbles les plus parfaits.

Toutefois il est facile de comprendre que la présence de ces animaux, dont la plupart sont encore inconnus, et dont quelques-uns peuvent posséder des armes que nous ne connaissons point, est de nature à engager les ingénieurs télégraphistes à rechercher de préférence les plateaux dans lesquels les câbles sont bientôt enfouis et par conséquent efficacement garantis.

Résistance spécifique de l'enveloppe isolante. — La résistance que l'enveloppe isolante du câble offre au passage du fluide est un élément essentiel qui doit être déterminé avec soin avant la réception par les Compagnies, ou par les administrations télégraphiques. Afin d'obtenir la mesure de cette quantité, on attache alternativement le pôle zinc et le pôle cuivre de la batterie à l'extrémité du câble pendant un quart d'heure, et on lit les déviations indiquées sur un galvanomètre très sensible dont les *constantes* ont été calculées en unités pratiques par les méthodes usuelles. La batterie choisie est généralement de 100 éléments Daniel, dont la force électromotrice et la résistance intérieure ont été déterminées par des méthodes précises.

Il faut dans ces épreuves tenir grand compte de la température ; en effet, sir Charles Bright et Latimer Clark ont prouvé que la résistance inductrice varie de un à cent pour une différence de température évaluée à 40° centigrades.

Les enveloppes des divers câbles sont bien loin d'avoir toutes la même capacité inductrice. Ainsi nous voyons dans une table publiée par M. Blavier que le premier câble de la mer Rouge avait une résistance spécifique six fois moindre que celle du premier câble d'Alexandrie, que celui-ci avait une résistance environ moitié de celle du second câble atlantique, et enfin que ce dernier avait une résistance quarante fois moindre que celle du second câble du golfe Persique.

Les propriétés électriques des câbles sous-marins. — Tous les électriciens sont loin d'accepter la légende que nous racontons relativement à la découverte du pouvoir condensant des câbles ; mais tous s'accordent à admettre que cette puissance joue un grand rôle dans la facilité plus ou moins grande avec laquelle les lignes sous-marines transportent les signaux. On les considère dans la pratique comme de véritables bouteilles de Leyde dont le fil conducteur forme l'armature intérieure, et dont l'eau de la mer constitue l'armature extérieure. On a reconnu que leur capacité électro-statique augmente comme leur surface et diminue en raison inverse de leur diamètre. On est donc conduit à les faire les plus petits possible, c'est-à-dire à prendre le meilleur cuivre pour l'âme et la matière la plus isolante pour l'enveloppe.

On peut calculer à l'aide d'une formule logarithmique en unités électriques la capacité de tout câble sous-marin dont les dimensions et la substance sont données.

On trouve ainsi qu'une longueur d'un mille du câble de la Compagnie française de Paris à New-York possède la même capacité électro-statique qu'une batterie électrique qui aurait 20 mètres carrés de surface, et dans lequel les deux faces seraient séparées par une couche d'environ 4 millimètres d'air sec, de 2 millimètres de verre, de 1 millimètre de caoutchouc et de 1 millimètre de gutta-percha.

Pour obtenir la même capacité avec des feuilles d'étain séparées par des feuilles de papier paraffiné dont le pouvoir isolant serait plus grand d'un dixième que celui de la gutta-percha, et dont l'épaisseur serait de un tiers de millimètre, on aurait besoin de lui donner une surface de 3 mètres carrés seulement.

Par conséquent, avec 12 000 mètres carrés de feuilles d'étain disposées en condensateur, on aurait un câble artificiel de 4000 kilomètres ou le fac-simile électrique d'une ligne sous-marine ayant précisément cette longueur.

C'est à l'aide de procédés de ce genre que, dans l'école de télégraphie sous-marine d'Hanover Square, on met entre les mains des élèves des lignes artificielles qui leur représentent les câbles sur lesquels ils seront appelés à travailler soit avec le galvanomètre à miroir de sir William Thomson, soit avec le siphon recorder du même auteur (voir ce que nous avons dit dans l'*Électricité* de la vitrine de l'École de télégraphie sous-marine à l'exposition électrique du Palais de cristal de Londres).

Il peut être intéressant de comparer cette ligne à une ligne aérienne formée d'un fil télégraphique ordinaire, c'est-à-dire en fer et de 4 millimètres d'épaisseur. Si on le suppose parfaitement isolé, si l'on admet que l'air soit sec, que la température et la pression soient respectivement de 0 et de 760 millim., on arrive à un résultat assez curieux.

Toutes choses égales d'ailleurs, la capacité d'un fil suspendu dans l'air est 25 fois moindre que s'il était plongé dans l'eau salée de sorte que, pour représenter une ligne aérienne de 4000 kilomètres, il suffirait de moins de 500 mètres carrés de surface de condensateur.

Il ne faut pas cependant pousser trop loin ces assimilations, sous peine d'arriver à des conséquences absurdes. Ainsi certains algébristes, en appliquant des théories qui deviennent fort douteuses quand on en abuse, sont conduits à nous dire que la capacité de la ligne française de Brest en Amérique égale celle d'une sphère en cuivre isolée dans l'air et dont le diamètre serait celui de notre terre. Autant il est raisonnable d'encourager les premières recherches, autant il est absurde de se laisser aller à attacher la moindre importance à des déterminations de cette nature, dans lesquelles certaines personnes persistent à faire consister la science.

En laissant de côté ces exagérations, l'on doit dire que c'est à ces détails, à ces instruments de précision qu'il faut attribuer la plus grande partie du succès des poses sous-marines. Nous avons dû, à notre grand regret, nous abstenir de décrire le progrès de toutes ces méthodes, qui forme, comme on le voit par le petit nombre d'exemples que nous donnons, la branche la plus élevée de la physique électrique. Nous n'avons pas eu un seul instant la pensée de faire un traité de pose et d'exploitation des câbles; mais il nous a été impossible de ne point faire comprendre la nature des progrès techniques dus aux travaux combinés de sir William Thomson, de sir Charles Bright, de MM. Latimer Clark, Varley, Blavier et plusieurs autres.

Expériences faites pendant la pose. — Comme les instruments employés pour montrer les conditions électriques du câble sont excessivement sensibles, il faut que le cabinet électrique soit placé dans la partie du navire où les oscillations ont le moins d'amplitude, c'est-à-dire dans la partie centrale. Cette pièce devant contenir un assez grand nombre d'instruments, les galvanomètres, bobines de résistance, etc., etc., ne peut convenir si elle n'a des dimensions assez vastes, que l'on doit fixer au minimum de 20 mètres carrés. Il faut avoir soin de la pourvoir de

moyens énergiques de ventilation, puisque des lampes doi‑
vent y brûler nuit et jour.

Comme nous l'avons fait remarquer dans le texte, il est
très avantageux de prendre à terre les mesures délicates. Le
rayon de lumière qui est réfléchi par le miroir mobile de
l'aiguille est nuit et jour observé sans relâche. Aussitôt
que son allure indique un défaut de continuité, une
cloche est mise en mouvement, et en un instant tout le
personnel électrique ou nautique est mis sur pied.

Aussitôt qu'une fuite se révèle, si elle paraît assez grave
pour qu'on puisse la localiser, il faut le faire en déter‑
minant la résistance que possède le câble dans ces con‑
ditions nouvelles. Cette détermination suppose qu'on con‑
naît exactement la résistance qu'aurait le câble si la fuite
ne s'était pas produite, et malheureusement cette quan‑
tité varie avec la température de la partie immergée du
conducteur et cette dernière, pour comble de mauvaise
chance, ne peut être déterminée que par les variations
de la conductibilité.

Les élèves d'une école de télégraphie sous-marine sont
exercés à la solution de tous ces problèmes, qui exi‑
gent l'usage non seulement de galvanomètres très délicats,
mais encore d'une méthode particulière due au grand
physicien Wheatstone. Quoique l'on ne puisse se vanter
d'arriver à la certitude absolue à cet égard, les déter‑
minations destinées à la localisation des fuites ont une
précision qu'elles étaient bien loin d'atteindre lors des
premières poses, et les scènes d'incertitude que nous
décrivons ne peuvent plus guère se produire de nos
jours.

Les ingénieurs électriciens du bord tiennent pendant
toute la durée de la pose un livre de loch contenant vingt
articles, à savoir : la date, l'heure, la longitude et la lati‑
tude du vaisseau, données par l'estime et les chronomètres,
les mêmes quantités données par l'observation directe,
la distance donnée par un loch spécial, la distance donnée
par le loch du navire, la profondeur de l'eau et la nature
du fond, les révolutions de l'hélice motrice placée à l'ar‑
rière, le nombre de révolutions du tambour de la mise à
l'eau du câble par minute, le nombre total de révolutions,

le nombre de nœuds coulés, le nombre de nœuds coulés dans la dernière heure, la traction moyenne sur le dynamomètre, la température de l'air, la température de l'eau du réservoir, la température de la mer, les noms des hommes de quart aux freins, le nom des chefs d'équipe de quart dans les réservoirs, la signature de l'électricien, les remarques générales, telles que les ordres donnés, les navires rencontrés, les arrêts, en un mot toutes les circonstances, quelque peu d'importance qu'elles aient, pourvu qu'elles puissent affecter la pose d'une façon quelconque.

Ces renseignements sont résumés dans un autre registre où on les met soigneusement au net. On inscrit en outre dans un registre spécial, avec un soin pareillement minutieux, la correspondance avec la terre, les mesures électriques d'isolement, de conductibilité, de température déduites des observations, etc., etc. Si une interruption se produit, l'électricien du bord est donc en mesure de procéder à la localisation des fuites avec toute la précision nécessaire.

De même que les matelots et les officiers de l'équipage ordinaire, les hommes de l'équipage électrique sont partagés en deux bordées.

Une bordée se compose de deux électriciens aux instruments, d'un troisième électricien de garde au dynamomètre, d'un contremaître et de trois hommes à la machine du coulage, de deux contremaîtres et de 7 hommes dans les réservoirs, soit en tout de 16 hommes, soit par les deux quarts de 32 hommes. L'équipage électrique se compose en outre du chef électricien, d'un soudeur, d'un aide pour le cabinet d'expériences et d'un garde-magasin, soit en tout 36.

Les navires télégraphiques. — Les navires que l'on nomme télégraphiques, et dont le nombre augmente tous les jours, sont de deux espèces. Les uns, comme le *Faraday*, le *Hooper*, le *Chiltern*, la *Charente*, la *Dacia*, sont destinés à poser des câbles; les autres, comme le *Lady Carmichael*, ou l'*Œrsted*, sont réservés aux réparations. Ces derniers peuvent être de dimensions moins considérables que les premiers; mais les uns et les autres doivent avoir une capacité suffisante pour porter d'un seul coup tout le câble de

mer profonde. Leurs soutes doivent être assez vastes pour
contenir tout le charbon dont ils ont besoin dans une
pose. Ils doivent être assez bons marcheurs pour filer 9 à
10 nœuds en temps calme.

Comme les câbles sont revêtus d'une armure de fer,
dont le poids diminue constamment au fur et à mesure
de la pose, on doit considérer la boussole comme fatalement affolée, et l'on ne peut avoir aucune confiance dans
ses indications. Il en résulte que chaque navire télégraphique doit être accompagné d'un autre et faisant les
fonctions de pilote.

Malgré la résistance des matelots, qui préfèrent peindre
leurs navires en noir, il ne faut jamais négliger de donner
la couleur blanche aux navires télégraphiques qui font
campagne dans les mers tropicales, car cette précaution diminue de 2° à 3° la température des réservoirs.

Module de ténacité. — Le module de ténacité d'un câble
est la longueur que l'on peut soutenir verticalement dans
l'eau sans qu'il rompe sous son poids. On a tenté sans succès de substituer une âme de fer à l'âme de cuivre, mais
on a pris l'habitude de diminuer la pesanteur spécifique
en ajoutant du chanvre qui augmente le déplacement dans
l'eau. Tandis que la pesanteur du fer est de 7,7 et celle du
cuivre de 8,8, la densité des derniers câbles posés est
bien moindre. La Compagnie danoise du Nord est arrivée
à une densité de 2,65 pour son grand câble de la Chine
au Japon.

L'entretien des câbles. — Afin de bien faire comprendre à
quelle série de précautions les câbles sont assujettis, nous
allons indiquer le sommaire des instructions données aux
électriciens de la Compagnie du Nord pour chacune de
ses stations : Aberdeen, Newcastle, Gothenborg, Amoy,
Hongkong, Nangasaky, Wlodivostock, etc., etc. Les
épreuves électriques ont lieu une fois par mois au moins,
un dimanche matin, à une heure fixée à l'avance pour chaque station de la Compagnie. L'électricien de la station la
plus rapprochée de Copenhague ou de Shanghaï donne le
signal et ordonne de mettre à terre l'autre bout de la
ligne pendant une demi-heure. Il profite de ce temps
pour prendre ses mesures électriques, à l'aide d'une pile

de dix éléments Leclanché. Il note les courants spontanés, les moindres, en indiquant leur sens. Après avoir pris ses mesures de conductibilité, il télégraphie l'ordre d'isoler la ligne pendant une demi-heure. Le premier quart d'heure lui servira pour étudier l'isolement avec une pile de 25 éléments; le second quart sera employé exclusivement à déterminer de la même manière la capacité électro-statique.

Lorsqu'on reconnaît l'existence d'une fuite dont la résistance est moindre de 10 000 ohms, les mesures doivent être prises tous les dimanches.

Les résultats de l'examen doivent être immédiatement télégraphiés, en même temps qu'un procès-verbal détaillé est envoyé par la poste.

Les instructions prévoient tous les cas possibles, tels que l'interruption des lignes et la communication avec un navire chargé de faire la réparation; mais, quelque intéressants que soient les documents que nous avons entre les mains, il nous est impossible de les résumer, notre but étant rempli si nous sommes parvenu à faire comprendre qu'on apporte de nos jours, dans toutes les opérations de la télégraphie, une précision dont les astronomes pourraient être jaloux à bon droit et qui est la clef du succès.

Les difficultés pour raccommoder les câbles. — Ces difficultés sont souvent considérables, témoin un article que nous trouvons dans le *Times* du 30 août 1882, qui nous apprend que la *Scotia*, chargée de la réparation du câble français, vient de revenir pour la seconde fois dans le port de Plymouth, depuis deux mois, après avoir dépensé 140 milles de câbles et sans avoir pu s'acquitter de sa mission. Lorsque la *Scotia* a mis à la voile, le câble n'était rompu que du côté de Brest; maintenant le bout de Brest est attaché provisoirement à une bouée; quant au bout d'Amérique, il est dans le fond de l'Océan; après l'avoir saisi et rompu à plusieurs reprises, la *Scotia* a dû renoncer à l'opération, en attendant des temps plus calmes.

Afin de diminuer la difficulté des poses, on pourrait employer un appareil imaginé par un officier de marine pour reconnaître l'approche des torpilles et basé sur une application très simple de la balance d'induction de M. Hughes.

Sans entrer dans la description, pour laquelle nous renvoyons à l'*Electricité*, nous devons dire qu'il est renfermé dans un sac suspendu au bout d'une corde, dans laquelle passeront les deux fils conducteurs correspondant à un téléphone. Lorsque cette sonde s'approche d'un objet métallique, que ce soit une chaîne d'ancre, un câble, une torpille ou une masse métallique, le téléphone qu'un officier tient à l'oreille fait entendre un bourdonnement caractéristique. C'est à l'intelligence de l'observateur à discerner quelle est la cause du bruit qu'il entend.

Pour cette détermination, tous les renseignements qu'il possède peuvent être indistinctement utilisés. Cette application remarquable fait songer involontairement au pouvoir magique de certains liquides attribué aux êtres surnaturels. Elle est véritablement digne de la mythologie car, si la fable attribuait aux sylphes la puissance de voir ce qui se passe dans l'intérieur de la terre, elle n'allait pas jusqu'à leur donner le pouvoir d'assister à ce qui se passe au fond des Océans.

Documents pour l'étude des animaux qui vivent sur les câbles. — On trouvera une étude complète de cette question dans un des derniers volumes de la collection des *Proceedings* de la Société royale.

Le but patriotique que poursuivait le gouvernement en voulant établir en France une grande Compagnie télégraphique. — Nous avons rendu pleine justice aux efforts que les Anglais ont faits pour achever la conquête télégraphique des océans. Nous sommes parfaitement d'avis que la meilleure politique pour la France est l'alliance anglaise. Mais nous ne pouvons nous empêcher de déclarer qu'il n'y a pas de grande industrie électrique pour une nation qui n'exploite pas de grandes lignes sous-marines. La vente des câbles français à l'Angleterre est certainement une des causes qui ont le plus nui au développement des industries électriques en France, et ont produit le marasme dans lequel elles sont tombées à la suite de l'Exposition internationale des Champs-Elysées.

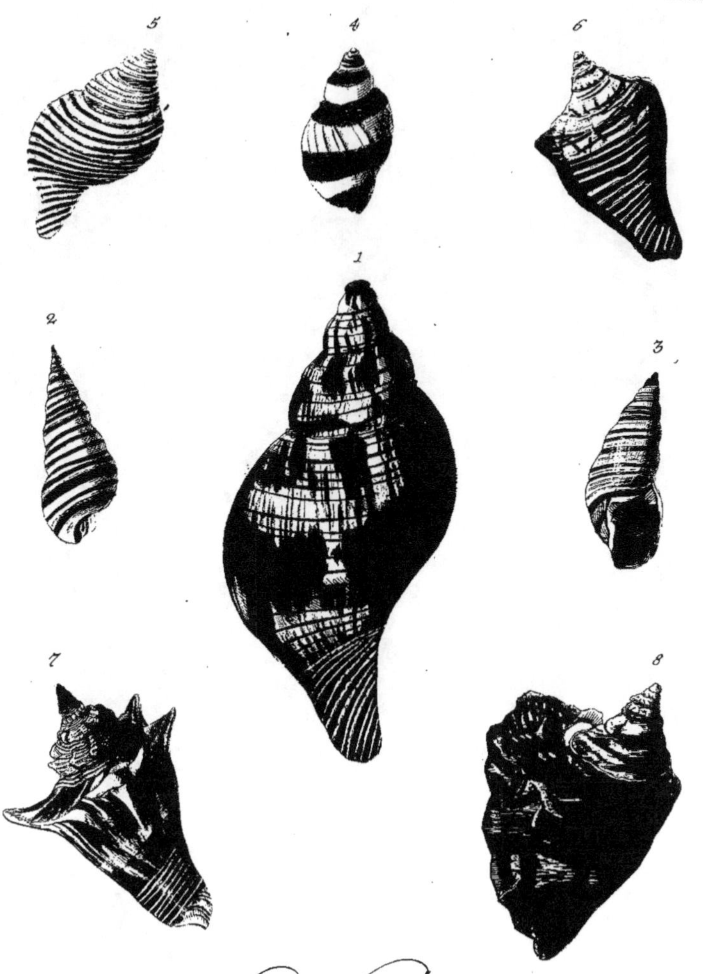

Ex Museo Houttuÿniano.

Andr. Hoffer sculpsit.

comme en forme de bandes qui traverſent les ſtries fines dont elle eſt radiée. Elle s'appelle en Hollande *de rood Stompje*, LA CAME COUPE'E DE
COULEUR ROUGE; ʻet quoiqu'elle reſſemble beaucoûp à une autre ſorte de
Came qui porte en Hollande le nom de *Scie*, à cauſe de ſes bords dentelés intérieurement, on n'a qu'à jetter un coup d'oeil ſur la figure pour ſentir en quoi elles différent. Chacun des battans de cette Coquille eſt marqué dans ſa partie concave de deux taches, l'une d'un violet éclatant, l'autre
rouge, et tout près l'une de l'autre; et ces taches relevées extremèment
par la blancheur éclatante du fond diſtinguent cette ſorte de Came de toute autre d'une maniére particuliére.

Fig. 9. Ce morceau eſt du nombre des *Lepas* à tête arrondie que l'on
connoit ſous le nom de *Bonnets*, qui leur a été donné à cauſe de leur forme; ce qui le diſtingue en particulier, c'eſt ſon ſommet, qui eſt d'un blanc
de neige, et c'eſt auſſi pour cela qu'il porte en Hollande le nom de *wit
getopt Bonnetje*, PETIT BONNET A SOMMET BLANC; dans le reſte il eſt d'un
brun jaunâtre à côtes et ſtries blanches les unes et les autres dirigées vers
la circonférence en forme de raïons; la tête eſt cerclée de brun noirâtre.

PLANCHE XXIX. ⁂

Fig. 1. Dans l'explication de la *Planche* XVIII. ⁂ *Part.* V. où il à été
parlé des *Poires couleur d'Agathe*, on s'eſt reſervé de donner dans la ſuite
la copie d'un des plus beaux morceaux que l'on puiſſe voir dans ce genre; on s'en acquite, en offrant dans cette figure une POIRE-AGATHE ou
AGATHINE, en Holl. *Agaate-Peer*, dont la forme juſtifie aſſés le nom, elle
n'eſt pas éffilée, quoique ſes orbes ſoient aſſés allongés, ſa queuë, qui n'eſt
pas trop longue, eſt d'une épaiſſeur aſſés conſiderable, et de tout cela il
reſulte une forme qui la fait rapporter parmi les *Fuſeaux*. Les orbes de
cette ſorte de Coquille ſont cerclés de ſtries brunes. La robe en eſt couleur de chair nuée d'un rouge-brun, et lorsqu'elle eſt polie, comme l'individu dont cette copie a été tirée, ſa marbrure imite celle des Tulipes,
ce qui a engagé auſſi MR. d'ARGENVILLE à lui donner le nom de *Tulipe*; on

en trouve auffi qui ne font que d'une feule couleur, rouge, jaune ou brune. Cette Coquille vient des Indes occidentales, et fa groffeur égale fouvent celle d'un poing.

Fig. 2. Cette efpèce de Coquille, qui n'arrive jamais à une grandeur
confidérable, eft rapportée quelquefois parmi les *Pavillons d'Hollande*, mais
c'eft à tort, car non feulement elle s'en écarte par fes couleurs, dont on
peut s'affurer, en comparant la *fig.* 7. *Pl.* XXX. *Part.* I. avec celle qui s'offre
ici, mais auffi en ce que fa clavicule eft chargée de rides. Cependant à
confiderer que fes orbes font ornés chacun de plufieurs fafcies jaunes, rou-
geâtres et brunes, qui font un éffet très agréable fur un fond blanc, il faut
convenir, que c'eft toujours une efpèce de PAVILLON, en Holl. *Vlaggetje.*
Elle eft terreftre, à coque très mince, et vient d'*Afrique.*

Fig. 3. Comme cette Coquille reffemble par fes fafcies en quelque
façon à ces Banderolles dont on pare les Vaiffeaux, et que l'on connoit
fous le nom de FLAMMES, nous l'appellons de ce nom, en Holl. *het Wim-
peltje*, pour la diftinguer de celle qui précéde immediatement; Les fafcies
dont elle eft ornée, font d'une couleur verte et bleuâtre fur un fond jaune.
Sa bouche allongée, oblique, et à lèvre retrouffée en bourrelet d'une largeur affés confidérable, c'eft en quoi elle différe le plus du *Pavillon* du N° 2.
Il n'y a pas à douter que ce ne foit également une Coquille terreftre ou fluviatile.

Fig. 4. Nous comparons cette belle Coquille à fafcies d'un brun clair
à ce petit Pavillon échancré dont on a coutume de parer le mat de Bau-
pré dans les Vaiffeaux, et qui s'appelle le GAILLARDET, en Holl. *het Geusje.*
Sa bouche eft de forme allongée et chargée de petits tubercules.

Fig. 5. MR. d'ARGENVILLE rapporte cette Coquille à la Famille des *Buccins*, fous laquelle il range auffi les *Fufeaux.* En Holl. elle s'appelle *het ge-
groefte Kinkhoorn*, LE BUCCIN SILLONNÉ. Par fa queuë, qui eft fort courte, et fa forme en général, il a en quelque façon l'air d'un *Fufeau.* Ses

orbes,

orbes, au nombre de fix, font chargés de fillons étroits qui interceptent des côtes de couleur jaune. Sa lèvre extérieure eft repliée en bourrelet afsés épais, garni intérieurement de dents au nombre de 13. ou 14. et qui repondent à autant de côtes dont l'orbe qui fe termine à la bouche, fe trouve chargé.

Fig. 6. Les Hollandois ont coutume de donner le nom de *Kameel-Hoorens*, *Chameaux*, à certaines Coquilles chargées de boffes; telle eft celle qui s'offre dans cette figure, et comme fes orbes font chargés outre cela de côtes, il porte le nom de *Geribd Kameel - Hooren*, LE CHAMEAU A' CÔTES. Sa coque eft d'une épaiffeur confiderable, à l'exception de la lèvre, qui eft afsés mince et garnie d'un grand nombre de petits tubercules en forme de dents écartés du bord à peu près de la diftance d'une ligne.

Fig. 7. L'on donne en Hollande le nom de *Vaafen* à un genre de Coquille qui reffemble par fa forme à ces grands Vafes ou Pots à fleurs dont ils ont coutume de parer leurs jardins. Celle qui s'offre dans cette figure eft un VASE A' RAMAGE, en Holl. *getakte Vaas*. Il s'écarte un peu du commun des Vafes en ce que fa clavicule n'eft point chargée de rides, mais en échange il leur reffemble d'autant mieux par le refte de fa forme. Ordinairement ces Vafes font tout à fait blancs, tels qu'il s'en offrira un *Planche* XXXV. où nous aurons occafion de faire voir auffi en quoi cette efpèce de Coquille différe de celle que l'on connoit fous le nom de *Culottes de Suiffe*. L'individu que nous avons fous les yeux eft d'une couleur de chair fort vive, et chargé de groffes épines à pointes blanchâtres et creufes en dedans; du refte fa furface eft unie et liffe.

Fig. 8. Le Genre des *Aîlées* renferme plufieurs efpèces difficiles fouvent à diftinguer les unes des autres. Telles font par ex. les *Oreilles d'Ane* et les *Aîlées Americaines*, que l'on a de la peine à difcerner des *Aîlées truitées* et des *Grenouilles*, et même parmi ces dernieres, lorsqu'on les confidére avec un peu plus d'attention, l'on découvre encore plufieurs variétés, ce de quoi l'on peût s'affurer en comparant les Aîlées des *Pl.* XIII.** et XXVI.** *Part.* III. avec celle qui s'offre dans cette figure. C'eft une *Aîlée rouge,*

rouge, en Holl. *Roode Kikvorfch*, GRENOUILLE ROUGE, que l'on pourroit re-garder auffi comme üne *Oreille d'Ane* qui n'eft pas arrivée à fa perfeſtion. Elle eft d'un rouge tirant fur l'Orangé; fon Aîle eft mince, et le premier de fes orbes chargé de groffes pointes; l'on en trouve auffi d'incarnates, et à lêvres épaiffes; Le dedans de la bouche eft d'un blanc luifant.

P L A N C H E XXX. ⁂

Fig. 1. Nous aurions crû priver cet Ouvrage d'un ornement agréable, en le terminant fans y donner quelque echantillon de ces jolis Bouqets com-pofés de Coquilles que les Indiens et les Afriquains favent ajufter d'une ma-niére fi intelligente, que l'on diroit voir des fleurs naturelles. Ce qui ajoute une grace particuliére à celui qui s'offre dans cette figure, ce font ces petits Ourfins de Mer verds furmontés de petites Coquilles marbrées de rouge, qu'on a eû foin de placer de diftance en diftance, et qui imitent des boutons de fleurs. Chaque fleur eft compofée d'un nombre de peti-tes Patelles couleur de rofe, ajuftées autour d'un petit Limaçon. La tige eft garnie d'une efpèce de Porcelaine que l'on connoit fous le nom de *Cau-ris*, de deux Limaçons marbrés de rouge, et quelques jolies Vis en ornent le fommet.

Figg. 2. 3. 4. Ayant jugé à propos de remplir le vuide de cette Plan-che par quelques LEPAS peu communs, nous en offrons dans ces figures trois *â côtes larges*, en Holl. *Geribde Patellen*, qui reffemblent par leur for-me en quelque façon à l'*Aftrolepas* qui fe voit *Pl.* XXX.** *Part.* III. L'un de ces Lepas eft d'un rouge de feû, un autre marron, le troifiéme mar-bré de jaune et de verd. Ils viennent des *Indes orientales*.

Figg. 5. 6. Ces deux viennent probablement de quelque Mer de l'Eu-rope; ils font à bords tout à fait unis, à robe liffe, et par leur forme ils reffemblent à des Boucliers, d'où il vient qu'on les appelle en Hollande *Effene Schildjes*, PETITS BOUCLIERS UNIS. L'un eft violet, l'autre couleur d'Olive avec un bord noir et blanc.

Figg. 7.

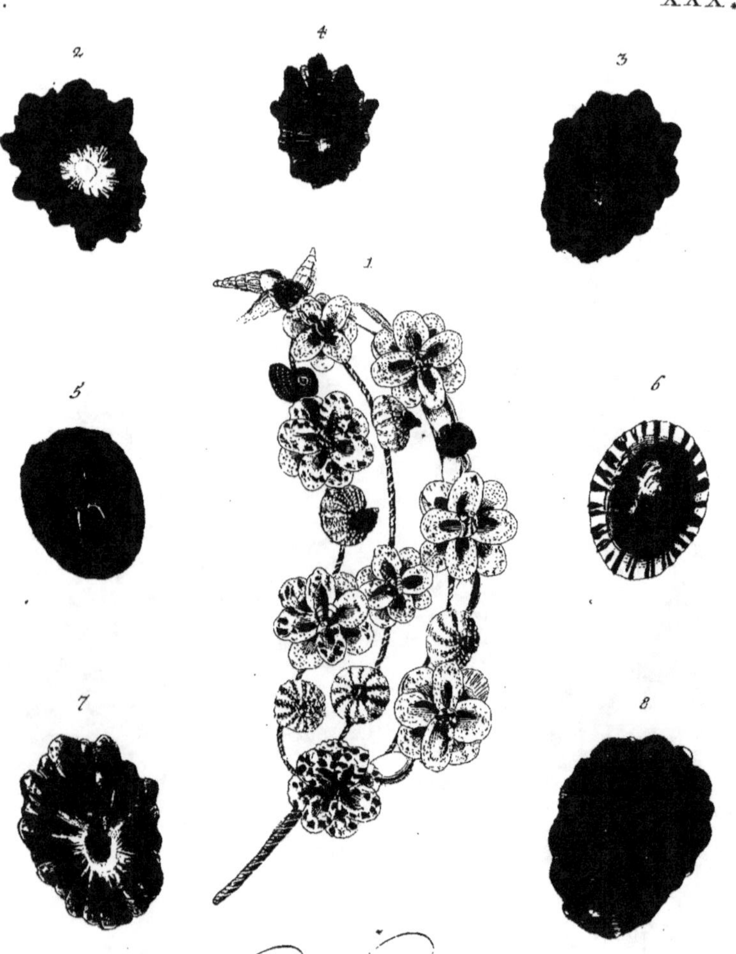

Ex Museo Houttuijniano.

J. Wartenaar omn. Part. V. & VI. Tabul. prototyppa ad objecta fecit.

J. A. Eisenmann sculpsit.

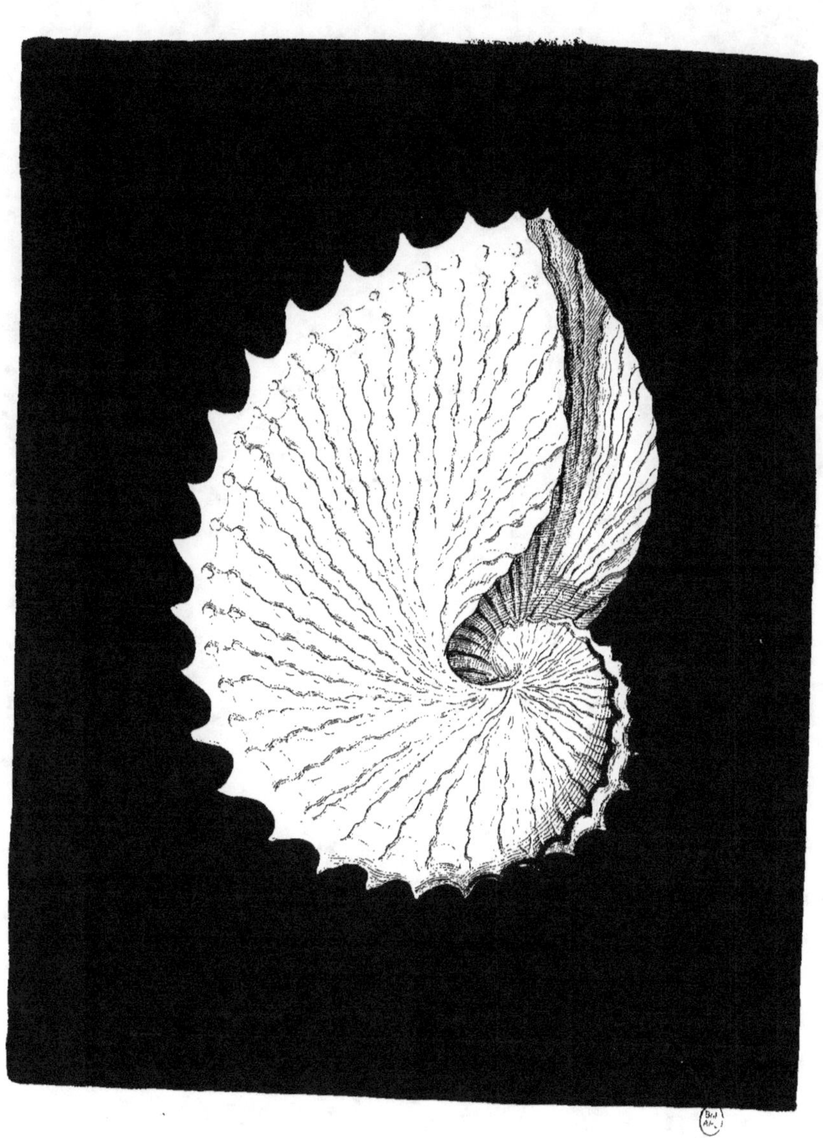

Figg. 7. 8. En voilà encore deux, à côtes larges qui partent du fommet vers la circonférence en forme de raïons, femblables à ceux des *figg.* 2. 3. 4. mais un peu plus grands; la marbrure de leurs robes leur a fait donner en Hollande le nom de *Getygerde Patellen*, LEPAS OU PATELLES TIGRÉES. Tous les deux font à fond jaune, très joliment marbrés de. taches et de flames, vertes dans l'un et brunes dans l'aurre. Ils nous font venus des *Indes orientales.*

PLANCHE XXXI. ***

Comme il y a plufieurs fortes de Coquilles à robe d'un blanc de neige, peu propres par conféquent à étre reprefentées comme il faut fur un fond blanc, mais qui ne laiflent pas d'être très dignes de l'attention des Curieux, nous avons pris le parti d'en joindre ici quelques Planches à fond brun qui les reléve, et de terminer par là ce Volume et en méme tems cet Ouvrage. Les morceaux qui s'y voïent font tirés du Cabinet de MR. LE DOCTEUR HOUTTUYN *d'Amfterdam* qui a eu la complaifance de nous les communiquer, avec leur defcription.

Nous commençons par un très beau morceau de la Famille des *Nautiles*, qui différe beaucoup de ceux qui fe voïent dans les Parties précédentes de cet Ouvrage. La première Partie *Pl.* I. offroit un *Grand Nautile épais*, *Nautilus craffus*; la Planche XXII.*** *Part.* IV. un autre du même genre, depouillé et par là nacré. Outre ce genre de *Nautiles* il y en a un autre, que l'on connoit fous le nom des *papyracés*, qui leur a été donné à caufe de la delicatelle de leur coque, dont l'epaiffeur n'excéde guéres celle du papier; et ceux-ci font, les uns *à carénne étroite*, les autres *à carénne large;* de ceux de la première forte l'on voit des morceaux qui ont jusqu'au de là d'un pied de diamètre, ceux de l'autre n'arrivent pas à cette grandeur. Des échantillons de l'une et de l'autre de ces deux fortes de Nautiles papyracés fe trouvent déjà *Pl.* II. *Part.* I. de cet Ouvrage, et *Pl.* XI.*** *Part.* IV. s'en voit un à carènne large d'une grandeur afsés confidérable. L'on trouve encore, parmi ceux à carénne large, une variété

H 3

dont

dont les individus deviennent afsés grands dans leur efpèce, et qui fe diftingue en particulier, en·ce qu'elle eft radiée de côtes chargées de petits tubercules en forme de grains de ris.   Ceci, joint à la couleur de fa robe,
qui eft d'un blanc de lait, lui a fait donner en Hollande le nom de *Ryſten-
bry Nautilus*, LE NAUTILE A` BOUILLON DE RIS.   Ces côtes, creuſes en de-
dans, forment dans l'intérieur de la Coquilles comme autant de goutiéres,
et les tubercules autant de petites cavités.   Du côté de la carenne les bouts
de ces tubercules font la plûpart gris cendrés, et cette couleur s'y repand
auſſi un peu fur la Coquille.   Pour juger du reſte de fa forme on n'a qu'à
jetter un coup d'oeil fur la copie qui s'offre dans cette figure;   Des morceaux de cette grandeur et d'une conſervation ſi parfaite font de grand
prix.

PLANCHE XXXII. ⁂

Fig. 1. C'eſt une NAVETTE DE TISSERAND de couleur blanche, en Holl.
Witte Weverſpoel, qui eft repréſentée ici parce qu'elle différe conſidérable-
ment de cette belle Navette qui fe voit *Pl.* I. ⁂ *Part.* V.   Ses avances, moins
longues à proportion du corps que celles de cette derniére, indiquent afsés,
qu'elle eft d'une autre forte.   Outre cela celle que nous venons de citer, eft
d'un rouge pâle, au lieu que celle que nous avons fous les yeux, eft tout
à fait blanche; et les ftries, qui fe voïent aux deux avances, et desquelles
MR. DE LINNE´ fait un caractère particulier, prouvent fuffifamment que ce
font deux éfpèces différentes; auſſi viennent·elles de parages fort différens,
favoir cette derniére des *Indes occidentales*, *fig.* 1. fait voir combien le corps
de cette Coquille a de reſſemblance avec un Oeuf; et dans la *fig.* 2. fe pré-
ſente la bouche avec fa lévre extérieure qui eft d'une groſſeur très conſiderable.

Fig. 2. Il y a une eſpèce de grand Limaçon terreſtre applati, que l'on
connoit en Hollande fous le nom de *Karkallen*, *Caracolles;* et l'on en voit
qui font fort applatis, à bords tranchans, et d'une couleur brune, qui portent les noms de *fauſſes Lampes* ou *Lampes des Indes occidentales*.   Un echantillon

2
5

tillon de cette derniére forte fe trouve *Pl. V.*** Part. IV.* Les vraies CA-
RACALLES au contraire, qui fe trouvent dans les bois de l'Allemagne, font
plus convexes et à lévres retroufsées. L'individu qui s'offre dans cette figure eft tout blanc en dehors, et il ne fe voit qu'une teinte légére de brun
dans l'intérieur de la bouche du côté du fût.

Fig. 3. Cette Coquille a ceci de particulier, qu'elle paroit comme
tronquée au fommet, d'où il vient qu'elle porte en Hollande le nom de
Geknot Hoorentje, *la* VIS TRONQUE'E. Sa Spirale cependant qui fe voit au
bout prouve afsés que cette forme lui eft naturelle. Peût être que cela
vient de ce que l'animal qui habite cette forte de Vis, s'étend dans fes ac-
croifsemens d'avantage vers le fommet que vers la bouche. Du moins voit-
on des Coquilles de cette même forme dans les Ouvrages de GUALTIERI,
BONANNI et d'autres, ce qui nous fait fuppofer, qu'on les trouve dans la
Mediterranée, ou même en Italie, puisque le premier de cés Auteurs les
rapporte parmi les Coquilles terreftres.

Fig. 4. Cette Coquille eft rangée quelquefois parmi les *Porcelaines*, et
quand les François l'appellent *la Boſſuë*, ils veulent dire *la* PORCELAINE
BOSSUÉ. En Hollande ou lui donne le nom de *Hoogruggetje*. Un autre
morceau de cette même éfpèce, mais de couleur jaune, fe voit *Pl. XIV.
Part. I.* La bouche de cette Coquille n'a point de dents, ce de quoi l'on
peut s'affurer par la figure que nous venons de citer, et par cette raifon
on ne devroit pas la mettre parmi les Porcelaines. C'eft plutôt une éfpèce
de *Bulle*, et MR. de LINNE lui donne auffi le nom de *Bulla gibbofa*. Il nous
en viennent de couleur blanche des *Indes orientales*, telle qu'eft celle que
nous avons fous les yeux.

Fig. 5. Nous avons déjà eû occafion de parler dans cet Ouvrage de la
variété qui fe remarque parmi les *Opercules* avec lesquels les Animaux qui
habitent lés Coquilles univalves ferment l'ouverture de leur demeure après
s'y être retirées. Les uns font de forme allongée (*voy. Pl. XXX Part. I*) les
autres orbiculaires, et ces derniers font connus fous les noms de *Nombrils* *de*
Venus

Venus et *d'Umbilics de Mer.* Un beau morceau et d'une grandeur confidérable de cette forte d'Opercule fe trouve repréfenté du côté plat, qui eft
celui de deffous, dans la cinquiéme Partie *Pl.* XXII. ** tous ceux de cette
forte font épais, d'un beau marron luifant, et la fpirale qui s'y voit, marque
l'endroit par où ils avoient été attaché au corps de l'animal. Les Planches
XI. ** et XIV. ** de cette fixiéme Partie en offrent des échantillons
de la petite forte, et du côté de deffûs qui eft convexe et boffû, et cette
forte d'Opercule eft tantôt d'un très beau rouge, tantôt d'un verd fuper-
be. L'on en trouve auffi de forme oblongue, et minces comme du parche-
min, tels qu'eft celui qui fe voit ci-deffûs *Pl.* XXVIII. ** Celui qui s'offre dans la *fig.* 5. que nous avons fous les yeux, reffemble, par fon épaiffeur et fa fuperficie platte, à ces opercules des Limaçons à bouche ronde
que l'on connoit fous les noms d'*Olearia* et *du Soldat*, mais de l'autre côté,
qui eft convexe et boffû, il eft chargé de grains portés fur des petites ti-
ges; et ces grains qui font de couleur blanche et reffemblent à du fucre,
font ce qui contribuë le plus à donner du relief à cette forte d'opercule.
On lui donne en Hollande le nom de *Witt - Korrelige Zeenavel*, LE NOMBRIL
DE VENUS A GRAINS BLANCS. Il s'en voit auffi un dans l'Ouvrage de RUM-
PHIUS, où il eft dit que fa furface paroiffoit comme chargée de Perles.

PLANCHE XXXIII. **

Fig. 1. Cette Coquille porte généralement le nom de LA PORCELAINE
BLANCHE, en Holl. *Witte Kliphooren*, quoiqu'à parler jufte, elle n'apartienne
pas à cette Famille; le nom qui lui convient le mieux c'eft celui d'OEUF,
qu'on lui donne en France d'après RUMPHIUS, étant juftifié par fa forme,
fa grandeur, fa couleur, qui lui donnent beaucoup de reffemblance avec
un Oeuf; feulement elle a aux deux bouts ces avances ou prolongations des
lévres qui font ordinaires aux Porcelaines; en échange fa bouche n'eft den-
tée que d'un côté, et cela encore d'une maniére affés imparfaite, ce en
quoi elle différe beaucoup des vraïes Porcelaines dont la bouche eft toujours garnie de dents des deux côtés. Plus la blancheur de cette forte de
Co-

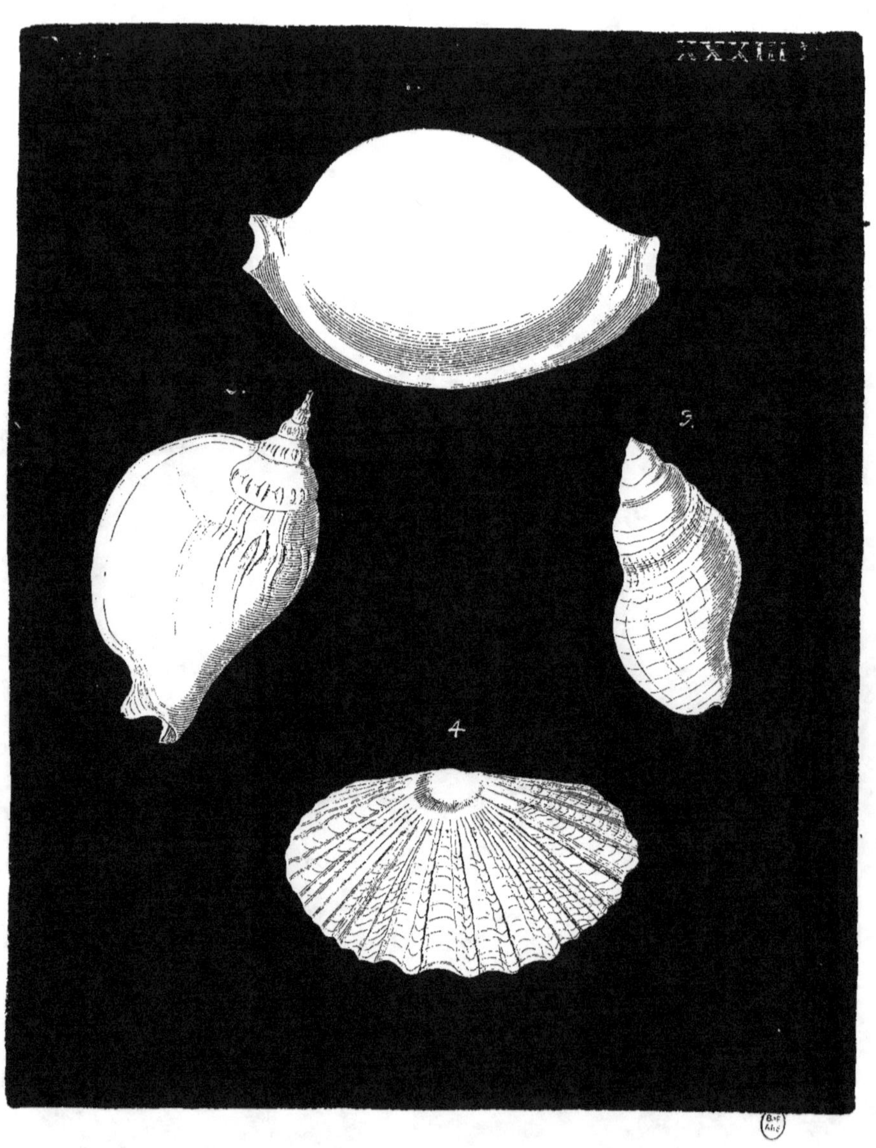

Coquille eſt parſaite, plus auſſi elle eſt eſtimée. L'on en voit ſouvent des individũs dont la lévre extérieure et épaiſſe, qui dans cette copie ſe trouve tournée vers le bas, a une teinte legére de jaune, ou gris-cendré; et le dedans de la bouche eſt d'une couleur brune. L'animal qui l'habite eſt, ſuivant la deſcription qu'en donne RUMPHIUS *Tab.* XXXVIII. *fig.* 2, noir comme la poix. Cet Auteur lui donne le nom d'*Ovum*, l'*Oeuf*, et obſerve que les bouts de la bouche étoient plus longs que la Coquille entiére; par ces bouts il entend probablement la lévre extérieure dans toute ſon étenduë, et dans ce ſens il auroit raiſon, puisqu'elle excéde la Coquille des deux côtés; mais ſi ce n'eſt pas ce qu'il voulût dire, il doit avoir 'eû en vuë la *Navette de Tiſſerand*, de laquelle d'ailleurs il n'a point parlé. LINNAEUS la rapporte parmi les *Bulles.*

Fig. 2. Il arrive ſouvent aux Curieux de confondre les *Miſaines* avec les *Tourterelles*, deux ſortes d'Allées, dont la premiere eſt plus ramaſſée, à lévre plus épaiſſe, et en général d'un air tout à ſait différent de celui de la premiére, comme l'on peut s'en aſſûrer par celle de la *Pl.* XVIII. *Part.* I. Celle qui ſe voit dans la figure que nous avons ſous les yeux, s'appelle la MISAINE, en Holl. *Bezaantje*, parce que ſa lévre imite en quelque façon la Voile du Mât qui porte ce nom. L'on en trouve d'une couleur jaunâtre, ſouvent auſſi d'un blanc de neige, telle qu'eſt celle de ce No·; une choſe qui s'y remarque auſſi entre autres, c'eſt l'échancrure vers le bas de la lèvre, qui ſe voit auſſi dans les Canaries, et qui ſert probablement à faciliter le jeu de l'oſſelet, dont l'animal qui habite cette Coquille, ſe trouve armé dans cet endroit, et avec lequel il ſe bat avec ſes ennemis. Ses orbes ſont garnis de jolis tubercules.

Fig. 3. Cette Coquille, commune d'ailleurs et à coque épaiſſe, ſe fait remarquer, en ce que ſes orbes, ſe recouvrant un peu les uns les autres, forment comme une faſcie qui regne tout le long de ſes ſpires. Sa queuë un peu recourbée lui donné en quelque façon l'air d'un *Buccin*. En Hollande elle s'appelle *bet Gezoomd Hoorentje*, le BUCCIN A' REBORD. L'on en trouve à robe de couleur jaune, et tirant ſur le brun, mais lorsqu'elle eſt dépouil-

pouillée, elle eft blanche tant au dehors qu'en dedans. Probablement elle vient de quelque Mer qui baigne les côtes de l'Europe.

Fig. 4. Cette PATELLE BLANCHE A` CÔTES SAILLANTES EN DEHORS, en
Holl. *Geribde witte Patelle*, a quelque reſſemblance avec celles que l'on
connoit en Hollande ſous le nom de *Meduſa - Hoofd*, *Têtes de Medaſe*, (voy.
Pl. XXX.** *Part.* III.) quoique ce ſoit une eſpèce différente. Elle eſt toujours de couleur blanche, ou tirant ſur le jaune. Sa hauteur égale la moitié de ſa longueur, qui excéde tant ſoit peu la largeur. Cet individu eſt
chargé d'environ vingt groſſes côtes ſaillantes en dehors & quelques petites. Le dedans en eſt d'un blanc terne, et en dehors ſa robe eſt ornée de
quelques points jaunes.

PLANCHE XXXIV. **⁎**

Fig. 1. Cette ſorte de Coquille ſe rapporte en France à la Famille des
Cames, et parce qu'au côté antérieur elle paroit comme coupée, on lui
donne le nom de CAME COUPÉE. L'individu qui s'offre ici, eſt un morceau
ſuperbe, qui vient des Indes occidentales. Aujourdhui qu'on aime à claſ-
ſifier les Bivalves d'après la conformation des charniéres qui en réuniſſent
les battans, la Famille des Cames eſt dépouillée de pluſieurs ſortes qui s'y
rapportoient autrefois, du nombre desquelles ſe trouve auſſi celle que nous
avons ſous les yeux, et qui ſe range parmi les *Conques de Venus de Mr.* de
LINNÉ, parceque le devant de la Coquille repreſente en quelque façon la
vulve d'une femme. Et d'après cette claſſification les *Vieilles ridées* ne doivent également ſe ranger que parmi ces Conques de Venus. (*voy. Pl.*
XXVIII.* *fig.* 2. 3. *Part.* II. *Pl.* XXIV.*** *fig.* 3. *Part.* IV. et *Pl.* VI. **⁎** de
cette *Part.* VI.) à cette même famille appartiennent auſſi quelques ſortes
de Conques liſſes en dehors, telles que la *Tigrée Pl.* XXVIII.* *fig.* 5. *Part.* II.
et la *Came à jouer Pl.* IV. **⁎** *fig.* 1. *Part.* VI. C'eſt à cette derniere qu'approche le plus celle dont nous donnons ici la copie, ſeulement elle en
différe un peu par la forme du devant, par laquelle elle reſſemble plus encore à ces *Cames coupées* dont il ſe voit un échantillon ci - deſſus *Pl.* VII. **⁎**
fig. 3. En Hollande elle porte le nom de *Stompe Kous - Doublet*, en France
celui

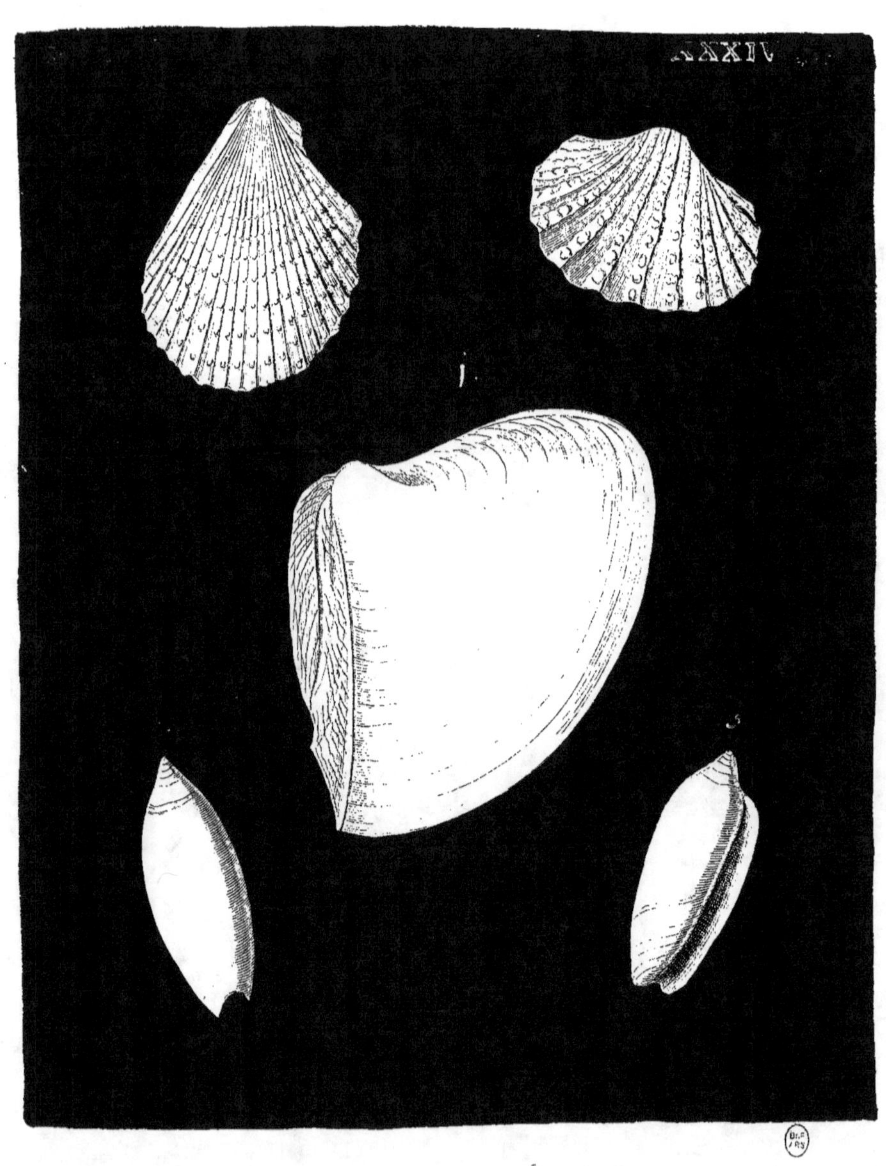

celui de CAME COUPÉE. Si l'on confidére une Valve détachée de cette Coquille comme couchée fur fon plat, elle prefente la figure d'un triangle; les deux valves étant rëunies il en refulte une Conque de l'épaiffeur d'un pouce, dont la charniére fe trouve au fommet. Le devant de cette Coquille, qui paroit comme coupé, reffemble en quelque façon à un coin de bas faillant en dehors et ftrié longitudinalement, (d'où il lui vient auffi le nom de *Kous-Doublet* qu'elle porte en Hollande). Sa couleur eft un blanc de neige, et la même que celle de ces Conques qui nous viennent de l'Islande, et qui font de la même grandeur et de la même forme, excepté que le devant de ces derniéres eft arrondi.

Fig. 2. De *fauffes Arches* de forme ordinaire fe voïent dans la premiere Partie de cet Ouvrage *Pl.* XXIV. *figg.* 3. 4. Celle qui s'offre dans cette figure, ne s'en écarte qu'en ce que fes groffes côtes fe trouvent chargéas de tubercules arrondis ou petits globules, placés à des diftances égales des bords; & c'eft ce qui a fait donner à cette Coquille le nom de FAUSSE ARCHE A` TUBERCULES, en Holl. *Korrelige Baftard-Ark.*

Fig. 3. Ce *Peigne* merite d'étre confidéré, tant à caufe de fes belles ftries heriffées de petites tuiles, qui lui donnent l'air d'une Rape ou Ratiffoire, que par fa forme oblongue & évafée d'un côté. Un coup d'oeil jetté fur la copie en fera mieux fentir la beauté que ne feroit une defcription plus detaillée. On fe contente de remarquer encore, que l'un de fes côtés étant presque tout droit et fort long, on diroit voir une Coquille de S. Jacques coupée par le milieu. Elle porte le nom de *Rafp-Doublet*, la RAPE OU RATISSOIRE.

Fig. 4. 5. Des *Olives*, dont il fe voit déjà un grand nombre dans cet Ouvrage, ne fe diftinguent celles que nous offrons içi que par leur couleur, qui eft un blanc de neige tant au dehors qu'en dedans, et c'eft auffi ce qui les fait appeller en Holl. *Witte Dadels*, OLIVES BLANCHES. Quant aux couleurs & aux deffeins qui fe voïent dans les autres fortes d'Olives, & des variétés & denominations différentes qui en refultent, il en a été fuffifamment parlé dans les Parties précédentes de cet Ouvrage.

I 2

PLAN.

PLANCHE XXXV. ✻

Fig. 1. Les Coquilles qui fe voïent dans les trois premieres figures
de cette Planche, font fort fujettes à être confonduës enfemble dans leurs
dénominations; les copies que nous en offrons içi jointes aux defcriptions
que nous allons en donner, feront voir de la maniére la plus évidente en
quoi elles différent. *Fig.* 1. eft inconteftablement du nombre de ces Coquilles que l'on connoit en Hollande fous le nom de *Vaas*, un VASE, puis
qu'elles reffemblent par leur forme à ces ornemens des batimens & des
jardins, que l'on a coutume de défigner de ce nom, qui eft françois dans
fon origine, & fe donne auffi à toute forte de meubles. L'on en voit
qui font ornées de côtes, de tubercules, de boûtons, de piquans, cou-
ronnées de pointes, & d'une forme fi élegante, qu'elle furpaffent tout ce
que l'Art de l'Architecte pourroît imaginer. Leur clavicule eft chargée
de quelques plis, & percée vers le bas à côté de la bouche d'un trou, qui
fait toujours un charactére qui leur eft propre. L'on trouve de ces Vafes qui ont deux fois plus de hauteur que celui-ci, mais il ne font pas communs. BONANNI, qui eft le feul qui en ait donné une bonne copie, les
appelle *Murex marmoreus*, à caufe de l'epaiffeur et de la pefanteur de leur
teft, qui approche de celle du Marbre ou de l'Albâtre.

Fig. 2. Cette Coquille eft proprement une CULOTTE DE SUISSE, en
Holl. *Switzers Broek;* les Curieux la rangent fouvent parmi les *Vafes*, quoiqu'elle ne leur reffemble abfolument point. Les côtes pliffées, et les tubercules dont elle eft chargée dans toute fa longueur, lui donnent en quelque façon l'air de ces Culottes larges que portoient les Suiffes dans les anciens tems, et qui font ufitées encore de nos jours parmi leurs païfans et
la Garde-Suiffe du Prince Stadhouder. Les bords de fes orbes, furtout du
premier, font garnis de gros tubercules, mais qui ne fe terminent pas en
pointe; et c'eft ce qui la diftingue tant des *Cheveaux de frife*, que des *Vafes*.
Voy. Pl. II.* *Part.* II. *fig.* 2. 3. et *Pl.* XXIX. ✻ *Part.* VI. *fig.* 7, où fe voïent
des Vafes à ramages ou à piquans.

Fig.

1.
2.
3.
4.
5.
XXXV

Fig. 3. Si la clavicule des Coquilles des deux N^{os.} précédens se trouve chargée de plis, celle-ci au contraire n'en a point, non seulement à la clavicule, mais aussi dans le reste on ne découvre ni côtes ni boîtes qui soient fort sensibles. Dans la troisieme Partie de cet Ouvrage *Pl.* VII. ** et *Part.* V. *Pl.* IV. ** se voïent des Coquilles de cette sorte de couleur brune; pour distinguer de ces derniéres celle que nous avons sous les yeux dans cette figure, nous lui donnons le nom de NOIX MUSCADE BLANCHE, en Holl. *Witte Noote Moschaat.* Du reste l'on n'y découvre au dehors que quelques rides très legéres, ou stries plutôt, tant longitudinales que transversales, et les orbes sont garnis de quelques épines, mais qui ne lui donnent pas cet air gracieux, qui distingue la *Muscade épineuse jaune* de la *Pl.* XXIV. ** de cette Partie. Quand cette Coquille est ornée de fascies colorées, les Curieux lui donnent quelquefois le nom de *Bedde-Teik, Toile à Matelas.*

Figg. 4. 5. L'on compte parmi les Lepas qui portent en Hollande le nom de *Kapjes,* ce qui veut dire *Bonnet,* une espèce qui s'appelle communement *Vischhuifje,* BONNET DE PECHEUR, CABOCHON BLANC. Cette denomination leur vient de la ressemblance qu'on leur a trouvée avec une espèce de bonnets que les femmes des pêcheurs portoient autrefois en Hollande. RUMPHIUS leur a dejà trouvé cette ressemblance, et c'est à tort, lorsque certains Curieux pretendent leur donner le nom de *Vischkuifjes* (ce qui signifieroit des *crêtes* ou des *couronnes de poisson*). La *fig.* 4. represente ce Lepas de profil, pour faire voir la structure de sa coque qui paroit comme feuilletée. Dans la *fig.* 5. se fait voir la cavité d'un autre individu un peu plus grand mais de la même espèce; l'on y découvre un appendice en demi-cornet de substance osseuse qui descend du sommet. Le dedans en est lisse, le dehors d'un blanc mat. Ils nous viennent des Indes orientales; on les y trouve attachés aux rochers de la maniére qui est ordinaire à ce genre de Coquille. L'on en voit encore plusieurs variétés qui se distinguent les unes des autres.

I 3

PLAN-

PLANCHE XXXVI. ⁂

Figg. 1. 2. Le nom de *Paarde Voet* (*Sole de Cheval*) qui fe donne en Hollande à une Coquille que l'on connoit en France fous celui de *Feuille de Chou*, et dont fe voïent les deux battans feparés dans la première Part. *Pl.* XXII. *fig.* 1. 2. et réunies dans la Partie que nous avons devant nous *Pl.* IX. ⁂ fe juftifie fuffifamment par ces copies que nous venons de citer: nous leur joignons dans ces figures celle d'un rare morceau, qui, outre qu'il offre tous les caractéres de cette même efpèce de Coquille, fe diftingue encore en ce que fes côtes, qui partent du fommet et s'étendent jufqu' aux bords, font hériffées d'épines d'une longueur très confiderable quoiqu' inégale; et c'eft ce qui lui a fait donner le nom de *Gedoornde Paarde Voet*, FEUILLE DE CHOU EPINEUSE. Dans les interftices que les côtes laiffent entre elles, la robe de cette Coquille eft comme picotée ou parfemée de petits points enfoncés. Sa couleur eft un blanc de neige; et elle vient des *Indes occidentales.*

Fig. 3. Ce morceau qui fuit immediatement dans cette figure, eft un battant ifolé d'un bivalve que l'on connoit en Hollande fous le nom de *Nagelfchulpje*, en France fous celui de FAITIÈRE, il eft de la petite forte, qui s'appelle quelquefois auffi *le* BASSIN DE FONTAINE. Dans la premiere Partie *Pl.* XIX. *fig.* 3. fe voit une Coquille femblable mais à côtes chargées de tuiles.

Fig. 4. Petite VIS à pas des fpires ornés d'une cordelette ou fafcie, d'une forme très gracieufe & fort éffilée. On lui donne en Hollande le nom de *Gekeperd Tophoorntje.*

Fig. 5. Ce beau morceau, qui occupe le milieu de cette Planche, porte en Hollande le nom de *Suiker-Pot*, POT AU SUCRE; les côtes dont il eft chargé, lui donnent un air fort gracieux & qui furpaffe toutes les productions de l'Art.

PLAN-

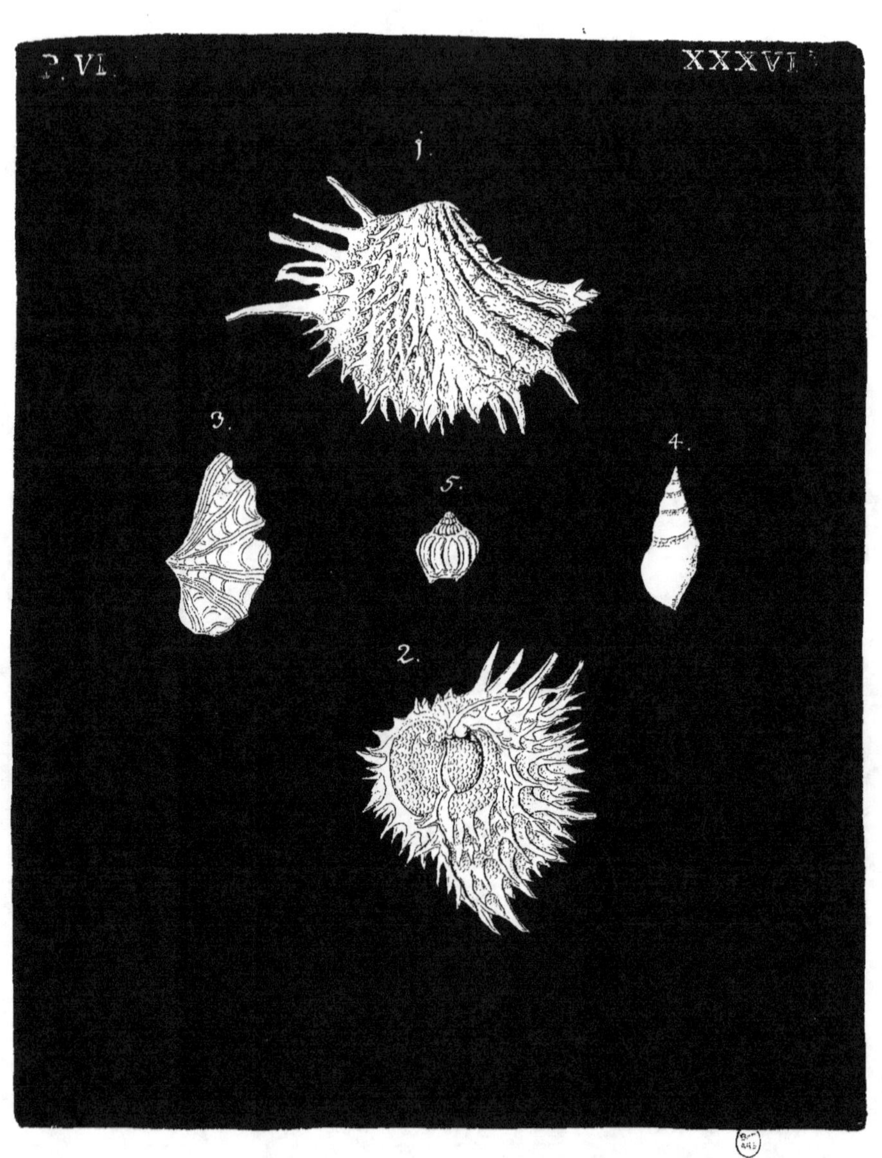
1.
3.
5.
4.
2.

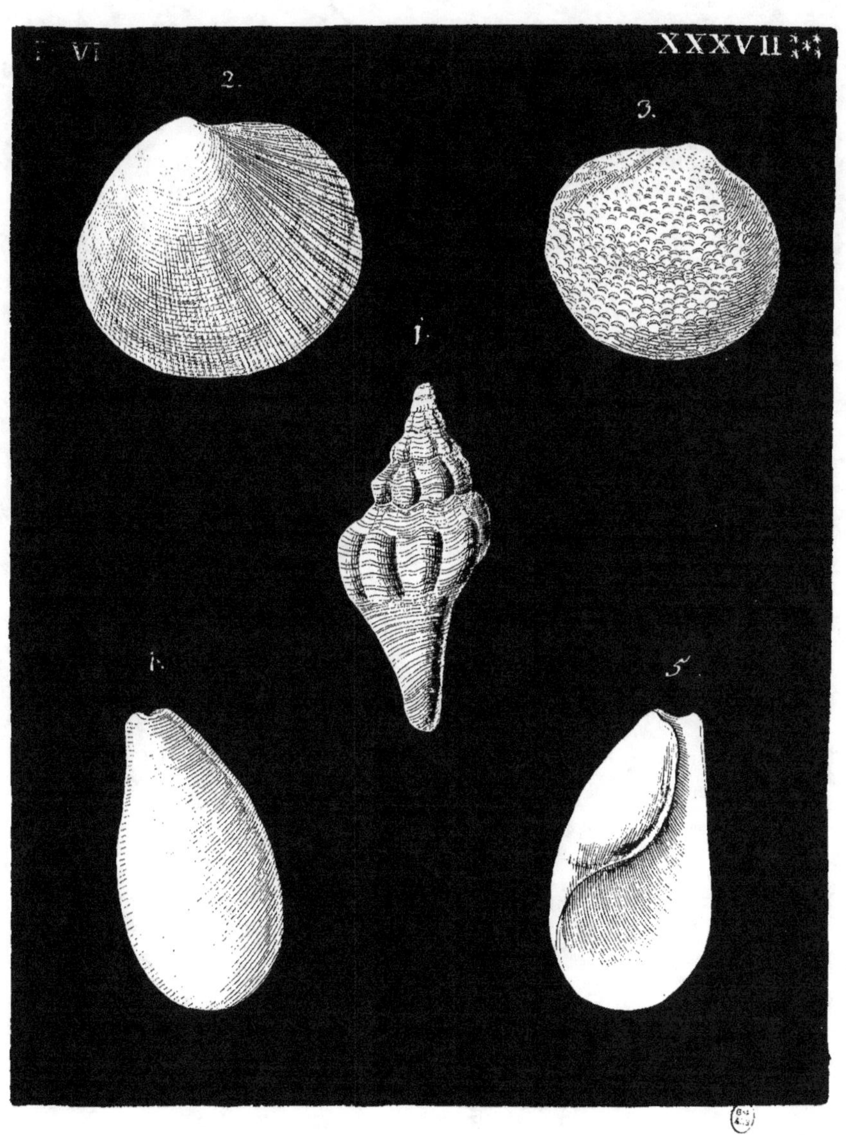
2
3
1
4
5

P L A N C H E XXXVII. ⁂

Fig. 1. La forme de la Coquille dont il s'offre ici la copie, fait d'abord voir, qu' elle doit être rangée parmi les *Fufeaux*, & en particulier parmi ceux qui font chargés de tubercules, dont nous avons déjà donné quelques échantillons dans les Parties précédentes de cet Ouvrage. MR. LINNÆUS la rapporte parmi les *Volutes*, à caufe des trois plis qui fe voïent du côté interne de fa clavicule, & en effet paroit elle approcher le plus près de l'efpèce qu'il defigne du nom de *Pyrum, la Poire*. Ses orbes font chargés tout à l'entour de gros tubercules arrondis. La queüe finit en une pointe liffe & contournée en fpirale à la maniere de certains tuyaux vermiculaires. Sa couleur eft un blanc de neige; & c'eft ce qui la fait nommer en Holl. *Witte geknobelde Spil*, FUSEAU BLANC A TUBERCULES.

Fig. 2. C'eft un battant ifolé d'une efpèce de *Came* qui s'appelle en Holl. *S. Domingo Schulp*, la CAME DE S. DOMINGUE, parce qu'elle vient de cette Isle. On lui donne auffi le nom de *Witte Venus-Labaar*, TOURS DE GORGE DE VENUS BLANCS, puisque c'eft de cette forte de Coquille, lorsqu' elle eft dépouillée & polie, que refultent les *Tours de Gorge de Venus ordinaires*. Lors qu'on l'oppofe au jour, on y découvre ce teint jaune qui donne un air fi agréable à ces *Tours de Gorge de Venus*; & ce bord couleur de rofe qui orne ces derniers, fe remarque quelquefois auffi dans ces *Cames de S. Domingue*, lorsqu' elles ne font pas encore dépouillées. Dans cet état, qui leur eft naturel, elles fe trouvent chargées de côtes fines, tant longitudinales que transverfales, qui les font paroitre comme couvertes d'une efpèce de Rézeau. En dehors elles font tout à fait blanches, en dedans elles ont une teinte legére de rouge ou pourpre. Le contour en eft à peu près circulaire, & on en trouve qui font deux fois plus larges.

Fig. 3. Outre celle que nous venons de voir, il y a encore trois fortes de *Cames* auxquelles leur furface raboteufe a fait donner des noms particuliers. La premiére, qui fe voit dans la fecondé Partie de cet Ouvrage Pl. II. *, s'appelle *la Chagrinée*. La feconde eft celle qui s'offre dans la figure que nous avons fous les yeux, & celle-ci fe diftingue de la premiere,

en

en ce qu'elle n'eſt pas de forme oblongue mais circulaire, & à robe beaucoup plus rude; la troiſiéme eſt plus rude encore, & s'appelle *la Langue de
Chat*, comme nous verrons dans l'explication de la Planche ſuivante. Celle
dont il s'agit ici, porte en Hollande le nom de *Robbe-Tong*, LANGUE DE VEAU
MARIN, parce qu'elle reſſemble à la peau chagrinée de cet Animal dépouillée de ſes poils ; quelquefois on lui donne auſſi le nom de *Sagryne*, *la*
CHAGRINE'E, ou bien auſſi *la* LANGUE DE TIGRE; ces noms lui viennent de
ce qu'elle eſt couverte de petites tuiles en forme de croiſſant tournées en
dehors, qui diminuënt vers la charniére, & en rendent la ſurface rès rude au toucher.

Figg. 4. 5. Ces Coquilles, que l'on ne connoit que depuis peu, portent en Hollande le nom de *Magellaanſche Kievits-Eyeren*, en France celui
D' OUBLIES DE MAGELLAN. Ce dernier nom leur a été donné à cauſe de
leur reſſemblance avec une eſpèce d'Oublies roulées ; l'on doit ſe garder de
les confondre avec la Coquille que l'on connoit depuis quelques années ſous
le nom de *opgerolde Kaneel-Wafel*, ESPECE DE GAUFFRE AVEC DE LA CA-
NELLE. Ces Coquilles appartiennent au Genre des *Gondoles;* mais ſi elles
reſſemblent en pluſieurs points aux eſpèces ordinaires & communes, elles
s'en écartent en d'autres; pour ſentir ces différences, on n'a qu'à jetter un
coup d'œil ſur celles de la *Pl.* VIII. *Part.* I. & XXI. ⁎⁎⁎ *Part.* VI. & en les
comparant avec celles que nous avons ſous les yeux dans ces figures, l'on
trouvera que ces derniéres ſe retréciſſent d'un côté, tandis qu' elles s'élar-
giſſent de l'autre, au point que l'on y découvre toute la cavité. L'épaiſſeur de
leur coque eſt peu conſiderable; elle eſt ornée de ſtries transverſales, &
d'un blanc de neige; l'on en trouve quelquefois d'un teint jaunâtre. Autant que nous ſçavons, on n'en a point eû de copie juſqu' ici.

PLANCHE XXXVIII. ⁎⁎⁎

Fig. 1. La Coquille qui occupe le milieu de cette Planche, reſſemble
parfaitement à cette eſpéce de *Peigne* que l'on connoit ſous le nom de *Coquille de S. Jacques;* on l'appelle en Holl. *Spaanſche St. Jacobs Doublet*, COQUILLE
DE S. JACQUES D' ESPAGNE. Les valves qui la compoſent, ſont l'une convexe

en

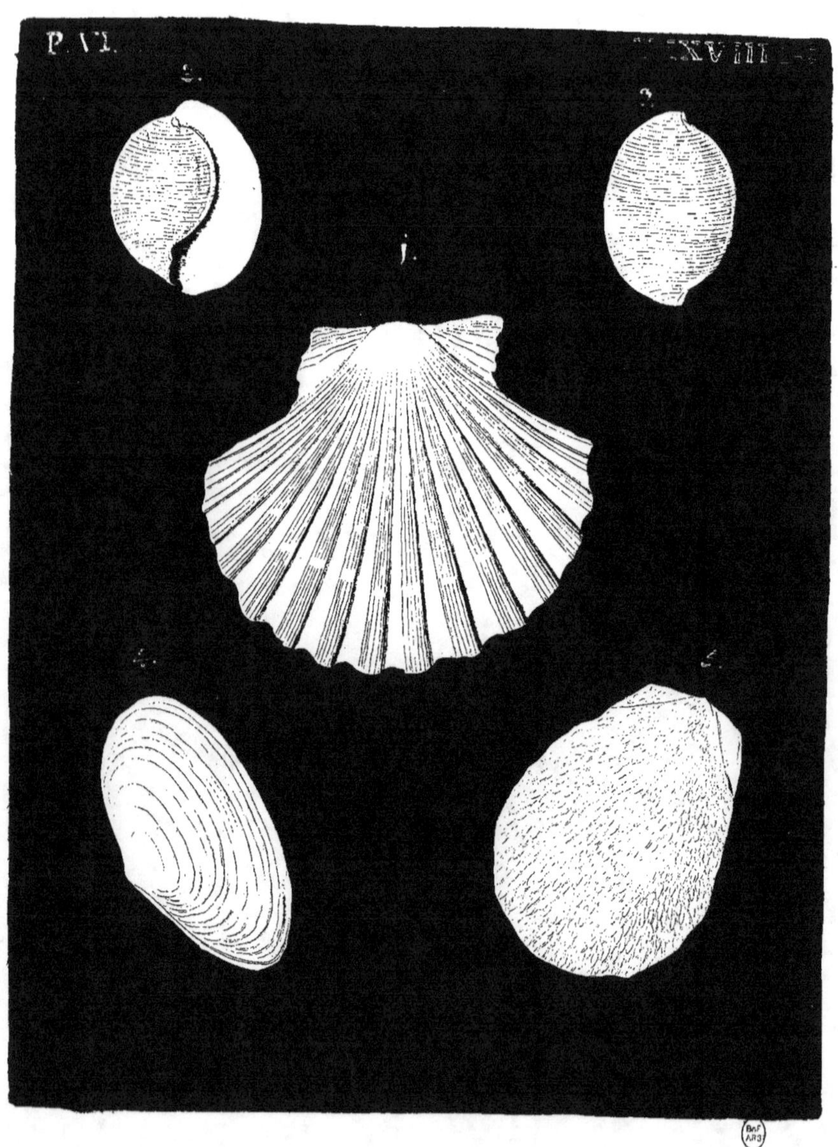

en dehors & concave en dedans, l'autre platte avec un leger enfonce-
ment, & cette derniére eſt d'un rouge pâle et ſe trouve en deſſous de
celle qui ſe preſente dans cette figure. Celle - ci, qui ſe voit ici en dehors ou
du côté convexe, eſt chargée de côtes longitudinales creuſes en dedans,
de ſorte qu'au revers l'on y voit autant de cannelures qu'il y a de côtes,
ſingularité qui ne ſe trouve pas dans les Coquilles de S. Jacques ordinaires.
Sa robe eſt d'un blanc de neige. Un morceau ſemblable, mais qui a un
peu de rouge du côté de la charniére, ſe voit dans la ſeconde Partie *Pl.*
XXII.* On peut la comparer avec les Coquilles de S. Jacques ordinaires,
qui ſe trouvent *Pl.* XIV. *Part.* I. & par - ci par - là dans les autres Parties de
cet Ouvrage.

Figg. 2. 3. La GONDOLE BLANCHE, en Holl. *Wit Kievits - Ey*, dont il ſę
voit le deſſous *fig.* 2. et le deſſus *fig.* 3. eſt plus rare que les autres ſortes
du même genre, desquelles elle s'écarte auſſi un peu dans ſa forme. Elle
eſt d'une coque papiracée, transparente, & extrèmement legére. Sa couleur tire ſur le bleu, ce qui vient de ſa transparence. Sa bouche eſt évalée
& forme une levre ſaillante des deux côtés, & c'eſt en quoi elle différe encore des Gondoles ordinaires.

Fig. 4. Cette TELLINE BLANCHE, en Holl. *Witte Telline*, n'a rien de
particulier que ſa couleur, & ce n'eſt que celle-ci qui lui a fait donner ici
une place; ce qui caractériſe en particulier les Tellines, c'eſt à dire, leur
forme allongée, y eſt très ſenſible. On pourroit lui donner auſſi le nom
de LANGUE BLANCHE.

Fig. 5. Cette Coquille appartient à la Famille des *Peignes*, quoiqu'elle
s'en écarte beaucoup par ſa forme extraordinaire. Depuis le ſommet, où
ſe trouve une eſpèce de charniére, ſes bords vont presque tout droit jusqu'à la baſe qui eſt circulaire. Sa robe eſt rude au toucher, comme celle
de la *Chagrinée*. Elle eſt de couleur blanche, quelquefois l'on en voit
d'un brun jaunâtre. On lui donne en Hollande le nom de *Katte - Tong*, LAN-
GUE DE CHAT, & parce qu'en dedans elle paroit liſſe comme la glace, on
l'apelle quelquefois auſſi de celui d'YSDOUBLET.

Sixieme Partie.   K   PLAN-

PLANCHE XXXIX.

Fig. 1. Le *Buccin* qui orne le milieu de cette Planche, porte en Hollande le nom pompeux d'*Offerhooren*, SJANCO, BUCCIN D'OFFRANDE, qui lui vient de l'ufage que les Nations idolatres en faifoient autrefois dans leurs Sacrifices, ou dans le Sacre de leurs Rois ou de leurs Princes, et peût-être dans l'une & l'autre de ces cérémonies. Il eft extrèmement rare, et un Buccin de cette efpèce, lorsqu'il a la bouche pofée à contrefens des autres, eft regardé comme un morceau de grand prix tant aux Indes qu'en Europe. Sa forme approche beaucoup de celle d'un *Fufeau*, ou d'un *Buccin - Poire* à tête élevée; d'après Mr. DE LINNE' il faudroit le ranger parmi les *Volutes*, parceque fa clavicule eft chargée du côté interne de plis. Le long de la levre intérieure regne un fillon qui fe termine au bout de la queuë. Parmi les plus beaux morceaux de cette forte de Buccin fe trouvent auffi de plus grands, d'un blanc de neige, et de la dureté du marbre. Quelquefois on les creufe au tour, & les orne en dehors de gravures. Les *Uniques* qui font tournés à contrefens, portent aux Indes le nom de *Sjanko*, auffi bien que celui - ci, quoiqu'on leur donne en particulier celui de *Buccins des Rois*, à caufe de l'ufage dont il a été parlé ci - deffus.

Fig. 2. VIS DE TAMBOUR BLANCHE, en Holl. *Witt Trommelfchroefje*, qui fe fait remarquer, tant par fa couleur, que parceque fes orbes ne font chargés que d'une feule ftrie en vive - arrête, tandis que d'autres de même efpèce en ont plufieurs, telle qu'eft celle de la *Pl.* XIX.** *fig.* 5. *Part.* III.

Fig. 3. FAUSSE SCALATA DES INDES ORIENTALES, en Holl. *Ooftindifch Wendeltrapje.* En quoi celle - ci différe des Coquilles ordinaires de même efpèce qui fe trouvent fur les côtes d'Hollande près de *Scheveningue*, peût fe voir en jettant un coup d'oeil fur la *Pl.* XX.*** *Part.* IV. où l'on peût découvrir auffi en quoi elle s'écarte de celles d'*Amboïne* qui s'y voïent auffi, de même que fur les *Pl.* XXIII. et XXIV. *Part.* V. c'eft qu'elle eft beaucoup plus longue à proportion de fa largeur, plus éffilée, & que fa levre n'a point de trou; & c'eft auffi ce qui lui a fait donner le nom de *Fauffe - Scalata.*

Fig. 4.

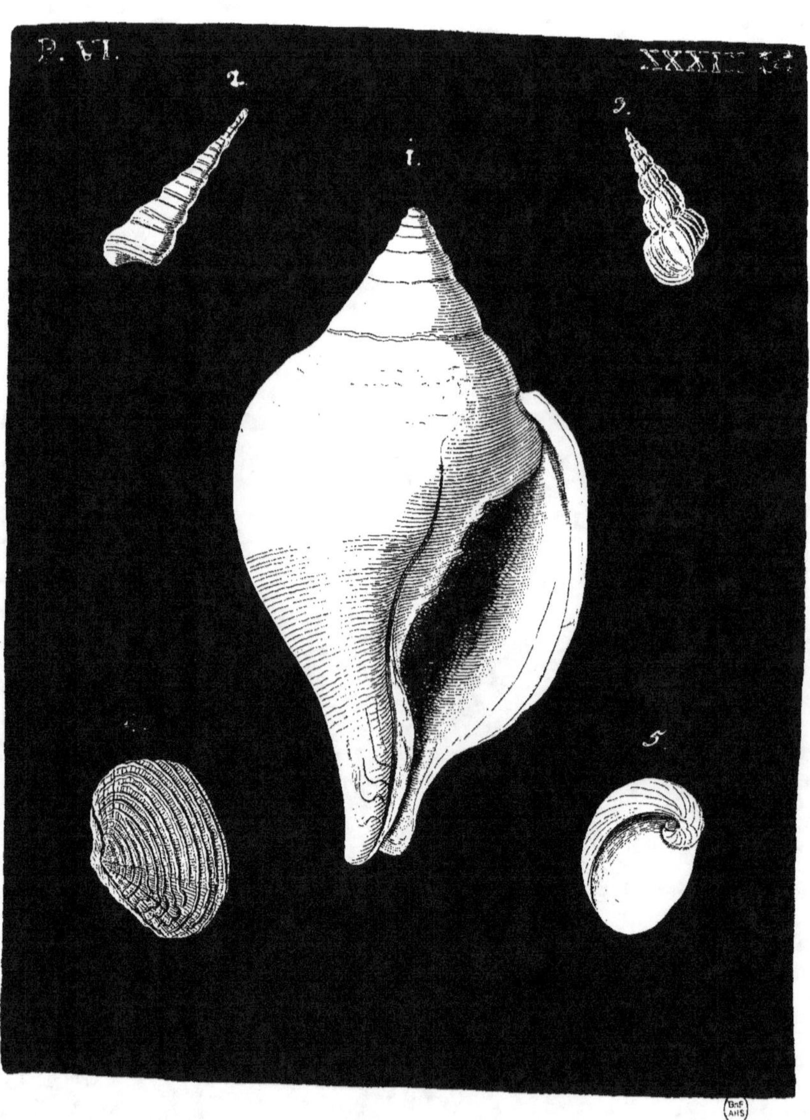

P. VI.
XXXIX.
1.
2.
3.
4.
5.

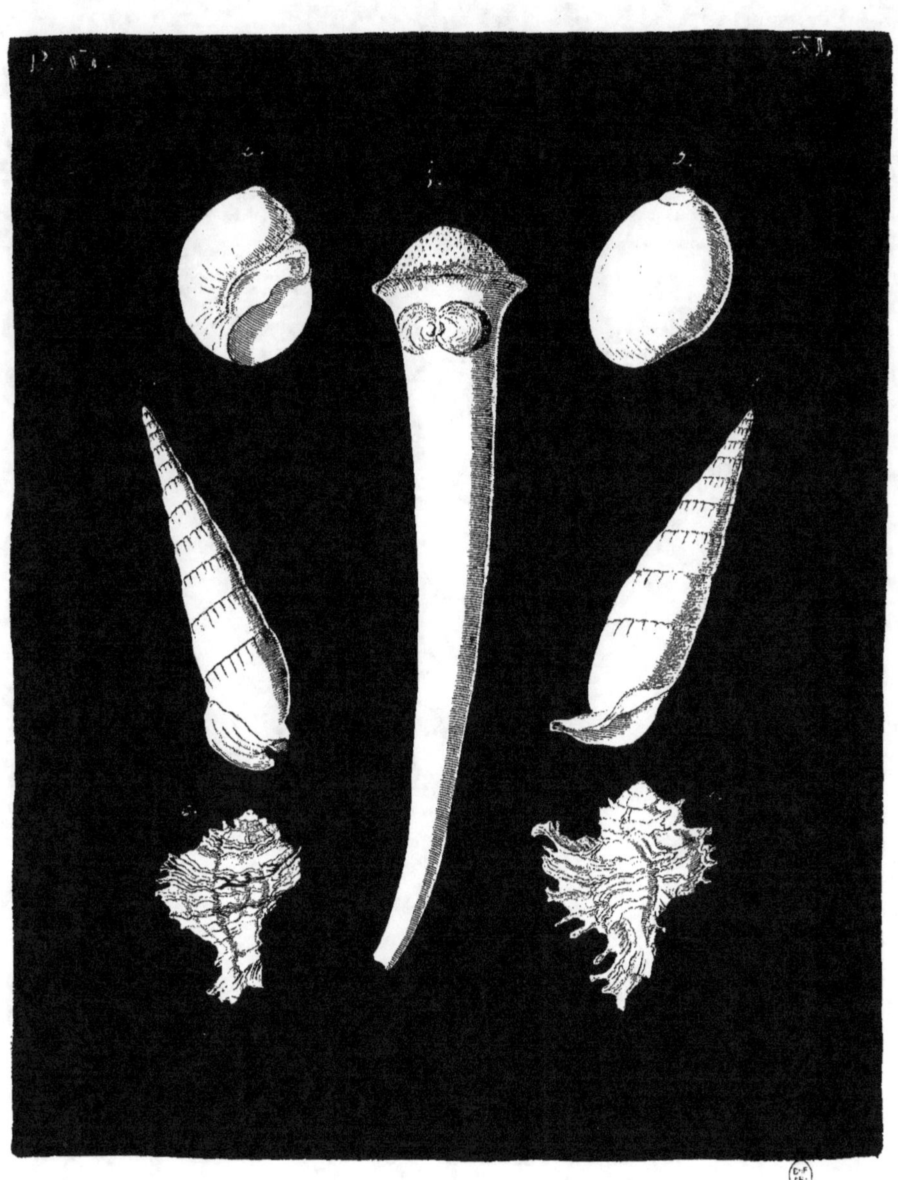

Fig. 4. Cette Coquille doit à son air & à sa forme le nom d'*Amandel-Doublet*, L'AMANDE. La *fig.* 3. *Pl.* III. ✳✳ de cette Partie fait voir en quoi elle différe d'une autre sorte de *Came*, qui porte en Hollande le nom de *Rysdoublet.* Cette *Amande* est d'un blanc de lait en dehors, d'un jaune de souffre en dedans, & ressemble beaucoup à une Coquille qui se voit dans GUALTIERI *Tab.* 75. *fig.* C. La structure de sa charniére nous la fait rapporter aux *Cames en forme de Coeur.*

Fig. 5. La petite OREILLE DE MER, en Holl. *Wit Oorstelpje*, qui se voit dans cette figure, semblable, à la couleur près, à celle de la *Pl.* XVII.✳✳✳ *Part.* IV. est de couleur blanche tant au dedans qu'au dehors, & plus rare que la jaunâtre de même espèce que nous venons de citer. *Voy.* D'ARGENVILLE *Pl.* 3. *Lit.* C.

PLANCHE XL. ✳✳

Fig. 1. L'ARROSOIR, OU PINCEAU DE MER, en Holl. *Neptunusschacht*, qui se presente dans cette figure, étant orné d'une couronne beaucoup plus belle, quoique du reste plus petit, que celui qui se voit dans la quatriéme Partie de cet Ouvrage *Pl.* XXVIII.✳✳✳ nous avons jugé d'autant moins inutile de l'insérer ici, que cette copie, comparée avec celle qu'on vient de citer, fait voir d'une maniére évidente, qu'un fond brun reléve les Coquilles blanches infiniment mieux qu'un fond blanc. C'est tout ce que nous avons à remarquer par raport à cette Coquille.

Figg. 2. 3. Ces NERITES BLANCHES, en Holl. *Witte halve Maan-Hoorens*, se rapportent parmi celles qui portent en Hollande le nom de *Eyer-Dooyers, Jaunes d'Oeuf*, dont la clavicule se termine en une espèce de Mammelon saillant, qui leur a fait donner aussi en France le nom de *Mammelons.* Elles ne se distinguent de celles qui se voïent *Pl.* VI.✳✳✳ *Part.* IV. que par leur couleur, à laquelle elles doivent aussi le nom de *witte Eyerschaalen* qu'on leur donne quelquefois. L'une de ces copies en fait voir la bouche, l'autre le dessus.

Figg.

Figg. 4. 5. Deux FAUSSES-CHENILLES, en Holl. *Witte Snuitpennen*, qui ne différent guéres dans leur forme des ſtriées & de couleur jaune qui ſe voient dans la troiſiéme Part. *Pl.* XX.** *fig.* 3.   Les bords de leurs orbes étant échancrés, elles paroiſſent en quelque maniére un peu rudes au toucher.

Figg. 6. 7. Nous finiſſons par ces deux CHICORE'ES BLANCHES, en Holl. *Witte Krullhoorentjes*, qui ſervent à confirmer, une choſe que l'on a déjà eû occaſion de remarquer dans cet Ouvrage ; ſavoir qu'il y a une variété prodigieuſe parmi les Coquilles de la Famille des *Pourpres*. L'on en voit de brunes, de jaunes, de bariolées, & des blanches, on trouve des morceaux à ramage friſé, d'une force & d'une beauté ſurprenante, mais d'une grandeur qui excéde de beaucoup les bornes de ces Planches; cependant nous n'avons pas voulû laiſſer d'en donner ici un petit Echantillon, & d'y joindre un autre, lequel, quoique à feuillages moins ſaillans, ne laiſſe pas de ſe faire remarquer par les deux faſcies brunes - jaunatres qui n'en relévent pas peu la beauté.

Et voila ce que nous jugeons ſuffire pour avoir de quoi ſe faireune idée des Coquilles blanches, par lesquelles nous avons voulû terminer cet Ouvrage, en ſouhaitant à nos Lecteurs la ſatisfaction de gouter abondamment les plaiſirs delicieux que procure à ſes Amateurs la Contemplation des Productions de la Nature.

CONTINUATION
DE LA
TABLE SISTEMATIQUE
DES
COQUILLES
REPRESENTEES
DANS LES CINQUIEME ET SIXIEME PARTIES
DE CET OUVRAGE SUIVANT LE SYSTEME
DE
Mr. G. E. RUMPH.

NB. Le Chifre Romain accompagné de quatre étoiles marque les Planches de la cinquieme Partie
& le même Chifre avec cinq étoiles se raporte aux Planches de la sixieme.

ORDRE I. UNIVALVES.
Classe I. Coquilles contournées en Spirale.
Cochleæ in spiram contortæ.

Famille I. Nautile. *Nautilus*

Genre 1. Nautiles proprement dits.

Nautile à stries chargées de grains de ris	Pl. XXXI ****/	Fig. 1.

Genre 2. Espéces.

Cornet de Postillon à fascies	— XXI **	— 3, 4.
Cornet de Postillon d'Europe	— XXII **	— 6.
Caracol brun bordé de blanc	— XXII **	— 7.
Caracol blanc	— XXXII ****	— 2.

(a)

Famille II.

Famille II. *Cochleæ Lunares.* Alykruiken. Limaçons à bouche ronde.

Genre 1.   Limaçons à bouche ronde.   *Cochleæ Lunares.*

NB. Opercules des Limaçons à bouche ronde.

Genre 2.   Sabots.   *Trochi.*

Genre 3.   Coquilles à ſommet élevé.

Famille III.

Genre 4. *Murices.* Pourpres.

Brulée blanche nuée de brun —	Pl. IV ** **	Fig. 1.
Chauſſe-Trape brune à grandes feuilles fri-ſées, ou le Cheval de Friſe brun —	— XI ** **	— 1.
Pourpre à faſcies noires —	— XIII ** **	— 4.
Rocher à robe granuleuſe orangé-brune	— XVIII ** **	— 7.
Pourpre à faſcies orangées —	— XIX ** **	— 6.
Poire ſeche —	— XXI ** **	— 1.
Grande Becaſſe épineuſe —	— XXVII ** **	— 1.
Becaſſe à ramage —	— XVII ***	— 1.
Chicorée couleur de marron bariolée —	— XIX ***	— 1.
Maſſuë à longue queue —	— XXIV ***	— 3.
L'Indien —	— XXVI ***	— 1.
Poire ſeche —	— XXVI ***	— 2.
Figue épineuſe —	— XXVII ***	— 1.
Poire mouchetée —	— XXVII ***	— 2.
Vaſe à ramage —	— XXIX ***	— 7.
Le Vaſe —	— XXXV ***	— 1.
Culotte de Suiſſe —	— XXXV ***	— 2.
Noix Muſcade blanche —	— XXXV ***	— 3.
Chicorées blanches —	— XL ***	— 6, 7.

Famille V. Cochleæ globoſæ. Conques ſphériques.

Genre 1. Tonnes.

Noix Muſcade —	— IV ** **	— 2.
Perdrix brune —	— XII ** **	— 1.
Gondole bleuâtre —	— XVII ** **	— 6.
La Rave —	— XXI ** **	— 2.
Petit Grelot à côtes —	— XV ***	— 7.
Oublie pourprée —	— XXI ***	— 2.

Groſſe

Famille VIII. Volutæ. Volutes.

Genre 1. *Faſciatæ.* Volutes à faſcies.

Genre 2.

Genre 2. *Coni.* Volutes coniques fans fafcies.

Genre 3. *Volutæ.* Volutes cylindriques, Rouleaux.

Famille IX. Alatæ, Aîlées.

Genre 1. à pattes.

Genre 2. à lévre étenduë.

Arti-

Ordre I. Claſſe II. Univalves non contournées.

Famille I. Solenes univalvi. Tuyaux de Mer.

            Famille

Famille II. En forme de Baſſin

    Genre I. Oreilles de mer.

    Genre 2. *Patellæ.* Lepas ou Patelles.

ORDRE II. BIVALVES.

Famille 1. Chama. Cames.

    Genre 1. *Chama aſpera.* Cames ridées et feuilletées.

                  Feuille

Bignet

Man-

Genre 2. Petoncles.

Genre 3.

Huitre

ORDRE III. MULTIVALVES.

Groupes naturels.

Grou·

Groupes artificiels.

Bouquet compofé de petits Limaçons, Lepas et Ourfins.   -   -   Pl. XXX ✱✱✱   Fig. 1.

Coquilles en Mignature

Speculatie Goed   -   -   -

Coquilles dont la plûpart ne fe trouvent
guères plus grandes.

— XVII ✱✱   — 5.
— XXII ✱✱   — 4, 5.
— V ✱✱✱   — 5, 6.
— VII ✱✱✱   — 4.
— XIV ✱✱✱   — 6, 7.
— XV ✱✱✱   — 6, 7.
— XVI ✱✱✱   — 6, 7, 8.
— XVII ✱✱✱   — 5, 6, 8, 9.
— XVIII ✱✱✱   — 3, 4.
— XIX ✱✱✱   — 4.
— XX ✱✱✱   — 5.
— XXI ✱✱✱   — 6, 7.
— XXII ✱✱✱   — 1, 3, 4, 5, 6, 7.
— XXIII ✱✱✱   — 8, 9.
— XXV ✱✱✱   — 4, 5, 6.

CONTINUATION
DE LA
TABLE DES COQUILLES
CONTENUES DANS CET OUVRAGE,
D'APRÈS LA XII.ᵉ EDITION
DU SYSTEME DE LA NATURE
DE
Mr. DE LINNE.

NB. Les noms qui se trouvent imprimés en Caractères italiques & avec des chifres plus gros de-
signent les Genres, les autres, les espèces qui s'y rapportent.

Les chifres qui se trouvent placés au devant de chaque nom se rapportent à la XII.ᵉ Edition du dit
Systéme, ceux au contraire qui les suivent, à la X. Ed.

(⁛) dénote la Vᵉ Partie de cet Ouvrage, & (⸫) en indique la VIᵉ.

Ed. XII. Genre 301. Lepas. Glands de Mer. Ed. X. Genre 267.
Multivalves qui s'attachent par leur base à des corps qui
se presentent.

		Planche.	Fig.
15. Mitella 8.		— XIII ⁑	— 7.
303. *Mya 269. Moules.*			
30. Perna 21.		— XXV ⁑	— 1.
31. Vulsella 22.		— II ⁑	
304. *Solen 270. Manches de Couteau.*			
35. Ensis 25.		— VII ⸫	— 1.
39. strigilatus 29.		— V ⸫	— 4.
41. bullatus 31.		— VII ⸫	— 6.
305. *Tellina 271. Tellines.*			
46. virgata 35.		— XXXVIII ⸫	— 4.
50. albida 38.		— IX ⁑	— 3.

)(51. fo.

136. ti-

❊)o(❊

Ed. XII.	Ed. X.		Planche.	Fig.
193. Pallium 163.	-	-	— XXVII ** **	— 2.
196. pelluceus 166.	-	-	— XIII ** **	— 2.
			— IX *.* *.*	— 4.
197. Obliterata	-	-	— XV ** **	— 1.
198. sanguinea 167.	-	-	— XI ** **	— 5.
			— XVI *.* *.*	— 2.
199. varia 168.	-	-	— XI ** **	— 3.
200. Pusio 169.	-	-	— XXVIII ** **	— 3.
202. opercularis 171.	-	-	— XXVIII ** **	— 4.
205. fasciata 174.	-	-	— XXXVIII *.* *.*	— 5.
206. Lima 175.	-	-	— XXXIV *.* *.*	— 3.
214. Isogonum	-	-	— XIII *.* *.*	— 1.
215. Ephippium 182.	-	-	— XXIX ** **	— 1.

314. Anomia 279. Anomies.

219. Cepa 186.	-	-	— IX *.* *.*	— 5.
220. electrica 187.	-	-	— XXV ** **	— 6.

315. Mytilus 280. Huitres.

243. Crista Galli 206.	-	-	— XVI ** **	— 1.
			— XVII ** **	— 1, 2, 3.
255. bidens	-	-	— XIII ** **	— 6.
260. ruber 221.	-	-	— IV *.* *.*	— 2.
261. discors	-	-	— IV *.* *.*	— 3.
262. Hirundo 222.	-	-	— X ** **	— 1, 2.
			— II *.* *.*	

316. Pinna 281. Pinnes marines.

266. muricata 225.	-	-	— XX *.* *.*	— 1.

317. Argonauta 282. Nautiles papiracés.

271. Argo 231.	-	-	— XXXI *.* *.*	— 1.

Ed. XII.	Ed. X.	Planche.	Fig.
357.	derosa 315.	— XX ***	— 4.
361.	helvola 316.	— XIV ***	— 6, 7.
364.	Pediculus 322.	— XVII ***	— 6.
368.	Globulus 326.	— XXI ***	— 7.
321.	*Bulla* 286. *Conques spheriques.*		
369.	Ovum 327.	— XXXIII ***	— 1.
370.	Volva 328.	— XXXII ***	— 1.
371.	birostris	— I **	— 2, 3.
372.	Spelta 329.	— XX ***	— 5.
375.	Naucum 332.	— XXXVIII ***	— 2, 3.
378.	Ampulla 334.	— XVII **	— 6.
		— XXI ***	— 2.
382.	Ficus	— XXVII ***	— 7.
389.	Cypræa.	— XXVII ***	— 6.
390.	virginea.	— XXV **	— 4.
322.	*Voluta.* 287. *Volutes.*		
392.	Auris midæ	— XXV ***	— 1.
393.	Auris Judæ.	— XIX ***	— 2, 3.
394.	tornatilis.	— XIX ***	— 4.
399.	Olyva 350.	— IV **	— 4.
		— XVIII **	— 1, 2.
		— XIX **	— 1.
		— XXVI **	— 3, 4.
		— XXVII **	— 4, 5.
		— XXVIII **	— 6.
		— XXVIII ***	— 5.
400.	Ispidula 351.	— XXIII ***	— 4.
404.	Persicula 352.	— XXI ***	— 6.
405.	pallida	— XXIII **	— 3.
408.	reticulata	— XVIII **	— 5.

409. Mer-

477. niti›

Ed. XII.	Ed. X.			Planche.		Fig.
477. nitidulum 413.	-	-	— X **		— 3.
479. maculatum 415.	-	-	— XIX **		— 6.
485. duplicatum 419.	-	-	— XXIV **		— 4.
486. lanceatum	-	-	— XXIV **		— 5.
487. dimidiatum 420.	-	-	— XVII **		— 5. 6.

324. Strombus 289. Rochers.

489. Fufus	-	-	-	{ — VI ** — VII **	— 1. — 1.
492. Scorpius 424.	-	-	— IV **	— 3.
500. Luhuanus 432.	-	-	— XVI **	— 5.
503. Lucifer 434.	-	-	{ — IX ** — XVI **	— 5. — 4.
506. Epidromis 437.	-	-	— XXXIII **	— 2.
514. Tuberculatus -	-	-	— XXII **	— 5.
516. ater 441.	-	-	— XIII **	— 8.

325. Murex 290. Pourpres.

519. Tribulus 444.	-	-	— XXVII **	— 1.
520. cornutus 445.	-	-	— XVII **	— 1.
522. Trunculus 447.	-	-	{ — XIII ** — XIX **	— 4. — 6.
523. ramofus 448.	-	-	{ — XIX ** — XL ** — XI **	— 1. — 6, 7. — 1.
525. faxatilis 450.	-	-	— IV **	— 1.
526. erinaceus 451.	-	-	— XXIII **	— 3.
528. gyrinus 453.	-	-	— XXV **	— 5, 6.
530. Olearium 455.	-	-	— XXIV **	— 6.
533. Lotorium 457.	-	-	— XXVI **	— 2.

534. Pi-

Ed. XII.	Ed. X.		Planche.	Fig.
534. pileare 458.	-	-	— XXI **	— 1.
538. reticularis 461.	-	-	— XXIV ***	— 6.
540. Ricinus 464.	-	-	— XXIV ***	— 7.
544. Mancinella 469.	-	-	— XXVI ***	— 2.
553. Cochlidium 482.	-	-	— XXVI ***	— 1.
554. Spirillus	-	-	— XXIV ***	— 3.
555. canaliculatus 483.	-	-	— XXI **	— 2.
556. Arvanus 484.	-	-	— XXVII ***	— 1.
560. Tritonis 488.	-	-	— V **	— 1.
562. Tulipa 489.	-	-	⎰ — XVIII **	— 5.
			⎱ — XXIX ***	— 1.
564. Dolarium	-	-	— III **	— 5.
565. corneus 491.	-	-	— XXXIII ***	— 3.
566. lignarius 492.	-	-	— XXVII ***	— 3.
567. Trapezium 493.	-	-	⎰ — X **	— 4.
			⎱ — XV ***	— 5.
571. Vertagus	-	-	⎰ — XV **	— 6.
			⎱ — XL ***	— 4, 5.
577. granulatus 501.	-	-	— XXVI ***	— 3.

326. *Trochus* 291. *Sabots.*

585. Magus 507.	-	-	— XXVII ***	— 4.
593. folaris	-	-	— XXVI ***	— 4.
594. veftiarius 515.	-	-	— XXII ***	— 7.
595. Labio 516.	-	-	⎰ — III **	— 1.
			⎱ — XII **	— 3.
599. zizyphinus 520.	-	-	— XXVII ***	— 5.
601. dolabratùs 522.	-	-	— XXIX ***	— 2.

Ed. XII.	Ed. X.		Planche.	Fig.
327. *Turbo*	292. *Vis.*			
614. Chrifoſtomus 535.	-	-	— XIII **	— 3.
630. ſcalaris 548.	-	-	⌈— XXIII **	— 1.
			⌊— XXIV **	— 6.
632. ambiguus	-	-	— XXXIX ***	— 3.
636. Uva 553.	-	-	— XXV ***	— 4.
640. imbricatus 557.	-	-	— XXV ***	— 2.
641. replicatus 558.	-	-	— XXV ***	— 3.
642. acutangulus 559.	-	-	⌈— XIX ***	— 5.
			⌊— XXXIX ***	— 2.
646. variegatus 563.	-	-	— XVI ***	— 8.

328. *Helix*   293. *Limaçon à bouche ronde.*

Ed. XII.	Ed. X.		Planche.	Fig.
655. Scarabæus 571.	-	-	— XIX ***	— 2, 3.
664. ringens 580.	-	-	— XXVI **	— 5, 6, 7.
666. Cornu militare 582.	-	-	— XXXII ***	— 1.
671. cornea 587.	-	-	— XXII **	— 6.
676. ampullacea 592.	-	-	— V **	— 2.
678. glauca 594.	-	-	— V **	— 3.
679. citrina 595.	-	-	— XXII **	— 7.
681. Zonaria	-	-	— XXI **	— 3, 4.
688. perverſa 601.	-	-	— XXIII **	— 4, 5.
690. vivipara 603.	-	-	— XVII **	— 4.
695. decollata 608.	-	-	— XXXII ***	— 3.
709. lævigata	-	-	— XXIII ***	— 8, 9.

329. *Nerita*   294. *Limaçons à bouche demironde, Nerites.*

Ed. XII.	Ed. X.		Planche.	Fig.
716. glaucina 624.	-	-	— XVI ***	— 7.
719. Mamilla 627.	-	-	— XL ***	— 2, 3.

722. Cor-

DUGUAY-TROUIN

DUGUAY-TROUIN

BIBLIOTHÈQUE VARIÉE

Dʳ PHILIPPS

DUGUAY-TROUIN

PARIS

LIBRAIRIE GÉNÉRALE DE VULGARISATION

9, RUE DE VERNEUIL, 9.

BIBLIOTHÈQUE VARIÉE

Avec Gravures dans le Texte

A 1 fr. 50 LE VOLUME

RENÉ DUGUAY-TROUIN

CHAPITRE PREMIER

Sa famille; sa jeunesse. — Guerre avec l'Angleterre et la Hollande.
— Campagnes de 1689 à 1696. — Sa captivité à Plymouth; son
évasion.

Né à Saint-Malo, le 10 juin, en 1673, René Duguay-Trouin était le fils d'un riche armateur de ce port,
qui commandait tour à tour ses propres navires, chargés pour le commerce en temps de paix, ou équipés
en corsaires lorsque la guerre éclatait de côté ou d'autre, avec l'Angleterre, l'Espagne ou la Hollande. René
Duguay nous le dit lui-même dans un mémoire auto-
graphié sur sa vie, qu'il a laissé et qu'on peut consul-
ter aux Archives de la Marine.

« Mon père, dit-il, était négociant ; il s'était acquis la réputation d'un très-brave homme et d'un habile marin. »

La jeunesse de René fut agitée comme celle de tous les hommes prédestinés à une vie retentissante. Destiné d'abord à l'Église par les vues peu ambitieuses de sa famille, il fut placé au collège de Rennes, en Bretagne, et reçut même, dit-on, la tonsure, car son père se proposait de l'envoyer en Espagne, auprès de l'évêque de Malaga, frère naturel du roi d'Espagne, et protecteur de la famille Duguay, dont un des membres avait presque constamment été en possession du consulat de Malaga. On espérait obtenir, par le patronage de ce prélat tout-puissant, quelque bon bénéfice en faveur du jeune René. Mais le père de notre héros mourut sur ces entrefaites, et avec lui s'éteignit cette volonté de fer qui n'eût probablement réussi qu'à gratifier l'Église d'un prêtre fort peu édifiant.

Après avoir, en quelque sorte, jeté le froc aux orties, René quitta Rennes et vint étudier la philosophie au collège de Caen. Tout son être semblait transformé par les premières aspirations de la liberté qui lui était rendue. Il faisait peu de progès dans ses études métaphysiques ; mais, en revanche, il ne cédait à aucun de ses condisciples pour son adresse à tous les exercices du corps. Escrime, gymnastique, natation, tels étaient

les jeux favoris de cette riche nature, impatiente de se développer sur un plus vaste théâtre. Ce fut au sortir de l'Académie de Caen que Duguay-Trouin se trouva le héros d'une foule d'aventures de toutes sortes, dont il serait trop long de parler ici. Aussi s'occupait-il fort peu ou point de marine. En vain, sa pauvre mère, qui l'aimait à l'adoration, le suppliait-elle de venir s'embarquer à Saint-Malo; en vain lui rappelait-elle toutes les gloires maritimes qui rayonnaient autour du nom de son antique famille de corsaires. Duguay-Trouin arrivait, embrassait sa mère, lui racontait ses folies, dont elle tremblait et riait à la fois; puis, après avoir charmé, consolé sa mère, il repartait, lui disait-il gaiement, pour recommencer à expérimenter la terre, tant et si bien, qu'une fois homme de mer, il n'y voulut plus poser le pied.

Duguay-Trouin raconte ses aventures dans ses *Mémoires*. Nous y choisirons deux anecdotes qui prouvent combien ses principes étaient honnêtes, malgré le débordement de fougue auquel se livrait sa nature, et auquel tant d'autres auraient dû quelque dernière escapade déshonorante ou irréparable. Ayant, dans une querelle, mis l'épée à la main, la partie était devenue tellement inégale (parce que deux amis de l'adversaire de René s'étaient joints à son agresseur), que notre héros allait périr victime d'un véritable assassinat,

lorsqu'un gentilhomme du pays, venant à passer, se
rangea du côté de Duguay, le dégagea et l'emmena
souper à son auberge. « Ce gentilhomme, dit Duguay-
Trouin, dans ses *Mémoires*, était cependant un honnête filou que je ne connaissais pas, et même qui
n'était pas bien connu pour tel. Je l'appelle honnête,
en ce qu'il perdait noblement son argent ; mais aussi,
dès qu'il en manquait, il mettait son adresse en
pratique. Au demeurant, il était brave, et joignait
à une belle figure beaucoup d'esprit et des manières
fort engageantes, le tout accompagné d'une passion
pour les plaisirs et pour le vin qui allait jusqu'à la
plus extrême débauche. Belle école pour un jeune
homme de mon âge ! Il voulait que je fusse de toutes
ses fêtes ; il m'apprit même quelques *tours de cartes
et de dés*, dont, grâce à Dieu, je n'ai jamais fait
usage. »

Toujours est-il que Duguay-Trouin passa du temps
en compagnie de ce beau gentilhomme, gai diseur, ga-
lant escroc, spadassin querelleur, ivrogne et débauché.
Deux ou trois gaillards de la même trempe se joignant
à eux, ce n'était plus qu'orgies sur orgies, brelans sans
fin où le pauvre René perdait plus qu'il ne gagnait, malgré les charitables leçons de son ami le gentilhomme,
qui se moquait de ses scrupules. Puis, au sortir de ces
séances, après le jeu et dans les accès de l'ivresse

c'étaient les rixes avec le guet, des luttes avec des va-
lets ; tantôt des victoires, tantôt des défaites et des coups ;
puis des poursuites de justice auxquelles il fallait échapper à force de stratagèmes ; enfin une vie si désorientée
que tout autre que René y eût laissé en six mois sa
santé, son honneur, son avenir ; et René n'avait que
dix-sept ans ! Une dernière aventure plus terrible que
toutes les précédentes mit fin à ces désordres. Un duel
eut lieu : René tua son adversaire. Le parlement de
Rouen évoqua l'affaire, qui prit bientôt un tel caractère
de gravité, que Duguay s'enfuit à Paris avec trois pièces d'or pour toute ressource. Il arrive, entre, pour se
remettre de ses fatigues, dans un cabaret du cul-de-sac
Richelieu, et il s'est à peine attablé, qu'un laquais
vient demander deux bouteilles de vin pour M. Trouin
de la Barbinais. C'était le frère aîné de René, consul à
Malaga, et qu'une déclaration de guerre à l'Espagne
ramenait en France.

Au nom de son frère, Duguay ne doute pas qu'il ne
soit à sa poursuite. Il repart aussitôt, gagne le coche et
revient à Caen, d'où il se rend à Saint-Malo pour conter
ses malheurs et ses craintes à sa mère désolée. Le conseil de famille s'assemble aussitôt, et résout que pour
sauver l'honneur du cadet, il faut l'embarquer au plus
vite sur *la Trinité*, frégate de dix-huit canons, appartenant à un de ses oncles.

L'étude que nous offrons à nos lecteurs est composée, nous les en prévenons dès à présent, presque exclusivement d'après le texte même des *Mémoires* autobiographiques que l'illustre marin écrivit de son vivant. Ces Notes sont d'un style tout à la fois si naïf et si facile que personne, assurément, ne se plaindra de la façon dont nous avons compris notre travail.

Laissons donc Duguay-Trouin raconter naïvement ses premières campagnes.

« Au commencement de l'année 1689, la guerre étant déclarée avec l'Angleterre et la Hollande, je m'embarquai, en qualité de volontaire, sur *la Trinité*. Je fis, à bord de cette frégate, une campagne si rude et si orageuse, que je fus continuellement incommodé du mal de mer. Nous nous étions emparés d'un vaisseau anglais chargé de sucre et d'indigo ; et le voulant conduire à Saint-Malo, nous fûmes surpris en chemin d'un coup de vent de nord très violent qui nous jeta sur les côtes de Bretagne, pendant une nuit fort obscure. Notre prise échoua par un heureux hasard sur des fonds de vase, après avoir passé sur un grand nombre d'écueils au milieu desquels nous fûmes obligés de mouiller toutes nos ancres, et d'amener nos basses vergues, ainsi que nos mâts de hune ; et pour dernière ressource, de mettre notre chaloupe à la mer. Tout ce que nous pûmes faire

n'empêcha pas que cet orage, dont la furie et l'impétuosité augmentaient à chaque instant, ne nous jetât si près des rochers, que notre chaloupe fut engloutie dans leurs brisants. Mais au moment même que nous étions sur le point d'avoir une pareille destinée, et que tout l'équipage gémissait aux approches d'une mort qui paraissait inévitable, le vent sauta tout d'un coup du nord au sud, et, faisant pirouetter la frégate, la poussa aussi loin des écueils que la longueur de ses câbles pouvait le permettre. Ce changement de vent inespéré apaisa subitement la tempête et l'agitation des vagues, à tel point que nous relevâmes, sans trop de peine, notre prise de dessus les vases où elle était engravée, et que nous nous trouvâmes en état de la conduire à Saint-Malo, sans nouvel accident.

« Notre frégate y ayant été carénée de frais, nous ne tardâmes pas à retourner en croisière, et, ayant rencontré un corsaire de Flessingue, aussi fort que nous, nous lui livrâmes combat, et l'abordâmes de long en long ; je ne fus pas des derniers à me présenter pour m'élancer à son bord. Notre maître d'équipage, à côté duquel j'étais, voulut y sauter le premier ; il tomba par malheur entre les deux vaisseaux, qui, venant à se joindre dans le même instant, écrasèrent à mes yeux tous ses membres, et firent rejaillir une partie de sa cervelle jusque sur mes habits. Cette vue m'arrêta, d'autant

plus que je réfléchissais que, n'ayant pas comme lui le pied marin, il était moralement impossible que j'évitasse un genre de mort si affreux. Sur ces entrefaites, le feu prit à la poupe du corsaire qui fut enlevé l'épée à la main, après avoir soutenu trois abordages consécutifs, et l'on trouva que, pour un novice, j'avais témoigné assez de fermeté.

« Cette campagne, qui m'avait fait envisager toutes les horreurs du naufrage et celles d'un abordage sanglant, ne me rebuta pas. Je demandai, l'année suivante, à ma famille, et j'obtins la permission de m'embarquer sur une autre frégate de vingt-huit canons, nommée *le Grénédan*, que mon oncle faisait armer en course, et je n'y sollicitai point encore d'autre place que celle de volontaire. Je fus assez heureux pour me faire distinguer dans la rencontre que nous fîmes de quinze vaisseaux anglais venant de long cours. Ils avaient beaucoup d'apparence, et la plupart de nos officiers les jugeaient vaisseaux de guerre ; en sorte que notre capitaine balançait sur le parti qu'il avait à prendre. Malgré ma qualité de simple volontaire, il se croyait obligé de garder avec moi quelques ménagements, par rapport à ma famille, à qui la frégate appartenait ; il savait d'ailleurs que, quoique fort jeune, j'avais le coup d'œil assez juste pour distinguer les vaisseaux. Je lui dis que j'avais observé ceux-ci avec mes lunettes d'approche ; qu'ils

n'étaient sûrement que navires de commerce, et qu'il y allait ainsi de son honneur de ne pas perdre une si belle occasion. Il déféra à mes instances réitérées, et nous attaquâmes hardiment cette flottille. Le vaisseau commandant, percé à quarante canons, et monté de vingt-huit, fut d'abord enlevé; je fus le premier à sauter dans son bord. J'essuyai un coup de pistolet du capitaine anglais, et l'ayant blessé d'un coup de sabre, je me rendis maître de lui et de son vaisseau. Dès qu'il fut soumis, mon capitaine m'appelant à haute voix, m'ordonna de repasser dans le nôtre, avec ce que je pourrais rassembler des vaillants hommes qui m'avaient suivi. J'obéis, et un instant après nous abordâmes un second vaisseau de vingt-quatre canons. Je m'avançai sur notre bossoir pour sauter le premier à bord, mais la secousse de l'abordage, et celle de notre beaupré qui brisa le couronnement de la poupe de l'ennemi, fut si violente, qu'elle me fit tomber à la mer, avec un autre volontaire qui se trouvait à côté de moi. Comme ce brave garçon ne savait pas nager, c'était fait de lui, s'il n'eût trouvé dans sa main quelque débris de la poupe de l'Anglais. Il s'y accrocha, et fut sauvé par le premier vaisseau enlevé, qui nous suivait de près, et qui, le voyant perché sur ce débris, mit son canot à la mer pour l'aller prendre. Pour moi qui tenais, lorsque je tombai, une manœuvre à la main, je ne la quittai point, et je

fus repêché par quelques matelots de notre équipage qui me retirèrent par les pieds. Quoique étourdi de cette chute, et mouillé par-dessus tête, je me trouvai encore assez de force et d'ardeur pour sauter dans ce second vaisseau et pour contribuer à sa prise. Cette action fut suivie de l'enlèvement d'un troisième, et si la nuit, qui survint, ne nous avait empêché de poursuivre notre petite victoire, elle eût été bien plus complète.

« Cette aventure me fit tant d'honneur par le récit qu'en firent le capitaine et tous ceux qui composaient l'é-quipage, que ma famille crut pouvoir risquer de me con-fier un petit commandement. On me donna donc une frégate de quatorze canons. A peine fus-je rendu sur la croisière, qu'une tempête me jeta sur la rivière de Limerick. J'y descendis, et m'emparai d'un château qui appartenait au comte de Clarck. Je brûlai deux vaisseaux qui étaient échoués sur les vases. Cette opération fut exécutée malgré l'opposition d'un détachement de la garnison de Limerick, qu'il fallut combattre. Je me re-tirai en bon ordre, et repris la mer dès que l'orage eut cessé. La frégate que je montais n'allant pas bien, et m'ayant fait manquer plusieurs prises par ce défaut, on me donna un meilleur navire à mon retour à Saint-Malo. C'était *le Coetquen*, armé de dix-huit canons.

« Je me remis en mer, en 1692, accompagné d'une autre frégate de même force. Nous découvrîmes le long

de la côte d'Angleterre trente vaisseaux marchands anglais, escortés par deux frégates de guerre de seize canons chacune. Je les combattis seul, et me rendis maître de l'une et de l'autre, après une heure de combat assez vif. Mon camarade s'attacha pendant ce temps-là à s'emparer des vaisseaux marchands ; il en prit douze, que nous nous mîmes en devoir d'escorter dans le plus prochain port de Bretagne. Mais nous trouvâmes en chemin cinq vaisseaux de guerre anglais qui m'en reprirent deux, et qui me firent essuyer bien des coups de canon, pour pouvoir sauver le reste, que je fis entrer en rade de l'île de Bréhat; cette ile est entourée d'un grand nombre d'écueils qui les mirent à couvert. Pour moi, je me réfugiai dans la rade d'Arguy, située à neuf lieues de Saint-Malo, et toute hérissée de rochers que cette escadre anglaise ne connaissait pas. Ceux qui se trouvèrent le plus près de moi, et les plus opiniâtres à me poursuivre, se mirent dans un danger évident de se briser sur ces rochers, et furent contraints de m'abandonner.

« Peu de jours après, je sortis de cette rade sans aucun pilote. Les miens avaient été tués ou blessés, et ceux de nos officiers qui auraient pu y suppléer avaient été obligés de descendre à terre pour se faire panser de leurs blessures. Ainsi je me vis dans la nécessité de régler moi-même la route du vaisseau pendant le reste

de la campagne, non sans un grand travail d'esprit et de corps.

« Une tempéte me jeta jusque dans le fond de la Manche de Bristol, et si près de terre, que je fus forcé de mouiller sous une île nommée Dondey, située à l'entrée de la rivière de Bristol. Ce péril fut suivi d'un autre qui n'était pas moins embarrassant. Il parut, dès que l'orage fut un peu diminué, un vaisseau de guerre anglais de soixante canons, qui faisait route pour venir mouiller où j'étais. Le danger était pressant. Pour l'éviter, je fis mettre toutes mes voiles sous des fils de caret prêtes à se déployer; et tout d'un coup je coupai mes câbles, et mis à la voile pour un autre côté de l'ile, tandis que ce vaisseau arrivait par l'autre. Il me chassa jusqu'à la nuit, et la nuit seule me sauva. Cela n'empêcha pas que je ne fisse, huit jours après, deux prises anglaises, chargées de sucre et venant des Barbades, avec lesquelles j'allai désarmer dans le port de Saint-Malo.

« Mon frère obtint pour moi, quelque temps après, la flûte du roi *le Profond*, de trente-deux canons; et je me rendis à Brest pour en prendre le commandement. La campagne ne fut pas heureuse. Je croisai trois mois sans faire la moindre prise; et j'essuyai un assez fâcheux combat de nuit avec un vaisseau de guerre suédois de quarante canons, lequel me prenant pour un Algérien, m'attaqua le premier, et s'opiniâtra à me combattre

jusqu'au jour. Pour surcroît d'infortune, la fièvre chaude fit périr quatre-vingts hommes de mon équipage, et m'obligea de relâcher à Lisbonne pour rétablir mon vaisseau et le faire caréner. Après quoi je sortis, et pris un vaisseau espagnol chargé de sucre; ce fut le seul que je pus joindre de plusieurs autres que je rencontrai, parce que *le Profond* allait fort mal.

« À la fin de cette année, j'obtins le commandement de la frégate du roi *l'Hercule*, de vingt-huit canons, et m'étant mis en croisière à l'entrée de la Manche, je pris cinq à six vaisseaux tant anglais que hollandais, et deux autres qui venaient de la Jamaïque, considérables par leur force et par leurs richesses. Les circonstances de cette action sont trop singulières pour ne pas être détaillées.

« J'avais croisé plus de deux mois, et je n'avais plus que pour quinze jours de vivres. J'étais d'ailleurs embarrassé d'un grand nombre de prisonniers et de plus de soixante malades. Mes officiers et tout mon équipage voyant que je ne parlais pas encore de relâcher, me représentèrent qu'il était temps d'y penser, et que l'ordonnance du roi était positive là-dessus. Je ne l'ignorais pas; mais j'étais saisi d'un espoir secret de quelque heureuse aventure, qui me faisait reculer de jour en jour. Quand je me vis pressé, j'assemblai tous mes gens, et les ayant harangués de mon mieux,

je les engageai, moitié par douceur, moitié par autorité, à me donner encore huit jours, et à consentir qu'on diminuât le tiers de leur ration ordinaire, en les assurant que si nous faisions capture, je leur en accorderais le pillage et les récompenserais amplement. Je ne disconviendrai pas à présent que ce parti n'était rien moins que raisonnable, et que la grande jeunesse où j'étais alors pourrait seule le faire excuser, s'il pouvait l'être. Ce qu'il y eut de plus singulier, c'est que mon imagination s'échauffa si bien pendant ces huit jours, que je crus voir en songe, étant la dernière nuit dans mon lit, deux gros vaisseaux venant à toutes voiles sur nous.

« Agité par cette vision, je me réveillai en sursaut. L'aube du jour commençait à paraître. Je me levai sur-le-champ, et sortis sur mon gaillard. Le hasard fit qu'en portant ma vue autour de l'horizon, je découvris effectivement deux vaisseaux que la prévention de mon songe me montra dans la même situation et avec les mêmes voiles que je m'étais imaginé apercevoir en dormant. Je connus d'abord que c'étaient des vaisseaux de guerre, parce qu'ils venaient nous reconnaître à toutes voiles, et d'ailleurs ils en avaient toute l'apparence. Ainsi, avant que de m'exposer, je jugeai qu'il convenait de prendre chasse et de m'essayer un peu avec eux. Je vis bientôt que j'allais beaucoup mieux.

Sur quoi, ayant reviré de bord, je leur livrai combat et me rendit maître de tous deux, après une résistance fort vive. Ces vaisseaux étaient percés à quarante-huit canons et en avaient chacun vingt-huit de montés ; ils se trouvèrent chargés de sucre, d'indigo et de beaucoup d'or et d'argent. Le pillage qui fut très grand et sur lequel je voulus bien me relâcher à cause de la parole que j'avais donnée, n'empêcha pas que le roi et mes armateurs n'y gagnassent considérablement. Je conduisis ces prises dans la rivière de Nantes, où je fis caréner mon vaisseau ; et étant retourné en croisière à l'entrée de la Manche, je pris deux autres vaisseaux, l'un anglais et l'autre hollandais, avec lesquels je retournai désarmer à Brest.

« Comme je dois la prise de ces deux vaisseaux dont je viens de parler à ce pressentiment secret qui me fit demander huit jours de croisière à mon équipage, je ne puis m'empêcher de dire ici que j'en ai eu plusieurs autres qui ne m'ont pas trompé. Je laisse aux philosophes à expliquer ce que ce peut être que cette voix intérieure qui m'a souvent annoncé les biens et les maux. Qu'ils l'attribuent, s'ils le veulent à quelque génie qui nous accompagne, à notre imagination vive et échauffée ou à notre âme elle-même, qui, dans des moments heureux, perce les ténèbres de l'avenir pour y découvrir certains mouvements, je ne les chicanerai

point sur leur explication. Mais je ne sais rien de plus marqué en moi-même que cette voix basse, mais distincte, et pour ainsi dire opiniâtre, qui m'a annoncé et fait annoncer plusieurs fois à d'autres jusqu'aux jours et circonstances des événements.

« Je quittai aussitôt le commandement de *l'Hercule* (1694), pour prendre celui de *la Diligente*, frégate du roi de quarante canons. J'allai d'abord croiser à l'entrée du détroit, où je fis trois prises, et je relâchai à Lisbonne pour y faire caréner mon vaisseau. M. le vidame d'Esneval, qui était pour lors ambassadeur du roi en Portugal, me chargea de passer en France M. le comte de Prado, et **M.** le marquis d'Attalaja, son cousin germain, qui étaient tous deux dans la disgrâce du roi de Portugal, et vivement poursuivis par son ordre, pour avoir tué le corrégidor de Lisbonne. Je les reçus en mon vaisseau avec d'autant plus de plaisir, que M. le comte de Prado avait épousé une fille de M. le maréchal de Villeroy, l'un de nos plus respectables seigneurs. Je découvris sur la route quatre vaisseaux de Flessingue, de vingt à trente canons chacun. Je les joignis, leur livrai combat, et me rendis maître d'un des plus forts. La bonne manœuvre et la résistance qu'il fit sauvèrent ses trois camarades, qui s'échappèrent à la faveur d'un brouillard et de la nuit qui survint. Ils venaient tous quatre de Curaçao, et étaient chargés de cacao et de

quelques barils de piastres. Les deux grands seigneurs
de Portugal qui se trouvaient à mon bord voulurent
absolument être spectateurs du combat, et ne se rendirent point aux instances que je leur fis de descendre à
fond de cale, en leur représentant que le Portugal
n'étant point en guerre avec la Hollande, ils s'exposaient sans nécessité à être estropiés et peut-être tués.
Ils demeurèrent, malgré mes raisons et mes prières,
jusqu'à la fin du combat. L'affaire terminée, je conduisis cette prise à Saint-Malo, où je débarquai ces
deux seigneurs portugais, qui me parurent contents
des attentions que j'avais eues pour eux.

« Je remis, sans perdre de temps, à la voile.

« En courant vers les côtes d'Angleterre, je découvris
une flotte de trente voiles, escortée par un vaisseau de
guerre anglais de cinquante-six canons, nommé, à ce
que j'ai appris depuis, *le Prince-d'Orange*. J'arrivai sur
lui, dans le dessein de le combattre, et même de l'aborder; mais ayant parlé dans ma route à un vaisseau de
la flotte, et su de lui qu'elle n'était chargée que de charbon de terre, je ne crus pas devoir hasarder un combat
douteux, pour un si vil objet. Prêt à le prolonger, je
repris tout d'un coup mes amures en l'autre bord, sous
pavillon anglais, pour aller chercher meilleure aventure.
Le capitaine de ce vaisseau, qui m'avait cru d'abord de
sa nation, voyant, par ma manœuvre, qu'il s'était trom-

pé, se mit en devoir de me donner la chasse. Je fus bien aise alors de lui faire connaître que ce n'était pas la crainte qui m'avait fait éviter le combat, et je fis carguer mes basses voiles pour l'attendre. Cette manœuvre lui fit carguer aussi les siennes. Je crus que c'en était assez, et je fis remettre le vent dans les miennes. Mais s'étant mis une seconde fois en devoir de me poursuivre, je remis encore en panne, et faisant amener le pavillon anglais que j'avais toujours conservé à la poupe, je le fis rehisser en berne, pour lui marquer mon mépris. Irrité de cette bravade, il me tira trois coups de canon à balle, auxquels je répondis d'un même nombre, sans daigner arborer mon pavillon blanc. Cependant, voyant que cette fanfaronnade n'aboutissait à rien, je le laissai avec sa flotte ; mais la suite fera voir dans quel embarras une aussi mauvaise gasconnade pensa me jeter.

« Quinze jours après, je tombai, par un temps de brume, dans une escadre de six vaisseaux de guerre anglais, de cinquante à soixante-dix canons ; et, me trouvant par malheur entre la côte d'Angleterre et eux, je fus forcé d'en venir au combat.

« Un de ces vaisseaux, nommé l'*Aventure*, me joignit le premier ; et nous combattîmes, toutes nos voiles dehors, pendant près de quatre heures, avant qu'aucun autre des vaisseaux de cette escadre pût me joindre. Je commençais même à espérer qu'étant près de doubler

les îles Sorlingues, qui me gênaient dans ma course, la bonté de mon vaisseau pourrait me tirer d'affaire. Cet espoir dura peu. Le vaisseau ennemi me coupa mes deux mâts de hune dans une de ses dernières bordées. Ce cruel accident m'arrêta, et fit qu'il me joignit à l'instant, à portée de pistolet. Il cargua ses basses voiles, et vint me ranger de si près, que l'idée me vint tout d'un coup de l'aborder, et de sauter moi-même dans son bord avec tout mon équipage. J'ordonnai, sans retard, aux officiers qui se trouvèrent sous ma main, de faire monter sur-le-champ tout mon monde sur le pont. Je fis, en même temps, préparer nos grappins et pousser le gouvernail à bord. Je croyais toucher au moment où j'allais l'accrocher, quand par malheur un de mes lieutenants, qui n'était pas encore instruit de mon projet, aperçut par un des sabords le vaisseau ennemi si près du mien, qu'il crut que le timonier s'était mépris, ne pouvant imaginer que je pusse tenter un abordage dans la situation où nous nous trouvions. Prévenu de cette opinion, il fit changer, de son chef, la barre de mon gouvernail. J'ignorais ce fatal changement, et attendant avec impatience l'instant de la jonction des deux vaisseaux, j'étais dans la place et dans l'attitude propre à me lancer le premier sur celui de l'ennemi. Voyant que le mien n'obéissait pas comme il aurait dû faire à son gouvernail, je courus à l'habitacle, où je trou-

vai la barre changée sans mon ordre. Je la fis aussitôt remettre; mais je m'aperçus, avec le désespoir le plus vif, que le capitaine de *l'Aventure*, qui avait connu, sans beaucoup de peine, à ma contenance et à celle de tout mon équipage, quel était mon dessein, avait fait rappareiller ses deux basses voiles, et pousser son gouvernail à m'éviter. Nous nous étions trouvés si près l'un de l'autre, que mon beaupré avait atteint et brisé le couronnement de sa poupe. Cependant ce malentendu me fit perdre l'occasion de tenter l'une des plus surprenantes aventures dont on eût jamais ouï parler. Dans la résolution où j'étais, de périr ou d'enlever ce vaisseau, qui allait mieux qu'aucun autre de l'escadre, il est plus que vraisemblable que j'aurai réussi, et qu'ainsi je ramenais en France un vaisseau beaucoup plus fort que celui que j'abandonnais. Outre l'éclat qui aurait suivi l'exécution d'un pareil projet, dont j'avouerai que je ne me sentais pas médiocrement flatté, il est bien certain que, me trouvant démâté, il ne me restait absolument aucune ressource pour échapper à des forces si supérieures.

« Ce coup manqué, le vaisseau *le Monck*, de soixante-dix canons, vint me combattre à portée de pistolet, tandis que trois autres vaisseaux, *le Cantorbéry*, *le Dragon* et *le Ruby* me canonnaient de leur avant. Le commandant de cette escadre fut le seul qui ne daigna pas

m'honorer d'un coup de canon. J'en fus piqué, et pour l'y obliger, je mis en travers, et lui en tirai plusieurs, mais inutilement : il persévéra à ne me point répondre.

« Cependant l'extrémité où nous nous trouvions tourna la tête à tous nos gens, qui m'abandonnèrent pour se jeter à fond de cale, malgré tout ce que je pouvais dire ou faire pour les en empêcher. J'étais occupé à les arrêter, et j'en avais même blessé deux de mon épée et de mon pistolet, quand, pour comble d'infortune, le feu prit à ma *Sainte-Barbe*. La crainte de sauter en l'air me fit descendre, et l'ayant bientôt fait éteindre, je me fis apporter des barils pleins de grenades sur les écoutilles, et j'en jetai un si grand nombre dans le fond de cale, que je contraignis plusieurs de mes fuyards à remonter sur le pont. Je rétablis ainsi quelques postes, et fis tirer quelques volées de canon de la première batterie, avant que de remonter sur mon gaillard. Je fus fort étonné, en y arrivant, de trouver mon pavillon bas, soit que la drisse eût été coupée par une balle, ou que, dans ce moment d'absence, quelque malheureux poltron l'eût amené. J'ordonnai à l'instant de le remettre, mais tous les officiers du vaisseau me vinrent représenter que c'était livrer inutilement le reste de mon équipage à la boucherie des Anglais, qui ne nous feraient aucun quartier si, après avoir vu le pavillon baissé pendant un assez longtemps, ils s'apercevaient

qu'on le remît et que l'on voulût s'opiniâtrer sans aucun espoir, puisque mon vaisseau était démâté de tous ses mâts.

« Il n'était pas posssible de se refuser à une telle vérité ; et, comme j'étais encore incertain et désespéré, je fus renversé sur le pont d'un coup de boulet sur ses fins, qui, après avoir coupé plusieurs de nos baux, vint expirer sur ma hanche, et me fit perdre connaissance pendant plus d'un quart d'heure.

« On me porta dans ma chambre, et cet accident termina mon irrésolution. Le capitaine du *Monck* envoya le premier son canot pour me chercher. Je fus conduit à son bord avec une partie de mes officiers ; et sa générosité fut telle qu'il voulut absolument me céder sa chambre et son lit, donnant ordre de me faire panser et traiter avec autant de soins que si j'eusse été son propre fils.

« Toute cette escadre, après avoir croisé pendant vingt jours, se rendit à Plymouth ; et pendant le séjour qu'elle y fit, je reçus toute sorte de politesse de la part des capitaines et de tous les autres officiers anglais. A leur départ, on me donna la ville pour prison, ce qui me facilita les moyens de faire plusieurs connaissances, dont je me servis bientôt pour me procurer la liberté.

« Il faut auparavant se rappeler ce qui m'était arrivé avec ce vaisseau de guerre anglais de cinquante-six

canons, qui escortait une flotte chargée de charbon de terre, lorsque j'eus l'imprudence de lui riposter trois coups, avant que d'arborer le pavillon blanc. Cette équipée de jeune homme m'attira une aventure des plus désagréables.

« Le capitaine de ce vaisseau, après avoir escorté sa flotte jusqu'au lieu de sa destination, relâcha par hasard dans la rade de Plymouth, peu de jours après qu'on m'y eut conduit. Il reconnut le vaisseau que je commandais lors de notre rencontre. Le ressentiment de la bravade que je lui avais faite le porta à présenter une requête à l'Amirauté, par laquelle il concluait à ce qu'on me fît mon procès, pour lui avoir tiré à boulet, sous pavillon anglais, contre les lois de la guerre, et à demander que je fusse mis provisoirement en prison jusqu'au retour d'un courrier qu'il allait dépêcher à Londres. L'Amirauté, sur cette dénonciation, me fît arrêter, et conduire dans une chambre grillée, avec une sentinelle à ma porte. La seule distinction qu'on m'accorda sur tous les autres prisonniers fut de me laisser la liberté de me faire apprêter à manger dans ma chambre, et de permettre aux officiers de venir m'y tenir compagnie. Les capitaines mêmes des compagnies anglaises, qui gardaient les prisonniers tour à tour, y dînaient assez volontiers. »

Suivent des détails que nous sommes forcés d'abré-

ger, pour reprendre le récit au jour de l'évasion.

« ...... Le moment favorable venu, j'écrivis à un capitaine suédois, dont le vaisseau était relâché dans la rivière de Plymouth, pour le prier de me vendre une chaloupe équipée d'une voile, de six avirons, six fusils et autant de sabres, avec du biscuit, de la bière, un compas de route et quelques autres provisions. Je lui demandais en même temps de vouloir bien envoyer à la prison quelques-uns de ses matelots, sous prétexte de visiter les prisonniers français et de leur faire porter secrètement un habit à la suédoise, pour le remettre à mon maître d'équipage, lequel, parlant bien le suédois, et étant comme eux de haute stature, pourrait se sauver mêlé avec eux, à l'entrée de la nuit, quand ils sortiraient de la prison.

« Tout cela fut exécuté, et mon maître d'équipage s'échappa sous ce déguisement avec les matelots suédois. Il convint avec leur capitaine du prix de sa chaloupe pour trente-cinq livres sterlings, à condition qu'elle serait prête à un jour marqué, et que six de ses gens m'attendraient à un rendez-vous hors de la ville, pour m'escorter jusqu'au point d'embarquement.

« L'auberge où je devais me trouver était adossée à une montagne. Du second étage de la maison, on entrait dans un jardin disposé en terrasses, dont la dernière répondait à une petite rue très écartée ; et

c'était en escaladant le mur qui séparait cette rue d'avec le jardin que j'avais projeté de me sauver. J'avais ordonné, pour cet effet, à mon valet de chambre, qui avait la liberté de sortir pour acheter les provisions, et à mon chirurgien, qui allait panser nos blessés à l'hôpital, de ne pas manquer de se trouver, sur les quatre heures du soir, derrière le mur en question, et de m'y attendre pour me conduire au rendez-vous où je devais trouver mes bons amis les Suédois.

« Ce jour tant désiré arriva enfin.

« Le capitaine ne fit aucune difficulté de me laisser sortir de ma chambre avec un de mes officiers ; je sautai par-dessus le mur avec mon camarade. Mon chirurgien et mon valet nous attendaient derrière ; ils nous conduisirent au rendez-vous marqué, où nous trouvâmes six braves Suédois, armés jusqu'aux dents, qui nous firent faire deux bonnes lieues à pied, et nous accompagnèrent jusqu'à la chaloupe. Nous nous jetâmes à six heures du soir dans cette chaloupe, cinq Français que nous étions, savoir : l'officier, compagnon de ma fuite, mon maître d'équipage, mon chirurgien, moi et mon valet de chambre. Aussitôt nous fîmes route, et nous trouvâmes, en passant dans la rade, deux vaisseaux de guerre anglais qui y étaient mouillés, et qui nous interrogèrent. Nous leur répondimes comme aurait fait un bateau pêcheur anglais,

et continuant notre chemin, nous étions, à la pointe du jour, au-dessous de la grande rade. Nous nous trouvâmes alors près d'une frégate anglaise qui courait sa bordée pour rentrer à Plymouth. Je ne sais par quel caprice elle s'opiniâtra à vouloir nous parler; mais il est certain que nous allions être repris, si le vent, qui cessa tout à coup, ne nous eût mis en état de nous éloigner d'elle à force de rames.

« Nous la perdîmes enfin de vue, et nous nous trouvâmes en pleine mer, exténués de lassitude d'avoir ramé si longtemps et avec autant d'action.

« La nuit vint, pendant laquelle nous nous relevions, le maître d'équipage et moi, pour gouverner sur un compas de route, éclairé d'un petit fanal. Je me trouvai, tenant le gouvernail, si outré de fatigue, que le sommeil me surprit; mais je fus bien promptement et bien cruellement réveillé par un coup de vent qui, donnant subitement et avec impétuosité dans la voile, coucha la chaloupe et la remplit d'eau en un instant. Aussitôt je larguai l'écoute, et poussant le gouvernail à arriver vent arrière, j'évitai, par cette prompte manœuvre, un naufrage d'autant plus inévitable que nous étions éloignés de plus de quinze lieues de toute terre. Mes compagnons qui dormaient furent aussi bientôt réveillés, ayant de l'eau par-dessus la tête. Notre biscuit et notre baril de bière, dans lequel l'eau de mer entra,

furent entièrement gâtés, et nous fûmes très longtemps à vider l'eau avec nos chapeaux. A la fin, la
chaloupe étant soulagée, je remis à route pendant le
reste de la nuit, et le jour suivant, vers les huit heures
du soir, nous abordâmes à la côte de Bretagne à deux
lieues de Tréguier.

« Charmé de me voir échappé à tant de périls, je
sautai légèrement sur le rivage, pour embrasser ma
terre natale, et pour rendre grâces à Dieu qui m'avait
conservé. Nous gagnâmes ensuite le village le plus
prochain, et l'on nous donna du lait et du pain bis que
l'appétit nous fit trouver délicieux ; après quoi, nous
nous endormîmes sur de la paille fraîche.

« Le jour ayant paru, nous nous rendîmes à Tréguier, et de là à Saint-Malo. »

CHAPITRE II

« J'appris, en arrivant à Saint-Malo que mon frère
aîné était parti pour Rochefort, où il armait pour moi
le vaisseau du roi *le François*, de quarante-huit canons,
comptant m'en réserver le commandement jusqu'à mon
retour des prisons d'Angleterre. Je pris la poste pour
l'aller joindre, et j'y trouvai ce vaisseau mouillé aux
rades de la Rochelle.

Il ne lui manquait rien pour partir.

Je montai dessus dès le lendemain, et cinglant en
haute mer j'établis ma croisière sur les côtes d'Angleterre et d'Irlande. J'y pris d'abord cinq vaisseaux chargés de tabac et de sucre, et un sixième chargé de mâts
et de pelleteries, venant de la Nouvelle-Angleterre. Ce
dernier s'était séparé depuis deux jours d'une flotte de
soixante voiles, escortée par deux vaisseaux de guerre
anglais, l'un nommé *le Sans-Pareil*, de cinquante

1L'amirauté me fit conduire dans une chambre grillée, avec une sentinelle à ma porte (page 27).

canons, et l'autre *le Boston*, de trente-huit, mais percé
à soixante-douze. Les habitants de Boston l'avaient
fait construire, et l'avaient chargé des plus beaux mâts
et des pelleteries les plus recherchées, pour en faire
présent au prince d'Orange, qui avait pris alors le
titre de roi d'Angleterre. Je m'informai avec grand soin
du capitaine de ce dernier vaisseau marchand que
j'avais pris, de l'aire de vent où cette flotte pouvait
être ; je courus à toutes voiles de ce côté-là, et j'en eus
connaissance vers le midi.

« L'impatience que j'éprouvais de prendre ma revanche me fit, sans hésiter, attaquer les deux vaisseaux
de guerre qui lui servaient d'escorte. J'eus le bonheur,
dès mes premières bordées, de démâter *le Boston* de
son grand mât de hune, et de lui couper sa grande
vergue. Cet accident le mit hors d'état de traverser le
dessein que j'avais d'aborder *le Sans-Pareil*. J'en
profitai sur-le-champ, et mes grappins furent jetés au
milieu du feu mutuel de notre canon et de notre mousqueterie. J'avais fait disposer un si grand nombre de
grenades, de l'avant à l'arrière de mon vaisseau, que
ses ponts et ses gaillards furent nettoyés en fort peu
de temps. Je fis alors battre la charge, et mes gens
commençaient à pénétrer à son bord, lorsque le feu
prit à sa poupe avec tant de violence que je fus contraint
de me faire pousser promptement au large, pour ne

pas me brûler avec lui. Cet embrasement ne fut pas plus tôt éteint que je le raccrochai une seconde fois. Alors le feu prit aussi dans ma hune et dans ma voile de misaine; ce qui m'obligea encore de déborder. La nuit vint sur ces entrefaites, et toute la flotte se dispersa. Les deux vaisseaux de guerre furent les seuls qui se conservèrent, et que je conservai de même très soigneusement; cependant je fus obligé de faire changer toutes mes voiles, qui étaient criblées ou brûlées. Les ennemis, de leur côté, me paraissaient aussi occupés que moi pour tâcher de se réparer.

Aussitôt que le jour parut, je recommençai le combat avec la même ardeur, et je me présentai une troisième fois à l'abordage du *Sans-Pareil*. Au milieu de nos bordées de canons et de mousqueterie, ses deux grands mâts tombèrent dans nos porte-haubans. Cet accident, qui le mettait hors d'état de combattre et dans l'impossibilité de s'échapper, m'empêcha de permettre à mes gens de sauter à bord. Au contraire, je fis pousser précipitamment au large, et courus avec la même activité sur *le Boston*, qui mit alors toutes ses voiles au vent pour fuir, mais sans pouvoir y parvenir. Je le joignis, et m'en étant rendu maître en peu de temps, je revins sur son camarade qui, se trouvant ras comme un ponton, fut aussi obligé de céder.

« Je me souviens d'une scène assez plaisante qui se

passa lorsque j'eus soumis ces deux vaisseaux. Un
Hollandais, capitaine d'une prise que j'avais faite peu
de jours auparavant, monta sur le gaillard pour m'en
faire compliment. Il me dit, d'un air vif et content,
qu'il venait aussi de remporter sa petite victoire sur le
capitaine de la prise anglaise qui m'avait donné le
premier avis de cette flotte; qu'étant descendus tous
deux à fond de cale, un moment avant que notre combat
commençât, l'Anglais lui avait dit : « Camarade, ré-
« jouissez-vous, vous serez bientôt en liberté! Le vais-
« seau *le Sans-Pareil* est monté par l'un des plus braves
« capitaines de toute l'Angleterre ; il a pris à l'abordage,
« avec ce même vaisseau, le fameux Jean Bart et le
« chevalier de Forbin ! Le capitaine du *Boston* n'est pas
« moins brave, et est au moins aussi bien armé. Ils ont
« fortifié leurs équipages de celui d'un vaisseau anglais
« qui s'est perdu depuis peu sur la côte de Boston ; ainsi,
« vous jugez bien que ce Français ne pourra pas leur ré-
« sister longtemps ! » Ce capitaine hollandais ajouta qu'il
avait répondu à son interlocuteur qu'il me croyait plus
brave et plus décidé que les commandants du *Sans-
Pareil* et du *Boston* réunis, et qu'il parierait sa tête
que la victoire resterait au pavillon français; que, de
discours en discours, ils en étaient venus aux mains, et
que l'Anglais avait été bien battu : qu'il venait m'en
faire part, me demandant, pour toute grâce, de faire

monter mon adversaire incrédule sur le pont, afin qu'il vit de ses yeux les deux vaisseaux soumis, et qu'il en crévât de dépit. Effectivement, je l'envoyai chercher. Il perdit toute contenance, quand il aperçut son *Sans-Pareil* et son *Boston* dans le pitoyable état où je les avais mis, et il se retira promptement, en s'arrachant les cheveux et jurant à faire trembler. On m'apporta, un moment après, les brevets de MM. Bart et Forbin, tous deux depuis chefs d'escadre, qui avaient été enlevés par *le Sans-Pareil*, comme le capitaine hollandais venait de me le dire.

« J'eus une peine infinie à amariner ces deux vaisseaux, ma chaloupe et mon canot étant hachés par les boulets ; et pour surcroît il survint une tempête qui me mit dans un fort grand péril, par le désordre où j'étais après un combat si long et si opiniâtre. Tous les officiers du *Sans-Pareil* avaient été tués ou blessés ; et, de mon côté, j'avais perdu près de la moitié de mon équipage. Cette tempête nous sépara tous. M. Boscher, qui était mon capitaine en second, et qui s'était fort distingué dans le combat, se trouvant commander sur *le Sans-Pareil*, fut obligé de faire jeter à la mer tous les canons de dessus son pont et de ses gaillards ; et quoiqu'il fût sans mâts, sans voiles et sans canons, il eut l'habileté de sauver ce vaisseau et de le mener dans le port Louis. *Le Boston* trouva, après la tempête, quatre

corsaires de Flessingue qui le reprirent à la vue de l'île d'Ouessant ; et ce fut avec bien de la peine que je gagnai le port de Brest, avec mon vaisseau démâté de ses mâts de hune et de son artimon, et tout délabré.

« Le roi, attentif à récompenser le zèle et la bonne volonté, me fit la grâce, après cette action, de m'envoyer une épée. Je la reçus, accompagnée d'une lettre très obligeante de M. de Pontchartrain, alors secrétaire d'État de la marine et depuis chancelier de France, qui m'exhortait à mettre mon vaisseau en état d'aller joindre M. le marquis de Nesmond aux rades de la Rochelle. Je ne perdis point de temps à me rendre à cette destination.

Nous nous trouvâmes cinq vaisseaux de guerre sous son commandement.

L'Excellent, de soixante-deux canons, monté par cet officier général ; *le Pélican*, de cinquante, commandé par M. le chevalier des Augers ; *le Fortuné*, de cinquante-six, par M. de Beaubriant ; *le Saint-Antoine*, de Saint-Malo, aussi de cinquante-six canons, par M. La Villestreux, et *le François*, de quarante-six canons, que je montais. Cette escadre croisa à l'entrée de la Manche. Nous y rencontrâmes trois vaisseaux de guerre anglais ; et leur ayant donné la chasse, je me trouvai un peu en avant du reste de l'escadre, et précisément dans les eaux du plus gros vaisseau ennemi, monté de

soixante-seize canons, et nommé *l'Espérance*. Je le joignis à une bonne portée de fusil, et je me préparai à l'aborder, dans la résolution de ne pas tirer un coup de canon avant d'avoir jeté mes grappins sur son bord.

« Sur ces entrefaites, M. le marquis de Nesmond, qui avait, aussi bien que tous les vaisseaux de son escadre, pavillon et flamme anglaise, tira un coup de canon à balle sous le vent, sans changer de pavillon ; sur quoi tous les officiers qui étaient à mon bord me représentèrent que le commandant n'ayant point arboré son pavillon blanc, ce coup de canon ne pouvait être qu'un commandement pour moi de l'attendre, et que si je n'y déférais pas, je tomberais dans le cas de désobéissance, le dessein du commandant en chef ne pouvant jamais être de me faire combattre sous pavillon ennemi. J'eus une peine infinie à céder à cette remontrance, et à consentir qu'on carguât ma grande voile, ne pouvant me consoler de laisser échapper une si belle occasion de me distinguer. Mais je fus bien plus désolé encore quand je vis, un quart d'heure après, M. le marquis de Nesmond mettre enfin son pavillon blanc, et tirer un autre coup de canon pour commencer le combat. Je fis à l'instant remettre une grande voile, et tirer toute ma bordée au vaisseau *l'Espérance*. M. de La Villestreux, capitaine du *Saint-Antoine*, attaqua en même temps *l'Anglesey,* de cinquante-huit canons.

Mais à peine eûmes-nous tiré trois ou quatre bordées que M. le marquis de Nesmond joignit *l'Espérance*, et le combattit, à portée de pistolet, si vivement, qu'il se démâta de son grand mât, et s'en rendit maître après une assez belle résistance. M. de La Villestreux avait été blessé à mort en abordant *l'Anglesey ;* d'ailleurs son vaisseau fut tellement désemparé de ses voiles et de ses manœuvres, que l'ennemi s'échappa avec son camarade, à la faveur de la nuit.

« Je fis de justes plaintes à M. de Nesmond, de ce qu'il m'avait obligé de carguer ma grande voile par ce coup de canon à balle qu'il avait tiré sous pavillon anglais, m'ayant privé par là de l'honneur que j'allais acquérir sous ses yeux, en abordant le vaisseau *l'Espérance*. J'ai pris la liberté de lui dire que mes officiers et mon équipage étaient témoins que j'y étais préparé et bien déterminé, et qu'il était fort triste qu'il se fût servi de son autorité pour profiter de cette occasion à mon préjudice. Il me répondit qu'il en était bien fâché par rapport à moi, mais que c'était une méprise de son capitaine de pavillon, qui n'avait pas fait attention au pavillon anglais, et que toute la faute, s'il y en avait une, roulait sur cet officier et non sur moi qui avais si bien rempli mon devoir.

« Cependant les équipages des autres vaisseaux qui m'avaient vu le plus près des ennemis, et n'avaient

pas fait attention au coup de canon que le commandant avait tiré sous pavillon anglais, avaient été surpris de me voir carguer ma grande voile. Ils eurent la triste injustice d'interpréter à mon désavantage la manœuvre que j'avais faite, et, sans approfondir les raisons de subordination qui m'y avaient obligé, ils me taxèrent de peu de zèle dans leurs chansons de matelots. Mais ils en ont fait, depuis ce temps-là, un si grand nombre d'autres à mon honneur, qu'ils ont réparé, et au delà, cette première injustice. M. le marquis de Nesmond rendit, en cette occasion, des témoignages si publics et si authentiques de ma conduite, que j'eus tout lieu d'en être satisfait.

« En 1695, le roi m'ayant continué le commandement de son vaisseau *le François*, et à M. de Beaubriant celui du vaisseau *le Fortuné*, pour les employer à détruire les baleiniers hollandais sur les côtes du Spitzberg, nous sortîmes tous deux du Port-Louis, où nous avions fait caréner nos vaisseaux, et fîmes route pour nous rendre dans ces parages. Mais les vents contraires nous traversèrent avec tant d'opiniâtreté, qu'après avoir vainement lutté contre, et consommé toute notre eau douce, nous fûmes contraints d'aller la renouveler aux îles Féroë ; après quoi, la saison étant trop avancée pour aller au Spitzberg, nous restâmes à croiser sur les Orcades. Enfin, rebutés de n'y rencontrer au-

cun vaisseau ennemi, nous fîmes route pour aller consommer le reste de nos vivres sur les côtes d'Irlande.

« Le malheur que nous avions eu de ne rien trouver pendant trois mois de croisière avait contristé les officiers et les équipages de nos deux vaisseaux. J'étais seul à les encourager par un pressentiment secret, qui ne me quitta jamais, et qui me donnait un air content au milieu de la morosité générale. La joie et la confiance que je tâchais de leur inspirer, et l'assurance que je donnais hardiment de quelque bonne et prochaine aventure, furent justifiées heureusement par la rencontre que nous fîmes sur les Blasques, de trois vaisseaux anglais venant des Indes orientales, très considérables par leur force, et plus encore par leur richesse. Le commandant, nommé *la Défense,* était percé de soixante-douze canons et monté à cinquante-huit; le second, nommé *la Résolution,* était percé de soixante canons et armé de cinquante-six; et le troisième, dont je ne puis retrouver le nom, avait quarante pièces montées. Ils nous attendirent en ligne.

« M. de Beaubriant lâcha, en passant, sa bordée au commandant anglais, et, poussant sa pointe, il s'attacha à combattre et à réduire le second. Je le suivis, le beaupré sur la poupe, et aussitôt qu'il eut dépassé le commandant, je le combattis si vivement que je m'en rendis

maître. Dès qu'il fut soumis, je courus, sans perdre de temps, sur le troisième vaisseau, qui fuyait à toutes voiles. Il se défendit avec beaucoup d'opiniâtreté. Il est vrai que je le ménageais un peu, dans la crainte de le démâter, et d'ailleurs je ne jugeais pas à propos de l'aborder, par rapport au pillage qui aurait été, en ce cas, presque inévitable ; il se rendit à la fin, et nous les amarinâmes tous trois, de façon à se défendre, s'il en était besoin. Nous les escortâmes dans le Port-Louis, et les richesses dont ils étaient chargés donnèrent plus de vingt pour un de profit, malgré tout le dégât qu'il n'avait pas été possible d'empêcher.

« Après cette heureuse campagne, le désir me prit de faire un voyage à Paris, pour me faire connaître à M. le comte de Toulouse et à M. de Pontchartrain, mais encore plus pour me donner la satisfaction de voir à mon aise la personne du roi, pour lequel, dès ma plus tendre jeunesse, je m'étais senti un grand fond d'amour et de vénération. M. de Pontchartrain voulut bien me présenter lui-même à Sa Majesté, et mon admiration redoubla à a vue de ce grand monarque. Il daigna paraître content de mes faibles services, et je sortis de son cabinet, le cœur pénétré de la douceur et de la noblesse qui régnaient dans ses paroles et dans ses moindres actions. Le désir que j'avais de me rendre digne de son estime en devint plus ardent. Après quelque

séjour à Paris, je pris tout d'un coup la résolution de me rendre au Port-Louis, dans le dessein d'y armer *le Sans-Pareil*, que j'avais pris sur les Anglais ; mais au lieu de cinquante canons qu'il avait auparavant, je n'en fis mettre que quarante-deux, afin de le rendre plus léger.

« Ce vaisseau étant caréné, je mis à la voile ; et, m'étant rendu sur les côtes d'Espagne, j'appris par quelques vaisseaux neutres que je rencontrai, qu'il y avait dans le port de Vigo trois bâtiments hollandais qui attendaient l'arrivée d'un vaisseau de guerre anglais, lequel devait incessamment sortir de la Corogne, pour les prendre en passant, et les escorter jusqu'à Lisbonne. Je réfléchis sur cet avis, et je formai le dessein de faire usage de mon *Sans-Pareil* pour tromper ces Hollandais. En effet, je me présentai un beau matin à l'entrée de Vigo, avec pavillon et flamme anglaise, mes basses voiles carguées, mes perroquets en bannière, et un yacht anglais au bout de ma vergue d'artimon ; manœuvre que j'avais vu faire aux Anglais en cas à peu près semblable. La fabrique anglaise du *Sans-Pareil* aida si bien à ce stratagème, que deux de ces vaisseaux hollandais, abusés par les apparences, se mirent sous voiles, et vinrent bonnement se ranger sous mon escorte ; le troisième en eût certainement fait autant, s'il avait été paré à lever l'ancre. Je trouvai ces

vaisseaux chargés de gros mâts et d'autres bonnes marchandises.

« M'étant mis en route pour les conduire dans le plus prochain port de France, je me trouvai, à la pointe du jour, à trois lieues sous le vent de l'armée navale des ennemis. Cet incident était fort embarrassant, mais je pris mon parti sans balancer. J'ordonnai à ceux qui commandaient mes deux prises d'arborer pavillon hollandais, et d'arriver vent arrière, après m'avoir salué de sept coups de canon chacun. Ensuite, me confiant dans la fabrique et la bonté du *Sans-Pareil*, je fis voile vers l'armée ennemie, avec autant d'assurance et de tranquillité que j'aurais pu faire si j'avais été réellement un des leurs, qui, après avoir parlé à des vaisseaux hollandais, eût voulu se rallier à son corps.

« Il s'était d'abord détaché de cette armée deux gros vaisseaux et une frégate de trente-six canons pour venir me reconnaître. Les deux vaisseaux, trompés par ma manœuvre, cessèrent bientôt leur chasse, et retournèrent à leur poste. La seule frégate, poussée par son mauvais destin, s'opiniâtra à vouloir parler à mes deux prises, et je vis qu'elle les joignait à vue d'œil. Je naviguais alors avec toute l'armée ennemie, et paraissais fort tranquille, quoique je fusse intérieurement désespéré de ce que ces prises allaient tombe

infailliblement au pouvoir de cette frégate. Comme je m'aperçus cependant que mon vaisseau allait beaucoup mieux que ceux des ennemis qui étaient le plus près de moi, je fis courir insensiblement le mien un peu largue, pour me mettre de l'avant d'eux, et tout d'un coup je forçai de voiles pour aller me placer entre mes prises et la frégate. Je m'y rendis assez à temps pour lui barrer le chemin et pour la combattre, comme je fis, à la vue de toute l'armée. Je l'aurais même enlevée, s'il m'avait été possible de l'aborder ; mais le capitaine qui la montait conserva assez de défiance pour se tenir au vent, à distance d'une portée de fusil, et il jugea à propos d'envoyer son canot à mon bord. Les gens de ce canot étant à moitié chemin me reconnurent pour Français, et se mirent en devoir de retourner à leur frégate. Alors me voyant démasqué, je fis arborer mon pavillon blanc, à la place de l'anglais que j'avais à la poupe, et j'engageai au même instant le combat. Cette frégate me répondit de toute sa bordée, mais ne pouvant soutenir le feu de mon canon et de ma mousqueterie, elle trouva moyen de revirer de bord à la rencontre de plusieurs gros vaisseaux qui se détachèrent de la flotte pour venir promptement à son secours. Leur approche m'obligea de la quitter, au moment même où elle se trouvait si maltraitée qu'elle mit à la bande,

avec un pavillon rouge sous ses barres de hune, en tirant des coups de canon de distance en distance. Ce signal pressant de sa détresse fit que les vaisseaux les plus près d'elle s'arrêtèrent pour la secourir. Ils recueillirent en même temps son canot, qui n'avait pu regagner son bord, et avait fait route du côté de l'armée pendant tout notre combat. Toutes ces circonstances, favorables pour moi, me donnèrent le temps de rejoindre mes prises à l'entrée de la nuit, et je les conduisis au Port-Louis. »

Au retour de cette courte mais brillante expédition, l'intrépide Duguay-Trouin devait dévorer un sanglant outrage de la part du chevalier de Feuquières, capitaine de la marine royale, pour n'avoir pas salué son bâtiment qu'il avait rencontré sans aucun signe de commandement, et pris pour un simple corsaire de Bayonne. M. de Feuquières ne craignit pas d'insulter, jusqu'à le menacer du châtiment de la *cale*, le glorieux corsaire qui ne rentrait jamais dans les ports français sans y amener les preuves vivantes de son zèle infatigable et de sa bravoure à toute épreuve. Duguay-Trouin, blessé au cœur, en écrivit au ministre Pontchartrain. Sa lettre est un modèle de modération et de dignité. Conservée dans les archives de la Marine, elle doit être citée ici, comme le témoignage du noble et patriotique caractère de son auteur.

« Monseigneur, écrivait le vainqueur du *Sans-Pareil*, dans l'espérance que Votre Grandeur voudra bien me permettre l'honneur de lui rendre compte de ce qui m'est arrivé dans la campagne que je viens de faire, je prends la liberté de lui dire qu'étant parti du Port-Louis, le 7 juillet, après m'être donné l'honneur de l'informer de la résolution que j'avais prise de monter *le Sans-Pareil*, sur l'offre qui m'en avait été faite, et de lui demander l'honneur de sa protection, qu'elle eut la bonté de me faire espérer quand je lui rendis mes très humbles respects à Versailles, je croisai quelque temps sur le cap du Finistère, et j'y appris, par un Portugais, qu'il y avait sept vaisseaux anglais et hollandais sous la forteresse de Vigo, en Galice, attendant convoi. Je résolus d'aller les enlever ; et comme le vent était contraire et qu'ils étaient amarrés à portée de pistolet du fort, au fond de la rivière, je ne pus que mouiller à l'entrée, sous pavillon anglais, mes perroquets et mon petit hunier déferlés, et tirant un coup de canon pour contrefaire le convoi.

« Les chaloupes des deux vaisseaux hollandais et de deux anglais avec leurs capitaines vinrent d'abord recevoir l'ordre ; et, dès qu'ils furent à mon bord, je fis faire plusieurs saluts de canon, comme les Anglais font souvent, en buvant à la santé du prince d'Orange ;

ce qui persuada si fort que j'étais Anglais, que, quand
je fus appareillé pour aller les enlever de dessous le
fort, les vaisseaux hollandais m'épargnèrent la moitié
du chemin, et je les pris sans coup férir. Les Anglais
en auraient fait autant s'ils avaient eu leurs voiles en
vergues, persuadés qu'ils étaient que nous étions un
des vaisseaux de cinquante canons qu'ils attendaient.

« Je fis mes efforts pour aller enlever le reste ; mais le
vent contraire fit que je ne pus qu'envoyer mes chaloupes faire une tentative ; lesquelles ayant reconnu qu'il
y avait trente-six à quarante canons en batterie, et que
les vaisseaux, qui n'avaient ni voiles ni mâts de hune,
étaient la plupart échoués, ne s'exposèrent pas témérairement à y rester sans espoir de réussir. J'attendis
inutilement que le vent changeât pour aller les brûler,
et je fus, à la fin, obligé de sortir, pour éviter les deux
vaisseaux de cinquante canons qui devaient arriver
incessamment.

« En convoyant ces prises, j'eus connaissance au vent,
le 24 de ce mois, par les 45° 47' de latitude, au sud-quart
de sud-est d'Ouessant, environ quarante-six lieues, de
l'armée des ennemis, qui courait au nord-quart de
nord-ouest à l'atteinte d'Ouessant. Je fis arriver vent
arrière mes prises ; et ayant parlé à deux navires
d'Olonne chargés de morue, qui en étaient poursuivis, je leur marquai la route et la manœuvre qu'ils

devaient tenir, leur promettant de les conserver autant
qu'il dépendrait de moi.

« Je comptai jusqu'à quarante vaisseaux, dont il en fut
détaché cinq pour me donner la chasse. Je les attendis
à portée de canon; et me mêlant parmi eux, j'amusai
par cette manœuvre quatre de leurs plus gros, en ces-
sant de fuir quand je les éloignais, et en m'éloignant
quand je me sentais trop près d'eux. Je les tirai de
cette manière hors de la vue de mes prises et loin de
leur corps d'armée. Après quoi, n'ayant plus rien à
craindre, ni pour les deux prises ni pour les deux autres
navires français, je fis force de voiles, et ils cessèrent
la chasse.

« Quand j'en fus débarrassé, je revirai de bord sur le
plus petit des cinq, qui avait rejoint les deux navires
d'Olonne et qui les allait prendre avec mes prises.
Étant à portée de canon, j'attaquai cette frégate de
vingt canons, malgré deux gros vaisseaux qui venaient
à toutes voiles; et, dans une heure de combat, je l'aurais infailliblement prise, si, étant au vent, comme
elle était, elle n'eût reviré de bord sur ses deux camarades, qui l'avaient considérablement rapprochée pendant le combat; ce qui m'obligea de la quitter, étant
moi-même exposé à être pris, si je l'eusse suivie plus
longtemps. Elle se trouva si incommodée, qu'après
avoir mis pavillon rouge au grand mât et tiré plusieurs

coups de canon pour appeler du secours, elle disparut en s'approchant des deux autres vaisseaux, qui restèrent en panne ; ce qui nous a fait juger qu'elle coula à fond, n'en ayant eu depuis aucune connaissance.

« Voilà, Monseigneur, la manœuvre avec laquelle j'ai sauvé mes prises et ces deux autres vaisseaux français, dont les capitaines ont rendu témoignage des circonstances de cette action à M. le chevalier de Rosmadec.

« Il serait à souhaiter pour moi que je n'eusse jamais pensé à retourner à la mer, puisse qu'elle m'a attiré un des plus sensibles affronts qu'on puisse faire ressentir à un honnête homme. Je supplie très humblement Votre Grandeur de me pardonner la liberté que je prends de lui faire mes justes plaintes, et de l'importuner d'un détail qui pourra lui être ennuyeux.

« Arrivant à l'île de Gorée avec mes deux prises et les deux Olonnais, j'y trouvai un vaisseau qui ne mit son pavillon que fort tard, sans flamme, ni aucune marque de distinction. Je fus lui parler, et j'appris de lui qu'il était de Bayonne. La vitesse du vaisseau ne me permettant pas de m'informer plus amplement, je crus, et tous mes officiers crurent que c'était un corsaire de Bayonne. Je mis ma chaloupe dehors pour donner ordre à mes prises ; ce vaisseau, voyant cela, mit la flamme, et après avoir tiré des coups de fusil sur ma chaloupe. il me tira des coups de canon à balle, dont l'un coupa

la drisse de ma voile, ce qui m'obligea d'aller incontinent à bord demander à parler au capitaine, et savoir pourquoi on m'avait tiré sans sujet deux coups de canon. Mais on me contraignit sans réplique de monter à bord, où étant, le capitaine, loin de m'écouter, me menaça avec beaucoup de violence *de me faire donner la cale*. Cependant je lui protestais, comme il était vrai, que nous l'avions cru véritablement corsaire, et de Bayonne. Cette menace, si éloignée de ce que je crois dû à mon caractère, m'aurait fait tomber dans les mouvements qu'on ne peut sans honte refuser à l'honneur, si, toujours rempli de mon devoir, je n'avais, tout couvert de cet affront, fait précéder à mon honneur la soumission aux ordres du roi, en recevant d'un de ses officiers, et sur ses vaisseaux, tout ce qu'on avait pu me dire de plus outrageant, renfermant toute ma défense à l'assurer que je m'en plaindrais à Votre Grandeur, dans l'équité de laquelle je mettais toute ma confiance.

« Ce capitaine voulut m'interroger. Mais vous me pardonnerez, Monseigneur, si mon sang tout glacé ne me laissa pas la faculté de lui répondre. Je me retirai pour aller aussitôt faire mes plaintes à M. de Lavardin, MM. de Mauclerc et de Rosmadec, qui, déjà prévenus en ma faveur, ne laissèrent pas de plaindre mon sort.

« Votre Grandeur n'ignore pas que plusieurs de MM. les officiers de la marine ne regardent pas avec

plaisir nos petits progrès, ce que celui-ci ne m'a témoigné que trop clairement en cette occasion, où il a affecté de m'insulter, ayant traité avec beaucoup plus d'honnêteté les capitaines olonnais qui étaient dans le même défaut que moi, s'il y en avait, ne leur ayant adressé aucune menace de *cale*, ni tous ces termes outrageants que je passe sous silence : Votre Grandeur sachant bien que ces sortes de menaces poussées au delà des bornes ne se font pas sans aigreur.

« Voilà, Monseigneur, ce qui me fait réclamer votre justice, sans laquelle je serais, malgré moi, contraint d'abandonner l'exécution de ce que je me suis proposé dans l'entreprise de la course. Ce traitement regarde tous mes confrères, qui se verraient, sans votre protection, Monseigneur, exposés à des outrages aussi violents.

« Le capitaine de qui je me plains est M. de Feuquières, commandant *l'Entreprenant.*

« 30 mai 1696.

« DUGUAY-TROUIN. »

L'histoire ne dit pas que M. de Feuquières ait été réprimandé de sa brutale insolence. Duguay-Trouin, dévoué au service de son pays, ne chercha même pas à laver, dans une querelle privée, l'injure qu'il avait reçue : c'est par de nouveaux triomphes que de tels hommes se vengent de leurs obscurs envieux. Le nom

de Feuquières est oublié, celui de Duguay-Trouin brille, dans nos annales, d'un éclat impérissable. Le généreux marin, dans les rapides souvenirs qu'ils nous a laissés de ses services, ne dit pas un mot de cette aventure regrettable.

« Aussitôt que j'eus mis en sûreté mes deux prises hollandaises, poursuit notre héros, je retournai croiser à l'entrée de la Manche, où je rencontrai un navire de Flessingue, revenant de Curaçao. Je m'en rendis maître et je le conduisis dans le port de Brest, où je fis caréner mon vaisseau. Je fis en même temps équiper une frégate de seize canons, dont je donnai le commandement à un de mes jeunes frères, qui m'avait offert, en plusieurs occasions, des marques d'une capacité au-dessus de son âge. Nous mîmes ensemble à la voile, et fûmes croiser sur les côtes d'Espagne. Nous y consumâmes la plus grande partie de nos vivres sans rien rencontrer, et, comme nous commencions à manquer d'eau, je jugeai à propos d'en aller chercher à côté de Vigo, dans l'espérance d'y faire en même temps quelque capture.

« Sur cette idée, je fus mouiller entre ce port et les îles de Bayonne, et n'y ayant rien découvert, je m'attachai à chercher un endroit qui fût propre à faire de l'eau. Pour cet effet, nous nous embarquâmes, mon frère et moi, dans mon canot, avec quelques volontaires ;

et ayant remarqué une anse à main droite, d'où paraissait
déboucher un ruisseau, nous avançâmes pour la mieux
reconnaître de plus près. Mais en l'approchant, nous
fûmes salués de plusieurs coups de fusil qu'on nous tira
des retranchements qui bordaient le rivage. Ma première
pensée, et plût à Dieu que je l'eusse suivie, fut de retourner à bord de nos vaisseaux et de mépriser de pareilles canailles. Mais mon frère, jeune et ardent aux
occasions de se signaler, me représenta qu'il serait hon-
teux de nous retirer pour de misérables paysans qui
n'étaient pas capables de tenir devant nous; qu'il fallait
les attaquer, et faire en même temps signal à nos vaisseaux de nous envoyer le secours que j'avais ordonné
qu'on tînt prêt en cas de besoin. J'avouerai qu'une mauvaise honte et un ridicule point d'honneur l'emportèrent
sur la répugnance instinctive que j'avais à suivre ce
conseil. Je mis donc pied à terre, suivi d'une vingtaine
de jeunes gens, qui étaient dans mon canot; nous forçâmes, l'épée à la main, les retranchements d'où l'on
avait tiré, et nous nous y établimes après en avoir chassé
ceux qui les gardaient.

« Il arriva, bientôt après, de nos vaisseaux cent cinquante hommes bien armés. J'en laissai vingt à la
garde des retranchements, sur lesquels je fis braquer
les pierriers de nos chaloupes, pour assurer notre
retraite. J'en donnnai cinquante autres à commander

à mon frère, avec ordre d'aller prendre à revers un gros bourg, où j'avais remarqué que les milices espagnoles s'étaient rassemblées, tandis que je l'attaquerais de front avec cent hommes qui me restaient.

« Dans cette résolution, je m'avançai, tambour battant, vers l'endroit où je croyais trouver le plus de résistance. Mon frère, se laissant emporter à l'ardeur de son courage, pressa sa marche plus que moi et attaqua le premier, à ma vue, les retranchements de ce bourg qu'il enleva en un moment. Mais sa valeur lui devint funeste. Il reçut, en les franchissant le premier, un coup de mousquet qui lui traversa l'estomac. Je combattais en même temps de mon côté, et ayant aussi forcé de front les retranchements, j'étais occupé à faire donner quartier à quatre-vingts Espagnols qui avaient mis bas les armes, quand je reçus cette triste nouvelle. Il est difficile d'exprimer à quel point j'en fus pénétré : cet infortuné frère m'était encore plus cher par son intrépidité et par son aimable caractère, que par les liens du sang. Je restai d'abord immobile; après quoi, devenant furieux, je courus, comme un désespéré, vers ceux des Espagnols qui résistaient, et j'en sacrifiai plusieurs à ma douleur. Pendant que tous mes gens se livraient au pillage, il parut une troupe de cavaliers sur la hauteur. Je repris alors mes sens, et rassemblant la plus grande partie de nos soldats avec as-

sez de promptitude, je courus chercher mon frère. Je
le trouvai couché sur la terre, et baigné dans son sang
qu'on s'efforçait enfin d'arrêter. Un objet si touchant
m'arracha des larmes. Je l'embrassai, sans avoir la
force de lui parler, et je le fis emporter sur-le-champ
à bord de mon vaisseau, où je l'accompagnai, ne pouvant me résoudre à le quitter dans l'état déplorable où
je le voyais. Je laissai aux officiers le soin de faire
rembarquer tous nos gens; et j'ordonnai au premier
lieutenant de mon vaisseau de les couvrir, et d'assurer
notre retraite qui s'effectua sans confusion et avec fort
peu de pertes.

« Mon frère ne survécut que deux jours à sa blessure,
et rendit son dernier soupir entre mes bras, avec de
grands sentiments de religion et une héroïque fermeté.
La tendresse et la douleur me rendirent éloquent à
l'exhorter dans ces moments suprêmes : et je demeurai, après sa mort, plongé dans un accablement inef-
fable. J'ordonnai qu'on levât l'ancre, et qu'on mît à
la voile, pour porter son corps à Viana, ville portugaise sur la frontière d'Espagne, où je lui fis rendre
les derniers honneurs dus à son mérite et à sa
valeur, qui certainement promettaient à la France
un marin aussi brillant que dévoué. Toute la noblesse des environs assista à ses funérailles, et parut
sensible à la perte d'un jeune homme qui emportait

les louanges et les regrets de tous nos équipages.

« Après m'être acquitté de ce triste devoir, je repris la mer pour consommer le reste de mes vivres, et ayant rencontré un vaisseau hollandais venant de Curaçao, je m'en rendis maître et le conduisis à Brest. J'y désarmai mes deux vaisseaux. J'avais l'esprit continuellement tourmenté par l'image de mon frère expirant. Cette cruelle pensée me réveillait en sursaut toutes les nuits ; et, pendant fort longtemps, elle ne me laissa pas un moment de repos.

« Six mois après, en 1797, Descluzeaux, intendant de la marine à Brest, qui m'estimait plus que je ne méritais, m'engagea par ses sollicitations à prendre le commandement de trois vaisseaux qu'il voulait envoyer au devant de la flotte de Bilbao. Ces vaisseaux étaient *le Saint-Jacques-des-Victoires*, de quarante-huit canons, *le Sans-Pareil* de quarante-deux, et la frégate *la Léonore*, de seize canons. Je montai le premier vaisseau, et je confiai le commandement du second à mon parent M. Boscher, qui m'avait servi jusque-là de capitaine en second et dont j'avais sans cesse apprécié la valeur et la capacité.

« Huit jours après notre départ de Brest, j'eus connaissance de cette flotte, qui était escortée par trois vaisseaux de guerre hollandais commandés par M. le baron de Wassenaër, vice-amiral de Hollande. Ces

vaisseaux étaient *le Delft* et *le Honslaerdik*, tous deux de cinquante-quatre canons, et un troisième dont j'ai oublié le nom, de trente-huit. Le grand vent et la rude agitation des vagues m'obligèrent de les conserver pendant deux jours, au bout desquels j'étais sur le point de hasarder un combat assez inégal, quand, par bonheur, je découvris deux frégates de Saint-Malo, l'une de trente canons, nommée *l'Aigle-Noir,* montée par M. de Bélisse-Pépin, et l'autre de trente-huit canons, nommée *la Faluère*, commandée par M. Dessaudrais-Dufresne. Nous tînmes conseil ensemble, et disposâmes notre attaque de la manière suivante :

« Les trois vaisseaux de guerre ennemis étaient en panne au vent de leur flotte. *Le Delft*, commandant, au milieu ; *le Honslaerdik* à l'arrière, et le troisième, de l'avant. Je devais les attaquer le premier, et après avoir lâché ma bordée, en passant, au *Honslaerdik*, pousser ma pointe pour aller aborder le commandant. *Le Sans-Pareil* était destiné à me suivre, le beaupré sur ma poupe, et à accrocher *le Honslaerdik* aussitôt que je l'aurais dépassé. Les frégates *l'Aigle-Noir* et *la Faluère* devaient s'attacher à réduire le troisième vaisseau de guerre, et donner ensuite dans le corps de la flotte. A l'égard de *la Léonore*, elle était uniquement destinée à prendre des vaisseaux marchands.

« Dans cette disposition, nous arrivâmes sur les en-

nemis, et comme j'allais ranger sous le vent *le Hons-laerdik*, il mit le vent dans ses voiles d'avant et appareilla sa misaine. Ce changement imprévu de manœuvres en apporta nécessairement à notre disposition, en ce qu'étant venu à l'abri des voiles de ce vaisseau, il me fut impossible de le dépasser pour aller aborder le commandant. Celui-ci arriva en même temps sur moi, à dessein de me mettre entre deux feux, et je n'eus d'autre parti à prendre que d'aborder *le Honslaerdik*. Alors le capitaine du *Sans-Pareil*, qui me suivait de près, se détermina sans hésiter à couper le chemin au commandant et ensuite à l'aborder de long en long, avec une audace et une précision de manœuvres admirables. Les deux frégates de Saint-Malo attaquèrent en même temps le troisième vaisseau, et *la Léonore* donna, comme je l'avais ordonné, dans le milieu de la flotte.

« Les deux abordages des vaisseaux *Honslaerdik* et *Delft* furent exécutés avec une égale fierté, mais avec un succès bien différent. Je fis sauter à bord du premier la moitié de nos officiers avec cent vingt de mes meilleurs hommes, qui l'enlevèrent d'emblée. Je poussai en même temps au large, et courus avec empressement secourir *le Sans-Pareil*, qui, toujours accroché au commandant, en essuyait un feu terrible. J'arrivai près d'eux comme la poupe de mon camarade sautait en l'air par le feu qu'un boulet

avait mis à des caisses remplies de gargousses. Plus de quatre-vingts hommes en furent écrasés ou jetés à la mer, et le feu étant près de se communiquer à la soute aux poudres, j'attendais avec frayeur le moment de le voir périr. Dans ce danger pressant, M. Boscher, qui commandait ce vaisseau, sut conserver assez de fermeté et de sang-froid pour faire couper ses grappins et pousser au large.

« Désespéré de ce fâcheux contre-temps et de la perte de ce brave parent qui me paraissait inévitable, je m'avançai pour prendre sa place et le venger. Ce nouvel abordage fut très sanglant, par la vivacité de notre feu mutuel de canons, de mousqueterie et de grenades, et par le grand courage de M. le baron de Wassenaër qui me reçut avec une fierté et un sang-froid admirables. Les plus braves de mes officiers et de mes soldats furent repoussés jusqu'à quatre fois. Il en périt un si grand nombre que, malgré mon dépit et tous mes efforts, je fus contraint de faire pousser mon vaisseau au large, afin de redonner un peu d'haleine à mes gens, que je voyais presque rebutés, et de pouvoir travailler à réparer mon désorde, qui n'était pas médiocre.

« Dans cet intervalle, *l'Aigle-Noir* et *la Faluère* s'étaient rendus maîtres du troisième vaisseau de guerre, et cette dernière frégate se trouvant à portée

de ma voix, j'ordonnai à M. Dessaudrais-Dufresne, qui la montait, de s'avancer sur le vaisseau *le Delft* afin d'entretenir le combat, et de me donner le temps de revenir à la charge. Il s'y présenta de la meilleure grâce du monde, mais malheureusement il fut tué dès les premiers coups de riposte. Ce nouveau contre temps mit le désordre dans cette frégate, qui vint en travers et m'attendit. J'appris, avec une extrême douleur, la mort d'un homme si courageux, et je dis à M. de Langavan, son capitaine en second, de me suivre pour le venger. En effet, je retournai, tête baissée, aborder ce redoutable baron de Wassenaër, résolu de vaincre ou de périr. Cette dernière scène fut si vive et si sanglante, que tous les officiers de son vaisseau furent tués ou blessés ; il reçut lui-même quatre blessures trèsdangereuses, et tomba sur son gaillard d'arrière, où il fut pris les armes à la main. La frégate *la Faluère* eut part à ce dernier avantage, en venant m'aborder et en jetant à mon bord quarante hommes de renfort.

« Plus de la moitié de mon équipage périt dans cette action. J'y perdis un de mes cousins germains, premier lieutenant sur mon vaisseau, et deux autres parents sur *le Sans-Pareil*. Plusieurs autres officiers furent tués ou blessés.

« Ce combat fut suivi d'une tempête et d'une nuit affreuse qui nous sépara les uns des autres. Mon

vaisseau, percé de coups de canon à fleur d'eau, et entr'ouvert par les abordages réitérés, coulait bas. Il ne me restait qu'un seul officier et cent-cinquante cinq hommes, des moindres de mon équipage, qui fussent en état de servir, et j'avais plus de cinq cents prisonniers hollandais à garder. Je les employai à pomper et à puiser l'eau, de l'avant à l'arrière de mon vaisseau ; et nous étions forcés, mon dernier officier et moi, d'être continuellement sur pied, l'épée et le pistolet à la main, pour les contenir. Cependant toutes nos pompes et nos puits ne suffisant pas pour nous empêcher de couler bas, je fis jeter à la mer tous les canons du second pont et des gaillards, mâts et vergues de rechange, boulets et pinces en fer, et jusqu'aux cages à poules. Enfin l'extrémité devint si pressante que l'eau se déchargeait, au roulis, du fond de cale dans l'entrepont. Mais dans ce péril menaçant, rien ne me toucha plus sensiblement que de voir cent malheureux blessés, fuyant l'eau qui les gagnait, se traîner sur les mains, avec des gémissements affreux, sans qu'il me fût possible de les secourir. La mort nous moissonnant ainsi de toute part, je me déterminai à faire gouverner sur la côte de Bretagne, qui ne pouvait être loin, afin de périr au moins plus près de terre, avec le faible et unique espoir que quelqu'un pourrait s'y sauver, par hasard, sur les débris du vaisseau.

Plus de la moitié de mon équipage périt dans cette action (page 63)

« Cette résolution fut l'unique cause de notre salut; car
en faisant cette route, nous fûmes obligés de présenter
le côté de bâbord au vent ; et, comme c'était le plus en-
dommagé par l'abordage et par les coups de canon tirés
à fleur d'eau, il arriva que ce côté se trouvant en partie
au-dessus de la mer, elle n'y entra plus avec autant
de rapidité, en sorte que, redoublant nos efforts, nous
soulageâmes le vaisseau de deux bons pieds d'eau.
Sur ces entrefaites, les matelots placés en vigie sur le
mât de beaupré s'écrièrent qu'ils voyaient les brisants
des rochers, et que nous allions périr dessus, si l'on
ne gouvernait pas sur-le-champ du côté de tribord. Il
est naturel, de fuir le danger le plus pressant pour prolonger sa vie ; ainsi nous ne balançâmes point à changer de route. Mais, en une demi-heure, le vaisseau
se remplit d'eau comme auparavant. Trois fois nous
fîmes cette manœuvre, et trois fois nous la changeâmes
pendant la nuit. Aussitôt que le jour parut nous crûmes
que nous étions entre l'île de Grois et la côte de Bretagne. Je fis mettre un pavillon rouge sous les barres
de hune, et tirer des coups de canon de distance en
distance, pour appeler un prompt secours. Heureusement, le vent avait beaucoup diminué, de sorte qu'un
grand nombre de bateaux se rendirent à mon bord,
soulagèrent mes gens épuisés, et firent entrer le vaisseau dans le Port-Louis.

« Un hasard singulier fit que les trois vaisseaux de guerre hollandais, avec douze autres vaisseaux marchands de leur flotte, arrivèrent le même jour, ainsi que *l'Aigle-Noir*, *la Faluère* et *la Léonore*. *Le Sans-Pareil* s'y rendit aussi le lendemain, après avoir été vingt fois sur le point de périr par le feu et par la tempête.

« Un de mes premiers soins, en arrivant, fut de m'informer de l'état où se trouvait M. le baron de Wassenaër, que je savais très grièvement blessé. J'allai sur-le-champ lui offrir avec empressement ma bourse et tous les secours qui étaient en mon pouvoir. Ce généreux homme de guerre, dont la valeur m'avait inspiré du respect et de l'émulation, ne voulut pas me faire l'honneur d'accepter mes offres ; il se contenta de m'en témoigner beaucoup de reconnaissance, et de me dire qu'il se serait plus aisément consolé de son malheur, s'il avait pu se faire porter à bord de mon vaisseau, où il était persuadé qu'il aurait reçu tous les secours et toutes les honnêtetés qui auraient dépendu de moi. Je compris à ce discours qu'il n'avait pas lieu de se louer de ceux qui s'étaient rendus maîtres de son vaisseau. J'en restai confus, et je conçus l'indignation la plus grande contre l'officier qui y commandait. Je lui en fis tous les reproches qu'il méritait, et j'ajoutai à ces reproches des mortifications très sen-

sibles. Il m'a été depuis impossible de le regarder d'un bon œil, quoiqu'il fût mon très proche parent. Effectivement, quiconque n'est pas capable d'aimer et de respecter la valeur dans son ennemi vaincu, ne peut pas avoir le cœur bien placé. Un des plus sensibles chagrins que j'aie eus de ma vie a été de n'avoir pu témoigner, comme je l'aurais désiré, à ce valeureux et infortuné vice-amiral de Hollande, toute l'estime et toute la vénération que j'ai pour sa vertu.

« Sur le compte que M. le comte de Pontchartrain, qui exerçait en survivance de M. son père la charge de secrétaire d'État de la marine, rendit de cette action au roi, il eut la bonté de me prendre à son service en qualité de capitaine de frégate légère. Sensible à cette grâce, autant que le peut être un sujet plein de zèle et d'admiration pour son prince, je n'attendis pas le désarmement de mes vaisseaux délabrés pour aller en remercier Sa Majesté. Je lui fus présenté dans son cabinet par M. le comte de Pontchartrain, et j'y reçus des marques de sa bonté et de sa satisfaction, qui touchèrent mon cœur d'autant plus vivement, qu'une sorte d'inclination m'attachait à ce grand roi. M. de Wassenaër eut aussi l'honneur de lui faire sa révérence, quand il fut guéri de ses blessures, et sa valeur lui fit recevoir de Sa Majesté des témoignages d'estime et de bienveillance tout à fait distingués. Il est vrai

que personne ne connaissait aussi bien quel est le prix de la vertu, et ne savait mieux aussi la récompenser partout où elle éclatait. L'aversion que j'ai toujours eu pour le personnage de courtisan ne m'empêchait pas de lui faire assidûment ma cour, et de lui marquer mon attachement fidèle et désintéressé, dont la connaissance ne put échapper à sa pénétration. Cependant, comme ce n'était pas par cet endroit que je désirais le plus me rendre digne de ses bontés, je sollicitai et j'obtins de Sa Majesté ses vaisseaux *le Solide* et *l'Oiseau* pour retourner faire la guerre à nos ennemis. »

CHAPITRE III

« Avant de me rendre à Brest pour les armer, je passai à Saint-Malo, et j'engageai deux de mes amis à me venir joindre avec deux autres vaisseaux, de trente-six canons chacun. Ils les conduisirent à Brest, et nous étions sur le point d'en sortir pour aller ensemble croiser, quand le roi jugea à propos de donner la paix à l'Europe. La publication qui en fut faite m'obligea de faire rentrer mes vaisseaux dans le port, et d'y désarmer.

« Pendant les quatre années que dura cette paix, je passais les hivers à Brest, qui était mon département, et les étés à Saint-Malo, où, depuis le bombardement de cette ville par les Anglais, le roi envoyait tous les ans, au printemps, un corps d'officiers et de soldats de la marine. Je m'occupai pendant ce temps-là à me per-

fectionner dans les sciences et dans les exercices qui avaient rapport à mon état.

« En 1702, sur la fin de ces quatre années de paix, je fus nommé capitaine en second sur le vaisseau du roi *la Dauphine*, commandé par M. le comte de Hautefort, lieutenant général des armées navales de Sa Majesté, mais la guerre s'étant déclarée, on me fit débarquer pour armer en course les frégates du roi *la Bellone*, de trente-huit canons, et *la Railleuse*, de vingt-quatre. Comme il n'y avait point d'autres vaisseaux dans le port de Brest en état de croiser, je fus obligé de me borner à ces deux-là, et j'en engageai deux autres de quarante canons à venir me joindre de Saint-Malo à Brest.

« L'un d'eux, commandé par M. Porée, qui s'était acquis la réputation d'un très brave homme et très entendu, par plusieurs actions distinguées, se rendit le premier à Brest, et l'autre tardant trop à arriver, nous mîmes ensemble à la voile et fûmes croiser dans les Orcades. Nous y prîmes trois vaisseaux hollandais venant du Spitzberg; mais une tempête qui nous sépara fit périr deux de ces prises sur les côtes d'Écosse. L'orage ayant cessé, et cherchant à rejoindre mes camarades, je découvris, au lieu d'eux, un vaisseau hollandais de trente-huit canons, qui croisait pour couvrir les pêcheurs de harengs. J'arrivai sur lui, et ayant arboré mon pa-

villon, je fis prolonger ma civadière, afin de l'aborder plus aisément. Ce vaisseau se sentant aussi fort que moi, bien loin de plier, cargua ses deux basses voiles, et mit en panne avec son grand hunier sur le mât, et le vent dans son petit. J'étais prêt à le ranger sous le vent, et déjà mon beaupré était par le travers de sa poupe, quand il mit tout d'un coup son grand hunier en ralingue, apparcilla sa misaine, et traversant ses voiles d'avant, il arriva si promptement, que je ne pus l'empêcher de mettre mon beaupré dans ses grands haubans. Cette situation désavantageuse me fit essuyer le feu de toute son artillerie sans pouvoir lui riposter que de six canons de l'avant. J'étais perdu si je n'avais pris, à l'instant même, le parti de faire sauter tout mon équipage à son bord. Le plus jeune de mes frères, qui était mon premier lieutenant, s'y lança le premier, tua un des officiers à ma vue, et se distingua par des actions au-dessus de son âge. Cet exemple de rare intrépidité dans un si jeune homme anima si puissamment le reste de mes gens, qu'il ne resta dans mon vaisseau qu'un seul pilote avec quelques timoniers et avec les mousses. Le capitaine hollandais fut tué avec tous ses officiers, et son vaisseau fut enlevé en moins d'une demi-heure. J'avais déjà reçu deux coups de canon à fleur d'eau qui pénétraient dans ma fosse aux lions, quatre autres dans mes mâts de beaupré et de misaine, et trois dans

mon grand mât, de manière que toute son artillerie m'enfilant de l'avant à l'arrière, c'était une nécessité de
vaincre brusquement ou de périr sans ressource.

« Nos deux vaisseaux se trouvèrent si maltraités de
cet abordage, que je fus obligé, pour les rétablir, d'aller
dans un port de l'île d'Islande. Nous y essuyâmes un
coup de vent très violent qui, m'ayant mis dans un
danger évident de périr à l'ancre, me força de remettre
à la voile et d'y laisser ma prise. Elle en sortit peu de
temps après, et fit naufrage sur les côtes d'Écosse. Je
pris encore un autre vaisseau hollandais qui coula bas,
et dont je ne pus sauver qu'une partie de l'équipage,
avec bien de la peine et du péril.

« Rebuté de ces tempêtes continuelles, et ne retrou-
vant point mes camarades, je fis route pour aller terminer
ma croisière à l'entrée de la Manche. La tourmente,
toujours opiniâtre, m'y accompagna, et me démâta,
pendant la nuit, de mon beaupré, de mon mât de misaine
et de mon grand mât de hune. Cet accident me fit encore
envisager la mort d'assez près. La Providence seule
me conserva, et me donna la force d'arriver dans le
port de Brest, où je désarmai.

« Mes deux camarades n'avaient pas été plus heureux. M. Porée ayant, de son côté, rencontré un vaisseau
de guerre hollandais, il l'attaqua avec sa bravoure ordinaire. Mais s'étant mis en devoir de l'aborder, il eut

le bras emporté d'un coup de canon, et reçut une autre blessure très dangereuse au bas ventre, dont il ne réchappa que par une espèce de miracle.

«*La Railleuse*, qui était montée par un de mes parents, fut contrainte de faire vent arrière, au gré de l'orage, qui la poussa vers Lisbonne. Elle y relâcha, et de là se rendit à Brest, sans avoir pu faire aucune prise.

« L'année suivante, 1703, le roi m'accorda ses vaisseaux *l'Éclatant* de soixante-six canons, *le Furieux*, de soixante-deux, et *le Bienvenu*, de trente. Je montai le premier, sur lequel je ne mis que cinquante-huit canons, et sur *le Furieux* que cinquante-six, afin de les rendre plus légers. M. Desmarais-Herpin, lieutenant de port, monta ce dernier vaisseau, et *le Bienvenu* fut commandé par M. Desmarques, lieutenant de vaisseau du roi. Je fis joindre à ces trois navires deux frégates de Saint-Malo, de trente canons chacune, dans le dessein d'aller tous cinq détruire la pêche des Hollandais sur les côtes du Spitzberg.

« Ces deux frégates m'ayant joint à Brest, je mis à la voile, et fus d'abord croiser sur les Orcades, sur l'avis que l'on m'avait donné que quinze vaisseaux hollandais, revenant des Indes orientales, devaient y passer. Y étant arrivé, je découvris effectivement quinze vaisseaux, que je ne pus bien distinguer, à cause de la brume qui était assez épaisse. L'attente où j'étais de

pareil nombre de bâtiments venant des grandes Indes me fit croire que c'étaient eux.

« Dans cet espoir, je m'avançai pour les reconnaître de plus près ; mais le brouillard se dissipant, nous connûmes que c'était une escadre de gros vaisseaux de guerre hollandais, qui croisaient au-devant de ceux que nous cherchions. Nous ne balançâmes point à mettre toutes nos voiles au vent, afin de les éviter. Cependant il se trouva parmi eux cinq à six vaisseaux nouvellement carénés, qui allaient si bien, contre l'ordinaire des vaisseaux hollandais, qu'ils joignaient à vue d'œil *le Furieux* et *le Bienvenu*. Ce dernier vaisseau surtout, était près de tomber entre leurs mains. Je ne pus me résoudre à le voir prendre sans coup férir ; et comme *l'Éclatant*, que je montais, était le meilleur de ma petite escadre, je fis carguer mes basses voiles, et demeurai de l'arrière d'eux, afin de les couvrir, faisant, en cette occasion, l'office du bon pasteur qui s'expose à périr pour sauver son troupeau. Dieu bénit mes soins, et permit que le vaisseau de soixante canons qui venait me combattre à portée de pistolet, fût, en trois ou quatre bordées de canon et de mousqueterie, lâchées à bout touchant, démâté de tous ses mâts, et rasé comme un ponton. Les quatre vaisseaux qui se trouvaient le plus près de lui, et poursuivaient *le Bienvenu* et *le Furieux*, se lancèrent aussitôt sur

moi, pour secourir leur camarade. Je les attendis sans me presser, les saluant l'un après l'autre de quelques volées de canon, dans le dessein de les attirer davantage. En effet, ils s'amusèrent alternativement à me canonner assez longtemps, pour permettre aux vaisseaux de mon escadre de gagner le large en toute sûreté, et même de les perdre de vue, à la faveur d'un brouillard épais qui s'éleva subitement. Les ennemis s'opiniâtrèrent à me suivre et à me combattre tant que je fus sous leur canon. Mais je n'eus pas plutôt vu mes vaisseaux hors de péril, que je fis de la voile, et me mis hors de leur portée en assez peu de temps. Je revins ensuite du côté où j'avais remarqué que mes camarades avaient fait route, et je fus assez heureux pour les rejoindre avant la nuit.

« M. le chevalier de Courserac, lieutenant de vaisseau, qui était mon capitaine en second, me seconda de la tête et de la main, dans cette occasion délicate, avec beaucoup de valeur et de sang-froid. Nous n'eûmes qu'environ trente hommes hors de combat. C'est cependant, de toutes les affaires où je me suis trouvé, celle dont je suis resté intérieurement le plus flatté, parce qu'elle m'a paru la plus propre à m'attirer l'estime de tous les cœurs vraiment généreux.

« La rencontre de cette escadre ennemie m'empêcha de croiser plus longtemps dans ces parages, et me fit

aller droit aux côtes du Spitzberg. Nous y prîmes, rançonnâmes et brûlâmes plus de quarante navires baleiniers. La brume nous en fit manquer un grand nombre d'autres. J'eus l'avis qu'il y en avait deux cents dans le port de Groüenhave. Je m'y présentai, et j'étais déjà engagé entre les pointes qui forment cette baie, quand il s'éleva un brouillard si épais et un calme si grand, que nos vaisseaux, ne gouvernant plus, furent jetés par les courants jusque dans le nord de l'ile de Vorland, par le 61° de latitude, et si près d'un banc de glaces qui s'étendait à perte de vue, que nous eûmes bien de la peine à empêcher nos vaisseaux de donner dedans. A la fin, il vint un peu de vent qui nous mit au large et en état de retourner au port de Groüenhave. Nous n'y trouvâmes plus les deux cents navires baleiniers hollandais ; et nous y apprîmes que, pendant ce calme qui nous avait poussés vers le nord, ils s'étaient fait remorquer par un grand nombre de bateaux dont ils sont pourvus pour la pêche de la baleine, et qu'ils avaient fait route sous l'escorte de deux vaisseaux de guerre.

« Les brumes sont si fréquentes dans ces parages, qu'elles nous firent tomber dans une erreur fort singulière, et qui m'a paru mériter d'être rapportée.

« On se sert, dans les vaisseaux, d'horloges de sable qui durent une demi-heure ; et les timoniers ont soin

de les retourner huit fois pour marquer le quart, qui est de quatre heures, au bout duquel la moitié de l'équipage relève celle qui est sur le pont. Or, il est assez ordinaire que les timoniers, voulant chacun abréger leur quart, surtout dans une contrée où le froid est si rigoureux, tournent cette horloge avant qu'elle soit entièrement écoulée. Ils appellent cela *manger du sable*. L'erreur qui résulte de ce petit tour d'adresse ne se peut corriger qu'en prenant la hauteur au soleil ; et comme la brume nous le fit perdre de vue pendant neuf jours entiers, et que d'ailleurs, dans la saison et par la latitude où nous nous trouvions, il ne fait que tourner autour de l'horizon, de manière que les jours et les nuits sont également éclairés, il arriva que les timoniers, à force de manger du sable, étaient parvenus, au bout de ces neuf jours, à faire du jour la nuit, et de la nuit le jour; de sorte que tous les vaisseaux de l'escadre, sans exception, trouvèrent au moins onze heures d'erreur quand le soleil vint à reparaître. Cela avait tellement dérangé les heures du repas, et celles du sommeil, qu'en général, nous avions envie de dormir quand il était question de manger, et de manger quand il fallait dormir. Nous n'y fîmes attention et nous ne fûmes désabusés que par le retour du soleil.

« Au bout de deux mois de croisière sur ces parages, la saison nous obligea de faire route avec nos prises,

pour retourner en France. Nous essuyâmes, dans cette longue traversée, des coups de vent fort vifs et très fréquents, qui séparèrent une partie de nos prises. Quelques-unes firent naufrage, quelques autres furent reprises par les ennemis, et nous n'en conduisîmes que quinze dans la rivière de Nantes, avec un vaisseau anglais chargé de sucre, que nous avions pris chemin faisant; après quoi, nous retournâmes à Brest pour y désarmer.

« A mon retour dans ce port, j'obtins du roi la permission d'y faire construire deux vaisseaux de cinquante-quatre canons chacun, dont l'un fut nommé *le Jason*, et l'autre *l'Auguste*, et une corvette de huit canons, appelée *la Mouche*, pour servir d'éclaireur. Je montai le *Jason*, M. Desmarques *l'Auguste*, et M. de Bourgneuf *la Mouche*.

« Ces vaisseaux étant prêts, je mis à la voile et j'établis une croisière sur les Sorlingues, îles fort fréquentées par des vaisseaux de guerre, parce qu'elles servent d'attérage aux vaisseaux marchands et aux flottes. J'y trouvai d'abord un garde-côte anglais de soixante-douze canons, nommé *la Revanche*, qui vint me reconnaître à portée de canon. J'étais éloigné de trois lieues de mes camarades, mais cela ne m'empêcha pas de m'avancer avec ma civadière prolongée, dans l'intention de l'aborder. Surpris de cette manœuvre, il prit chasse

vers les Sorlingues, et je ne pus le joindre plus près
qu'à portée de fusil. Nous étions même si égaux de
voiles, que sans perdre ni gagner un pouce de terrain,
nous combattîmes pendant trois heures, et perdîmes
de vue l'*Auguste* et *la Mouche*. Cependant je m'opiniâtrai
à le poursuivre, et je le harcelai si vivement que pour
éviter l'abordage, où je m'efforçais de l'engager, il se
réfugia dans le port des Sorlingues, ce qui m'obligea
de revirer de bord pour rejoindre mes camarades.

« Peu de jours après, *la Mouche* s'étant séparée de
nous pendant la nuit, fut rencontrée par ce même
vaisseau *la Revanche*, qui la joignit et s'en empara.
Il s'était fortifié dans la compagnie du *Falmouth*, vaisseau de guerre anglais de cinquante-quatre canons,
à dessein de nous chercher, mon camarade et moi, et de
nous combattre. Du moins s'en vanta-t-il au capitaine
de *la Mouche*, lorsqu'il s'en fut rendu maître.

« Sur ces entrefaites, nous découvrîmes pendant la
nuit une flotte de trente voiles qui sortait de la Manche.
Nous la conservâmes jusqu'au jour, qui nous fit voir
qu'elle était escortée d'un vaisseau de guerre anglais
de cinquante-quatre canons, qui s'appelait *le Coventry*.
Je fis signal à l'*Auguste* de donner au milieu de la
flotte, et j'avançai vers *le Coventry*, pour l'aborder. Un
peu trop d'ardeur me le fit dépasser d'une portée de
pistolet, et manquer ce premier abordage. Je revins

aussitôt sur lui, et m'en rendis maître en moins de trois quarts d'heure. Douze autres vaisseaux anglais de cette flotte furent pris. Le reste se sauva à la faveur des ténèbres qui les dérobèrent à notre poursuite.

« En conduisant toutes nos prises à Brest, nous vîmes deux gros vaisseaux avec une corvette, qui arrivaient vent arrière, et qui mirent en travers à une lieue au vent de nous. Je reconnus aisément *la Revanche* et *le Falmouth*, avec ma pauvre *Mouche*. Cet objet mit tout mon sang en mouvement, et, quoique affaibli d'équipage, et embarrassé de prises, je mis, sans balancer, toutes voiles au vent pour les joindre et leur livrer combat. Alors, bien loin de soutenir mon approche, ils prirent honteusement la fuite. Nous les poursuivîmes jusqu'à la nuit, qui m'obligea de rejoindre mes prises, pour les mettre en sûreté dans le port de Brest.

« Pendant cette relâche, j'obtins du roi la permission de faire construire une frégate de vingt-six canons, qui fut nommée *la Valeur*. J'en confiai le commandement à mon jeune frère, dont l'application et la bravoure me donnaient de grandes espérances. Et en attendant qu'elle fût achevée, je remis en mer avec mes deux vaisseaux, et deux frégates de vingt-six canons, qui se joignirent à moi. Je fis, en leur compagnie, trois prises anglaises, à la vue du cap Lézard. J'avais fait mettre ma chaloupe à la mer avec deux officiers et

soixante de mes meilleurs matelots, afin de les amariner, quand, tout d'un coup, il parut, à la pointe du jour, deux gros vaisseaux de guerre, qui arrivèrent sur nous avec tant de vitesse, que je n'eus pas le loisir de reprendre une partie de mes gens, ni celui de me préparer au combat, comme je l'aurais voulu. J'en fis cependant le signal à mes camarades, et courant à la rencontre du plus gros vaisseau ennemi, nommé *le Rochester*, de soixante-six canons, je me présentai pour l'aborder. Aussitôt qu'il me vit à portée de pistolet, prêt à le prolonger, il me lâcha sa bordée de canons, chargés à mitraille, qui me hacha toutes mes voiles d'avant, lesquelles, se trouvant dénuées de bras-de-bouline et d'écoutes, se coiffèrent sur les mâts et firent prendre à mon vaisseau vent d'avant malgré son gouvernail. Dans cette situation, l'ennemi eut le temps de me tirer une seconde bordée, qui m'enfilait de l'arrière à l'avant, et qui me mit beaucoup de gens hors de combat. Tous mes mâts en furent endommagés, et ma vergue de grand hunier, ayant été coupée en deux, tomba par malheur sur ma grande voile qu'elle perça à droite et à gauche et qu'elle embarrassa tellement que je ne pouvais absolument plus manœuvrer.

« Dès qu'il me fut possible de mettre le vent dans les voiles de mon vaisseau, tout ce que je pus faire fut de lâcher ma bordée à l'ennemi, et de gouverner ensuite

vent arrière, pour travailler à me remettre un peu en
état. J'étais obligé, en faisant cette manœuvre, d'aller
ranger de fort près le second vaisseau ennemi, nommé
le Modéré, de cinquante-six canons, contre lequel
mon camarade canonnait de loin. Nous nous tirâmes, en
passant, nos deux bordées de canon et de mousqueterie, et je continuai de gouverner, vent arrière,
afin de me rejoindre à *l'Auguste*, et de revenir ensemble à la charge, aussitôt que j'aurais pu remettre
mes manœuvres un peu en ordre.

« Je voudrais pouvoir dissimuler ici que M. Desmarques, bien loin de courir à mon secours, ou du
moins de m'attendre, mit des voiles pour s'éloigner de
moi, pendant que les deux vaisseaux ennemis, s'étant
mis à droite et à gauche du mien, me combattaient
avec une extrême vivacité. Je faisais aussi feu sur eux
des deux bords, et je ne voulus pas permettre qu'on
mît davantage de voiles, ni même que l'on coupât le
câble de ma chaloupe que j'avais à la remorque.
Malgré cet exemple, *l'Auguste* fit encore appareiller
son foc d'avant, qui était la seule voile qui lui restait
à mettre ; et les deux frégates, de leur côté, ne firent
pas le moindre mouvement pour venir me secourir. Je
ne sais pas, en vérité, si le dessein des uns et des autres
n'était point de me sacrifier. Toutes les apparences y
étaient. Mais il arriva que mon vaisseau, sans avoir

de grand hunier, sans aucunes minces voiles, et traînant
une chaloupe, allait encore plus vite que *l'Auguste,*
avec toutes ses toiles. Lassé cependant et outré de
cette indigne manœuvre, après lui avoir fait, mais
inutilement et à plusieurs reprises, le signal de venir
me parler, je lui fis tirer un coup de canon à boulet,
et ma résolution était prise de faire cesser mon feu
sur les Anglais et de pointer tous mes canons sur lui,
s'il avait tardé plus longtemps à obéir à mon signal.
Il cargua enfin ses voiles, et les ennemis nous voyant
joints, arrivèrent vent arrière, et cessèrent le combat,
après avoir tiré chacun leur bordée à M. Desmarques.
Cette distinction marquait assez l'estime qu'ils faisaient de sa façon d'agir. Je passe aussi légèrement
qu'il m'est possible sur l'ingratitude de cet officier, que
j'avais préservé, l'année précédente, d'une escadre
hollandaise, en m'exposant seul, comme je l'ai raconté,
pour empêcher que le vaisseau du roi *le Bienvenu,*
qu'il montait alors, ne tombât au pouvoir des ennemis.
J'éviterais même d'en parler, si je n'avais à me justifier
de n'avoir pas pris ces deux vaisseaux anglais, lesquels
ne m'auraient certainement pas échappé, si j'avais été
passablement secondé. La manœuvre des deux frégates
ne fut pas plus estimable que celle de *l'Auguste.* Bien
loin de se tenir à portée de nous jeter du renfort, si
nous avions abordé les vaisseaux ennemis, comme

c'était mon intention, elles s'éloignèrent avec nos prises
pour juger des coups en toute sûreté.

« Après cette aventure, je me hâtai de retourner à
Brest, avec mes trois prises, impatient de faire tomber
le commandement de *l'Auguste* à quelque officier de
meilleure volonté. Mais celui-ci trouva tant de protection auprès du commandant du port, que je fus contraint de souffrir qu'il continuât son service pendant
cette campagne. Cette dure nécessité me piqua si vivement, que j'aurais abandonné le commandement de ces
vaisseaux, et même entièrement quitté la marine, si
l'amour et le respect que j'avais pour la personne du
roi, joints au désir ardent de mériter son estime,
n'eussent été plus puissants que mon ressentiment. Ce
chagrin fit que je me joignis au vaisseau du roi *le
Protée*, qui était près de mettre à la voile, sous le
commandement de M. de Roquefeuille, aimant mieux
servir sous les ordres d'un si brave homme que de commander à des gens sur lesquels je ne pouvais plus
compter. Nous achevâmes la campagne à l'entrée de
la Manche, sans faire aucune rencontre digne d'attention, et je revins désarmer à Brest.

« En 1705, les vaisseaux du roi, *le Jason* et *l'Auguste*,
y furent carénés de frais. Ce dernier fut monté par
M. le chevalier de Nesmond ; la frégate *la Valeur* étant
achevée, mon jeune frère en prit le commandement

Nous établîmes notre croisière à l'entrée de la Manche, et sur les côtes de l'Angleterre. Nous y trouvâmes deux vaisseaux de guerre anglais, *l'Élisabeth*, de soixante-douze canons, et *le Chatam*, de cinquante-quatre. Ils arrivèrent vent arrière sur nous, et nous leur épargnâmes la moitié du chemin. Je m'avançai contre *l'Éli-sabeth*, et me présentai pour l'aborder du côté de bâbord. Nos bordées de canons et de mousqueterie furent tirées à bout touchant; et, au milieu de la fumée, son petit mât de hune tomba. Le grand feu qui sortait des deux vaisseaux m'empêcha de le remarquer, et fit que je ne pus modérer ma course assez à temps pour jeter mes grappins à son bord; ainsi je le dépassai, malgré moi, d'une portée de pistolet. Il profita de cette occasion, arriva par ma poupe, et m'envoya sa bordée de tribord, qu'il n'avait point encore tirée. J'arrivai comme lui, et lui ripostant de la mienne, je le tins sous le feu continuel de ma mousqueterie, faisant gouverner mon vaisseau de manière à ne plus manquer un second abordage. Le capitaine de *l'Élisabeth* fit tous ses efforts pour l'éviter; mais je le serrai de si près, que, s'apercevant qu'il ne pouvait plus se dispenser d'être accroché, et que son équipage, saisi d'épouvante de voir tous mes officiers et tous mes soldats, le sabre à la main, rangés sur le plat-bord, et prêts à s'élancer dans son vaisseau, commençait à abandonner les postes,

il fit baisser son pavillon, et se rendit après une heure
et demie de résistance.

« Dès le commencement de l'action, M. le chevalier
de Nesmond et mon frère s'étaient présentés avec la
même audace, et ils avaient tiré leurs bordées aux deux
vaisseaux ennemis. Quand ils me virent opiniâtrement
attaché à *l'Élisabeth*, ils tournèrent du côté du *Chatam*
pour l'aborder. Leurs efforts furent vains par l'habileté
du capitaine de ce vaisseau, qui avait eu la précaution
de se tenir assez au vent de son camarade, pour éviter l'abordage. D'ailleurs, son vaisseau allant mieux
que ceux des autres, il était par conséquent le maître
de combattre à telle distance qu'il voulait. Quand il vit
l'Élisabeth rendue, il mit toutes ses voiles au vent pour
s'échapper. Attentif à sa manœuvre, je m'aperçus,
étant encore à bord de *l'Élisabeth*, de ce qu'il voulait
faire ; et, comme mon vaisseau allait infiniment mieux
que *l'Auguste* et la *Valeur*, je ne balançai point à les
charger du soin d'achever d'amariner le vaisseau pris.
Je fis pousser en même temps au large, et toutes mes
voiles furent mises au vent, pour atteindre ce *Chatam*,
que je connaissais pour être un excellent marcheur. Je
ne pus jamais l'approcher plus près que la portée du
fusil ; il fut même assez heureux pour n'être ni démâté,
ni désemparé par toutes les bordées que je lui tirai. Je
le poursuivis à coups de canon jusqu'en vue des côtes

d'Angleterre, et la nuit seule me fit cesser cette chasse, pour rejoindre *l'Élisabeth* et mes deux camarades.

« Le lendemain il s'éleva une tempête qui nous sépara tous, et qui mit *l'Élisabeth* en grand danger de périr sur les côtes de Bretagne. Cet orage apaisé, je rejoignis *l'Auguste* et *l'Élisabeth*, et nous fîmes route ensemble pour nous rendre dans le port de Brest. Chemin faisant, nous découvrîmes sous le vent deux corsaires de Flessingue, l'un de quarante canons, l'autre de trente-six, qui nous attendirent assez témérairement. Je courus sur eux, et ayant devancé mes camarades, je joignis ces deux vaisseaux qui étaient demeurés en panne à une portée de fusil l'un de l'autre. Je lâchai, en passant, toute ma volée de canon et de mousqueterie au plus fort des deux, qui s'appelait *l'Amazone*. Je comptais qu'il en serait démâté ou désemparé, et que, le laissant à *l'Auguste* qui s'avançait à toutes voiles, je pourrais rejoindre aisément son camarade ; mais le premier de ces corsaires, n'ayant pas été fort incommodé de ma bordée, tous deux prirent aussitôt chasse, l'un d'un côté, l'autre de l'autre, et je me trouvai dans le cas d'opter. Je revins sur le plus fort, commandé par un déterminé corsaire, qui se défendit comme un lion, pendant près de deux heures. Il est vrai que dans le peu de temps que j'avais couru sur son camarade, il avait eu l'habileté de gagner une

portée de fusil au vent, et, par cette raison, je ne me trouvais plus en mesure de l'aborder. Un peu trop de confiance m'avait même empêché de prendre les précautions nécessaires pour tenter ou soutenir l'abordage. J'eus bientôt lieu de m'en repentir, puisqu'il eut l'audace d'arriver sur moi, au milieu du combat, et de prolonger sa civadière dans l'intention de m'aborder moi-même, ou de m'obliger à plier. A l'instant, je fis cesser le feu de mon canon et de ma mousqueterie, détachant au plus vite deux de mes sergents pour aller chercher des haches d'armes, des sabres, des pistolets et des grenades. Et tout d'un coup, faisant border mon artimon, je poussai mon gouvernail à venir au vent, afin de seconder le dessein que l'ennemi paraissait avoir de me joindre.

« Ce mouvement ralentit son ardeur, et le porta à retenir aussitôt le vent, de sorte qu'il ne fît que toucher mon bossoir en passant, et passa en même temps au large. Dans cette situation, je lui lâchai toute ma bordée de canon et de mousqueterie. Mon artillerie était chargée à double gargousse. Cette bordée fut suivie de trois autres, coup sur coup, qui, crachées à bout touchant, le démâtèrent de tous ses mâts, et le rasèrent comme un ponton. Ce brave capitaine ne se rendit qu'à la dernière extrémité. Je le remarquai, dans ce combat, se portant, le sabre à la main, la tête haute,

de l'arrière à l'avant de son vaisseau, et essuyant une grêle de coups de fusil dont ses habits et son chapeau furent percés en plusieurs endroits. Aussi me fis-je un vrai plaisir de le traiter avec toute la distinction que méritait sa valeur. Je suis même fâché d'avoir oublié le nom d'un homme si intrépide. Je n'aurais pas manqué de le mettre ici.

« M. le chevalier de Nesmond, après avoir poursuivi, pendant assez longtemps, l'autre corsaire flessinguois, sans le pouvoir joindre, revint avec *l'Élisabeth* se rallier à moi, et nous arrivâmes tous deux, peu de jours après, dans la rade de Brest, avec nos deux prises, *l'Élisabeth* et *l'Amazone*.

« Mon frère s'étant trouvé séparé de nous par la tempête, le lendemain de la prise de *l'Élisabeth*, rencontra un autre corsaire de Flessingue, aussi fort d'équipage et de canons que la *Valeur*. Il engagea le combat, et l'ayant démâté d'un mât de hune, il l'aborda et s'en rendit maître après un combat assez opiniâtre. Il était occupé à faire raccommoder sa prise et à se rétablir du désordre où ce furieux abordage l'avait mis, quand deux autres corsaires ennemis, de trente-six canons chacun, attirés par le bruit du canon, fondirent tout à coup sur lui, le forcèrent d'abandonner sa prise, et le chassèrent jusqu'à Saint-Jean-de-Luz, où il se réfugia. Il en sortit peu de temps après, et prit un bon

vaisseau anglais, chargé de sucre et d'indigo; il se
mettait en devoir de le conduire dans le port de Brest,
où il comptait me rejoindre, lorsqu'il eut le malheur
de trouver sur son chemin un autré corsaire ennemi,
de quarante-quatre canons, qui l'attaqua et voulut lui
faire abandonner sa capture. Quoique l'équipage de
la Valeur fût considérablement diminué par les différents combats que cette frégate avait rendus, mon
frère soutint l'attaque, essuya deux abordages consécutifs sans plier, et se comporta avec tant d'habilité et
de courage, qu'au rapport de tout son équipage, il aurait enlevé le corsaire, si, dans le dernier choc, il n'eût
pas été mortellement blessé d'une balle qui lui fracassa
toute la hanche. Il reçut ce coup terrible dans le temps
même que le pont et le gaillard de l'ennemi étaient
abandonnés, et qu'une partie des plus déterminés soldats de *la Valeur* pénétraient à son bord. Ce funeste
accident les obligea de se rembarquer promptement,
et de pousser la frégate du roi au large du vaisseau
ennemi, qui n'eut jamais le courage de profiter de la
consternation que ce malheur avait causé; en sorte
que mon pauvre frère, après avoir mis sa prise
en sûreté, arriva mourant à Brest. Je courus à son
vaisseau avec autant d'inquiétude que d'empressement; je le fis mettre sur des matelas dans ma chaloupe, et je le transportai moi-même à terre, où je lui

procurai tous les secours possibles. Mes soins et ma
tendresse ne purent le sauver! Il expira peu de jours
après, avec une fermeté et une résignation exem-
plaires.

« C'est ainsi que la mort m'enleva, en peu de temps,
deux frères, l'un après l'autre! Le caractère que je leur
avais connu, dans un âge si tendre, promettait infiniment, et leur valeur m'aurait été d'une grande ressource
dans toutes mes expéditions. Je les aimais tendrement,
et je demeurais d'autant plus accablé de la mort de celui-
ci qu'elle réveilla dans mon cœur l'idée touchante du
premier, qui avait fini entre mes bras. Ce triste souvenir, malgré le temps et la raison, me pénètre encore
d'une douleur très amère et très vive.

« Dans ce temps (1705), il y avait dix-sept vaisseaux
de guerre dans la rade de Brest, sous le commandement
de M. le marquis de Coëtlogon, lieutenant général des
armées, et sur l'avis que l'on avait eu que les Anglais
avaient formé de tous leurs garde-côtes rassemblés
une escadre de vingt et un vaisseaux de guerre, qui
barraient l'entrée de la Manche, cet officier général,
plein de valeur et de zèle pour le service du roi et pour
la gloire de la nation, brûlait d'envie de mettre à la voile
et de les aller combattre. Cette occasion d'honneur sus-
pendit mon affliction, et me fit presser le carénage de nos
deux vaisseaux. L'activité avec laquelle j'y fis travail-

ler me mit bientôt en état d'aller offrir mes services
à M. de Coëtlogon. Je lui dis que je me ferais un devoir
et un plaisir bien sensible de pouvoir servir sous ses
ordres, dans une occasion où j'espérais me rendre digne
de son estime, et que je l'attendrais aussi longtemps
qu'il le jugerait à propos.

« Ces offres furent reçues avec de grandes marques de
reconnaissance. Mais cette bonne volonté demeura sans
effet, par un conseil de guerre que tint là-dessus M. le
comte de Châteaurenault, qui commandait à Brest, et
dans lequel il fut jugé que les ennemis étaient trop supérieurs; de manière que la plus grande partie des
vaisseaux qui composaient cette escadre rentrèrent dans
le port. Cette résolution me fut annoncée par M. le
marquis de Coëtlogon, qui m'en parut mortifié, et je le
fus extrêmement, par l'intérêt que je prenais à la gloire
des armes du roi, qui auraient certainement triomphé.
J'en puis parler savamment, puisque je tombai deux
jours après, comme je le dirai bientôt, au milieu de ces
vingt et un vaisseaux anglais. Ils étaient, il est vrai
supérieurs en nombre à ceux que commandait M. de
Coëtlogon, mais ils étaient moins forts. J'ai remarqué que
le sort de presque tous les conseils qui ont été tenus
dans la marine, a été de choisir le parti le moins honorable
et le moins avantageux; ainsi je mourrai persuadé que,
dans les occasions où le péril est grand, et le succès

incertain, c'est au commandant à décider, sans assembler de conseil, et à prendre sur lui le risque des bons ou des mauvais événements; autrement, la nature, qui abhorre sa destruction, suggère imperceptiblement à la plupart des conseillers, tant de raisons plausibles sur les inconvénients à craindre, que le résultat est toujours de ne point combattre, parce que la pluralité des voix l'emporte.

« Quoi qu'il en soit, M. le marquis de Coëtlogon n'étant pas le maître de suivre les mouvements de son courage, me pria de ne plus différer mon départ; ainsi je mis à la voile avec mes deux seuls vaisseaux.

« Deux jours après, étant à l'entrée de la Manche pendant la nuit, un vaisseau vint à passer entre nous deux. Nous revirâmes sur lui et le conservâmes. A la pointe du jour, je me trouvai à portée de fusil, un peu au vent, et de l'arrière de lui. Mon camarade se trouva sous le vent, à peu près à la même distance, et je ne tardai pas longtemps à reconnaître *le Chatam*, ce vaisseau qui m'avait échappé lorsque *l'Elisabeth* fut pris. Le capitaine du *Chatam* reconnut aussi mon vaisseau, et cette connaissance le détermina à revirer tout d'un coup, vent arrière. Nous en fîmes autant, et le tenant entre nous deux, cette situation pressante l'obligea de commencer le combat avec *l'Auguste*, qui de son côté se mit à le canonner vivement. La crainte que j'avais que ce vaisseau ne

m'échappât une seconde fois me rendit très attentif sur ce qui pouvait assurer le succès de mon abordage. J'avais ordonné à tous mes gens de se coucher sur le pont sans bouger, mon dessein étant de l'aborder sans tirer un seul coup. J'étais déjà sur le point de le prolonger, quand la sentinelle cria, du haut des mâts, qu'elle découvrait plusieurs vaisseaux venant à toutes voiles sur nous. Je me fis apporter mes lunettes d'approche, et reconnaissant que c'était l'escadre anglaise en question, je revirai de bord sans balancer, et fis signal à mon camarade d'en faire autant. Il tarda un peu, à cause de la fumée qui l'empêchait de distinguer mon signal. Aussitôt qu'il s'en aperçut, il revira de bord, et laissa *le Chatam* incommodé au point d'être obligé de mettre à la bande dès qu'il nous vit éloignés de la portée du canon. Nous prîmes chasse, et mîmes toutes nos voiles au vent. Mais cette escadre, composée des vaisseaux d'Angleterre, carénés fraîchement, joignit à vue d'œil *l'Auguste*, que je ne voulais pas abandonner. L'affaire me paraissant des plus sérieuses, je conseillai à M. le chevalier de Nesmond de jeter à la mer ses ancres, sa chaloupe, ses mâts et ses vergues de rechange ; en un mot, de ne rien ménager pour sauver le vaisseau du roi de ce danger pressant.

« Ces précautions furent vaines.

« Les ennemis, qui portaient le premier vent avec eux,

Les deux abordages des vaisseaux *Honslaerdik* et *Delft* furent exécutés avec une égale fierté (page 61).

nous joignirent vers les cinq heures du soir, à portée du canon. Je réfléchis, mais un peu tard, que mon secours était fort inutile contre un si grand nombre de vaisseaux de guerre, qui, tous, allaient mieux que l'*Auguste*, et qu'il y avait de la témérité à perdre deux vaisseaux au lieu d'un. Dans cette vue, je fis signal à M. le chevalier de Nesmond de tenir un peu plus le vent, ayant remarqué que c'était la situation où il allait le moins mal. De mon côté, je pris le parti d'arriver un peu davantage. Mon idée en cela était que l'escadre ennemie ne voudrait pas se séparer, par la crainte qu'elle aurait de celle de M. le marquis de Coëtlogon, qui, la trouvant dispersée, aurait pu lui faire un mauvais parti. Toutes ces réflexions me faisaient espérer qu'un de nous deux au moins se sauverait. Je me flattais même que s'ils s'attachaient au *Jason* seul, qui était un excellent vaisseau, nous pourrions fort bien leur échapper tous deux.

« Ce raisonnement fut déconcerté par leur manœuvre.

« Six vaisseaux se détachèrent sur l'*Auguste*, et quinze autres me poursuivirent. L'un d'eux, nommé *le Honsler*, de soixante-quatre canons, me joignit avec une vitesse extrême. A peine eus-je le temps de me disposer au combat et de ranger chacun à son poste, que ce vaisseau fut à portée de pistolet sur moi. La

précipitation avec laquelle mes gens se préparèrent fit que les canonniers de la première batterie jetèrent à la mer une partie des avirons de mon vaisseau, n'ayant pas le temps de les rattacher au banc du second pont.

« J'eus la curiosité, avant de commencer le combat, de savoir le nom d'un vaisseau si surprenant par sa légèreté, et je le lui fis demander par un interprète. Cette interrogation déplut au capitaine qui, pour réponse, m'envoya toute sa bordée de canon et de mousqueterie, tirée à bout touchant. Tous ces coups donnèrent dans le corps de mon vaisseau, et la mer étant fort unie, j'aurais eu beaucoup de monde hors de combat, sans cette précaution que j'avais eue d'ordonner à tous mes gens, et même aux officiers, de se coucher à plat ventre sur le pont, et de ne se relever qu'au signal que je leur ferais moi-même, avec ordre de pousser, en se relevant, un cri de *Vive le roi!* et de pointer tous les canons, les uns après les autres, sans se presser.

« Cet ordre fut exécuté très régulièrement et réussit à souhait. Je n'eus que deux hommes de tués et trois de blessés, et de ma seule décharge de canon et de mousqueterie, je mis près de cent hommes sur le carreau à bord du *Honsler*. Le désordre y fut si grand, que je n'aurais pas manqué de l'enlever d'emblée, s'il n'avait pas *arrivé* tout à coup, vent arrière, et s'il n'eût pas été soutenu par plusieurs gros vaisseaux, qui me se-

raient infailliblement tombés sur le corps, avant que j'eusse pu débarrasser le mien d'un pareil abordage. Cependant il fut près de trois quarts d'heure avant de revenir à la charge ; et alors il se mit à me canonner dans la hanche, sans oser m'approcher de plus près que la portée du fusil.

« Sur ces entrefaites, le vent cessa, et les ennemis, après m'avoir harcelé jusqu'à minuit, m'entourèrent de toute part et me laissèrent en repos. Ils étaient bien persuadés que je ne leur échapperais pas et qu'à la pointe du jour ils se rendraient maîtres de mon vaisseau, avec moins de risques et beaucoup plus de facilité.

« J'en étais moi-même si convaincu, que j'assemblai tous mes officiers pour leur déclarer que, ne voyant plus aucune apparence de pouvoir sauver le vaisseau du roi, il fallait au moins soutenir l'honneur de ses armes jusqu'à la dernière extrémité ; et que la meilleure forme à mon sens d'y procéder, était d'essuyer, sans tirer, le feu des vaisseaux qui nous enveloppaient, et d'aller, tête baissée, aborder, debout au corps, le commandant ; que pour plus grande sûreté, je me tiendrais moi-même au gouvernail du vaisseau, jusqu'à ce qu'il fût accroché au bord de l'ennemi, lequel ne s'attendant point à un pareil abordage, et n'ayant, par conséquent, point le temps de faire les dispositions nécessaires pour le soutenir, nous donnerait peut-être occasion de faire

une action brillante avant que de succomber sous le
nombre ; qu'à toute aventure, et de quelque manière
que la chose tournât, il était au moins bien certain que
le pavillon français ne serait jamais baissé, tant que je
vivrais, par d'autres mains que par celles de l'ennemi.

« M. de la Jaille, et M. Bourgneuf-Gravé, mes deux
principaux officiers, parurent charmés de ma résolution,
et tous assurèrent unanimement qu'ils périraient eux-
mêmes plutôt que de m'abandonner.

« Quand j'eus donné mes ordres pour rendre cette
scène plus vive et plus éclatante, je me sentis plus tranquille et voulus prendre sur mon lit une heure de repos.
Mais il me fut impossible de fermer l'œil, et je revins sur
mon gaillard, où j'étais tristement occupé à regarder,
les uns après les autres, tous les vaisseaux qui me
tenaient cerné, entre autres celui du commandant, qui
était remarquable par ses trois feux à poupe, et par un
quatrième dans sa grande hune.

« Au milieu de cette morne préoccupation, je crus
m'apercevoir, une demi-heure avant le jour, qu'il se
formait un point noir à l'horizon, par le travers de notre
bossoir, et que cette noirceur augmentait peu à peu.
Je jugeai que le vent allait venir de ce côté-là, et comme
j'avais mes basses voiles carguées, et mes deux huniers
tout bas, à cause du calme, je les fis rapparciller sans
bruit, et orienter en même temps toutes les autres, pour

recevoir la fraîcheur qui s'avançait. J'employai aussi ce qui me restait d'avirons à gouverner mon vaisseau, afin qu'il prêtât le côté au vent lorsqu'il viendrait. Il vint en effet, et trouvant mes voiles bien brassées et disposées à le recevoir, il le fit tout d'un coup aller de l'avant.

« Les ennemis, qui dormaient en toute sécurité, n'avaient pas songé à se mettre dans le même état. Dans leur surprise, ils prirent un temps considérable à mettre toutes leurs voiles et à revirer vent arrière pour me rejoindre. Toute cette manœuvre me fit sur eux une bonne portée de canon d'avance ; et alors, le vent augmentant insensiblement, mon vaisseau, qui marchait très bien quand il ventait un peu frais, avança de manière que l'escadre ennemie n'eut pas, à beaucoup près, sur moi le même avantage qu'elle avait eu. Le seul *Honsler* me joignit encore à portée de fusil, et se remit à me canonner dans la hanche ; mais je lui ripostai si vivement, que chaque bordée l'obligeait à culer et le rebutait. Cette chasse dura jusqu'à midi ; et comme le vent augmentait toujours, je m'éloignai de plus en plus de tous les vaisseaux de cette escadre. *Le Honsler* lui-même commença aussi à rester de l'arrière de nous.

« Ce fut alors que je me regardai comme un homme vraiment ressuscité, ayant cru fermement que j'allais m'ensevelir sous les ruines du pauvre *Jason*. Je me

prosternai pour en rendre grâces à Dieu, et je continuai ma route, pour aller relâcher au plus tôt dans le premier port de France ; car j'avais été obligé, pour sauver le vaisseau du roi, de jeter à la mer, non seulement toutes mes ancres, à l'exception d'une, mais aussi tous les mâts et toutes les vergues de rechange.

« Je trouvai le lendemain, à la pointe du jour, un corsaire de Flessingue, de vingt canons, nommé *le Paon*. L'état où j'étais ne m'empêcha point de le poursuivre jusqu'en vue de Belle-Isle, et m'en étant rendu maître je le conduisis au Port-Louis. J'y trouvai trois vaisseaux du roi, mouillés sous l'île de Grois. C'était *l'Élisabeth*, que j'avais pris sur les Anglais dans la campagne précédente, avec *l'Achille* et *le Fidèle*, tous trois sous le commandement de M. de Riberette, qui n'attendait qu'un vent favorable pour retourner à Brest. Je pris au Port-Louis une seconde ancre et un mât de hunier de rechange, et comme j'avais donné un rendez-vous à M. le chevalier de Nesmond, en cas que nous pussions nous échapper de l'escadre ennemie, je crus devoir m'y rendre, et ne pas laisser un vaisseau du roi plus longtemps exposé à tomber au pouvoir des Anglais ; d'autant plus que je savais bien qu'il allait fort mal, et que d'ailleurs les navires garde-côtes anglais s'étaient mis sur le pied de croiser, au moins deux ou trois ensemble. Quelques envieux voulurent donner à cette ré-

solution un air de témérité, et me blâmèrent hautement
d'avoir remis en mer avec un vaisseau aussi délabré
qu'était alors *le Jason*. Il est vrai qu'il était fort maltraité dans ses œuvres mortes, et que sa poupe était
criblée ; mais, d'ailleurs, il ne faisait point eau, et ses
mâts étaient en assez bon état. Ainsi ce délabrement de
poupe ne pouvait me causer personnellement qu'un peu
d'incommodité, chose que je sacrifiais volontiers à mon
devoir.

« Je remis donc à la voile avec les trois vaisseaux
du roi qui s'en allaient à Brest, et les ayant quittés
sur Pen-March, je fus droit à mon rendez-vous, et j'y
croisai pendant quinze jours, sans découvrir *l'Auguste*.
J'en tirai un sinistre augure. A son défaut, je trouvai
le flessinguois *l'Amazone*, que j'avais pris à la campagne précédente, et qu'un de mes amis avait armé pour
venir me joindre. Nous prîmes ensemble deux assez
bons vaisseaux hollandais, venant de Curaçao, chargés
de cacao et de quelques caisse d'argent. *L'Amazone* en
conduisit un à Saint-Malo, et je me rendis avec l'autre
dans le port de Brest. J'appris, en y arrivant, la prise
de *l'Auguste*, dont voici les principales circonstances.

« Ce vaisseau, après avoir exécuté le signal que je lui
avais fait de tenir plus de vent, avait été poursuivi par
six bâtiments détachés de l'escadre anglaise. L'un d'eux
le joignit et lui livra combat, à peu près dans le temps

que je fus attaqué par *le Honsler*. Le chevalier de Nesmond se défendit fort vigoureusement, et, le vent ayant cessé, il se servit de ses avirons qu'il avait conservés, car nous en avions chacun trente, pour s'éloigner des ennemis. Il fut en cela favorisé du calme qui dura toute la nuit, et, à la pointe du jour, il se trouvait déjà éloigné de cinq lieues des vaisseaux qui le poursuivaient. Mais le vent s'étant levé, ils le rejoignirent vers les cinq heures du soir, le combattirent l'un après l'autre, le démâtèrent et enfin s'en rendirent maîtres le second jour.

« La frégate *la Valeur*, sur laquelle mon frère avait été tué, eut la même destinée. Elle était sortie de Brest peu de jours après nous, sous le commandement de M. de Saint-Auban, à qui j'avais donné ordre de me venir joindre sur les parages que je lui avais marqués. Mais il eut le malheur de trouver en son chemin *le Honsler*, qui l'atteignit, le désempara et l'obligea de céder à sa force supérieure.

« Par la prise de ces deux vaisseaux, il ne me restait que *le Jason*. Tous les autres du port de Brest étaient employés pour le service du roi. Ainsi je remis en mer avec ce seul vaisseau, et fus croiser sur les côtes d'Espagne, dans le dessein de joindre l'armée navale du roi, commandée par M. le comte de Toulouse, amiral de France.

« Je n'eus pas le bonheur de la découvrir, mais je pris
en chemin un vaisseau anglais, à l'entrée de la rivière
de Lisbonne. De là, m'étant porté à l'ouverture du
détroit de Gilbraltar, j'y trouvai deux frégates anglaises venant du Levant, l'une de trente canons,
armée en guerre, et l'autre de vingt-six, équipée en
navire de commerce. Elles résistèrent trois quarts
d'heure et ne baissèrent leur pavillon que lorsqu'elles
me virent sur le point de les aborder. J'interrogeai les
officiers et les équipages de ces deux prises, et, sur l'assurance qu'ils me donnèrent tous, qu'ils n'avaient eu
aucune connaissance de l'armée navale de France, je
jugeai à propos d'escorter mes deux captures jusqu'à
Brest. En faisant cette route, je pris, à la hauteur de
Lisbonne, un autre vaisseau anglais de cinq cents tonneaux, chargé de poudre pour l'armée ennemie. Je fis
encore une cinquième prise de la même nation que je
trouvai vers le cap Finistère, et je conduisis le tout
à Brest. »

CHAPITRE IV

« L'année suivante, 1706, j'armai *le Jason* et *le Paon*, ce corsaire flessinguois de vingt canons que j'avais enlevé l'année précédente. J'en donnai le commandement à M. de la Jaille qui m'avait déjà servi de lieutenant et de capitaine en second, et toujours avec un zèle très distingué. *L'Hercule*, vaisseau du roi, de cinquante-quatre canons, et commandé par M. de Ruis, lieutenant de vaisseau, eut ordre de venir du Port-Louis se joindre à nous dans la rade de Brest, où je reçus une lettre de Sa Majesté qui m'ordonnait d'aller me jeter dans Cadix, qui était menacé d'un siège, et d'y servir, avec ces trois vaisseaux et leurs équipages, sous les ordres de M. le marquis de Valdecagnas, capitaine général et gouverneur de la place. Le roi avait eu la bonté de me nommer capitaine de vaisseau à la dernière promotion ;

et c'était pour moi un nouveau motif de redoubler de
zèle pour son service.

« *L'Hercule* tardant trop à se rendre à Brest, je mis
à la voile avec *le Paon*, pour l'aller chercher au Port-
Louis. Chemin faisant, je rencontrai un vaisseau flessinguois de trente-six canons, nommé *Marlborough*,
dont je m'emparai. Je trouvai ensuite *l'Hercule* mouillé
sous l'île de Grois, et, après avoir fait entrer ma prise
dans le Port-Louis, nous mîmes tous trois à la voile,
pour gagner notre destination.

« Étant à la hauteur de Lisbonne, environ quinze
lieues au large, nous découvrîmes une flotte de deux
cents voiles, venant du Brésil, escortée par six vaisseaux de guerre portugais, depuis cinquante jusqu'à
quatre-vingts canons. Cette flotte occupait un très
grand espace, et, ayant remarqué un peloton de vingt
navires marchands, avec un des vaisseaux de guerre qui
était à trois lieues au vent, et séparés du corps de la
flotte, je compris que nous pourrions accoster assez aisément ce peloton, sous pavillon anglais, et qu'en amu-
sant le vaisseau de guerre par cette enseigne trom-
peuse, j'aurais le temps de l'aborder, et de prendre
ensuite quelques-uns des vaisseaux marchands, avant
qu'ils pussent être secourus par le reste de la flotte.

« La frégate *le Paon* était alors à quatre lieues derrière
nous, mais le temps était trop précieux pour l'attendre,

et il ne convenait pas de donner de la défiance aux ennemis en temporisant davantage. Je dis donc à M. de
Ruis qu'il fallait qu'il coupât ce peloton séparé, et que
j'allais aborder le vaisseau de guerre, tandis qu'il se
rendrait maitre des navires marchands qu'il pourrait
joindre. Aussitôt nous arborâmes pavillon anglais, et
je m'avançai vers le vaisseau de guerre portugais,
comme si j'avais eu intention de lui parler en passant,
et de lui demander des nouvelles. Il mit en panne pour
m'attendre ; mais, comme il était à l'encontre de nous,
et qu'il n'était pas possible d'exécuter avec succès
mon abordage dans une situation semblable, je jugeai
à propos de carguer mes basses voiles et de le ranger
sous le vent, afin de l'empêcher d'arriver sur la flotte.

« Dans cette idée, je ne fis mettre mon pavillon blanc
que lorsque je fus à portée de pistolet, et aussitôt je
lui fis tirer toute ma bordée de canon et de mousqueterie. Ce vaisseau surpris ne répondit que par cinq ou
six coups de canon, et le feu continuel de ma mousqueterie l'empêchant de pouvoir manœuvrer ses voiles
d'avant, j'eus le temps de revirer de bord sur mes deux
huniers, et de le prolonger pour exécuter mon abordage.
Déjà mes grappins étaient prêts à l'accrocher, quand
l'Hercule vint passer à toutes voiles sous notre beaupré, et tirant sa bordée peu nécessaire, il s'approcha
si près de nous deux, que, pour éviter d'être brisés tous

les trois dans ce triple abordage, je fus contraint de
mettre promptement mes voiles sur le mât, et ensuite
d'arriver. Cet accident, ou plutôt cette manœuvre in-
considérée m'ayant fait manquer mon abordage, et le
vaisseau portugais ne paraissant plus faire aucune
résistance, je crus qu'il n'y avait plus d'inconvénient
à laisser à mon camarade le soin de l'amariner, d'autant
plus que mon vaisseau allant bien mieux que le sien,
je pouvais joindre plus vite quelques-uns des vaisseaux marchands, avant qu'ils fussent secourus.

« Cependant, comme dès les premiers coups que
j'avais tirés, ils avaient tous arrivé vent arrière sur la
flotte et que, d'un autre côté, tous les vaisseaux de
guerre venaient à toutes voiles à eux, je me trouvai à
portée du canon de ces vaisseaux de guerre avant
d'avoir pu atteindre un seul navire marchand.

« Tous purent se sauver.

« Pour comble d'infortune, M. de Ruis auquel j'avais
laissé le soin d'amariner le premier vaisseau ennemi,
au lieu de l'aborder et de jeter le trouble à son bord
se mit à canonner ce vaisseau si vivement, et si longtemps qu'il hacha sa mâture en pièces, de façon qu'a-
près l'avoir soumis, le mât de misaine tombait lorsqu'il
y renvoya sa chaloupe.

« Pendant que cela se passait, j'étais occupé à combattre de loin les autres vaisseaux de guerre pour les

retarder en les obligeant à me canonner de même, et
pour donner, par cette diversion, à M. de Ruis tout le
loisir de bien amariner le vaisseau pris. A la fin, jugeant
qu'il avait eu pour cette opération un temps plus que
suffisant, je revirai de bord sur lui, et voyant le vaisseau
démâté, je fis préparer un câble pour le prendre sur-le-
champ à la remorque. Ma surprise fut extrême quand
j'appris de M. de Ruis qu'il avait été contraint de l'abandonner, parce qu'il allait incessamment couler bas, et
qu'il avait eu beaucoup de peine à en retirer nos gens.
Lorsqu'il me tint ce discours, le jour allait finir, et les
autres vaisseaux de guerre portugais n'étant plus qu'à
portée de fusil, le mal me parut sans remède, et je fus
obligé de m'en rapporter, bien malgré moi, à ce qu'il
me disait.

« Cependant je conservai toute la nuit cette flotte. A
la pointe du jour, j'aperçus le vaisseau pris la veille, qui,
bien loin d'avoir coulé bas, s'était remâté avec des mâts
de hune, et avait bravement pris sa place en ligne avec
les autres.

« Cette apparition, à laquelle je ne devais pas m'attendre, m'engagea à faire venir à mon bord M. de Ruis
et deux de ses principaux officiers, pour savoir les raisons qui les avaient portés à me dire si affirmative-
ment que ce vaisseau capturé allait incessamment couler bas, et en même temps pour m'informer s'il ne s'é-

tait pas du moins assuré, en retirant ses gens, de la personne du capitaine ou de quelque autre officier portugais. Tout ce que je pus tirer de M. de Ruis fut qu'il avait été si pressé de sauver son équipage à cause de l'approche des autres vaisseaux portugais, et dans l'impatience où il était de venir me seconder, qu'il n'avait pas pensé à faire aucun prisonnier, d'autant plus qu'*on lui disait* à chaque instant que sa prise allait couler bas.

« Je compris à son discours que l'insuccès de M. de Ruis venait du pillage que ses matelots avaient fait dans ce riche vaisseau. Ces coquins voyant d'un côté qu'il était démâté, et de l'autre que ses camarades arrivaient, à son secours, avaient eu peur de tomber au pouvoir des ennemis avec leur butin, et, pour éviter ce danger, ils n'avaient pas trouvé de meilleur expédient que celui de crier que la prise allait couler bas, et qu'il n'y avait pas un moment à perdre pour se sauver. Alors, persuadé qu'il y avait dans la conduite de M. de Ruis plus de malheur que de mauvaise volonté, et, qu'ainsi, il était inutile de lui faire des reproches, je crus qu'il convenait, au contraire, de lui fournir l'occasion de réparer son tort par une action éclatante, en le mettant, pour cet effet, dans la nécessité d'aller aborder le commandant portugais, et en me chargeant de le couvrir du feu de tous les autres

vaisseaux, pendant qu'il exécuterait cet abordage. Je l'avertis que, pour y bien réussir, il fallait ne pas tirer un coup que ses grappins ne fussent jetés à l'avant et à l'arrière, et nommer pour sauter à bord la moitié de ses officiers, le tiers de ses soldats et de ses manœuvriers, avec deux hommes de chaque canon, afin que les postes restassent passablement garnis. Je lui dis encore que je donnerais ordre à M. de la Jaille, capitaine du *Paon*, de venir aborder *l'Hercule*, aussitôt qu'il le verrait accroché au commandant portugais, et de lui jeter tout son équipage, pour remplacer ceux qui auraient sauté de son bord, et le mettre par ce renfort en état de combattre comme auparavant ; qu'au moyen de ces précautions, j'étais sûr qu'il enlèverait le gros vaisseau, dont l'entrepont était fort embarrassé de marchandises, et dont l'équipage, composé de différentes nations, devait être très peu aguerri. Je fis en même temps sentir à M. de Ruis, que si je ne me chargeais pas de cet abordage, c'était parce que la manœuvre que j'aurais à faire pour le couvrir était la plus délicate et la plus dangereuse ; mais je comptais bien que, quand il aurait enlevé ce gros vaisseau, il viendrait me rendre le même secours que je lui aurais prêté, en me couvrant à son tour, quand j'irais attaquer le vice-amiral portugais.

« Ces précautions prises, et les ordres donnés, nous

arrivâmes sur les vaisseaux de guerre ennemis, qui nous attendaient au vent de leur flotte. Nous essuyâmes, sans tirer, leurs premières bordées, et M. de Ruis aborda le commandant, monté de quatre-vingts canons, avec toute l'audace et la valeur possible. Il jeta ses grappins à son bord, et lui lâcha dans le ventre toute sa bordée de canons chargés à double gargousse. La mousqueterie et les grenades jetèrent, la mort et la terreur, dans ce grand vaisseau, et je ne doute nullement qu'il n'eût facilement été enlevé d'emblée, si M. de Ruis avait eu autant d'attention à sa manœuvre qu'il avait montré d'intrépidité. Mais le commandant ennemi, un instant avant d'être accroché, avait appareillé sa misaine et sa civadière, et poussé son gouvernail à arriver. Ainsi ces deux vaisseaux, liés ensemble, prirent lof pour lof en l'autre bord, de manière que le vent fouetta toutes les voiles du Portugais, et se conserva dans celles de *l'Hercule*. Il arriva que les voiles de l'un étant orientées à courir de l'avant, et celles de l'autre à culer, les grappins se rompirent, et les deux vaisseaux se séparèrent avant que les gens de *l'Hercule* eussent pu sauter sur le vaisseau ennemi.

« J'étais alors là portée de pistolet sous le vent, et je leur criais de toutes mes forces de brasser leurs voiles. Mais dans le bruit et la confusion d'un abordage, je

n'étais pas entendu ; et d'ailleurs j'étais moi-même occupé à combattre et à soutenir le feu des deux *matelots* du navire commandant qui me chamaillaient rudement. Cependant, voyant ce gros vaisseau, quoique manqué à l'abordage, si maltraité qu'il ne pouvait presque plus tirer, je voulus tenter de l'accrocher à mon tour ; mais je ne pus jamais y parvenir, parce que j'étais un peu trop sous le vent. D'un autre côté, M. de la Jaille qui s'était avancé à portée de jeter son équipage à bord de *l'Hercule*, ainsi que je l'avais ordonné, le voyant désaccroché, prit le parti de retenir le vent, et se démêla comme il put, au milieu de tous ces vaisseaux, au moindre desquels le sien n'était pas capable de prêter le côté.

« *L'Hercule*, se trouvant désemparé après son abordage, voulut s'écarter pour se réparer plus aisément, et faisant de la voile, il passa par le travers de deux vaisseaux de guerre portugais qui le maltraitèrent encore davantage.

« Grâce à cet accident, je me trouvai seul au milieu des ennemis. Toutes mes voiles et mes manœuvres étaient hachées, et le vent ayant cessé, mon vaisseau avait bien de la peine à gouverner. Heureusement, les Portugais avaient moins de facilité à se remuer à cause de leur pesanteur. L'un d'eux n'avait pu revirer comme les autres sur le commandant, et était resté en panne

assez loin de ses camarades. Je trouvai le moyen de
retourner sur lui, à l'aide de mes avirons, et je fis
tous mes efforts pour le doubler au vent, dans la résolution de l'aborder. Mais toutes mes manœuvres ayant
été coupées, il me fut impossible de le ranger de plus
près que la demi-portée de fusil sous le vent ; et comme
j'avais d'ailleurs beaucoup de mes gens hors de combat, et que le corps de mon vaisseau était fort maltraité,
je me contentai de lui envoyer en passant toute ma
bordée, et je continuai ma route, pour me tirer hors
de la portée des autres vaisseaux qui ne cessaient de
me canonner.

« Dès que je fus débarrassé, je fis signe à *l'Hercule*
et au *Paon* de me venir joindre. Ils obéirent, et M. de
Ruis me représenta les raisons qui l'avaient obligé de
s'écarter de moi, ajoutant qu'il n'était pas en état de
recommencer, ayant un aussi grand nombre de gens
tués et blessés. Je répondis qu'il fallait donner encore
un coup de collier, et que les ennemis, étant, à proportion, aussi incommodés que nous, j'étais résolu de
les poursuivre jusqu'à l'extrémité.

« En effet, je ne tardai pas à arriver sur eux, et mes
deux camarades me suivirent sans balancer.

« Nous commencions à découvrir les côtes de Portugal, et le vent ayant augmenté, la flotte ennemie s'efforçait d'en profiter pour entrer, avant la nuit, dans le port

de Lisbonne. La vitesse de mon vaisseau me fit gagner deux lieues sur *l'Hercule* et sur *le Paon;* en sorte que je joignis, sur la fin du jour, les vaisseaux de guerre portugais, qui étaient restés un peu de l'arrière pour couvrir leur flotte. Ils étaient si incommodés et si rebutés de la besogne, qu'ils m'abandonnèrent ce vaisseau de guerre qui avait été démâté, et pris le jour précédent par M. de Ruis. Je me pressais de le joindre pour m'en emparer, avant que la nuit qui s'avançait fût formée; et, pour plus grande précaution, j'avais mis ma chaloupe à la mer, prête à l'amariner en cas que mon abordage eût manqué par quelque événement imprévu, quand je découvris les brisants des écueils nommés *Arcatophes*, à portée de fusil sous le vent. Ce vaisseau, dont j'étais sur le point de me rendre maître, toucha dessus, et alla échouer entre le fort Carcais et le fort de Saint-Julien. Il s'en fallut très peu que je ne fisse aussi naufrage sur les mêmes brisants, n'ayant eu précisément que le temps de revirer tout d'un coup sur l'autre bord.

« C'est ainsi que par une infinité de circonstances des plus malheureuses et des moins attendues, je perdis une des plus belles occasions de ma vie. La fortune refusa de m'enrichir par la prise de ce vaisseau qui, tout seul, était d'une valeur immense. Au milieu du combat, trois boulets successifs passèrent entre mes

jambes; mon habit et mon chapeau furent percés de plusieurs coups de fusil, et je fus blessé, mais légèrement, de quelques éclats. Il semblait que les boulets et les balles vinssent me chercher partout où je portais mes pas.

« Après cette rencontre malheureuse, je rejoignis mes deux camarades, et nous fîmes route pour nous rendre à Cadix, suivant les ordres du roi.

« M. le marquis de Valdecagnas parut fort aise de notre arrivée. Il me chargea du soin de garder les Pontals. Je fis entrer nos trois vaisseaux en dedans. Je disposai les canonniers et les matelots qui me parurent nécessaires pour servir l'artillerie des deux forts de l'entrée; et je fis travailler le reste de nos équipages à perfectionner la batterie de Saint-Louis, qui n'était pas achevée. J'ajoutai à ces précautions celle d'avoir des chaloupes armées de soldats, toutes prêtes à servir en cas de besoin. Je fis aussi armer sur mon crédit, le gouverneur ne voulant donner aucuns fonds, un vaisseau que je fis équiper en brulôt par mes canonniers, pour le placer avec un va-et-vient dans la passe du Pontal la plus aisée à forcer. En un mot, je ne négligeai rien de tout ce qui pouvait contribuer à la sûreté des postes qui m'étaient confiés, sans que pour cela j'assistasse moins régulièrement à tous les conseils de guerre que tenait le marquis de Valdecagnas.

« J'appris qu'il n'y avait pas pour quinze jours de vivres dans Cadix, quoique le gouverneur eût, sous ce prétexte, exigé de grosses contributions de tous les négociants. Je crus de mon devoir de lui représenter fortement qu'il était absolument nécessaire d'y pourvoir incessamment, s'il ne voulait se trouver exposé, par ce défaut, à rendre la place à l'armée navale ennemie, que l'on savait être arrivée sur les côtes de Portugal. Mes représentations réitérées lui déplurent ; aussi profita-t-il du premier prétexte qu'il put trouver de me mortifier, et il l'entreprit contre toute convenance et au mépris du respect qu'il devait au roi de France qui m'avait honoré de ses ordres. Il sera aisé d'en juger par le récit que j'en ferai incessamment.

« On reçut, dans ce temps-là, à Cadix, des nouvelles de Lisbonne, au sujet de mon dernier combat avec la flotte portugaise. Elles portaient que le marquis de Sainte-Croix, amiral de cette flotte, avait été tué, ainsi que beaucoup d'autres officiers ; que cinq de ses vaisseaux de guerre étaient entrés à Lisbonne, fort délabrés, et que le sixième ayant été démâté et poursuivi de près, s'était échoué entre les forts de Carcais et de Saint-Julien, mais qu'on avait sauvé une partie de ses effets. On ajoutait que ce dernier vaisseau, qui revenait de Goa, avait relâché au Brésil, où il s'était joint à la flotte ; qu'il était riche de plus de deux millions de

piastres, et que le pillage fait par les gens de
l'*Hercule* était estimé à deux cent mille écus; qu'il
était même resté dans ce vaisseau portugais quatorze
matelots français que le trop de précipitation avait
empêché d'en retirer, lesquels avaient été mis au ca-
chot en arrivant à Lisbonne. On apprit aussi, par la
même voie, que l'armée navale des ennemis avait
quitté les côtes d'Espagne, et qu'il n'y avait pas d'apparence qu'elle pût désormais entreprendre le siège de
Cadix.

« Sur ces nouvelles, je pris l'agrément de M. de Valdecagnas pour faire sortir nos vaisseaux des Pontals,
et ayant su qu'il y avait dans le port de Gibraltar,
soixante navires chargés de vivres et de munitions pour
l'armée ennemie, je formai le dessein d'y aller avec le
brûlot que j'avais fait équiper à mes dépens et de les
brûler. J'aurais exécuté ce projet d'autant plus facilement, qu'ils n'étaient soutenus d'aucun vaisseau de
guerre, mais j'eus beau répondre du succès à M. de Valdecagnas, et lui faire à cet égard toutes les instances
imaginables, il ne voulut jamais y consentir; et comme
j'avais ordre exprès de lui obéir, il ne me resta que le
regret de voir échapper une si belle occasion, qui aurait
été si avantageuse au service des deux Couronnes.

« Lorsque nos vaisseaux mouillèrent dans la rade de
Cadix, j'avais ordonné que nos chaloupes, en allant à

terre, ne fussent point armées, et qu'il y eût seulement un officier à bord, pour en contenir l'équipage, afin d'éviter toute discussion avec les Espagnols.

« Il arriva que les barques de la douane, abusant de ma discrétion, insultèrent nos chaloupes à diverses reprises, et même les visitèrent, contre le droit de la nation française. J'en fis mes plaintes par le canal de M. le chevalier de Renaud, Français, et lieutenant général au service d'Espagne, qui résidait à Cadix. Je le priai d'en parler au gouverneur, afin que l'on punît les coupables d'une pareille violence, et qu'on y remédiât à l'avenir, puisque je ne pouvais ni ne devais souffrir qu'on donnât atteinte aux privilèges de ma nation, et qu'on insultât aux vaisseaux du roi. J'ajoutai que le tort des Espagnols était d'autant plus grand, que nous n'étions là que pour les secourir et pour les protéger.

« M. de Valdecagnas ne fit aucune attention à tout ce que lui représenta M. le chevalier de Renaud, et négligea entièrement de pourvoir aux inconvénients qui pourraient arriver; de sorte que, deux jours après, une barque de la douane insulta une seconde fois la chaloupe de *l'Hercule*, et en maltraita l'officier qui voulait s'opposer à la visite. M. de Ruis, capitaine de ce vaisseau, vint, à huit heures du soir, m'en porter ses plaintes, et me représenter qu'ayant l'honneur de com-

mander dans la rade de Cadix pour le service des deux couronnes, il était de mon devoir d'envoyer sur-le-champ arrêter cette barque, et d'en demander hautement justice, si je ne voulais m'exposer au reproche d'avoir, le premier, souffert des actes injurieux pour la nationalité française, et contraires au respect que l'on devait au roi.

« J'eus la précaution de me faire rendre compte, par l'officier et par l'équipage de la chaloupe, des circonstances de cette insulte, et les ayant trouvées très graves, je détachai deux chaloupes, sous le commandement de M. de la Jaille, pour aller arrêter la barque espagnole, avec ordre exprès de ne point tirer, et de n'user d'aucune violence, qu'à la dernière extrémité.

« La barque en question s'était mêlée parmi plusieurs autres, et M. de la Jaille eut quelque peine à la trouver. A la fin, l'ayant démêlée, il s'avança sur elle. Aussitôt elle prit chasse, et tira, la première, des coups de pierrier et de fusil sur nos chaloupes. Deux de nos soldats en furent blessés, et deux autres tués. M. de la Jaille lui-même eut le devant de son habit emporté par un éclat de mitraille. Alors, se conformant à mes ordres, il aborda cette barque, s'en rendit maître, et la conduisit à bord de mon vaisseau. Cet abordage ne se fit pas sans effusion de sang ; les Espagnols tirant à toute outrance sur nos gens, ceux-ci ne purent être contenus et leur tuèrent trois hommes ; ils en blessèrent trois

autres, que j'eus soin de faire panser par nos chirurgiens.

« Le lendemain matin, je crus devoir descendre à terre, avec MM. de Ruis et de la Jaille, pour informer le gouverneur du fait et pour lui en demander raison. Mais bien loin de vouloir m'écouter il me fit arrêter dans son antichambre par le major de la place, et je fus conduit à la tour Sainte-Catherine.

« M. de Renaud, averti d'un procédé si surprenant, courut lui en représenter toutes les conséquences, et, le trouvant mal disposé, il dépêcha un exprès au marquis de Villadarias, gouverneur d'Andalousie, et beau-frère de M. de Valdecagnas, le conjurant de venir interposer son autorité, pour arrêter les suites périlleuses d'une pareille affaire.

« M. de Villadarias se rendit le jour suivant à Cadix, et, dans un conseil qu'il assembla à ce sujet, il fut simplement décidé que l'armée navale des ennemis s'étant retirée, et le secours des vaisseaux français ne paraissant plus nécessaire à la conservation de la place, on me ferait sortir de prison, et que je pourrais mettre à la voile quand bon me semblerait. D'après cette décision, et pour comble d'outrage, je fus conduit à mon bord par un garde de police.

« J'y arrivai outré de l'indigne procédé de M. le marquis de Valdecagnas, pour récompense des soins et des

mouvements que je m'étais donnés, avec autant de zèle
que si j'eusse été personnellement chargé de conserver
Cadix. Toute ma consolation était l'espérance que le
roi, bien informé du fait, en tirerait une satisfaction
authentique. En effet, sa Majesté s'en étant fait rendre
compte, exigea que le gouvernement de Cadix fût ôté
à M. le marquis de Valdecagnas, et celui de l'Andalousie à M. de Villadarias, qui s'était donné la licence
d'écrire sur cette affaire un rapport très inexact, et en
termes peu convenables au profond respect qu'un particulier comme lui devait à un si grand monarque,
aïeul de son maître.

« Impatient de quitter cette terre détestée, je mis à la
voile dès le lendemain, et je fis route pour me rendre
à Brest.

« J'eus, en chemin, connaissance d'une flotte de
quinze vaisseaux anglais, escortés par *le Gaspard*, frégate de trente-six canons. Je fis signal à mes camarades
de donner dans la flotte, et j'allais aborder *le Gaspard*.
Celui qui le commandait se défendit valeureusement,
et soutint mon abordage aussi longtemps qu'il lui fut
possible. M. de Fossières, officier plein d'ardeur, qui
était mon capitaine en second, y fut tué. J'eus encore
un autre officier blessé, et nous prîmes douze vaisseaux
de cette flotte que nous conduisîmes à Brest.

« J'avais marqué, pendant la route, toutes sortes de

prévenances à l'Anglais, capitaine de ce *Gaspard*, et je m'étais empressé à lui faire connaître tout le cas que je faisais de sa valeur et de sa fermeté. Il fut assez injuste pour attribuer mes politesses à la crainte de tomber à mon tour entre les mains des Anglais, et il poussa l'indiscrétion jusqu'à m'en faire confidence en mangeant à ma table, entre le dessert et la fin du repas. Cette insolence me mit dans la nécessité d'en user, contre mon inclination, avec autant de dureté que je lui avais auparavant témoigné d'estime et d'amitié, afin de lui faire bien comprendre que si je considérais la valeur dans les ennemis du roi, lorsqu'ils étaient vaincus, je savais aussi dompter leur orgueil et braver toutes sortes d'événements, quand il était question de combattre pour ma patrie.

« Le roi m'ayant fait, en 1707, l'honneur de me nommer chevalier de l'ordre de Saint-Louis, je me fis un devoir d'aller recevoir l'accolade de la main même de ce grand prince.

« Je me rendis à Versailles, où sa Majesté voulut bien me faire connaître qu'elle était satisfaite de mon zèle et de mes services. Elle m'en donna des preuves en m'accordant six vaisseaux, *le Lys*, de soixante-quatorze canons ; *l'Achille*, de soixante-six, *le Jason*, de cinquante-quatre ; *la Gloire*, de quarante ; *l'Amazone*, de trente-six ; et *l'Astrée*, de vingt-deux.

« Je partis promptement pour Brest, et je choisis, pour commander ces navires, MM. de Beauharnais, de Courserac, de la Jaille, de Nesmond et de Kuerguelin. Ayant mis à la voile, je fus me placer à la hauteur de Lisbonne, espérant y rencontrer la flotte du Brésil, qu'on attendait incessamment. Je ne pus parvenir à en avoir des nouvelles. Je capturai cependant deux vaisseaux anglais assez riches, qui sortaient du détroit de Gibraltar. De là, m'étant porté à l'entrée de la Manche, je fis quatre autres prises de la même nation, chargées de tabac, et je ramenai le tout à Brest, où je fis caréner mon escadre.

« Je trouvai dans ce port M. le comte de Forbin, chef d'escadre, avec six vaisseaux de guerre qu'il commandait. Nous y recûmes en même temps l'un et l'autre, de M. de Pontchartrain, ministre de la marine, une lettre qui nous avertissait qu'il y avait aux dunes d'Angleterre, une flotte considérable, chargée de troupes et de munitions de guerre, et prête à faire voile pour le Portugal et pour la Catalogne. Ce ministre nous marquait qu'il était d'une extrême conséquence que nous allassions, sans différer, croiser ensemble pendant quelque temps au-devant de cette flotte, et que nous rendrions un des services les plus importants à l'État, si nous pouvions la joindre et la détruire.

« J'avais sous mes ordres le même nombre de vais-

seaux que M. le comte de Forbin, parce que *le Maure*, vaisseau de cinquante canons, commandé par M. de la Moinerie-Miniac, de Saint-Malo, s'était venu joindre à moi à la place de *l'Astrée*, qui restait dans le port. Nous partimes donc tous ensemble de Brest, et nous allâmes nous poster à l'ouverture de la Manche.

« Après avoir passé trois jours sans rien rencontrer, il me parut que M. de Forbin faisait route du côté de Dunkerque, lieu de son désarmement. Il était déjà éloigné de moi d'environ quatre lieues, lorsque je remarquai qu'il changeait sa manœuvre et sa route. Je jugeai qu'il avait fait quelque découverte, et, courant de ce côté, j'aperçus effectivement une flotte qui me parut être de deux cents voiles, et vraisemblablement celle dont M. le comte de Pontchartrain nous avait avertis.

« Le jour commençait à paraître. Je crus devoir me rapprocher de M. de Forbin, pour concerter ensemble les moyens d'attaquer cette flotte, et je me pressai de le joindre. Mais, ayant vu, chemin faisant, qu'il avait arboré pavillon de chasse, je mis aussitôt toutes mes voiles au vent et je chassai sur la flotte. La légèreté de mon escadre, carénée de frais, me fit devancer M. de Forbin d'environ une lieue, et je n'étais plus qu'à une bonne portée de canon de cette flotte, quand il s'avisa, au grand étonnement de tous,

M. de Forbin.

de venir en travers, et de prendre un ris dans ses huniers, par un temps où nous n'aurions pas pu porter perroquet sur perroquet. L'esprit de subordination, dont j'ai toujours été plus jaloux que qui que ce soit, me fit, contre mon gré, imiter sa manœuvre qui seule nous fit manquer l'entière destruction de cette importante flotte.

« Elle était rassemblée sous le vent de cinq gros vaisseaux anglais qui nous attendaient, rangés sur une ligne. Le vaisseau *le Cumberland*, de quatre-vingt-deux canons, qui était le commandant, s'était placé au milieu ; *le Devonshire*, de quatre-vingt-douze canons, à la tête ; et *le Royal-Oak*, de soixante-seize, à la queue. *Le Chester* et *le Ruby*, de cinquante-six à cinquante-quatre canons chacun, étaient *matelots* de l'avant et de l'arrière du commandant.

« Il nous prirent d'abord, à ce qu'ils nous ont dit depuis, pour une troupe de corsaires rassemblés, dont ils ne faisaient pas grand cas. Mais nous n'eûmes pas plutôt mis en travers, qu'ils connurent qui nous étions, à la séparation des mâts de nos vaisseaux et à la hauteur de leurs œuvres mortes.

« L'affaire leur parut sérieuse.

« Le commandant fit signal dans l'instant aux bâtiments de transport de se sauver par différentes routes ; d'où il est aisé de conclure que si nous les eussions atta-

qués, sans nous amuser inutilement à prendre des ris, ils étaient indubitablement perdus ; et que, par conséquent, le projet formé par les puissances alliées contre la maison de France, pour achever de conquérir l'Espagne, se serait trouvé dès lors entièrement renversé ; d'autant plus que l'archiduc et le roi de Portugal attendaient avec la plus grande impatience ce convoi que la reine d'Angleterre leur envoyait, pour les soulager un peu dans l'extrême détresse où ils se trouvaient, et surtout le premier, depuis la bataille d'Almanza qu'il avait perdue quelque temps auparavant.

« Impatienté de voir que M. de Forbin ne se pressait pas d'arriver, et réfléchissant que la journée s'avançait beaucoup, puisqu'il était près de midi, et que nous étions à la fin du mois d'octobre, je fis signal à tous les vaisseaux de mon escadre de venir me parler les uns après les autres.

« J'ordonnai à M. le chevalier de Beauharnais d'aborder *le Royal-Oak* ; à M. le chevalier de Courserac d'aborder *le Chester* ; à M. de la Moinerie-Miniac d'aborder *le Ruby* ; et, comme je me réservais *le Cumberland*, je donnai ordre à M. de la Jaille de me suivre avec *la Gloire*, et de venir me jeter une partie de son équipage, aussitôt qu'il me verrait accroché, afin de me trouver par ce renfort, plus en état de secourir les vaisseaux de mon escadre que je verrais pressés, ou

même ceux de l'escadre de M. de Forbin qui pourraient être assez hardis pour se mesurer avec *le Devonshire*. Mais aussi, comme il y avait de l'équité à songer un peu aux intérêts de mes armateurs, et prévoyant que nous trouverions assez de difficulté à soumettre les vaisseaux de guerre pour n'être pas en état de prendre et d'amariner les vaisseaux de transport, je chargeai M. le chevalier de Nesmond, qui commandait la frégate *l'Amazone*, la meilleure de mon escadre, de pointer au milieu de la flotte, pourvu cependant qu'aucun des vaisseaux du roi ne se trouvât dans le cas d'avoir un besoin pressant de son secours.

« Ces ordres donnés, j'arrivai sur les ennemis, et faisant coucher tout mon équipage sur le pont, je donnai mon attention à bien manœuvrer. J'essuyai d'abord, sans tirer, la bordée du *Chester*, matelot du *Cumberland*, et ensuite celle du *Cumberland* même, qui fut des plus vives. Je feignis, dans cet instant, de vouloir plier. Mon adversaire donna dans le piège, et ayant voulu arriver pour me tenir sous son feu, je revins tout à coup au vent, et, par ce mouvement, son beaupré se trouva engagé dans mes grands haubans, avant que je lui eusse riposté d'un seul coup de canon ; en sorte que toute mon artillerie, chargée à double mitraille, et toute ma mousqueterie l'enfilant de l'avant à l'arrière, ses ponts et ses gaillards furent, dans un instant, jonchés de morts.

« Aussitôt, M. de la Jaille, mon fidèle compagnon d'armes, s'avança avec *la Gloire*, pour exécuter ce que je lui avais ordonné. Mais ne pouvant m'approcher que très difficilement par rapport à la position où il me trouva, il eut l'audace d'aborder *le Cumberland* même, de long en long. Il est vrai qu'il rompit son beaupré sur la poupe de mon vaisseau, dans le même moment que l'ennemi achevait de rompre le sien dans mes grands haubans.

« Alors ceux de mes gens que j'avais désignés pour sauter à l'abordage du *Cumberland* s'efforcèrent de pénétrer à son bord; mais très peu y réussirent, à cause de son beaupré rompu, qui rendait l'approche de ce vaisseau aussi difficile que dangereuse. MM. de Calandre, de Blois et du Menay, officiers de *la Gloire*, furent les premiers qui s'élancèrent dedans, à la tête de quelques vaillants hommes. Ils tuèrent et mirent en fuite ce qui restait d'Anglais sur le pont et sur les gaillards, et se rendirent maîtres du vaisseau. Alors voyant qu'ils me faisaient signe avec leurs mouchoirs, je fis cesser le feu, et j'empêchai qu'il ne sautât un plus grand nombre de mes gens à bord. Au même instant, je fis pousser au large, pour me porter sur les autres points où ma présence pourrait être de quelque utilité.

« M. le chevalier de Beauharnais, qui montait *l'A-chille*, avait abordé de son côté, avec toute l'audace

possible, *le Royal-Oak ;* et ses gens s'étant présentés pour sauter à l'abordage, il était prêt de s'en rendre maître, lorsque le feu prit dans son vaisseau à des gargousses pleines de poudre. Ses ponts et ses gaillards en furent enfoncés, et plus de cent hommes y perdirent la vie. Il fit pousser au large, et fut assez heureux pour éteindre cet embrasement après bien du travail. Mais pendant ce temps-là, *le Royal-Oak*, dont le beaupré se trouvait rompu, avait profité du désordre, et s'était servi de toutes ses voiles pour gagner le large.

« M. le chevalier de Courserac, qui commandait *le Jason*, aborda aussi *le Chester*, mais ses grappins s'étant rompus, les deux vaisseaux se séparèrent.

« M. le chevalier de Nesmond, qui le suivait sur *l'Amazone*, voulut en profiter et aborder à son tour ce navire anglais. Mais n'ayant pas modéré sa course assez à temps, il le dépassa malgré lui. Alors M. de Courserac revint dessus et l'enleva à ce dernier abordage, ce qui fit prendre à M. de Nesmond le parti d'exécuter l'ordre que je lui avais donné de fondre au milieu de la flotte, où il s'empara d'un assez grand nombre de bâtiments de transport.

« *Le Maure*, commandé par M. de la Moinerie-Miniac, avait, suivant sa destination, abordé *le Ruby* ; et, dans le temps même qu'il y était accroché, M. le comte de Forbin vint, à toutes voiles, donner de son beaupré

sur la poupe de cet anglais qui se rendait. M. de Forbin prétendit que c'était à lui seul qu'il s'était soumis,
quoiqu'il n'eût pas jeté un seul homme à bord. Cette
prétention lui fit d'autant moins d'honneur, que le
témoignage des Anglais eux-mêmes ne lui fut pas
favorable, et que ce brave officier général aurait pu
trouver, s'il l'eût voulu, des occasions plus glorieuses
d'exercer son courage.

« Aussitôt que j'eus fait pousser mon navire au large
du *Cumberland*, j'examinai avec attention la face du
combat, et ma première pensée fut de courir sur *le
Royal-Oak*, que je voyais fuir en très mauvais état,
et que j'aurais certainement enlevé d'emblée sans
beaucoup de danger et sans effusion de sang. Cette
action m'aurait peut-être fait plus d'honneur que le
combat sanglant que je soutins contre *le Devonshire*. Je
crois donc pouvoir avancer hardiment que, dans cette
occasion, l'intérêt de ma gloire particulière céda à un
motif plus généreux. Je vis que M. le chevalier de
Tourouvres, qui commandait *le Black-Owl*, vaisseau
de cinquante-quatre canons de l'escadre de M. de
Forbin, osait attaquer ce *Devonshire*, qui en portait
quatre-vingt-douze, et que, suivi du *Salisbury*, monté
par M. Bart, il s'avançait pour l'aborder avec une
intrépidité héroïque. Je remarquai même qu'il avait
déjà brisé son beaupré sur la poupe de ce gros vaisseau

dont le feu infiniment supérieur et l'artillerie formidable hachaient en pièces la mâture de ses adversaires.

« Touché de cet exemple de valeur, je volai au secours du brave Tourouvres, avec la résolution d'aborder de long en long *le Devonshire*. J'avais déjà prolongé ma civadière, et j'étais sur le point de l'accrocher, quand je vis sortir de sa poupe une fumée si épaisse que la crainte de me brûler avec lui me fit le combattre à portée de pistolet, jusqu'à ce que j'eusse vu ce commencement d'incendie éteint. Il me serait difficile de tracer l'affreux tableau du feu roulant de canon et de mousqueterie que j'en essuyai pendant trois quarts d'heure, attendant toujours que la fumée de sa poupe fût un peu ralentie pour l'aborder. Il me mit, dans cet état plus de trois cents hommes hors de combat.

« Enfin, désespéré de voir périr tous mes gens l'un après l'autre, je résolus à tout événement de l'accrocher, et fis pousser mon gouvernail à bord.

« Déjà nos vergues commençaient à se croiser, lorsque M. de Brugnon, l'un de mes lieutenants, qui commandait la mousqueterie et la manœuvre, vint précipitamment me faire remarquer que le feu, qui s'était développé dans la poupe du *Devonshire*, se communiquait à ses haubans et à ses voiles de l'arrière. Frappé d'un danger si pressant, je fis à l'instant

changer la barre de mon gouvernail et appareiller tout ce qui me restait de voiles, détachant des officiers pour aller, sur le bout des vergues, couper en toute hâte, avec des haches, mes manœuvres embarrassées avec celles de l'ennemi.

« A peine m'en étais-je éloigné de la portée du pistolet, que le feu se communiqua de l'arrière à l'avant de ce gros vaisseau, avec tant de violence, qu'il fut consumé en moins d'un quart d'heure. Tout son équipage périt au milieu des flammes et des eaux, à l'exception de trois de ses matelots qui se trouvèrent, après l'affaire, à bord de mon vaisseau, où ils étaient passés de vergues en vergues lorsqu'ils s'aperçurent du motif qui me faisait abandonner mon abordage avec tant de précipitation. Ils m'assurèrent qu'il y avait plus de trois mille hommes dans ce vaisseau, lequel portait, outre son équipage, plus de trois cents officiers ou soldats passagers. Je n'eus pas de peine à le croire, vu la vivacité avec laquelle son canon et sa mousqueterie avaient été servis.

« Après ce sanglant combat, mon vaisseau resta tellement délabré, que je fus deux jours entiers sans pouvoir remuer. La coque, le pont, les mâts, les voiles, les manœuvres, tout était haché. Le gouvernail avait été coupé par deux boulets-barrés de trente-six livres.

« Je demeurai dans cette perplexité, ne sachant ce que les autres vaisseaux étaient devenus ; chacun d'eux avait pris le parti de se rallier ou de poursuivre les débris de cette flotte. Je savais seulement que *le Royal-Oak* s'était sauvé, ayant bien remarqué que **M.** le comte de Forbin n'avait pas jugé cette conquête digne de son attention. J'avoue que si j'eusse été capable de me repentir d'une bonne action, et si je n'avais pas en présente la pensée de l'utilité qui pouvait en revenir au roi d'Espagne, j'aurais éprouvé quelque regret d'avoir laissé échapper un beau vaisseau qui était, pour ainsi dire, en mes mains, et d'avoir été me faire hacher en pièces pour avoir la douleur de voir périr mille infortunés d'un genre de mort si affreux. Le souvenir de ce spectacle effroyable me fait encore frémir d'horreur.

« Avant de finir le récit de ce combat, je ne puis m'empêcher de parler de l'action d'un de mes contre-maîtres qui sauta le premier à bord du *Cumberland* par-dessus son beaupré rompu, et qui pénétra jusqu'à son pavillon de poupe pour le renverser. Il était occupé à en couper la drisse quand il vit quatre soldats anglais, qui s'étaient tenus ventre à terre, se relever et accourir sur lui le sabre haut. Dans ce péril imprévu, il conserva assez de jugement pour jeter à la mer le pavillon anglais, et pour s'y lancer ensuite lui-même. Il eut

aussi la présence d'esprit de ressaisir le pavillon dans l'eau, et de gagner à la nage une chaloupe que *le Cumberland* traînait à la remorque. Il en coupa le câblot, et se servant d'une voile qu'il trouva dedans, il arriva, vent arrière et se rendit dans cet équipage à bord de *l'Achille*, qui était resté en travers sous le vent, pour se rétablir du désordre où son abordage l'avait mis. Le pavillon dont je parle ici fut porté dans l'église de Notre-Dame à Paris, avec ceux des autres vaisseaux de guerre anglais ; et, sur le compte que je rendis de cette action à M. le comte de Pontchartrain, le roi, sur son rapport, voulut la récompenser d'une médaille d'or et faire maître d'équipage ce vaillant homme. Il s'appelait Honorat Toscan, et naviguait en 1712, en sa qualité de maître, avec M. le chevalier de Fougeray, lorsqu'il fut pris par le *South-Seas-Castle*. Les matelots et soldats anglais ayant su que c'était lui qui avait fait la belle action dont je viens de parler, lui firent essuyer mille indignités. Je n'ai voulu passer sous silence ni cette action, ni la récompense que ce brave soldat en reçut du roi. Ce grand prince n'apprenait jamais une action de valeur du moindre de ses sujets qu'il ne lui en fît connaître sa satisfaction par quelque grâce.

« Tous les vaisseaux de mon escadre et de celle de M. de Forbin arrivèrent deux jours avant moi dans la rade de Brest avec *le Cumberland*, *le Chester* et

le Ruby. Le Cumberland était mené à la remorque en triomphe par le vaisseau de cet officier général, de la même manière que s'il en avait été personnellement le vainqueur.

« Outre les vaisseaux de transport dont j'ai dit que *l'Amazone* s'était emparée, et qu'elle conduisit à Brest, il y en eut plusieurs autres qui furent pris par différents corsaires, qui se trouvèrent à portée de profiter de la déroute, et qui les firent entrer dans d'autres ports de France.

« M. le comte de Forbin dépêcha, à son arrivée, M. le chevalier de Tourouvres, pour porter au roi la nouvelle de ce combat. J'appris, dans la suite, que ce dernier m'avait rendu, auprès de Sa Majesté, toute la justice que je pouvais attendre d'un caractère aussi généreux que le sien; je la lui rendis aussi tout entière, quand j'eus l'honneur d'entretenir à mon tour le roi, sur les circonstances de cette action. »

La mesquine jalousie du comte de Forbin devait éclater plus tard d'une manière perfide. Lorsque Duguay-Trouin, accablé d'infirmités, eut quitté la mer pour aller achever ses jours dans la solitude et l'isolement, un anonyme publia un ouvrage intitulé *Mémoires du comte de Forbin*, chef d'escadre et chevalier de l'ordre de Saint-Louis. Le portrait de cet officier général était gravé en tête du livre, avec la qualité

d'*amiral de Siam*. A la page 262 du tome deuxième, se trouve un récit complètement différent de celui qu'on vient de lire sur l'enlèvement des vaisseaux anglais *le Cumberland, le Chester* et *le Ruby*. Il y avait eu à Versailles, pendant l'hiver qui suivit la campagne de 1707, une scène des plus vives entre Duguay-Trouin et le comte de Forbin, dans le salon d'attente du ministre Pontchartrain. Jaloux de défendre la vérité et l'honneur de ses braves compagnons de gloire, Duguay-Trouin avait mérité par son énergie la reconnaissance de toute la marine. Il ne garda le silence que sur ses propres intérêts ; mais ses amis le décidèrent à faire venir de Brest un extrait des interrogatoires subis à l'amirauté, quelques jours après le combat, par les capitaines anglais des trois vaisseaux *le Cumberland, le Chester* et *le Ruby*. Cette pièce importante fut conservée précieusement dans les archives de la famille de Duguay-Trouin.

Il en résulte que l'affaire d'octobre 1707 s'est passée totalement à l'honneur et à la gloire de Duguay-Trouin ; et que, loin d'en avoir exagéré les circonstances, il l'a rapportée avec cette modestie et cette simplicité qui lui étaient si naturelles lorsqu'il parlait de lui-même.

Reprenons la relation de notre intrépide corsaire.

« Je reçus, dit-il, après l'affaire de 1707, une lettre très obligeante de M. de Pontchartrain, qui me témoi-

gnait la satisfaction que Sa Majesté avait de mes services, en considération desquels elle voulait bien m'accorder une pension de mille livres sur le trésor royal.
J'eus l'honneur de l'en remercier très humblement,
mais je lui demandai en grâce de faire tomber cette
pension à M. de Saint-Auban, mon capitaine en second,
qui avait eu la cuisse emportée à l'abordage du *Cumberland*, et qui avait plus besoin de pension que moi.
J'ajoutai que je me trouverais trop récompensé, si je
pouvais, par mes instantes supplications, obtenir l'avan-
cement des officiers qui m'avaient si valeureusement
secondé; mais que si le roi me jugeait digne de quelque
grâce particulière, j'espérais de sa bonté qu'il voudrait
bien m'accorder des lettres de noblesse pour mon frère
aîné et pour moi, puisque je devais à son secours et à
ses soins tout ce que j'avais fais d'estimable, et l'honneur que j'avais d'être connu de Sa Majesté, par les
moyens qu'il m'avait procurés de servir sans discon-
tinuation.

« M. le comte de Ponchartrain trouva quelque difficulté à m'obtenir cette grâce, ou plutôt il jugea à propos de me la réserver pour récompense de quelque
nouvelle action, croyant sans doute que cet espoir me
rendrait encore plus ardent; mais il est certain que je
n'avais pas besoin d'être aiguillonné, et que le désir
que j'avais de mériter les bontés du roi et d'être utile

à l'État était seul plus capable de m'animer que toutes les récompenses. Aussi ne m'étais-je porté à lui demander cette grâce que par rapport aux grandes obligations que j'avais à mon frère, dont le zèle pour le service du roi était égal au mien. Malgré tous ces motifs, je n'insistai pas et crus devoir me rendre auprès de Sa Majesté, pour lui représenter de vive voix les services des officiers qui s'étaient distingués sous mes ordres. Elle eut la bonté d'en avancer plusieurs, entre autres M. le chevalier de Beauharnais, M. le chevalier de Courserac, M. de la Jaille, M. de Saint-Auban et quelques autres.

« Ce fut alors qu'ayant le bonheur d'entretenir le roi du détail de mon dernier combat, je profitai avec empressement de cette occasion pour lui faire connaître toute la valeur de M. le chevalier de Tourouvres. Je lui fis une peinture si vive de l'intrépidité de cet officier, que Sa Majesté se tournant vers M. de Busca, lieutenant des gardes du corps, qui avait l'honneur de servir auprès d'elle, lui demanda si feu Ruyter, son bon ami, en aurait fait autant. Il répondit qu'on ne pouvait rien ajouter au portrait que je venais de faire du mérite et de la bravoure de M. de Tourouvres, et qu'il n'en était pas surpris, ayant connu deux de ses frères dans les troupes de terre de Sa Majesté, qui n'étaient pas moins valeureux que celui-ci. M. le maréchal de Villars,

qui était aussi présent, prit la parole et ajouta des particularités de leurs services très avantageuses, et qui faisaient connaître que la valeur et la probité étaient héréditaires dans la maison de Tourouvres. Il pouvait encore y joindre la modestie; car je n'ai, de mes jours, vu de guerrier qui joignit à un si haut point cette dernière vertu à tant d'intrépidité. J'ai été bien aise de faire connaître, en rapportant tous ces détails, que l'émulation entre gens d'honneur ne les empêche point de se rendre réciproquement justice avec une satisfaction intérieure que les faux braves ne connaissent point.

« J'étais si pénétré des bontés et des distinctions dont le roi avait daigné m'honorer, et j'avais un désir si pressant de m'en rendre de plus en plus digne, que je quittai bientôt le séjour de Versailles pour aller de nouveau chercher à combattre ses ennemis. J'avais demandé et j'obtins de Sa Majesté un plus grand nombre de ses vaisseaux, que je destinais à une expédition dont je ne fis confidence à personne, parce que le succès dépendait surtout d'un profond secret. Il s'agissait d'aller saisir la flotte du Brésil. J'avais reçu avis que les ennemis avaient envoyé sept vaisseaux de guerre au-devant d'elle, et qu'ils croisaient dans les parages des îles Açores, où la flotte devait nécessairement passer pour s'y rafraîchir et y prendre es-

corte. Ainsi mon entreprise paraissait immanquable à
cet attérage, si je pouvais armer assez à temps pour me
rendre sur ces côtes avant qu'elle y fût arrivée.

« Je ne tardai donc pas à prendre congé du roi, et
je me rendis en poste à Brest, où je fis diligemment
équiper les vaisseaux *le Lys* et *le Saint-Michel*, chacun de soixante-quatorze canons ; *l'Achille*, de soixante-
dix ; *la Dauphine*, de cinquante-six ; *le Jason*, de cinquante-quatre ; *la Gloire*, de quarante ; *l'Amazone*,
de trente-six, et *l'Astrée* de vingt-deux.

« Ces vaisseaux furent montés par M. de Géraldin,
M. le chevalier de Courserac, M. le chevalier de Nes-
mond, M. le chevalier de Goyon, M. de Miniac, M. de
Courserac l'aîné, M. de la Jaille et M. de Kuerguelin.
Presque tous ces officiers avaient déjà servi sous
mes ordres avec distinction.

« Je joignis à cette escadre une corvette de structure
anglaise, armée de huit canons, pour me servir d'éclaireur. Je la confiai à un jeune homme de mes parents ;
et j'engageai une autre frégate de Saint-Malo, de trente
canons, nommée *le Desmaretz*, à venir me joindre dans
la rade.

« Nous mîmes à la voile, et nous fûmes nous placer à
la hauteur de Lisbonne. Le capitaine d'un bâtiment
suédois, qui en sortait, me confirma ce que j'avais
appris de la flotte du Brésil, et me dit que les sept

vaisseaux d'escorte que le roi de Portugal envoyait au-devant d'elle étaient partis depuis deux mois, pour l'attendre aux environs des Açores.

« Nous cinglâmes de ce côté, et passant hors de la vue de ces îles, nous fûmes nous placer, vers l'ouest, à quinze lieues d'elles, à l'endroit présumé où devait passer la flotte, pour éviter que ces sept vaisseaux de guerre portugais ou les habitants prissent connaissance de notre escadre, et n'envoyassent quelque pilote au-devant de cette flotte, pour l'avertir de nos manœuvres et lui faire prendre une autre route.

« Je détachai en même temps ma corvette anglaise pour aller faire le tour des îles et reconnaître les sept vaisseaux en question, avec ordre de bien les examiner, et de venir me rendre compte de leurs forces et des parages où ils croiseraient. Elle les trouva à l'ouest du port de Terceïra, qui couraient bord à terre et bord à la mer. Le capitaine me rapporta que cette escadre était composée de trois navires portugais, trois anglais et un hollandais; qu'un des portugais était à trois ponts, et tous les autres depuis cinquante jusqu'à soixante-dix canons.

« Nous demeurâmes constamment près de trois mois dans ces parages, fort étonnés de ne pas voir paraître la flotte du Brésil; et renvoyant tous les quinze jours la corvette faire le tour des îles, elle me rapportait toujours

la même chose des sept vaisseaux de guerre ennemis.

« Enfin nous découvrîmes un bâtiment venant de Hount, qui faisait route pour se rendre aux îles. Nous le poursuivîmes et ne pûmes le joindre à cause d'un brouillard et de la nuit qui survint. Je ne doutai pas qu'il n'informât l'escorte ennemie de notre croisière, et que celle-ci ne se déterminât à dépêcher un courrier au-devant de la flotte marchande pour la détourner de sa route, et que, par conséquent, ce riche convoi ne s'éloignât des îles pour éviter d'être exposé à nos attaques.

« Cependant nos provisions d'eau commençaient à manquer, en sorte que nous ne pouvions demeurer plus de quinze jours à croiser sur ces parages. Cette considération me porta à assembler un conseil composé de tous les capitaines de l'escadre, auxquels je tâchai de faire concevoir la nécessité où nous étions d'aller attaquer sans différer les sept vaisseaux de guerre portugais, dans lesquels nous devions vraisemblablement trouver de l'eau et assez de vivres pour prolonger notre croisière jusqu'à l'arrivée de la flotte; j'ajoutai que ces vaisseaux, même seuls, suffisaient pour payer l'armement, les Portugais étant dans l'usage d'avoir beaucoup de canons de fonte; et j'insistai sur ce qu'il était presque impossible qu'ils n'eussent été informés de notre croisière par ce petit bâtiment que la nuit nous

avait fait manquer. De manière que, si nous tardions encore à les aller chercher, il était indubitable que nous ne les trouverions plus, et que nous tomberions dans le cas de nous voir forcés, par la disette d'eau, à retourner en France sans avoir rien fait, et à perdre ainsi tous les frais de notre armement.

« Ce raisonnement était naturel. Mais quelque démon envieux de mon bonheur empêcha tous les capitaines de l'escadre, sans en excepter un seul, de le goûter. Ils se laissèrent aller à l'avis de M. de Géraldin, qui était d'attendre constamment la flotte sur cette croisière. Ils disaient, pour leurs raisons, que cette flotte ne pouvait manquer d'arriver incessamment, le vent étant bon pour l'amener ; qu'en attaquant les sept vaisseaux, il n'était point douteux qu'ils nous attendissent de pied ferme, étant pour le moins aussi forts que nous. Que le sort des armes était incertain ; que, supposant même que nous les réduisissions, cela ne pourrait se faire sans que plusieurs de nos vaisseaux se trouvassent désemparés et peut-être hors d'état de tenir la mer ; enfin, qu'au pis aller, nous serions toujours à portée de les attaquer. Ils ajoutaient que mes armateurs auraient lieu de me reprocher d'avoir préféré, dans cette occasion, ma gloire particulière à leurs intérêts. Enfin ils m'ébranlèrent de telle façon que, pour ne pas paraître obstiné dans mes sentiments, je crus devoir

leur accorder quelques jours. Mais cette condescendance ne m'empêchait pas de sentir que je m'exposais, par leur conseil, à un malheur sans remède. C'est le seul conseil que j'aie eu de ma vie, pour savoir s'il était à propos de combattre, et, si j'en suis le maître, ce sera le dernier.

« Cependant je leur laissai un ordre de combat, dans lequel étaient désignés les vaisseaux que chaque capitaine devait aborder, leur recommandant à tous de se tenir préparés, et de me suivre au premier signal que je leur ferais.

« Chaque jour que je différais d'aller aux ennemis me paraissait une année; et j'avais toujours dans l'esprit les suites malheureuses de notre retardement, que je regardais comme inévitables. Enfin, au bout de quatre jours, n'y pouvant plus tenir, je mis le signal de combat, et fis route pour les iles. Aussitôt M. de Géraldin me dépêcha un officier pour me demander encore trois jours, et les officiers de mon vaisseau qui m'étaient le plus affidés, séduits par l'attente de la riche flotte du Brésil, et par l'espoir d'un immense butin, y joignirent des prières si pressantes, que j'eus la faiblesse d'y consentir.

« Ces trois jours expirés, je fis route pour aller chercher les ennemis, et je ne les trouvai plus, ainsi que je l'avais prévu. Mon embarras devint extrême. Je ne

savais si la flotte n'avait point passé à la faveur de la nuit,
et si, après avoir joint les vaisseaux d'escorte, elle
n'avait point continué sa route sur Lisbonne, sans s'arrêter aux îles. Pour m'en éclaircir, je résolus d'y faire
une descente, et, pour cet effet, ayant passé entre les
îles de Fayal, de Pico, et de Saint-Georges, je remarquai, en rangeant cette dernière, un port au fond duquel était une assez jolie ville, et quelques forts qui
dominaient la plage. Cet endroit me parut très propre
à l'exécution de mon dessein; et j'ordonnai un détachement de toutes nos chaloupes, chargées de sept
cents soldats sous le commandement de M. le comte
d'Arquien, mon capitaine en second, avec ordre de descendre à terre et de se rendre maître de la ville.

« Avant de faire partir ces chaloupes, j'avais envoyé tous nos canots faire une fausse attaque de l'autre
côté, pour y attirer une partie de ces insulaires. La
véritable descente se fit, et ceux des ennemis qui voulurent s'y opposer furent mis en fuite et poursuivis si
chaudement, que nos troupes entrèrent presque aussitôt
qu'eux dans la ville, qui était la capitale de l'île de
Saint-Georges. La plupart des habitants l'avaient déjà
abandonnée, les religieuses même s'étaient sauvées et
avaient gagné les montagnes. Alors je fis porter à terre
un grand nombre de futailles pour les remplir d'eau,
et je fis en même temps enlever tout ce qui m'était né-

cessaire en grains et en vins, dont les magasins de cette ville regorgeaient.

« Les prisonniers portugais que l'on fit me dirent que les sept vaisseaux de guerre, ayant eu avis, par ce vaisseau que nous avions manqué, de notre croisière et de nos forces, avaient quitté ces parages depuis trois jours, et étaient retournés à Lisbonne; mais que la flotte du Brésil n'était pas encore passée, et qu'on ne savait ce qui pouvait la retarder si longtemps.

« Ce rapport me donna une lueur d'espérance qui s'évanouit bientôt. Nos vaisseaux furent pris tout à coup d'une tempête qui en mit plusieurs en danger de périr contre ces îles, et tous dans la nécessité de gagner le large. Cette tempête continua si longtemps, que j'eus beaucoup de peine à retirer mes troupes de la ville dont nous nous étions emparés, et que je me vis forcé d'abandonner nos futailles, pour faire promptement route vers les côtes d'Espagne. Mon unique espoir était de gagner le port de Vigo assez à temps pour y faire de l'eau et pour revenir attendre la flotte du Brésil à la hauteur de Lisbonne. J'y donnai rendez-vous à tous les vaisseaux de l'escadre, en cas de séparation. Mais nous fûmes si contrariés par les vents, et si pressés de la soif, que chaque vaisseau chercha à gagner le port qui lui parut le plus à sa portée. *La Dauphine*, *le Desmaretz* et la corvette se séparèrent les premiers de l'es-

cádre, et retournèrent en France. *Le Saint-Michel le Jason, la Gloire* et *l'Amazone* furent à Cadix; et pour moi, j'arrivai à Vigo avec mon seul vaisseau et *l'Achille.* »

Ainsi finit la campagne de 1708. Pendant cette première et longue période de ses glorieux services, Duguay-Trouin n'avait eu de rival que Jean Bart, dont nous avons également retracé les brillantes prouesses (1). L'armateur de Saint-Malo et le corsaire de Dunkerque résumaient en eux, sous le règne de Louis XIV, toute l'illustration de la marine française.

(1) *Jean Bart et Duquesne.* Un vol. in-8° écu. *Bibliothèque variée.* Librairie générale de vulgarisation. — Paris.

CHAPITRE V

Les guerres continentales avaient tellement épuisé les ressources du trésor, que Louis XIV, malgré l'énorme impôt qu'il percevait sur les prises, ne pouvait subvenir aux dépenses de sa marine. La nécessité, triomphant de l'orgueil du monarque et des mesquines jalousies de la noblesse, avait octroyé à la riche bourgeoisie des ports le dispendieux honneur de s'illustrer à ses frais. Dans chaque croisière, Duguay-Trouin avait donc deux intérêts à mettre en jeu, celui de sa gloire et celui de ses armateurs. Mais, tandis que son nom gagnait chaque jour un nouvel éclat, sa fortune et celle de son frère, Trouin de la Barbinais, décroissaient à vue d'œil, car les dépenses d'armement ou de réparation engloutissaient des sommes considérables qu'il fallait renouveler à chaque campagne ; et quand la va-

leur matérielle des captures trompait les espérances des
armateurs, ceux-ci se décourageaient promptement, et
alors les deux frères achevaient d'user leur patrimoine
et engageaient leur crédit, en subissant pour leurs em-
prunts les conditions les plus onéreuses. Il est donc
facile de concevoir le profond chagrin qu'éprouva René,
en voyant la riche flotte du Brésil échapper au piège
qu'il venait de lui tendre. Nul doute cependant que,
sans le mauvais vouloir des officiers de son escadre et
le retard forcé de sa manœuvre, il eût effectué son
hardi projet.

Cette flotte du Brésil avait attéri aux îles Açores,
huit jours après le départ de Duguay-Trouin ; et, grâce
à la tempête, l'escadre française, composée d'excellents
voiliers, ayant ces huit jours d'avance sur une flotte
qui n'allait pas bien, n'avait pu, malgré tous ses efforts, arriver avant elle sur les côtes du Portugal ; car
la plus grande partie du convoi était entrée dans le
port de Lisbonne ou dans les ports voisins, à peu près
dans le même temps que Duguay entrait dans celui de
Vigo. Il était occupé à y faire de l'eau, lorsqu'un vaisseau de cette flotte, poussé par la tempête, vint échouer
à quatre lieues, dans le port de Ponténédro, et fut pris
par les Espagnols. Duguay sortit de Vigo le plus promptement possible, et fit deux petites prises de cette même
flotte ; mais tout le reste était déjà rentré dans les ports.

Ainsi, son armement fut entièrement perdu, et ses vivres étant consommés, il revint désarmer à Brest, avec *le Lys* et *l'Achille*.

M. de Géraldin qui, séparé par la tempête, se trouva commandant des vaisseaux *le Saint-Michel*, *le Jason*, *la Gloire* et *l'Amazone*, étant arrivé devant Cadix, et s'y étant muni d'eau et de vivres, fit, en retournant à Brest, trois autres petites prises anglaises, qui ne payèrent pas la dépense de sa relâche.

La perte de cet armement, dans lequel les deux frères Trouin avaient risqué une bonne partie de leur petite fortune, les mit hors d'état de continuer des armements aussi considérables.

L'année suivante, 1709, René Duguay-Trouin se mit en mer avec le vaisseau *l'Achille*, et les frégates *l'Amazone*, *la Gloire* et *l'Astrée*, montées par M. le chevalier de Courserac, M. de la Jaille et M. de Kuerguelin. Il était informé qu'une flotte de soixante voiles devait bientôt sortir de Kings-Hall, sous l'escorte de trois vaisseaux de guerre anglais de soixante-dix, soixante et cinquante-quatre canons, pour se rendre en divers ports d'Angleterre.

Rouvrons ici les rapports officiels de l'illustre marin :

« J'allai, dit-il, croiser sur son passage, et je la découvris en vue du cap Lézard. La mer était trop agitée, et le vent trop fort pour hasarder un abordage. D'un autre

côté, les ennemis étaient si supérieurs en artillerie, qu'il y aurait eu folie à prétendre les réduire par le canon. Cependant je considérai que pareilles occasions ne se rencontrant pas fréquemment : il fallait les saisir quand elles se présentaient ; que la fortune aidait souvent la valeur un peu téméraire, et qu'enfin le vent pourrait s'apaiser pendant l'action.

« Ces réflexions faites, je fis signal à *l'Astrée* de donner dans la flotte ; et je m'avançai avec *l'Achille*, *l'Amazone* et *la Gloire*, pour livrer le combat aux trois vaisseaux qui m'attendaient en ligne au vent de leur flotte. Je lâchai, en passant, ma bordée de canon et de mousqueterie au vaisseau de l'arrière du commandant, et poussant ma pointe, j'abordai ce dernier de long en long. L'agitation des vagues ne me permit pas de jeter un seul homme à son bord ; et même les deux vaisseaux abordés se séparèrent malgré mes précautions. Je revins jusqu'à trois fois tenter l'abordage, sans pouvoir y tenir, ni faire sauter personne de mon équipage dans ce vaisseau. Mais le feu de mon canon, de ma mousqueterie et d'un grand nombre de grenades fut exécuté si vivement, que ses ponts et ses gaillards furent couverts de morts et même abandonnés, les vergues de misaine et de petit hunier coupées ; en un mot, je le mis hors d'état de manœuvrer et de se défendre.

« Dans cet intervalle, *l'Amazone* et *la Gloire* com-

battaient de leur côté les deux autres vaisseaux anglais. Elles étaient trop faibles de bois pour les aborder par un si mauvais temps, sans courir un risque évident de périr. Ce combat d'ailleurs était trop désavantageux pour elles au canon. Aussi furent-elles fort maltraitées, et elles l'auraient été bien davantage, si je ne les avais secourues par intervalles, en partageant mon feu sur les vaisseaux qui les combattaient. Cette attention ne put empêcher que *la Gloire* ne demeurât tout à fait désemparée, avec perte d'un grand nombre d'hommes. M. de la Jaille, qui la commandait, vint me passer à poupe, et me pria de le couvrir, afin qu'il pût travailler à se rétablir.

« Je n'étais guère moins maltraité, ayant reçu, entre autres, un boulet qui traversait ma soute aux poudres, lesquelles commençaient à se mouiller. L'inquiétude que j'en éprouvais ne m'empêcha pas de répondre à mon camarade qu'il eût à se placer à une portée de fusil sous le vent de mon vaisseau, où il pourrait travailler en sûreté à se rétablir. En effet, les trois vaisseaux ennemis étaient battus et délabrés de façon à n'en devoir rien craindre. Comme *l'Amazone* me parut encore en assez bon état, je fis signal à M. le chevalier de Courserac, qui la montait, de donner dans la flotte. Il le fit, et amarina cinq bons vaisseaux chargés de tabac, sans que les vaisseaux de guerre ennemis osas-

sent faire aucun mouvement pour l'en empêcher. J'étais
à demi-portée de canon d'eux, avec la frégate *la Gloire*,
prêt à donner dessus s'ils avaient bougé. J'eus même
l'audace de faire baisser les voiles à quatorze navires
marchands de leur flotte, que je plaçai entre *la Gloire*
et moi, à dessein de les amariner aussitôt que nos chaloupes, criblées de coups de canon, pourraient se trouver un peu rajustées.

« Mais il survint tout à coup un si violent orage, que
la Gloire en fut démâtée, et mon vaisseau couché le
plat-bord à l'eau, en danger évident d'être abîmé, si
les écoutes de mes huniers ne s'étaient pas rompues.
A la faveur de cet incident, les quatorze vaisseaux que
j'avais à ma disposition ne balancèrent pas à arriver
vent arrière sur la côte d'Angleterre, et passèrent sous
mon beaupré sans que je pusse les en empêcher. Les
troix vaisseaux de guerre les imitèrent, et ce qu'il y
eut de plus fâcheux, c'est que *l'Astrée*, qui, dès le commencement, avait donné dans la flotte, ayant brisé sa
chaloupe en la mettant à la mer, n'avait pu, à cause
de la furie des vagues, aborder une seule de plusieurs
prises, qu'elle avait arrêtées. Ainsi les prises, n'étant
point amarinées, profitèrent de l'orage et se sauvèrent
avec les autres.

« Après ce combat, la tempête devint encore plus
affreuse, et nous sépara tous. Deux de nos prises arri-

vèrent à Saint-Malo avec *l'Amazone* et *l'Astrée* ; une autre se sauva dans Calais, et deux firent naufrage sur la côte d'Angleterre. Je fus aussi sur le point de périr, et j'eus toutes les peines du monde à gagner le port de Brest, sur la frégate *la Gloire*, avec le feu à bord.

« Après les y avoir fait raccommoder, nous retournâmes en croisière à l'entrée de la Manche ; et nous y vîmes comme la nuit se formait, un gros vaisseau qui courait vent arrière, vers les côtes d'Espagne. J'observai sa manœuvre, et réglant les miennes dessus, je le joignis à onze heures du soir. Je le conservai toute la nuit, et mis un feu en poupe, afin que *la Gloire*, qui n'allait pas si bien que mon vaisseau, ne me perdît pas de vue.

« Dès que le jour parut, je m'avançai sur ce vaisseau étranger ; il arbora pavillon anglais, et ayant établi une batterie de six canons à l'arrière de sa poupe, j'en essuyai plusieurs décharges qui tuèrent quantité de mes gens et incommodèrent fort mes mâts et mes voiles, parce que fuyant toujours, et allant aussi bien que moi, je fus assez longtemps sans pouvoir le joindre à portée de pistolet. Quand il me vit prêt à l'aborder, il brassa tout d'un coup ses voiles de l'arrière, et bordant son artimon, poussa son gouvernail à venir au vent, dans la vue de mettre mon beaupré dans ses grands haubans. Attentif à sa manœuvre et à son gouvernail, je fis

J'eus peine à gagner Brest sur la frégate *la Gloire*, avec le feu à bord (page 160).

orienter mes voiles avec la même promptitude, et venant aussi tout d'un coup au vent, je l'abordai lui-même de long en long. Mes grappins furent accrochés au milieu de nos bordées de canons, de mousqueterie et de grenades, et ce vaisseau fut enlevé en moins de trois quarts d'heure. Mais par le mouvement qu'il avait fait pour mettre mon beaupré dans ses haubans, et par celui que j'avais fait moi-même pour l'éviter, il était arrivé que les deux vaisseaux, en présentant le côté au vent, avaient plié davantage, de manière que tous mes canons se trouvèrent pointés à couler bas, et mes canonniers n'ayant pas eu le temps d'en laisser tomber la culasse, tous leurs coups donnèrent dans la carène du vaisseau ennemi. Quand son pavillon fut baissé, je fis pousser au large ; et un instant après il vint passer à ma poupe, pour m'avertir qu'il allait couler bas, si je ne lui envoyais un prompt secours. Je fis mettre sur-le-champ la chaloupe à la mer, avec deux bons officiers, et un nombre suffisant de calfats et de charpentiers, pour sauver ce vaisseau qui était de soixante canons et tout neuf ; il s'appelait *le Bristol*.

« Dans ce même instant, *la Gloire* me joignit et se mit en devoir de lui envoyer aussi sa chaloupe ; mais, pendant cette occupation, survint tout à coup une escadre de quatorze vaisseaux de guerre anglais à trois lieues sur nous, avec tant de vitesse, que je n'eus pas

même le temps de retirer mes gens du *Bristol* ; il fut, dans un moment, entouré d'ennemis, et coulé bas au milieu d'eux. La moitié des Français et des Anglais qui étaient dedans furent noyés ; le reste fut sauvé par les chaloupes des Anglais. M. de Sabrevois, premier lieutenant de mon vaisseau, officier de mérite, fut du nombre des malheureux ; et MM. de Cussy et de Noilles, enseignes, se sauvèrent à la nage. Outre cette perte, j'eus, dans cette action, quatre-vingts hommes hors de combat. M. de la Harteloire, fils du lieutenant général de ce nom, fut tué en se présentant des premiers à l'abordage, et il y eut encore deux autres officiers blessés grièvement.

« Du moment que j'eus connaissance de cette escadre, j'arrivai vent arrière avec *la Gloire*. Mes mâts et mes voiles étaient fort maltraités, mes deux vergues de civadière brisées, mon grand mât de hune percé de deux boulets, et mes deux basses voiles si hachées, que je fus obligé de les changer en présence des ennemis. Ils nous joignirent bientôt à portée de canon. M. de la Jaille, qui connaissait la situation où sa frégate allait le mieux, jugea à propos de prendre chasse entre les deux écoutes. La connaissance que j'avais aussi de mon vaisseau m'engagea à tenir un peu plus le vent. Notre sort fut bien différent. Tout délabré que j'étais, j'eus le bonheur d'échapper aux ennemis. Mais trois

ou quatre de leurs vaisseaux les plus vites, joignirent *la Gloire*. M. de la Jaille résista jusqu'à la dernière extrémité et remplit tous ses devoirs avec sa valeur ordinaire. Il fut enfin contraint de céder à des forces supérieures.

« Le lendemain de ce combat et de cette chasse, je trouvai une frégate anglaise qui sortait de la Manche; je m'en rendis maître, et la conduisis dans le port de Brest, où je désarmai.

« A peu près dans ce temps-là, le roi, satisfait de la continuation de mon zèle, se porta de lui-même à nous accorder, à mon frère et à moi, les lettres de noblesse les plus distinguées; et cette grâce nous fit d'autant plus de plaisir, que nous n'osions presque plus nous y attendre. »

Louis XIV pensait avoir agi avec une munificence sans égale, en récompensant par le titre *d'écuyer*, dernier placé de tous dans l'échelle des distinctions nobiliaires, les glorieux services d'un armateur et d'un corsaire dont les efforts et le dévoûment réunis avaient procuré à la France, en quelques années, la capture de trois cent-vingt navires étrangers. Toutes ces prises avaient versé dans le trésor royal des sommes considérables; mais le trésor ressemblait au tonneau des Danaïdes; les ressources publiques s'écoulaient de toute part, soit dans les guerres continuelles qui satisfaisaient

l'orgueil du monarque en appauvrissant nos provinces, soit par mille canaux souterrains dont l'intrigue ou la faveur possédaient les secrets. Malgré tant de victoires, la dette de l'État grossissait d'une manière déjà menaçante, et Duguay-Trouin allait aussi se voir ruiné par les taxes énormes levées sur les armateurs. Doué cependant d'un esprit chevaleresque, et d'un désintéressement qui peut paraître fabuleux à l'époque où nous vivons, cet illustre marin s'oubliait lui-même pour ne songer sans cesse qu'à de nouvelles entreprises. Ne voyant, dans la personne du roi, que la brillante représentation de la France, il vivait sous le prestige qui fascinait alors tous les regards, et reçut les lettres qui l'agrégeaient au bas bout de la noblesse, avec une effusion de reconnaissance impatiente de se traduire par des services signalés.

Bien qu'il ne fût pas courtisan, il crut de son devoir d'aller en personne remercier le roi. En partant pour Versailles, il avait chargé le chevalier de Courserac, un de ses lieutenants, d'armer en course *le Jason*, *l'Amazone* et *l'Astrée*. Ce brave capitaine se mit en campagne avec toute l'ardeur et le zèle dont il avait donné de brillantes preuves en maintes occasions à son digne chef d'escadre, et lorsque l'arrière-saison de 1709 fut trop avancée pour permettre de tenir la mer, il revint désarmer à Brest en y ramenant plusieurs prises

d'une valeur considérable. Duguay-Trouin, comme il l'avouait lui-même, n'était rien moins qu'homme de cour. La vie des antichambres de Versailles et les exigences de l'étiquette déplaisaient souverainement à cette âme de feu qui n'avait d'autre culte que la gloire. Les faveurs de Louis XIV le rappelaient à de nouvelles entreprises, et dès les premiers mois de 1710, il sollicita et obtint son audience de congé.

De retour au port de Brest, il fit armer avec toute la célérité possible *le Lys*, *l'Achille*, *la Dauphine*, *le Jason* et *l'Amazone*, et porta son pavillon de chef d'escadre sur le premier de ces bâtiments. Les quatre autres furent montés par MM. le comte d'Arquien, le chevalier de Courserac, M. de Courserac l'aîné et M. de Kerguelin.

Après une longue croisière qui n'offrit pas de résultats remarquables, il s'affligeait de voir la campagne sur le point de finir sans qu'il eût rencontré quelque belle circonstance pour signaler son courage, lorsqu'il reçut l'avis, dans les premiers jours du mois de novembre, que cinq vaisseaux de commerce anglais, venant des Indes orientales, devaient aborder sur la côte d'Irlande, sous l'escorte de deux navires de guerre de soixante-dix canons. La richesse immense de cette flottille avait décidé l'amirauté d'Angleterre à expédier deux autres navires, de soixante-dix canons chacun, au-devant de

sa route pour assurer sa rentrée. Duguay-Trouin mit à la voile avec ces instructions, et porta sa croisière un peu au large des côtes d'Irlande pour observer à loisir les événements qui se préparaient. C'est ici que nous aurons de nouveau recours aux Archives de la Marine pour retracer, d'après les relations autographes de notre intrépide corsaire, la suite de ses exploits.

Dans une dépêche du 19 novembre 1710, il rend compte en ces termes du résultat de cette affaire au ministre de la marine :

« Voici, Monseigneur, la seule occasion qui se soit présentée cette année d'informer Votre Grandeur de ma conduite et de notre navigation. J'ai passé, Monseigneur, les premier jours de ma croisière sur la côte d'Angleterre et sur les Sorlingues. J'y ai vu un vaisseau de guerre anglais de soixante-dix canons, mais le voisinage de la terre et l'approche de la nuit le mettaient en sûreté.

« Je me suis ensuite approché de la côte d'Irlande pour croiser au-devant des flottes ennemies et des vaisseaux des grandes-Indes, que je sais que l'on attend en Angleterre, me réglant sur les vents pour tenir le large ou m'approcher de terre, depuis le quarante-neuf jusqu'aux cinquante et un degrés de latitude nord, et cela sans avoir vu aucun vaisseau ennemi jusqu'au

6 novembre, qu'ayant eu connaissance d'un navire de
guerre, le hasard voulut que je le joignisse le premier
et que je m'en rendisse maître après une heure et demie
de combat, avant que mes camarades, qui forçaient
de voiles, eussent pu nous joindre. Ce vaisseau se
nomme *le Glocester*, monté de soixante canons, percé
à soixante-six, et armé de cinq cents hommes d'équipage. Mais, selon les apparences, il avait pris une
augmentation de monde pour donner aux vaisseaux des
Grandes-Indes, au-devant desquels ce vaisseau devait
croiser avec un autre de la même force dont il s'était
depuis peu séparé en donnant chasse. Voilà ce que
j'en ai pu juger par le rapport des prisonniers que j'ai
fait exactement interroger.

« La prise de ce vaisseau, Monseigneur, dont les
mâts et les vergues étaient percés de coups de canon,
m'a jeté dans un grand embarras, à cause surtout de
la quantité de prisonniers qui me consommaient mes
vivres. D'ailleurs je me trouvais dans la nécessité, de
m'affaiblir en le renvoyant en France sous l'escorte
d'un vaisseau de force. Cependant, dans l'attente prochaine de quelque heureuse aventure, j'ai voulu le
conserver quelques jours, afin de le mettre en état de
naviguer, et en même temps je me suis approché de
la côte d'Irlande, pour me délivrer d'une partie des
prisonniers, en envoyant, comme je l'ai fait, le brûlot

les porter à terre, et pour m'informer également des nouvelles qui se pourraient recueillir.

« Dans cet intervalle, Monseigneur, le vaisseau *le Jason*, auquel j'avais donné ordre de serrer la terre, se trouva, à la pointe du jour, près d'un navire de guerre anglais de soixante canons qu'il combattit, avec beaucoup de valeur et de résolution, pendant une heure et demie. Mais n'ayant pu le joindre d'assez près pour l'aborder, et le calme étant survenu, il ne put empêcher que ce vaisseau ne gagnât la terre et ne se sauvât entre des roches à l'aide de plusieurs chaloupes de terre qui le prirent à la remorque.

« Après cette aventure, Monseigneur, j'ai jugé à propos de me tenir un peu plus au large, tant pour guetter les escadres supérieures qui ne manqueront pas de me venir chercher, que pour être en état de tirer un meilleur parti des flottes que nous pourrons rencontrer.

« Comme je pouvais, Monseigneur, conserver encore longtemps le vaisseau *le Glocester*, et que je serais forcé de lui donner escorte et de le renvoyer incessamment, peut-être même à la première chasse que je donnerai, je suis bien aise de mettre, par précaution, cette lettre dedans pour vous rendre compte de ma navigation. La prise de ce bâtiment nous a mis vingt-cinq à trente hommes hors de combat. Le sieur de la Poterie, garde

de la marine, y a été tué. Le sieur de Nogent, à qui j'ai donné le commandement de la prise, et tous mes officiers ont fait des merveilles de zèle et de bravoure dans cette action. Tout l'honneur leur en est dû; car je suis actuellement si faible, par un flux de sang continuel dont je suis accablé depuis le premier jour de mon départ, que je ne leur ai pas été d'un grand secours. Je pourrais même dire que, si je n'avais pas préféré mon devoir à la conservation de ma vie, il y a long-temps que j'aurais dû être de retour en France; mais, quelque chose qu'il en puisse arriver, je n'abandon-nerai point une escadre que le roi m'a bien voulu con-fier; et il faut espérer que quelques meilleurs avan-tages récompenseront mes travaux et mon zèle.

« Vous savez, Monseigneur, qu'après avoir été aban-donnés de la meilleure partie de nos interessés, mon frère et moi, nous avons engagé ce qui nous restait de biens pour acheter mon armement et me mettre en état de rendre quelques bons services. Permettez-nous d'espérer que, si la fortune ne seconde pas notre bonne volonté, l'honneur de votre protection et les bontés du roi suppléeront à ce défaut. J'ose ici supplier très humblement Sa Majesté de vouloir bien se ressou-venir de mes officiers. Il y en a plusieurs qui se sont déjà trouvés dans plus d'un combat avec moi, comme MM. de Brignon, de Barilly, Duvigny et Chéridan,

enseignes, et les sieurs Déchelle et Martonne, gardes de la marine. Tous les autres, Monseigneur, ont également témoigné toute la valeur possible dans cette dernière action, et je ne saurais vous rendre particulièrement de trop bons témoignages de M. de Nogent, qui me sert de capitaine en second, dont la valeur et le mérite sont soutenus d'une régularité et d'une application sans exemple. Je ne pourrai, Monseigneur, tenir la mer plus de quinze à vingt jours ; ainsi il reste peu d'espoir pour la réussite fructueuse de mon armement. Je vois que tout m'est contraire, et je suis à la veille de n'avoir pour tout bien que la satisfaction d'avoir rempli tous les devoirs d'un bon sujet et d'avoir tout sacrifié pour vous plaire... »

« Peu de jours après la prise du *Glocester*, ajoute Duguay-Trouin dans une autre relation que nous avons sous les yeux, je rencontrai son camarade que je poursuivis chaudement et qui se sauva à la faveur de la nuit. Ce début me faisait espérer que la riche flottille des Indes ne m'échapperait pas ; mais j'eus le malheur d'être repris des atteintes d'une violente dysenterie qui me réduisit à l'extrémité. Pour comble d'infortune, nous essuyâmes, pendant quinze jours, un brouillard si épais que tous les vaisseaux de mon escadre, ne se voyant plus, étaient obligés de se conserver par des signaux continuels de canon, de fusil, de cloche et

de tambours. Les vaisseaux des Indes furent assez
heureux pour passer justement dans ce temps-là ; de
sorte que nous n'en eûmes aucune connaissance. Le
pressentiment que j'avais de ce fâcheux incident me
tourmentait encore plus que mon mal. Dès que ce malheureux brouillard fut dissipé, je courus à toutes voiles
sur la côte d'Irlande, et j'arrivai précisément à la vue
du cap de Clare le même jour que la flottille des Indes
orientales atterrait à cette côte. Nous découvrîmes ces
cinq navires, du haut de nos planchers de vigie, au
moment où ils entraient dans les ports de Corck et de
Kings-Hall. Il était même resté, de l'arrière d'eux, un
vaisseau de guerre de trente-six canons que *le Jason*
approcha jusqu'à portée d'artillerie ; il lui tira plusieurs
bordées, mais sans pouvoir l'empêcher de se réfugier
parmi des écueils qui nous étaient inconnus, et de
pénétrer au fond d'un port dont l'entrée paraissait très
dangereuse. Une si longue série de contre-temps nous
ayant fait manquer d'une manière irréparable cette
magnifique occasion de capture, le reste de la campagne
s'écoula dans la même nullité de résultats. Je fis seulement une prise, chargée de tabac, et mes vivres se
trouvant épuisés, j'allai désarmer à Brest. On m'y
débarqua presque mourant, et je fus très longtemps à
pouvoir me rétablir. »

On va voir que, grâce aux prodigalités de Louis XIV,

l'épuisement des finances était tel que Duguay-Trouin
ni ses armateurs n'avaient rien reçu de ses différentes
prises, et qu'il lui était dû, en outre, personnellement,
deux années d'appointements. Dans ce dénûment,
Duguay-Trouin proposa au ministre de la marine d'armer trois vaisseaux et d'aller faire la course aux
grandes Indes. Mais son projet ne devait pas être adopté,
et la cour de Versailles résolut à sa place l'expédition
de Rio-Janeiro.

Le 23 décembre 1710, il écrivait au ministre : « J'ai
reçu la lettre que Votre Grandeur m'a fait l'honneur
de m'écrire le 18 de ce mois. C'est une consolation
bien grande pour moi de voir que, malgré mon malheur, vous soyez satisfait de ma conduite. Il est vrai
aussi, Monseigneur, que j'ai rempli mon devoir dans
toute son étendue, et que, pour profiter du retour des
flottes et des vaisseaux des grandes Indes, il ne m'était
pas possible de garder de meilleurs passages, ni de
prendre aucun autre parti plus avantageux. Les vaisseaux des Indes, Monseigneur, ont attéré au cap de
Clare, avec quatre autres bâtiments de commerce ri-
chement chargés et deux navires de guerre, vingt-
quatre heures avant que nous y fussions arrivés pour
mettre nos prisonniers à terre ; en sorte qu'il faut nécessairement qu'ils aient passé au milieu de nous à la
faveur de la nuit, et que Dieu ait fait une espèce de

miracle pour les sauver d'une capture certaine ; car il est sûr qu'il ne s'en serait pas échappé un seul, si nous avions eu connaissance en temps utile, et j'aurais eu l'honneur et la satisfaction d'amener en France pour douze ou quinze millions de prises, qui n'auraient pas peu contribué à remettre le port de Brest sur un bon pied, et à faire subsister un nombre infini de malheureux qui meurent de faim. J'aurais même été en état de remettre à la mer avec tout ce que le roi aurait pu m'accorder de vaisseaux, et avec lesquels je n'aurais pas donné peu d'inquiétude aux ennemis de Sa Majesté.

« Mais notre malheur est tel, que, quoique la flotte des Barbades, d'environ cent soixante voiles, ait été dispersée et soit revenue par pelotons dans les ports d'Irlande et d'Angleterre, nous n'avons eu connaissance de pas un seul de ses navires ; ce qui me paraît d'autant plus extraordinaire que nous découvrions plus de trente lieues en latitude, par la disposition que j'avais donnée aux vaisseaux de mon escadre. Je n'ai pu m'empêcher, Monseigneur, de vous faire part des tristes réflexions que je faisais sur tout cela au milieu de ma maladie, dont le cours ne s'arrête point. Nous nous voyons aujourd'hui, mon frère et moi, sans biens : et, quoique la plus noire envie ne puisse trouver à redire à ma conduite, on ne trouve guère de gens qui veuillent suivre la fortune d'un honnête homme quand il est

malheureux. Vous n'ignorez pas, Monseigneur, que plusieurs de mes intéressés m'avaient déjà abandonné, et que nous avons été par là chargés de quatre-vingt mille livres d'intérêts dans mon dernier armement. Ainsi, à moins que Votre Grandeur ne procure quelque grâce à mes armateurs, je ne trouverai pas de quoi mettre un seul vaisseau à la mer. Je sais que le roi est moins en état que jamais de payer des dédommagements. Cependant, comme il pourrait être dû quelque chose de reste à Sa Majesté par mes armateurs, pour le cinquième des prises, déduction faite de leurs avances et du prix des vaisseaux et marchandises que l'on a employés à son service, si Sa Majesté avait la bonté de leur en faire remise, je suis persuadé que cela produirait un bon effet, et remettrait dans une bonne assiette l'esprit de mes intéressés qui sont, il faut bien le dire, absolument rebutés. Ce qu'il y a de bien sûr, c'est que le roi ne risquera pas une somme considérable et que son service pourra en retirer une grande utilité; car enfin, Monseigneur, nous ne sommes plus en état, mon frère et moi, de suppléer au défaut de nos intéressés, ni même de prendre intérêt nous-mêmes, puisque je peux vous assurer, qu'après nos dettes payées, je ne crois pas qu'il nous reste pour vivre un écu au delà de mes appointements, ma pension, le revenu de ma capitainerie et quelques bribes d'héritage. J'ai

honte, dans le temps présent, de vous représenter que, depuis plus de quatre ans que je suis capitaine des vaisseaux du roi, je n'ai pas reçu deux mois d'appointements; que la pension dont le roi m'a honoré, non seulement ne m'a pas été payée, mais qu'il ne m'a pas été possible de me faire mettre sur la liste que l'on présente tous les ans au roi; et qu'enfin, il m'est dû, en ce moment, deux ans de ma capitainerie, qui sont employés à payer la nouvelle taxe à laquelle on nous oblige. Qu'allons-nous devenir, Monseigneur, après avoir tout sacrifié pour le service et pour vous plaire, si vous ne nous protégez pas? Je vous avoue que ces tristes réflexions me sont plus funestes que le mal même dont je suis depuis si longtemps accablé. Je ne vois pour nous qu'une seule ressource, qui m'est venue dans l'esprit à force de travailler mon imagination, et dont j'ai l'honneur de vous rendre compte. Ce serait, Monseigneur, d'armer le vaisseau *l'Élisabeth*, avec la frégate qui me servait de brûlot, pour les joindre au *Glocester*, nouvellement pris, et nous en aller, mon frère et moi, faire avec ces trois bâtiments, la course dans les Grandes-Indes, en ne portant que ce qui serait nécessaire pour y avoir des vivres, et rapporter quelques marchandises pour dédommager en partie cet armement, si nous étions assez malheureux pour ne pas faire de prises. Toute la difficulté serait de trouver des fonds; et c'est

pour cela, Monseigneur que je vous supplie très humblement, et avec la dernière instance, de m'obtenir du roi quelques grâces particulières pour le débit des marchandises que je rapporterai en France, provenant de mes prises ou autrement, et pour affranchir mon armement du tribut que l'on paye à la compagnie des Indes; sans quoi il ne me sera pas permis de former une société. J'attendrai, Monseigneur, avec la dernière impatience, vos ordres là-dessus. Ayez la bonté de considérer que tout le bonheur ou le malheur de notre vie dépend de la résolution que vous prendrez sur cela, et que c'est enfin la seule ressource qui puisse relever notre malheureux sort. J'oubliais de vous dire, Monseigneur, que nous accepterons le vaisseau *l'Élisabeth* aux conditions de la nouvelle ordonnance, ou bien au cinquième; Votre Grandeur en sera le maître. Ce vaisseau peut être remplacé aisément par *le Lys, l'Achille* ou *la Dauphine*, et je ne jette les yeux dessus que pour mieux réussir avec trois bâtiments de fabrique anglaise : c'est une circonstance essentielle. »

Cette proposition étant restée sans suite, Duguay-Trouin dut s'ingénier pour découvrir quelque autre moyen de rétablir sa fortune. Il s'arrêta à l'idée de former une entreprise sur la colonie portugaise de Rio-Janeiro, l'une des plus riches et des plus puissantes du Brésil.

A cette époque (1711), le roi de Portugal venait d'envoyer une station navale composée de quatre vaisseaux de guerre de cinquante-six à soixante-quatorze canons, avec trois frégates de trente-six à quarante canons. Cette flotte portait, outre un nombreux approvisionnement de munitions de guerre et de bouche, cinq régiments formés de troupes d'élite, sous le commandement de don Gaspard d'Acosta. Rio-Janeiro paraissait donc à l'abri de toute insulte. Ces renforts avaient été expédiés après une tentative d'attaque faite par M. Du Clerc, capitaine des vaisseaux du roi, qui s'était présenté devant la ville avec cinq navires de guerre et un millier de soldats de marine. Ces forces, très insuffisantes pour l'exécution d'une pareille entreprise, avaient essuyé un revers complet ; le chef d'escadre était resté prisonnier avec six ou sept cents hommes ; le surplus de sa troupe avait péri dans un assaut.

Les lettres qui apportèrent en France la nouvelle de ce désastre disaient que les Portugais, impitoyables après leur victoire, exerçaient sur nos malheureux prisonniers les traitements les plus cruels ; qu'il les faisaient mourir de misère et de faim dans les cachots, et que M. Du Clerc lui-même avait été lâchement assassiné, au mépris de la capitulation et de la foi jurée. Toutes ces tristes circonstances, jointes à l'espoir d'un

immense butin, et surtout à l'honneur qu'on pouvait
acquérir dans une entreprise qui semblait si difficile à
réaliser, firent naître dans le cœur de Duguay-Trouin
le désir d'aller porter la gloire de nos armes jusque
dans ces climats lointains, et d'y punir l'atroce conduite
des Portugais par la destruction complète de leur plus
florissante colonie. Il s'adressa, pour la réussite de
ce dessein, à trois de ses plus intimes amis, qui, de
tout temps l'avaient aidé de leur crédit dans ses précédentes expéditions, C'était M. de Coulanges, maître-
d'hôtel ordinaire de Louis XIV, et contrôleur-général
de la maison du roi; et MM. de Beauvais et de la
Sande-le-Fer, riche armateur de Saint-Malo, qui jouissaient d'une grande considération. Duguay-Trouin leur
déroula son plan, et les engagea à prendre à leur compte
la direction des armements nécessaires. Mais l'importance et l'étendue d'une pareille expédition réclamant
des mises de fonds fort onéreuses, les quatre associés se
virent obligés de recourir à l'appui de trois négociants
de Saint-Malo, MM. de Belle-Isle-Pépin, de l'Epine-
Danican, et Chapdelaine. Cette adjonction portait à sept
le nombre des sociétaires-directeurs de l'entreprise.
Duguay-Trouin mit sous leurs yeux un état des vaisseaux, des officiers, des matelots, des troupes de débarquement et de tous les approvisionnements de
guerre et de bouche dont il fallait, de toute nécessité,

se pourvoir. L'évaluation totale de ces frais divers non compris les salaires payables au retour de la campagne, s'élevait à plus de douze cent mille livres.

M. de Coulanges unit, à Versailles, tous ses efforts, à ceux de Duguay-Trouin, afin d'obtenir du ministre de la marine tous les secours possibles en faveur de l'entreprise. Ils eurent besoin d'une patience à l'épreuve et d'une grande dextérité, pour combattre et pour surmonter les obstacles qui s'opposaient au succès de leurs démarches. A la fin, M. de Coulanges réussit, et le comte de Toulouse, amiral de France, prit lui-même un assez vif intérêt à l'armement projeté; en sorte que sur le rapport que ce prince et M. de Pontchartrain appuyèrent auprès de Louis XIV, ce monarque, qui avait le désir de frapper dans les Portugais une puissance alliée à l'Angleterre, notre perpétuelle ennemie, signa l'autorisation demandée par les armateurs malouins, et décida que les troupes et les navires de la marine royale prendraient part à l'entreprise. Le secrétaire d'État rédigea, par son ordre, une ordonnance réglant les conditions faites aux armateurs. Cette pièce, conservée dans les archives de la Marine, est un document précieux, qui indique de quelle manière le gouvernement traitait de compte à demi avec les corsaires nationaux. Elle est ainsi conçue :

I

Sa Majesté accorde au sieur René Duguay-Trouin, écuyer, capitaine de vaisseau, autorisé à armer en course contre le Portugal, les vaisseaux : *le Lys, le Magnanime, le Glorieux, le Brillant, le Fidèle, le Mars, le Black-Owl;* les frégates *l'Amazone, l'Argonaute, l'Aigle, l'Astrée;* plus une corvette, deux galiotes à bombes et une flûte.

II

Sa Majesté lui fera remettre tous ces bâtiments carénés et en bon état, avec leurs garnitures, rechanges, agrès et apparaux, canons, armes et munitions nécessaires pour une campagne de neuf mois; mais si Sa Majesté n'était pas en état de faire la dépense de la main-d'œuvre, des façons d'ouvrage et journées d'ouvriers, comme aussi des marchandises et munitions nécessaires pour cet armement qui ne se trouveront pas dans les magasins, ledit sieur Duguay-Trouin sera tenu d'en faire toute la dépense, dont il fera dresser et arrêter les états par les intendants et contrôleurs de la marine.

III

Sa Majesté fera lever les officiers, mariniers et matelots nécessaires pour les équipages de ces vaisseaux, par les commissaires de la marine et aux classes, comme il se pratique pour l'armement des deux vaisseaux de Sa Majesté, et aux mêmes soldes et gages, que ledit sieur Duguay-Trouin payera, aussi bien que les frais de levées, la conduite et demi-solde, et l'armement et désarmement.

IV

Les officiers, mariniers, matelots et soldats qui seront embarqués sur ces vaisseaux et qui en déserteront seront livrés aux conseils de guerre, et jugés suivant la rigueur des ordonnances, comme s'ils servaient sur les vaisseaux armés pour le compte et le service de Sa Majesté, et ce, conformément à l'ordonnance qui a été ci-devant rendue en faveur des armateurs dudit sieur Duguay-Trouin.

V

Sa Majesté accordera les officiers qui seront proposés par ledit sieur Duguay-Trouin, et qui conviendront pour commander et servir sur ces vaisseaux. Ces officiers seront payés de leurs appointements pendant qu'ils y serviront, comme s'ils étaient dans le port; mais ledit sieur Duguay-Trouin payera leur table, et le surplus de leurs appointements, jusqu'à concurrence du chiffre de la solde sur le pied de guerre.

VI

Sa Majesté voudra bien cependant agréer pour commander trois de ses vaisseaux, trois sujets civils dont la valeur, l'expérience et la capacité seront connus, qui seront proposés par ledit sieur Duguay-Trouin, et Sa Majesté leur accordera un rang dans la marine *pendant la campagne seulement*.

VII

Sa Majesté donnera audit sieur Duguay-Trouin le nombre de gardes de la marine dont il aura besoin, et ils seront payés

de leur solde, pendant la campagne, comme s'ils avaient été présents dans le port, outre le supplément qu'ils recevront du sieur Duguay.

VIII

Sa Majesté lui donnera aussi deux mille soldats pour les équipages de ces vaisseaux. Leur solde sera payée par Sa Majesté comme s'ils étaient dans le port; mais ledit sieur Duguay-Trouin payera leur nourriture et celle des officiers, mariniers et matelots, et de tous les gens qui composeront les équipages de ces vaisseaux.

IX

Ledit sieur Duguay-Trouin et ses armateurs payeront, sur les profits de l'armement, trente livres pour chaque soldat qui mourra, sera tué ou désertera pendant la campagne; mais, en cas de non-profits, ils seront déchargés de faire ce payement.

X

Ledit sieur Duguay-Trouin fera embarquer la quantité de vivres, rafraîchissements et médicaments nécessaires pendant la campagne; la visite en sera faite par les officiers des vivres et des hôpitaux, pour connaître s'ils sont des quantités et qualités requises; et la distribution en sera faite sur ces vaisseaux, conformément à l'ordonnance de Sa Majesté.

XI

Il sera établi sur chacun de ces vaisseaux, frégates ou autres bâtiments, un écrivain pour veiller aux consommations des agrès et apparaux, à la distribution des vivres, poser les sceaux

sur les prises, et tenir les rôles exacts des équipages, ainsi qu'il se pratique sur les vaisseaux armés pour le compte de Sa Majesté. Ces écrivains auront même part, dans les prises qui seront faites, que les enseignes ; leurs appointements leur seront payés dans le port, et ils seront seulement nourris par les armateurs.

XII

Le cinquième du produit net des prises que ces vaisseaux feront, déduction faite du dixième de M. l'amiral, des dépenses faites pour l'armement et le désarmement, des frais de justice, de magasinage et autres, de quelque nature qu'ils soient (y compris même la somme de cent vingt mille livres que ledit sieur Duguay-Trouin et ses armateurs se sont engagés d'avancer pour la dépense des munitions et marchandises qui ne se trouveront pas dans les magasins et celles de la main-d'œuvre et journées d'ouvriers), appartiendra à Sa Majesté, qui veut bien ne le recevoir que sur les profits clairs, en considération des avances que ledit sieur Duguay-Trouin et ses armateurs seront obligés de faire pour mettre ses vaisseaux en état d'aller à la mer. Sur lequel *cinquième* Sa Majesté voudra bien tenir compte à ces armateurs du surplus de ce qu'ils auront avancé au delà de cette somme de cent vingt mille livres pour ces munitions, main-d'œuvre et journées d'ouvriers, suivant les états qui en auront été arrêtés; mais les avances qui seront faites par ces armateurs pour cette destination seront en pure perte pour eux, s'il arrivait que ces vaisseaux ne fissent aucune prise.

XIII

Les officiers et équipages de ces vaisseaux auront la dixième partie de ce produit net, après que le cinquième de

Sa Majesté aura été déduit, si ce produit monte à un million ou au-dessous ; et, s'il excède le million, ils auront, outre le dixième de ce premier million, le trentième de l'excédent, à quelque somme qu'il puisse monter ; bien entendu qu'ils ne feront aucun pillage ; voulant Sa Majesté que ceux qui s'en trouveront saisis, ou qui en seront convaincus, soient déchus de cette grâce, et punis, en outre, suivant la rigueur des ordonnances, et que ceux qui les découvriront aient la moitié de ce qui leur serait revenu.

XIV

Sa Majesté ne lèvera aucun cinquième sur les vaisseaux de guerre qui seront pris par ledit Duguay-Trouin, conformément à l'ordonnance rendus en faveur des armateurs dudit sieur Duguay, le 25 mai 1705.

XV

S'il arrivait, par malheur, que lesdits vaisseaux vinssent à être pris par les ennemis, ou perdus par aventure de mer, ledit sieur Duguay-Trouin ni les armateurs ne pourront en être recherchés ou inquiétés, et ils en seront entièrement déchargés envers Sa Majesté, laquelle supportera la consommation de tous les agrès, apparaux et munitions de guerre pendant la campagne ; sans que Sa Majesté puisse en prétendre le remboursement ; mais il ne sera pas permis audit sieur Duguay-Trouin de laisser lesdits vaisseaux dégradés dans les pays étrangers, à moins qu'il n'y soit forcé par des accidents imprévus ; auquels cas, il sera obligé de rapporter des procès-verbaux en bonne forme pour sa décharge.

XVI

Sa Majesté laissera audit sieur Duguay-Trouin et à ses armateurs l'entière disposition des vaisseaux de cet armement pour être employés à leur destination. Elle a annulé tous les traités particuliers qui pourraient être faits par les intendants des ports pour l'armement des navires dénommés ci-dessus.

Fait à Versailles, le 19 mars 1711. Signé Louis, et plus bas : *Par le roi*, Phelipeaux.

CHAPITRE VI

Muni de l'ordonnance royale, Duguay-Trouin voyait tous ses vœux comblés. Il faut encore nous reporter à sa relation manuscrite, en date du 6 février 1712, également déposée dans les Archives de la Marine.

« Aussitôt que le bon vouloir du roi nous fut officiellement connu, nous nous rendîmes à Brest, mon frère et moi, et nous y fîmes diligemment équiper les vaisseaux *le Lys* et *le Magnanime* de soixante-quatorze canons chacun ; *le Brillant*, *l'Achille* et *le Glorieux*, tous trois de soixante-six canons ; la frégate *l'Argonaute*, de quarante-six canons ; *l'Amazone* et *la Bellone*, autres frégates de trente-six canons chacune ; celle-ci fut équipée en galiote à bombes avec deux gros mortiers ; *l'Astrée*, de vingt-deux canons, et *la Concorde*, de vingt.

Cette dernière était un vaisseau de charge, du port de quatre cents tonneaux, et devait servir de dépôt de ravitaillement pour les besoins de toute l'escadre ; on l'avait principalement chargée de futailles remplies d'eau.

« Je choisis, pour monter les vaisseaux, M. le chevalier de Goyon, M. le chevalier de Courserac, M. le chevalier de Beaune, M. de la Jaille, et M. le chevalier de Bois de la Motte. M. de Kerguelin monta la frégate *l'Amazone*, et les trois autres furent confiées à MM. de Chenaie-le-Fer, de Rogon et de Pradel-Daniel, tous trois de Saint-Malo, et parents des principaux directeurs de l'armement

« Je fis, en même temps, armer à Rochefort *le Fidèle*, de soixante canons, sous le commandement de M. de la Moinerie-Miniac, sous prétexte d'aller en course, comme il lui était ordinaire. *L'Aigle*, frégate de quarante canons, y fut aussi équipée, et montée par M. de la Mare-Decan, comme pour aller aux îles de l'Amérique ; et je fis préparer sous main deux *traversiers* de la Rochelle, équipés en galiotes, avec chacun deux mortiers.

« Le vaisseau *le Mars*, de cinquante-six canons, fut pareillement armé à Dunkerque, et monté par M. de la Cité-Danican, sous prétexte d'aller en course dans les mers du Nord, comme il faisait ordinairement.

« Après m'être servi, pour diriger et hâter ces divers

armements, de personnes que je faisais agir indirectement, je donnai toute mon attention à faire préparer
de bonne heure, avec tout le secret possible, les vivres,
munitions, tentes, outils, enfin tout l'attirail nécessaire
pour camper et pour former un siège. J'eus également
le soin de m'assurer d'un bon nombre d'officiers choisis
pour les mettre à la tête des troupes et pour bien armer
tous mes vaisseaux. M. de Saint-Germain, major de
la marine à Toulon, fut nommé par la cour pour servir
de major sur l'escadre, et son activité, jointe à son
intelligence, me fut d'une précieux secours pendant
toute cette expédition.

« Indépendamment de tous ces préparatifs et de
tous les navires que nous faisions armer, mon frère et
moi, nous en engageâmes deux autres, de Saint-Malo,
qui étaient relâchés aux rades de la Rochelle. C'était
le Chancelier, de quarante canons, monté par M. Da-
nican-du-Rocher, et *la Glorieuse*, de trente, commandée par M. de la Perche. Les soins que nous prîmes
pour accélérer notre prochain départ furent si vifs et
si bien ménagés, que, malgré la disette où se trouvaient les magasins de la marine royale, tous les vaisseaux de Brest et de Dunkerque furent prêts à mettre
à la voile en moins de deux mois, à compter du jour
de mon arrivée à Brest.

« J'avais eu avis qu'on travaillait en Angleterre à

mettre en mer une forte escadre; et, ne doutant pas que ce ne fût pour venir me bloquer dans la rade de Brest, je changeai le dessein que j'avais formé d'y attendre le reste de mes navires, en celui de me rendre immédiatement aux rades de la Rochelle, sans même donner à mes vaisseaux le temps d'achever entièrement leurs préparatifs. En effet, je mis à la voile le 3 du mois de juin 1711, et, deux jours après, parut une escadre de vingt vaisseaux de guerre anglais, dont quelques-uns s'avancèrent jusque sous les batteries de la côte et prirent deux bateaux de pêcheurs, qui les informèrent de mon heureuse sortie. D'où il est aisé de juger que, sans l'extrême diligence qui fut apportée à mon armement, et sans le parti que j'avais pris d'appareiller en toute hâte, l'entreprise aurait échoué devant des obstacles supérieurs à mes forces.

« J'arrivai le sixième dans les eaux de la Rochelle. J'y trouvai *le Fidèle*, les deux traversiers à bombes et les deux frégates de Saint-Malo prêtes à me suivre. Le 9 juin, je sortis de rade avec toute mon escadre au complet, à l'exception de la frégate *l'Aigle*, qui avait besoin d'un soufflage pour être en état de tenir la mer, et qu'il me fallut laisser en arrière pour cette opération. Mais je lui laissa l'ordre de se rendre, dans le plus bref délai possible, à Saint-Vincent, l'une des îles du Cap Vert, que j'avais choisie pour rendez-vous,

et où je devais, suivant tous les mémoires, faire avec facilité de l'eau et des rafraîchissements.

« Le 21, je fis une petite prise anglaise, sortant de Lisbonne à vide, mais que je jugeai propre à servir à la suite de l'escadre.

« Le 2 du mois de juillet, je mouillai à l'île de Saint-Vincent, où la frégate *l'Aigle* vint me rejoindre. Je trouvai, contre mon attente, beaucoup de difficulté à y faire de l'eau, à cause de la brûlante sécheresse qui régnait depuis longtemps, et peu d'apparence de m'y pouvoir de rafraîchissements; de manière que je remis à la voile le 6, avec le seul avantage d'avoir exercé les troupes à terre, pour leur faire connaître le rang et l'ordre qu'elles devaient observer en cas de descente.

« Le 11 du mois d'août, je passai la ligne, après avoir essuyé plus d'une fois des vents contraires si violents, que plusieurs vaisseaux en furent démâtés de leurs mâts de hune.

« Le 19, j'eus connaissance de l'île de l'Ascension, et, le 27, me trouvant à la hauteur de la baie de Tous-les-Saints, j'assemblai un conseil, dans lequel je proposai d'aller y prendre ou brûler ce qui se trouverait de vaisseaux, avant de nous rendre à Rio-Janeiro. Je me fis, pour cet effet, rendre compte de l'état des équipages et de la quantité d'eau qui restait dans chaque

Je fis une petite prise anglaise sortant de Lisbonne (page 192).

vaisseau de l'escadre; mais il s'en trouva si peu, qu'à peine suffisait-elle pour nous conduire au lieu de notre destination; en sorte que, pour ne pas s'exposer à des événements fâcheux, il fut résolu qu'on se rendrait en droiture à Rio-Janeiro.

« Le 11 septembre, on trouva fond, sans avoir cependant connaissance de terre. Je fis mes remarques là-dessus et sur la hauteur qu'on avait observée; après quoi, profitant d'un vent frais qui s'éleva à l'entrée de la nuit, je fis forcer de voiles à toute l'escadre, malgré les brumes et le mauvais temps, et me trouvai, à la petite pointe du jour, précisément à l'ouvert de Rio-Janeiro.

« Il était aisé de voir que le succès de mon entreprise dépendait absolument de ne pas donner le temps aux ennemis de se reconnaître. Ainsi, sans m'arrêter un seul moment à envoyer à bord des vaisseaux des ordres que chacun devait observer en entrant, j'ordonnai à M. le chevalier de Courserac, qui connaissait l'entrée, de se mettre à la tête de l'escadre; à MM. le chevalier de Goyon et de Beaune de marcher immédiatement après, et je les suivis moi-même, étant alors dans la situation convenable pour voir ce qui se passait de la tête à la queue et pouvoir y donner ordre. Je fis en même temps signal à MM. de la Jaille, de la Moinerie-Miniac, et ensuite à tous les autres capitaines

de l'escadre de marcher les uns après les autres, suivant le rang et la force de leurs vaisseaux, ce qu'ils exécutèrent avec tant de régularité et d'ensemble, que je ne puis assez proclamer leur valeur et leur bonne conduite. Je n'en excepte pas même les maîtres des deux traversiers et de la prise anglaise, qui essuyèrent le feu de toutes les batteries sans changer de route, tant il est vrai que le bon exemple est capable de produire des effets extraordinaires.

« M. le chevalier de Courserac s'est acquis une gloire particulière dans cette action, par la bonne manœuvre qu'il a faite et la fierté avec laquelle il nous a montré le chemin.

« Ce fut dans cet ordre que nous forçâmes l'entrée de ce port, défendu par une prodigieuse quantité d'artillerie et par quatre vaisseaux de guerre commandés par Gaspard d'Acosta, amiral de la flotte que le roi de Portugal avait envoyée exprès avec des troupes pour la défense de cette place. Ces quatre vaisseaux, après une canonnade assez médiocre, nous voyant manœuvrer pour les aller aborder, coupèrent leurs câbles et furent s'échouer sous les batteries de la ville. Nous eûmes, dans cette action, environ trois cents hommes hors de combat ; et je crois que, pour en bien juger, il est nécessaire d'ajouter ici un tableau de la ituation de la ville et de la baie de Rio-Janeiro, de

ses forteresses et des abords de son mouillage.

« La baie de Rio-Janeiro est fermée par un goulet beaucoup plus étroit que celui de Brest ; elle est défendue, du côté de tribord, par le fort de Sainte-Croix, garni de quarante-quatre pièces de canon de tout calibre, depuis quarante-huit livres de balles jusqu'à huit ; d'une autre batterie de dix pièces, qui est au-dessous de ce fort, et, du côté de bâbord, par le fort de Saint-Jean et deux autres batteries, où il y a quarante-huit pièces de canon qui croisent l'entrée au milieu de laquelle se trouve un îlot, ou gros rocher, qui peut avoir quatre-vingts ou cent brasses de longueur ; de sorte que les vaisseaux sont dans la nécessité de passer à portée de fusil des forts qui défendent les deux côtés de cette entrée.

« En dedans de l'entrée, à tribord, on trouve une batterie nommée Notre-Dame-du-Bon-Voyage, braquée sur une montagne de difficile accès, où il y a dix-huit pièces de canon, de dix-huit à vingt-quatre, qui se croisent avec le fort de Villegagnon, qu'on laisse à bâbord, et que couvrent vingt pièces de même calibre, dont le feu bat l'entrée de la baie.

« En avant de ce dernier fort, et en dedans de celui de Saint-Jean, s'élève une redoute nommée Saint-Théodose, de seize pièces de canon, qui bat la plage du côté de la Carrioque, au milieu de laquelle les Portu-

gais ont encore construit une espèce de demi-lune.

« Quand on a dépassé toutes ces batteries et tous ces forts, l'on voit l'ile des Chèvres, qui n'est qu'à portée de fusil de la ville, du côté du quartier des Bénédictins, où il y a un petit fort à quatre bastions avec huit pièces de canon ; et sur un plateau situé au bas de l'île, une batterie de quatre pièces qui bat du côté de la mer et se croise avec le fort de la Miséricorde.

« Il y a encore plusieurs autres batteries de l'autre côté de la rade, et dont je n'ai pu savoir le nom. Les Portugais, avertis de notre expédition, les avaient construites à la hâte sur divers points de la plage où ils supposaient que nous pourrions tenter une descente. On peut dire que jamais pays n'a été si parfaitement retranché, et que nous n'y découvrîmes pas un seul accident de terre profitable où l'ennemi n'eût remué le sol, abattu des arbres et placé de l'artillerie.

« A l'égard de la baie de Rio, on ne peut guère en trouver une plus grande ni plus commode ; le mouillage y est presque parfaitement sûr ; le vent et les coups de mer y ont rarement accès, et il y a, tout au fond, une rivière d'eau douce qui s'étend à quatorze lieues dans les terres, du côté du nord-ouest.

« La ville est bâtie le long de la mer, au milieu de trois montagnes fort élevées qui sont occupées, l'une par le quartier des Jésuites, situé à une des extrémités ;

l'autre par le quartier des Bénédictins, qui est de l'autre côté ; la troisième se nomme la Conception, et forme la résidence de l'évêque. Ces trois montagnes commandent entièrement la ville et la campagne, et sont garnies de forts et de batteries.

« Au-dessus de celle qu'occupent les Jésuites, est un fort nommé Saint-Sébastien, revêtu de murailles et entouré d'un bon fossé ; il est garni de quatorze pièces de canon et de beaucoup de pierriers. Sur la gauche de ce fort, du côté de la plaine, à mi-côté, est un autre fort nommé Saint-Jacques où il y a douze pièces de canon ; un troisième, nommé Saint-Alouzie, de huit pièces, une batterie de douze, et enfin le fort de la Miséricorde, bâti sur un rocher qui avance dans la mer, où il y a douze pièces de canon qui battent le côté de la ville et celui de la mer.

« La montagne des Bénédictins est fortifiée d'un retranchement garni de plusieurs pièces de canon qui battent du côté de l'île des Chèvres, du côté de la montagne de la Conception et les abords de la plaine.

« La montagne de la Conception est retranchée, de la campagne par un fossé, une haie vive derrière, et des pièces de canon de distance en distance, qui en occupent tout le front.

« La ville est fortifiée par des redans et des batteries échelonnées dont les feux se croisent. Du côté de la

plaine, elle est défendue par un camp retranché qu'entoure un bon fossé plein d'eau, et en dedans duquel il y a deux places d'armes qui peuvent contenir quinze cents hommes en bataille, plusieurs pièces de canon et des maisons crénelées de toute part. C'était le lieu où les ennemis tenaient une partie de leurs forces. Ils avaient une armée de douze à treize mille hommes, parmi lesquels un tiers environ avait servi en Espagne et s'était trouvé à la bataille d'Almanza; le surplus était composé de nègres.

« Surpris de trouver cette place en si bon état d'armement, je m'informai de ce qui pouvait avoir donné lieu à ces préparatifs de défense. J'appris que la reine d'Angleterre avait envoyé un paquebot à Lisbonne, pour donner avis au gouvernement portugais que l'escadre du roi que j'avais l'honneur de commander était destinée à l'attaque de Rio-Janeiro. Comme il ne se trouvait point, dans ce temps-là, de bâtiments armés pour aller porter cette nouvelle au Brésil, le roi du Portugal y avait dépêché ce même paquebot, qui était arrivé quinze jours avant nous; et c'est ce qui avait donné lieu au gouverneur de Rio de travailler avec tant de diligence à faire faire des retranchements et établir des batteries, dans tous les endroits où il jugea que nous pourrions diriger nos opérations.

« Toute la journée s'étant passée à forcer l'entrée de

la baie, je fis avancer la galiote et les traversiers, et
je détachai, le 13, à la pointe du jour, M. le chevalier
de Goyon, avec cinq cents soldats d'élite, pour s'emparer de l'île des Chèvres. Il exécuta mes ordres avec
toute la rapidité désirable, et chassa les ennemis de
cette position si brusquement et avec une telle vigueur
qu'à peine eurent-ils le temps d'enclouer leurs canons.
Ils coulèrent, en se retirant, deux de leurs plus gros
vaisseaux marchands, entre les batteries des Bénédictins et l'île des Chèvres, et firent sauter en l'air deux
de leurs vaisseaux de guerre, échoués sous le fort de
la Miséricorde. Mais comme ils voulaient en faire autant d'un troisième, échoué à la pointe de l'île des
Chèvres, M. le chevalier de Goyon y envoya deux chaloupes, commandées par MM. de Vauréal et de Saint-
Osman, qui, malgré tout le canon de la place, s'en
rendirent les maîtres, y arborèrent le pavillon du roi,
mais ne purent cependant le mettre à flot, parce qu'il
se trouva plein d'eau, par suite de nombreuses décharges d'artillerie dont il était criblé.

« M. le chevalier de Goyon m'envoya aussitôt rendre
compte de la situation avantageuse de l'île des Chèvres.
Je fus visiter ce poste, et l'ayant trouvé tel qu'il me
l'avait marqué, j'ordonnai à MM. de la Ruffinière et
Estiot, officiers d'artillerie, et à M. de Kerguelin, capitaine de brûlot, d'y établir des batteries de mortiers et

de canons. M. de Saint-Simon, lieutenant de vaisseau, fut chargé du soin de faire soutenir les travailleurs par un corps de troupes que je lui laissai. Les uns et les autres remplirent leurs devoirs avec tout le zèle et toute la fermeté que je pouvais souhaiter, en demeurant exposés à un feu continuel de canon et de mousqueterie.

« Cependant la plupart des vaisseaux de l'escadre manquant d'eau, il était absolument nécessaire de s'assurer de l'aiguade et de faire descente à terre, pour couper, s'il était possible, la retraite aux ennemis, et les empêcher d'emporter leurs richesses dans les montagnes, J'ordonnai, pour cet effet, à **M.** le chevalier de Baume de prendre le commandement des frégates *l'Amazone*, *l'Aigle*, *l'Astrée* et *la Concorde*, dans lesquelles je fis embarquer une partie des troupes, le chargeant de s'emparer la nuit de quatre vaisseaux marchands mouillés près l'endroit où je comptais faire ma descente, et d'y établir un entrepôt pour les troupes, ce qu'il exécuta avec beaucoup de régularité et de conduite ; en sorte que, le lendemain, notre débarquement s'effectua avec d'autant plus de sûreté que j'en avais dérobé la connaissance aux ennemis, par d'autres mouvements qui attirèrent toute leur attention.

« Le 14 septembre, toutes mes forces étant débarquées, au nombre de deux mille cent cinquante soldats et six cents matelots armés, j'envoyai MM. de Goyon

et de Courserac s'emparer des deux hauteurs d'où l'on
découvrait tout ce qui se passait dans la ville. Le sieur
d'Auberville, capitaine de grenadiers de la brigade de
M. de Goyon, chassa quelques troupes portugaises
d'un bois où elle s'étaient embusquées pour nous
observer ; après quoi, les troupes se campèrent dans
cette disposition : l'aile droite, commandée par M. le
chevalier de Goyon, occupa la hauteur qui regardait la
place ; l'aile gauche, dirigée par le chevalier de Courserac, prit position à l'opposite ; et le corps de bataille,
aux ordres du chevalier de Beaune, fut placé au milieu,
aussi bien que le quartier-général, afin d'être à portée
de se soutenir les uns les autres, et d'être maîtres du
bord de la mer, où nos chaloupes faisaient de l'eau et
apportaient continuellement les munitions de guerre
et de bouche dont nous avions besoin. M. de Ricouart,
inspecteur général à la suite de l'escadre, resta en
rade, pour avoir soin de nous les envoyer, et de faire
fournir les matériaux nécessaires à l'établissement de
nos batteries sur l'île des Chèvres. Je formai, en même
temps, une compagnie de soixante caporaux, choisis
dans toutes les troupes, avec un certain nombre d'aides
de camp, de gardes de la marine et de volontaires,
pour me suivre dans l'action, et se porter avec moi sur
tous les points où ma présence pourrait être nécessaire.
Je fis aussi débarquer quatre petits mortiers portatifs

et vingt gros pierriers de fonte, afin d'en former une espèce d'artillerie de campagne. M. le chevalier de Beaune monta, à ce sujet, des chandeliers de bois à six pattes ferrées, qui se fichaient en terre et sur lesquels les pierriers se plaçaient assez solidement. Cette artillerie marchait dans le centre, au milieu du plus gros bataillon, et quand on jugeait à propos de s'en servir, le bataillon s'ouvrait.

« Le 15, voulant couper la retraite aux ennemis, et leur faire voir que nous étions maîtres de la campagne, je fis marcher toutes les troupes pour les déployer dans la plaine, faisant avancer des détachements jusqu'à portée de fusil de la place, qui tuèrent des bestiaux, pillèrent des maisons sans que les ennemis se missent en devoir de s'y opposer, et cela, sans doute, dans l'espérance que nous nous engagerions dans leurs retranchements, où notre défaite leur paraissait certaine par la situation du terrain. Mais pénétrant bien leur intention, et voyant qu'ils ne bougeaient point, je fis retirer les troupes, après avoir donné toute mon attention à bien reconnaître le pays, que je trouvai si impraticable, qu'il me parut impossible, même avec dix mille hommes, de pouvoir jamais couper la retraite aux ennemis, ni les empêcher de sauver leurs richesses. J'en fus entièrement convaincu, lorsque ayant remarqué un fort parti de Portugais au pied des montagnes, je voulus le faire

couper par le bataillon du *Lys* et celui du *Magnanime*, que je fis couler à droite et à gauche; car, après une marche extrêmement pénible, ils rencontrèrent un marais profond et des halliers impénétrables, qui les arrêtèrent tout court et les obligèrent de s'en revenir.

« Le 16, un de nos détachements s'étant avancé, les ennemis firent jouer un fourneau avec tant de précipitation que son explosion ne produisit aucun effet. Ce même jour, je chargeai MM. de Beaune et de la Calandre d'établir une batterie de dix pièces de canon sur une presqu'île qui prenait à revers les batteries des Bénédictins, ces deux officiers poussèrent si vivement les travaux, que dans trente-six heures elle fut en état de tirer.

« Dans l'intervalle de tous ces mouvements, quelques partis ennemis, connaissant les routes du pays, se coulèrent le long des défilés et des bois qui bordaient notre camp, et après avoir tenté quelques attaques de jour, ils surprirent pendant la nuit trois de nos sentinelles, qu'ils enlevèrent sans bruit. Il y eut aussi quelques-uns de nos maraudeurs qui tombèrent entre leurs mains, et cet incident leur fit naître l'idée d'un stratagème assez singulier.

« Un Normand, nommé Dubocage, qui, dans les précédentes guerres, avait commandé un ou deux bâtiments français armés en corsaires, avait depuis passé

au service du Portugal. Il s'y était fait naturaliser, et il était parvenu à monter avec un grade assez élevé sur les vaisseaux de guerre ; il commandait à Rio-Janeiro, le second de ceux que nous y avions trouvés, et après l'avoir fait sauter, il s'était chargé de la garde du retranchement du quartier des Bénédictins. Il s'en acquitta si bien, et fit servir ses canons si à propos, que nos traversiers à bombes en furent très incommodés, ainsi que plusieurs de nos chaloupes ; une de ces dernières, entre autres, chargée de quatre gros canons de fonte, fut percée de deux boulets et elle allait couler bas, si je ne m'en étais aperçu par hasard, en revenant de l'île des Chèvres, et si je ne l'avais prise à la remorque de mon canot. Ce Dubocage, voulant faire parler de lui, et gagner la confiance des Portugais auxquels, comme Français, il était toujours un peu suspect, imagina de se déguiser en matelot, avec un bonnet, un pourpoint et des culottes goudronnées. Dans cet équipage, il se fit conduire par quatre soldats portugais dans la prison où nos maraudeurs et nos sentinelles enlevées étaient renfermés. On le mit aux fers avec eux, et il se fit passer pour un matelot de l'équipage d'une des frégates de Saint-Malo, qui, s'étant écarté de notre camp, avait été pris par un parti portugais. Il joua si bien ce personnage, qu'il tira de nos pauvres Français, trompés par son déguisement, toutes les lumières qui pouvaient

lui faire connaître le fort et le faible de nos troupes.
D'après ces renseignements, l'attaque de notre camp
fut résolue.

« Le 17, la garnison de Rio-Janeiro fit sortir de ses
retranchements douze cents hommes de ses meilleures
troupes, pour enlever un de nos postes avancés. Ce détachement se mit en marche avant que le jour parût,
et s'avança, sans être découvert, jusqu'au pied de la
montagne occupée par la brigade Goyon. Il fut immédiatement suivi par un corps de milice bourgeoise,
qui se posta à moitié chemin de notre camp, à couvert
d'un bois, et à portée de soutenir ceux qui devaient
nous attaquer. Le poste avancé qu'ils avaient dessein
d'enlever était situé sur une éminence à mi-côte, où
il y avait une maison crénelée qui nous servait de
corps de garde ; et quarante pas au-dessus, régnait
une haie vive, fermée par une barrière. Les ennemis
firent passer, lorsque le jour commença à paraître,
plusieurs bestiaux devant cette barrière. Un de nos
sergents et quatre soldats avides les ayant aperçus,
ouvrirent la barrière pour s'en saisir, sans en avertir
l'officier. Mais à peine eurent-ils fait quelques pas,
que les Portugais embusqués firent feu, tuèrent le ser-
gent et deux des soldats ; ils entrèrent ensuite, au pas
de course, dans l'enceinte du poste, et montèrent vers
le corps de garde. Le sieur de Liesta, qui le gardait

avec cinquante soldats, quoique surpris et attaqué vivement, tint ferme, et donna le temps à M. le chevalier de Goyon d'y envoyer le sieur de Bourville, aide-major de sa brigade, avec les compagnies des sieurs Drouallen et d'Auberville, qui chassèrent les ennemis après leur avoir fait éprouver des pertes sensibles. Je fis interroger quelques-uns de leurs blessés sur les lieux mêmes, où j'arrivai assez à temps pour être témoin de la valeur des officiers qui défendaient ce poste. Le sieur de Pontlo-Coëtlogon, aide de camp de M. le chevalier de Goyon, y fut blessé, avec environ vingt-cinq soldats hors de combat. Ce même jour, la batterie de MM. de Beaune et de La Calandre ouvrit son feu contre les batteries et retranchements des Bénédictins.

« Le 19, M. de la Ruffinière m'ayant informé qu'il avait cinq mortiers et dix-huit gros canons en batterie sur l'île des Chèvres, je crus qu'il était temps de sommer le gouverneur de se rendre ; ce que je fis.

« Sur le refus plein de fermeté du gouverneur je résolus d'attaquer Rio à outrance. Je fus pour cet effet, avec M. le chevalier de Beaune, le long de la côte, depuis le camp jusqu'à l'île des Chèvres, reconnaître les endroits par où nous pourrions plus aisément forcer les ennemis. Nous remarquâmes cinq vaisseaux marchands, à demi-portée de fusil des Bénédictins, qui pouvaient servir d'entrepôt à une partie des troupes

qui seraient destinées à attaquer ce quartier. J'ordonnai
en conséquence qu'on fît avancer le vaisseau *le Mars*
entre nos deux batteries, pour le placer à portée de les
soutenir en cas de besoin.

« Le 20, je donnai ordre au vaisseau *le Brillant* de
venir mouiller près du *Mars*. Ces deux vaisseaux et
nos batteries firent un feu continuel qui rasa une partie des retranchements, et je disposai toutes choses
pour livrer l'assaut le lendemain à la pointe du jour.
Pour cet effet, aussitôt que la nuit fut close, je fis embarquer dans des chaloupes les troupes destinées à l'attaque des retranchements des Bénédictins, avec ordre
de s'aller loger, avec le moins de bruit possible, dans
les cinq vaisseaux marchands que nous avions remar-
qués. Elles se mirent en devoir de le faire ; mais un
orage qui survint les ayant signalées à la lueur des
éclairs, les Portugais firent sur ces chaloupes un très
grand feu de mousqueterie. Les dispositions que j'avais
vues dans l'air m'avaient fait prévoir cet inconvénient,
et, pour y remédier, j'avais envoyé ordre, avant la
nuit, au *Brillant* et au *Mars*, et dans toutes nos batteries, de pointer de jour tous leurs canons sur les retranchements, et de se tenir prêts à tirer dans le moment qu'ils verraient partir le coup d'une pièce de la
batterie où je m'étais posté. Ainsi, dès que les ennemis
eurent commencé à tirer sur nos chaloupes, je mis moi-

même le feu au canon qui devait servir de signal, lequel fut suivi d'une décharge générale et du feu continuel des vaisseaux et des batteries, qui, joint aux éclats redoublés d'un tonnerre affreux et aux éclairs qui se succédaient les uns aux autres, sans laisser presque aucun intervalle, rendaient cette nuit épouvantable. La consternation fut d'autant plus grande parmi les habitants, qu'ils crurent que j'allais livrer l'assaut au milieu de la nuit.

« Le 21, à la pointe du jour, je m'embarquai avec le reste des troupes, pour aller commencer l'attaque, ordonnant à M. le chevalier de Goyon de filer le long de la côte avec sa brigade, afin d'attaquer les ennemis par différents endroits.

« Sur ces entrefaites, et au moment où tout allait s'ébranler, le sieur de la Salle, qui avait été fait prisonnier avec M. Du Clerc, à qui il avait servi d'aide de camp, s'étant échappé de la ville, vint nous rejoindre et nous avertit que les habitants abandonnaient la place avec une ardeur étonnante ; qu'en se retirant ils avaient mis le feu à un des plus riches magasins de la ville, et qu'ils avaient miné le fort des Jésuites et celui des Bénédictins pour faire périr une partie de nos troupes ; qu'ayant compris de quelle importance un pareil avis devait être pour nous, il avait tout risqué pour venir nous le donner, et s'était échappé de sa prison à la

faveur du désordre général. Toutes ces circonstances,
qui d'abord me parurent incroyables, et qui se trouvèrent cependant vraies, me firent précipiter notre marche. Nous nous emparâmes, sans résistance, et avec la
précaution requise, des hauteurs de la Conception et
des Bénédictins. Je descendis ensuite dans la place
avec M. le chevalier de Courserac et huit compagnies
de grenadiers, pour me rendre maître des forts de Saint-
Sébastien, Saint-Jacques et de la Miséricorde, laissant
à MM. de Goyon et de Beaune le commandement du
reste des troupes, avec défense aux soldats, sous peine
de la vie, de s'écarter ou de quitter leurs rangs.

« En entrant dans cette ville abandonnée, nous trouvâmes ce qui restait de prisonniers de la défaite de
M. Du Clerc, qui, ayant brisé les portes de leur prison,
s'étaient déjà répandus pour enfoncer et piller les maisons qu'ils connaissaient les plus riches. Cet exemple
excita l'avidité des soldats et les porta à se débander;
ceux qui composaient les corps de garde et les pa-
trouilles furent les premiers à augmenter le désordre
pendant la nuit suivante, en sorte que, le lendemain
matin, les trois quarts des magasins et des maisons se
trouvèrent forcés, les vins répandus, les marchandises
et les meubles épars au milieu des rues et dans la fange;
tout enfin dans un gaspillage et une confusion inexpri-
mables. Je fis, sans rémission, casser la tête à quelques-

uns des individus qui se trouvèrent surpris en flagrant délit de désobéissance à mes ordres. Mais ces châtiments réitérés n'étant pas capables d'arrêter les pillards, je pris le parti, pour sauver quelque chose, de faire travailler les troupes, depuis le matin jusqu'au soir, à porter dans des dépôts, placée sous bonne garde, tous les effets que l'on put ramasser, et M. de Ricouart fut chargé d'en dresser un état exact et de commettre des agents sûrs à leur conservation.

« Les prisonniers français délivrés furent consignés sur la hauteurs des Bénédictins, en attendant qu'on pût les transférer sur l'escadre. Ensuite je me rendis maître des forts et de tous les postes qui méritaient attention, et, après avoir fait éventer les mines, j'en laissai le commandement à M. le chevalier de Courserac, à qui je donnai ordre d'y distribuer sa brigade.

« Cela fait, je vins rejoindre MM. de Goyon et de Beaune, afin de conférer avec eux sur les moyen d'empêcher complètement les actes de pillage, dont le renouvellement me paraissait inévitable dans une ville abandonnée, et ouverte du côté de la terre et de la mer. Nous organisâmes immédiatement un service de police rigoureux qui appuya la défense signifiée, sous peine de mort, à tout soldat ou marin de l'escadre, de vaguer à travers les rues de Rio-Janeiro ou de pénétrer dans les maions. L'avidité du gain et la soif de détruire

avaient si fort excité nos gens, qu'il fallut avoir recours aux mesures les plus menaçantes pour assurer l'exécution de mes ordres, et prouver que je ne reculerais devant aucune rigueur contre les délinquants.

« Le 23 j'envoyai sommer le gouverneur du fort Sainte-Croix, qui se décida à capituler. M. de Beauville, aide-major général, fut en prendre aussitôt possession, aussi bien que des forts de l'île de Ville-Gagnon, Saint-Jean, et des autres batteries qui couvraient l'entrée de la baie.

« J'appris, sur ces entrefaites, par différents nègres qui se rendirent à nous, que le gouverneur de la ville et l'amiral de la flotille portugaise, ayant ramassé les débris de la garnison et des milices de Rio à une lieue et demie de nous, attendaient un puissant secours commandé par Antoine d'Albuquerque, général des mines brésiliennes et homme de guerre fort estimé. Ainsi il était nécessaire de se précautionner contre les tentatives extérieures de l'ennemi. J'établis, pour cet effet, M. le chevalier de Goyon avec sa brigade dans les retranchements qui regardaient la plaine, et M. le chevalier de Beaune, avec le corps de bataille, sur la hauteur de la Conception, où mon quatier général fut également placé, pour être à portée de descendre dans la plaine et de secourir les postes qui en auraient besoin. A l'égard de la brigade de M. le chevalier de

Courserac, elle était déjà destinée à garder les forts et la hauteur des Jésuites.

« Ayant l'esprit en repos de ce côté-là, il fallait penser sérieusement aux intérêts du roi et à ceux des armateurs. Les Portugais avaient emporté leur or, brûlé les meilleurs vaisseaux et leurs magasins les plus riches, et tout le reste demeurait en proie à la fureur du pillage, qu'aucun châtiment ne pouvait contenir. D'ailleurs, il était impossible de conserver cette colonie, à cause du peu de vivres qui s'étaient trouvés dans la place, et de l'impossibilité de pénétrer dans l'intérieur du pays.

« Tout cela bien considéré, je pris le parti d'envoyer dire au gouvernenr que, s'il tardait plus longtemps à racheter sa ville par une bonne contribution, j'allais la réduire en cendres et en saper les fondements ; afin même de lui rendre cette menace plus sensible, je détachai deux compagnies pour aller brûler toutes les maisons de campagnes à une demi-lieue à la ronde, ce qui fut exécuté à la grande joie de nos gens. Mais ces deux compagnies étant tombées dans une embuscade très forte, elles auraient été taillées en pièces, si je n'avais eu la précaution de lancer à leur secours deux cents hommes de renfort, choisis parmi les grenadiers, et commandés par les sieurs de Brignon et de Chéridan. Ces deux officiers, soutenus en outre par la compagnie

de caporaux que j'avais formée pour ma garde, enfon-
cèrent les ennemis, en tuèrent bon nombre et mirent
le reste en fuite. Le commandant portugais, nommé
Amara, homme de courage et d'une belle réputation,
resta sur le terrain. M. de Brignon me présenta ses
armes et son cheval qui était d'une rare élégance.
M. de Brignon et M. Chéridan, et le sieur de Kerret-
Kavel, garde de la marine, se distinguèrent particulièrement dans cette affaire ; le sieur de Brignon, entre
autres, chargea le premier, la baïonnette au bout du
fusil, à la tête de sa compagnie, dont étaient officiers
les sieurs Dubodon et de Martonne, gardes de la marine.
Comme cet engagement pouvait devenir sérieux, je fis
avancer M. le chevalier de Beaune, avec six cents
hommes, qui pénétra plus avant, brûla la maison qui
servait de retraite aux Portugais, et se retira en bon
ordre.

« Le gouverneur, après cet échec, m'envoya un
mestre de camp et le président de la chambre coloniale
pour traiter avec moi. Ces deux personnages me représentèrent que le peuple les ayant abandonnés pour fuir
dans les montagnes avec ses effets les plus précieux,
il leur était impossible de trouver plus de six cent
mille cruzades pour la contribution que j'exigeais ;
encore me demandaient-ils un assez long terme pour
faire revenir l'or appartenant au gouvernement, que

l'on avait transporté bien avant dans les terres. Je rejetai cette proposition et congédiai ces députés, après leur avoir fait voir que je faisais miner les endroits que l'incendie ne pourrait atteindre. Cependant je restai encore six jours sans entendre parler du gouverneur. J'appris même qu'Antoine d'Albuquerque devait arriver incessamment, et qu'il avait dépêché un courrier pour donner avis de son approche. Je jugeai de là qu'il devenait indispensable de faire un effort décisif avant cette jonction, si je voulais tirer parti de ma victoire; et, comme il n'y avait pas de temps à perdre, je fis mettre le lendemain, à la pointe du jour, toutes les troupes en marche, et, malgré la difficulté des chemins j'arrivai de bonne heure en présence des ennemis, si près d'eux, que l'avant-garde, commandée par M. le chevalier de Goyon, se trouva à demi-portée de fusil de la première hauteur qu'ils occupaient, et sur laquelle une partie de leurs forces parut en bataille. Le gouverneur, surpris, envoya deux officiers, pour me représenter qu'il m'avait offert tout l'or dont il pouvait disposer pour le rachat de sa ville; qu'il lui était absolument impossible d'en trouver d'avantage; que tout ce qu'il pouvait faire au monde était d'y ajouter dix mille cruzades de sa propre bourse, cent caisses de sucre et les bœufs dont j'aurais besoin pour la subsistance de mes troupes; qu'après ses offres toutes

loyales, j'étais le maître de l'attaquer, de le combattre, de détruire la colonie entière, et de prendre enfin tel parti que je voudrais.

« J'assemblai conseil là-dessus. Par une infinité de considérations sensibles, l'avis unanime de mes officiers fut d'accepter la proposition, plutôt que de tout perdre. Je me fis donner des otages, avec engagement formel de payer le tout sous quinze jours.

« Le lendemain, 11 octobre, Antoine d'Albuquerque arriva avec trois mille hommes de troupes, moitié cavalerie et moitié infanterie, et plus de six mille nègres bien armés; ce qui nous engagea à nous tenir sur nos gardes.

« Cependant on travaillait toujours à transporter dans les vaisseaux de l'escadre le peu de sucre qui s'était trouvé, et à remplir les magasins des autres marchandises que l'on pouvait ramasser. Elles n'étaient malheureusement propres que pour la mer du Sud, et nous seraient restées en pure perte si on les avait rapportées en France. De plus, les vaisseaux ennemis, qui restaient étant dénués d'agrès et de munitions, n'étaient nullement en état d'entreprendre un long voyage; il ne s'en trouva qu'un seul, de cent cinquante tonneaux, qui ne pouvait contenir qu'une partie des marchandises; de manière que, pour sauver le reste, nous jugeâmes à propos, pour le bien du service, d'y

joindre la frégate *la Concorde*. Après avoir pris là-dessus l'avis de M. Ricouart, inspecteur général de la marine à la suite de l'escadre, je fis travailler au chargement de ces deux vaisseaux avec toute la diligence et l'ordre qu'on y pouvait apporter. Il restait encore trois cent cinquante caisses de sucre qui ne pouvait trouver place dans les navires de l'escadre, à cause de la quantité d'eau qu'il leur était nécessaire pour le retour en France. Je les fis charger dans la moins mauvaise de nos prises, que chaque vaisseau contribua à équiper, et dont M. de la Ruffinière voulut bien prendre le commandement. Toutes les autres furent vendues par MM. de Ricouart et de la Moinerie-Miniac, que je chargeai de ce détail, aussi bien que les marchandises qui se trouvèrent avariés, et dont on tira ce que l'on put.

« Le 11 novembre, les ennemis ayant achevé leur dernier payement, je leur remis la ville, fis embarquer les troupes, et gardai seulement les forts de Villegagnon, de l'île des Chèvres, et de l'entrée de la baie, afin d'assurer notre départ

« Dès le premier jour que j'étais entré dans la ville j'avais eu un très grand soin de faire rassembler tous les vases sacrés, l'argenterie et les ornements des églises de Rio, et je les avais fait mettre, par nos aumôniers, dans de grands coffres, après avoir fait punir de mort tous les soldats et matelots qui avaient eu l'impiété de les

profaner, et qui s'en étaient trouvés saisis. Lorsque je fus sur le point de partir, je confiai ce dépôt aux jésuites, comme aux seuls ecclésiastiques de ce pays-là qui m'eussent paru dignes de confiance, et je les chargeai d'en faire la remise à l'évêque du lieu. Je dois rendre à ces religieux la justice de dire qu'ils contribuèrent beaucoup à sauver la colonie, en portant le gouverneur à racheter sa ville sans quoi je l'aurais rasée de fond en comble, malgré l'arrivée de don Antoine d'Albuquerque avec toutes ses forces. Mais cette perte qui aurait été irréparable pour le roi de Portugal, n'eût été d'aucune utilité, ni d'aucune gloire pour notre expédition; cette considération me fit préférer la conduite à laquelle je m'étais arrêté.

« Avant de parler de mon retour en France, il est bien juste de témoigner ici que le succès de cette entreprise est dû à la valeur de la plupart des officiers en général, et à celle des capitaines en particulier; mais surtout à la fermeté et à la bonne conduite de MM. de Goyon, de Courserac, de Beaune et de Saint-Germain. Ces quatre officiers me furent d'une ressource infinie dans tout le cours des affaires, et j'avoue avec plaisir que c'est par leur activité, par leur courage et par leurs conseils, que je suis parvenu à surmonter un grand nombre d'obstacles qui me paraissaient au-dessus de nos forces.

« Le 13, après avoir fait mettre le feu aux vaisseaux portugais qui étaient échoués sous l'île des Chèvres, et à un bâtiment que l'on n'avait point trouvé à vendre, nous mîmes à la voile, avec environ trois mois d'eau et de vivres, embarquant avec nous un officier, quatre gardes de la marine et trois cent cinquante soldats qui restaient de la défaite de M. Du Clerc, et que nous avions trouvés dans un état à faire pitié. Tous les autres officiers avaient été envoyés à la baie de Tous-les-Saints. Je comptais bien aller les délivrer, et tirer même de cette colonie une nouvelle contribution ; mais nous avons été si cruellement traversés par les vents, que nous avons consommé plus de quarante jours à gagner seulement les hauteur de cette baie ; de manière qu'il nous restait à peine de quoi conduire en France l'escadre que le roi m'avait fait l'honneur de me confier, et qu'il ne m'était pas permis d'exposer témérairement. Je fus même obligé de laisser la prise commandée par M. de la Ruffinière, parce qu'elle me faisait perdre trop de chemin, et que, dans la disette de vivres où j'étais, le moindre retardement devenait d'une extrême conséquence. La frégate *l'Aigle* eut ordre de l'escorter jusqu'en France et de ne la point abandonner.

« Le même jour que l'escadre mit à la voile, les deux vaisseaux *la Notre-Dame-de-l'Incarnation* et *la Con-*

corde firent route pour la mer du Sud, équipés de tout ce qui leur était nécessaire.

« Après quarante jours de vents contraires, nous passâmes enfin la Ligne, le 25 décembre. Les vents étant devenus plus favorables, nous nous trouvâmes, le 19 janvier 1712, à la hauteur des îles Açores. Jusque-là, l'escadre s'était assez bien conservée; mais, le 20, nous fûmes pris, sur ces parages de trois coups de vent consécutifs, et si violents, qu'ils nous séparèrent tous les uns des autres. Les gros vaisseaux furent dans un extrême danger de périr; *le Lys*, que je montais, quoique l'un de mes meilleurs voiliers, ne pouvait gouverner par l'impétuosité du vent; et je fus obligé de me tenir en personne au gouvernail pendant plus de six heures, et d'être continuellement attentif à prévenir toutes les vagues qui pouvaient faire venir le vaisseau en travers. Mon attention ne put néanmoins empêcher que toutes mes voiles ne fussent emportées, que toutes mes chaînes de haubans ne fussent brisées les unes après les autres, et que mon grand mât ne rompît sur le pont. Nous faisions d'ailleurs de l'eau à trois pompes, et ma situation devint si pressante au milieu de la nuit, que je me trouvai dans le cas d'avoir recours aux signaux de détresse, en tirant des coups de canon et mettant des feux à mes haubans. Mais tous les vaisseaux de mon escadre étant, pour le moins, aussi maltraités que le mien, ne puren

me conserver, et je me trouvai avec la seule frégate *l'Argonaute*, montée par M. le chevalier Du Bois de la Motte, qui, dans cette occasion, voulut bien s'exposer à périr lui-même, pour se tenir à portée de me donner du secours.

« Cette tempête continua pendant deux jours avec la même violence, et mon vaisseau fut sur le point d'en être abîmé, en faisant un effort pour joindre trois de mes camarades, que je découvrais sous le vent. En effet, ayant voulu faire vent arrière sur eux avec les fonds de ma misaine seulement, une grosse vague vint de l'arrière qui éleva ma poupe en l'air, et, dans le même instant il en survint une autre, encore plus grosse, de l'avant, qui, passant par-dessus mon beaupré et ma hune de misaine, engloutit tout le devant de mon vaisseau jusqu'à son grand mât. L'effort qu'il fit pour déplacer cette épouvantable colonne d'eau dont il était affaissé, nous fit dresser les cheveux et envisager, pendant quelques instants, une mort affreuse et inévitable au milieu des abîmes de la mer. La secousse des mâts et de toutes les parties du vaisseau fut si grande que c'est une espèce de miracle que nous n'y ayons pas péri, et je ne le comprends pas encore.

« Cet orage apaisé, je rejoignis *le Brillant*, *l'Argonaute*, *la Bellone*, *l'Amazone* et *l'Astrée*. Nous mîmes plusieurs fois en travers pour attendre le reste de

l'escadre; mais n'en ayant pas eu connaissance, nous
rentrâmes dans la rade de Brest, le 6 février 1712.
L'Achille et *le Glorieux* s'y rendirent deux jours après
nous. *Le Mars*, ayant été démâté de tous ses mâts, se
trouva dans un danger plus cruel encore, à cause de
l'épuisement de ses vivres, et après avoir infinimen
souffert, il arriva dans le port de la Corogne, d'où il se
rendit au Port-Louis. *L'Aigle* relâcha à l'île de Cayenne,
avec la prise, qu'il escortait; il y périt à l'ancre, et son
équipage s'embarqua dans cette prise pour revenir en
France. A l'égard du *Magnanime* et du *Fidèle*, je me
flattai longtemps, de jour en jour, de les voir arriver;
mais on n'en a eu depuis aucune nouvelle, et on ne
peut douter à présent que, dans cette horrible tempête,
il ne leur soit arrivé quelque aventure à peu près pareille à celle du *Lys*, et dont ils ont eu le malheur de
ne se pas tirer comme moi. Ces deux vaisseaux avaient
près de douze cents hommes d'équipage, et quantité
d'officiers et de gardes de la marine, gens de mérite
et de naissance, que je regretterai toujours infiniment;
mais entre autres, et surtout, M. le chevalier de Courserac, mon brave et fidèle compagnon d'armes, qui,
dans plusieurs de mes expéditions, m'avait secondé
avec une valeur peu commune, et qui rapportait en
France la gloire distinguée de nous avoir frayé l'entrée
du port de Rio-Janeiro, comme je l'ai dit. La tendre

estime qui nous unissait depuis longtemps, et qui n'avait jamais été traversée par un moment de froideur, m'a fait ressentir sa perte aussi vivement que celle de mes frères. Ma confiance en lui était si grande, que j'avais fait charger sur *le Magnanime* plus de six cents mille livres en or et en argent. Ce vaisseau était, outre cela, rempli d'une grande quantité de marchandises. Il est vrai que c'était le plus grand de l'escadre, et le plus capable, en apparence, de résister aux efforts de la tempête, et à ceux des ennemis qui auraient pu l'assaillir dans sa route. Presque toutes nos richesses étaient donc embarquées sur ce navive et sur celui que je montais.

« Ces pertes furent énormes ; on en peut juger par la lecture de l'extrait général dressé à bord du *Lys*, le 18 janvier 1712, par M. de Ricouart ; en voici le détail :

1° Or en lingots et en poudre, 1,624 livres, 18 gros ;

2° Monnaies neuves d'or, 2,310 livres ;

3° Monnaies vieilles d'or, 222 livres et demie ;

4° Écus de Portugal, 740 livres et demie ;

5° Testons, 27 livres et demie ;

6° Argenterie non pesée, 4 bahuts pleins ;

7° Piastres, 20,000, en cinq caisses ;

8° Rançons, 3,500 livres sterlings, en une lettre de change ;

9° Sucre, 1,484 caisses, 3 barriques, 2 quarteaux ;

10° Canons de fonte, 27 du calibre de 8 et 10 livres de balles ;

11° Barbes de baleines, 1,167 grosses et petites ;

12° *Idem.*, de moindre qualité, 50 grosses et petites ;

13° Toiles à voiles, 750 paquets, en pièces ou en morceaux ;

14° Canons de fer, 37 de divers calibres ;

15° Pierriers, 2 ;

16° Boîtes d'artifices, 7 ;

17° Vaisseaux, 2, chargés de toute sorte de basses marchandises, qui sont allées à la mer du Sud.

« Les retours du chargement de ces deux vaisseaux, joint à l'or et aux effets apportés de Rio-Janeiro sur mon navire, payèrent la dépense de mon armement et donnèrent encore quatre-vingt-douze pour cent de profit à ceux qui s'y étaient intéressés. Il est en outre resté à la mer du Sud pour plus de cent mille piastres de mauvais crédits, par la friponnerie de ceux auxquels on s'est confié. Cette perte, jointe à celle des vaisseaux *le Magnanime*, *le Fidèle* et *l'Aigle*, fit manquer encore cent pour cent de bénéfices. Ce sont de ces malheurs que toute la prudence humaine ne peut empêcher.

« Les avantages que l'on a tirés de cette expédition sont petits, en comparaison du dommage que les Portugais en ont souffert, tant par la contribution à laquelle je les soumis, que par la perte de quatre vaisseaux et

de deux frégates de guerre, outre une prodigieuse quantité de marchandises brûlées, pillées, ou embarquées sur notre escadre. Le seul bruit de cet armement causa une grande diversion et beaucoup de dépenses aux Hollandais et aux Anglais. Ces derniers mirent d'abord en mer une flotte de vingt navires de guerre, dans le dessein de me bloquer dans la rade de Brest; et appréhendant que mon armement ne fût destiné à porter le prétendant en Angleterre, ils rappelèrent de Flandre six mille hommes de leurs troupes, et se donnèrent de grands mouvements pour se mettre en état de s'opposer à une descente sur leurs côtes. Ils envoyèrent en même temps des vaisseaux d'avis et des navires de guerre dans leurs principales colonies, avec une inquiétude d'autant plus grande qu'ils ignoraient absolument mes projets. »

Deux mois après son arrivée à Brest, Duguay-Trouin se rendit à Versailles, « pour faire sa cour au roi », ainsi qu'il le dit franchement dans les dernières pages de ses *Mémoires*. Il fut gratifié d'une pension de deux mille livres sur les revenus de l'ordre de Saint-Louis et, dans le courant d'août 1715, le roi le nomma chef d'escadre.

Peu de temps après Louis XIV mourait et notre héros se retira en province.

La paix que Louis XIV laissa en mourant ôta bien

à cet illustre marin les moyens qu'on regarde comme
les plus éclatants, de faire valoir son zèle pour l'honneur
et les intérêts de la France, mais ce zèle ne demeura
pas inutile. Il ne serait, en effet, guère possible qu'un
homme qui possède tous les talents d'un art aussi difficile que celui de la guerre, n'en eût pas plusieurs de
ceux qui servent pendant la paix. Les soins et l'intelligence pour perfectionner la construction des vaisseaux, la vigilance et l'ordre pour entretenir la discipline dans les ports où Duguay-Trouin commandait,
sont des choses moins brillantes que des combats, mais
dont il s'acquittait avec la même ardeur, parce qu'il
savait qu'elles ne sont pas moins importantes.

La confiance qu'avait en lui le duc d'Orléans, régent
pendant la minorité de Louis XV, se manifesta dans
une occasion qui avait un rapport immédiat avec le
bien de l'État. Le régent jugea qu'un homme tel que
Duguay-Trouin serait fort utile dans le Conseil de la
Compagnie des Indes; il le nomma à cette fonction, à
la tête de quelques officiers de marine. Quoique sa
santé, presque entièrement ruinée par vingt années de
fatigues, ne lui permettait guère, alors, ni d'assister
aux assemblées, ni de s'appliquer à des matières qui
demandaient une attention puissante et soutenue,
Duguay-Trouin, oubliant, avec un dévouement sans
pareil, toutes ses incommodités, ne pensa plus qu'à

répondre à la confiance du gouvernement. Il allait, toutes les semaines, porter aux ministres les réflexions qu'il faisait, tant sur l'administration générale de la Compagnie, que sur les divers détails des services qu'elle pouvait rendre. Tournant alors toutes ses vues vers le commerce des Indes, c'est-à-dire sur le nombre de bâtiments qu'on devait y expédier, et sur les marchandises qui devaient former leur cargaison, afin que, non seulement la compagnie pût se mettre en mesure de fournir le royaume de tous les produits nécessaires à la consommation publique, mais encore afin que toutes les denrées des Indes devinssent assez communes, et à un prix assez bas pour faire cesser le profit qu'en tiraient les étrangers, qui nous les revendaient de seconde main, Duguay-Trouin retrouva, dans son zèle infatigable, assez de force pour diriger presque à lui seul les opérations principales de cette entreprise. Le cardinal Dubois, juste appréciateur de son mérite, lui témoigna constamment les mêmes sentiments d'estime, poussant envers lui la familiarité jusqu'à l'appeler son ami, en plein conseil ; mais la mort l'enleva presque subitement, au moment où l'illustre marin allait recueillir les fruits de sa bienveillance.

Le régent s'étant chargé des fonctions de premier ministre, à la majorité de Louis XV, devint un nouveau protecteur pour Duguay-Trouin. La première grâce

qu'en obtint celui-ci fût d'être dispensé de la pénible obligation d'assister à toutes les séances du conseil des Indes. Il n'eut plus d'autre charge que celle de venir, une fois par semaine, conférer avec le prince, au Palais-Royal, sur les questions de marine et de commerce qui réclamaient ses lumières.

La mort du duc d'Orléans, qui suivit de près celle de Dubois, ne fit pas oublier notre héros. Le roi le nomma, presque en même temps, commandeur de l'ordre de Saint-Louis, le 1ᵉʳ mars 1728, et lieutenant général des armées navales, le 27 du même mois. Le comte de Maurepas lui procura, en 1731, le commandement d'une escadre que le roi envoyait dans le Levant pour châtier les Barbaresques. Elle était composée des vaisseaux *l'Espérance*, de soixante-douze canons, sur lequel Duguay-Trouin porta son pavillon ; *le Léopard*, de soixante canons, commandé par M. de Chamilly ; *le Toulouse*, de soixante, monté par M. de Voisins ; et *l'Alcyon*, de cinquante-quatre, dont le capitaine était M. de Lavalette-Thomas.

Cette escadre, destinée à soutenir l'éclat de la nation française dans toute la Méditerranée, mit à la voile le 3 juin 1731. Elle arriva bientôt sur la rade d'Alger, où Duguay-Trouin se fit rendre par le dey plusieurs esclaves italiens capturés sur nos côtes. De là, elle se rendit à Tunis, où il obtint satisfaction des griefs que

faisaient naître, depuis quelque temps, les entreprises des corsaires de cette régence barbaresque. Passant ensuite à Tripoli de Barbarie, Duguay réussit à affermir, par ses sages négociations, la bonne intelligence qui régnait avec le pacha de ce pays, dont il reçut le traitement le plus honorable.

A la suite de ces succès, il jugea à propos, pour abréger la campagne, de détacher *le Léopard* et *l'Alcyon*, qui furent visiter Alexandrie, Saint-Jean-d'Acre et Seyde, tandis qu'il allait avec *l'Espérance* et *le Toulouse* à Alexandrette et à Tripoli de Syrie. L'escadre se rallia dans les eaux de l'île de Chypre, et, après avoir mouillé dans différentes îles de l'Archipel, se rendit à Smyrne. Duguay-Trouin se montra, dans toutes ces contrées, avec la dignité de caractère qui rehaussait sa mission, et régla, avec autant d'habileté que de droiture, les intérêts nationaux dont il était chargé. Il revint ensuite à Toulon, où il débarqua le 1er novembre.

Après cette expédition pacifique, plusieurs années s'écoulèrent, pour Duguay-Trouin, dans une complète inaction. Mais la guerre s'étant rallumée en 1733, et les armements que faisaient les Anglais ayant excité de vives inquiétudes, il fut investi du commandement d'une nouvelle escadre équipée à Brest. Au sortir d'une si longue paix, l'espoir prochain de signaler son zèle pour le service de l'État lui fit oublier tous les acci-

dents qui menaçaient sa santé chancelante. Jamais officier, dans la fleur de son âge, animé de la soif la plus ardente de gloire et de renommée, ne montra plus de dévouement ni plus d'activité. Duguay ne cessait de visiter, l'un après l'autre, tous les vaisseaux qu'on armait; chaque jour, il faisait faire aux troupes de nouveaux exercices, et surtout des simulacres de descentes, manœuvre qu'il regardait, avec raison, comme celle de toutes les opérations navales qui exige le plus d'ordre et de précaution.

Cependant, ces brillants préparatifs furent inutiles. Les vaisseaux, sans être sortis de la rade, rentrèrent dans le port, et la confirmation de la paix fit perdre à Duguay toutes les espérances qu'il avait conçues. Le chagrin qu'il éprouva de cette déception réveilla ses souffrances, qui ne cédaient momentanément qu'à l'énergie de son âme. Il fut bientôt réduit à un tel état d'épuisement, que, s'étant fait transporter à grand peine à Paris, il dut bientôt reconnaître que tous les secours de la médecine seraient impuissants contre les progrès de son mal.

La mort qu'il avait méprisée dans tant de combats, mais qui a frappé d'effroi plus d'un grand capitaine sur son lit de douleur, ne lui causa aucune angoisse. Il l'attendit avec toute la fermeté dont s'enveloppe un cœur courageux et résigné ; il expira le 27 septembre 1736.

Duguay-Trouin possédait une de ces physionomies dont le caractère se révèle au premier coup d'œil. Il était d'une taille avantageuse et bien proportionnée, et il avait, pour tous les exercices du corps, une aptitude, un goût et une adresse qui l'avaient servi dans plus d'une occasion. Son tempérament le portait à la tristesse, ou du moins à une espèce de mélancolie qui ne lui permettait pas de se prêter à toutes les conversations mondaines ; et l'habitude qu'il avait d'occuper sans cesse son esprit à la méditation de grands projets, l'entretenait dans cette indifférence profonde pour toutes les légèretés dont se remplit la vie de la plupart des hommes. Souvent, après lui avoir parlé longtemps, on s'apercevait qu'il n'avait ni écouté, ni entendu. Son esprit était cependant vif et juste ; personne ne jugeait mieux que lui tout ce qui était nécessaire pour assurer le succès d'une entreprise, comme aussi toutes les raisons ou les obstacles qui pouvaient la faire avorter. Aucune considération générale, aucune question de détail ne lui échappait. Lorsqu'il formait un projet, il semblait qu'il ne comptât pour rien sa valeur guerrière, et qu'il ne dût réussir qu'à force de prudence : lorsqu'il exécutait, il paraissait pousser la confiance jusqu'à la témérité. Il avait, comme on l'a observé, et comme il l'avouait lui-même, certaines opinions singulières sur la prédestination et sur les pressentiments. S'il est

vrai que ces opinions peuvent contribuer à la sécurité dans les périls, il n'est pas moins vrai qu'il n'y a que les âmes fortement trempées chez qui elles puissent avoir assez d'empire pour les faire agir conséquemment. Le caractère de Duguay-Trouin était digne des temps antiques. Jamais homme ne porta plus haut le sentiment et les délicatesses de l'honneur, et jamais homme ne fut, en même temps, d'un commerce plus sûr et plus doux ; jamais ses grandes actions, ni l'éclat de ses succès ne modifièrent la simplicité de ses mœurs. A l'époque de sa plus vive renommée, il vivait avec ses anciens amis, comme il eût fait, s'il n'eût eu que le même mérite et la même fortune qu'eux.

C'est par ces qualités franches, par ce mélange heureux de douceur et de force, qu'il se fit aimer. On lui reprochait, il est vrai, une certaine dureté dans son application à maintenir la discipline militaire ; mais ceux-là mêmes qui pouvaient s'en plaindre étaient forcés de reconnaître sa nécessité.

Enfin, Duguay-Trouin mourut pauvre, et c'est là son plus bel éloge.

FIN

TABLE

CHAPITRE PREMIER

CHAPITRE V

Pages.

CHAPITRE VI

FIN DE LA TABLE.

Soc. d'imp. Paul Dupont Paris, 41, rue J.-J.-Rousseau (Cl.). 1. .84.